CDRF
中国发展研究基金会
China Development Research Foundation

中国发展高层论坛2013
China Development Forum 2013

中国
改革开放与全面建成小康社会

China
Deepening Reform and Opening-up for a Well-off Society

李 伟◎主编

中国发展出版社
CHINA DEVELOPMENT PRESS

前言

2013年是中国全面落实十八大精神的开局之年，是实施“十二五”规划承前启后的关键一年，是为全面建成小康社会奠定坚实基础的重要一年。今年的特殊意义还在于新一届中央领导集体将描绘新的施政蓝图，中国现代化建设和中国梦将开启新的征程。

本届论坛以“中国：改革开放与全面建成小康社会”为主题。全面建成小康社会是中国几代领导集体带领全国人民努力奋斗的宏伟目标，实现这一目标，中国经济将迈上一个新的台阶，人民生活水平进一步提高，社会全面进步，成果全民共享。改革开放是中国不断走向经济发展、社会进步、祖国富强和人民幸福的康庄大道，也是全面建成小康社会的根本保障。

围绕这一主题，展开改革愿景与政策、财税体制、开放新格局、城市化战略、生态文明建设、现代化产业等重要议题的深入研讨，是当前特殊历史时期赋予我们的特殊使命。随着中国经济总量占全球比重的大幅提升，中国与世界的联系日益紧密，相互影响不断加深。当前世界经济进入了一个大调整的时期，中国也面临发展方式转变和经济结构调整的十分艰巨的任务。应对风险和挑战，无论我们是来自哪一个国家和地区，无论我们是来自政府、企业或者是机构，都比以往更需要加强沟通、分享经验，比以往更需要增强共识、团结合作。只有这样，才能创造互利共赢、繁荣发展的美好世界。

中国发展高层论坛自2000年举办以来，秉承“与世界对话，谋共同发展”的宗旨，坚持高端、深度、前瞻、互动的特色和定位，已经成为中国政府与世界各国朋友们交流思想、凝聚共识、增进感情、加强合作的平台。新一届领导人对本届论坛继续予以肯定和高等重视。中共中央政治局常委、国务院总理李克强亲切会见了出席论坛的境外代表，听取大家的意见和建议。中共中央政治局常委、国务院副总理张高丽出席开幕式并发表了重要讲话。此外，还有多位中方部委的领导出席本届论坛，这些都充分反映了中国政府对加强对话与合作的强烈愿望。

作为论坛的主办方，国务院发展研究中心将坚持不断创新，紧密结合世界与中国的发展趋势，扩大论坛的讨论范围，提高论坛的质量，促进国际合作交流，不断取得实际效果。我相信，经过我们的共同努力，论坛一定能为中国和世界的发展进步献智献策，做出更大的贡献。

作为本届论坛思想智慧的结晶，将论坛与会代表深入研究、探讨和沟通的发言、评论和研究报告结集出版，对于学习借鉴其他国家发展的经验，顺利推进中国的改革开放事业，早日实现中国梦将会起到积极的推动作用。这样做不仅是有意义的，也是珍贵的历史记录。

国务院发展研究中心主任 李伟

李克强同出席
“中国发展高层论坛2013”年会的境外代表座谈

国务院总理李克强25日在人民大会堂同出席“中国发展高层论坛2013”年会的境外代表座谈。上百名来自著名跨国公司的负责人、国际知名学府和研究机构的专家学者以及世行、国际货币基金组织、经合组织等国际组织的负责人参加了座谈。

代表们就产业升级、创新体系、能源政策、服务贸易、城镇化、投资环境等问题广泛交流了看法，李克强与他们深入交流、探讨。他说，我曾连续五年在中国发展高层论坛上演讲，这次是来听大家的意见。刚才你们提了不少建议，讲得很有针对性，对我们都有借鉴意义。

李克强指出，中国发展面临“两个前所未有”：第一，13亿人口的大国努力实现现代化，在人类历史上前所未有。我们既有难得的机遇，也面临严峻挑战。从应对国际金融危机的实践看，要保持经济持续健康发展，必须将立足点放在扩大内需上，而且要长期依靠内需，把“四化协调”发展和城镇化这个最大内需潜力逐步释放出来。同时，要有相应的供给做支撑，要通过创新驱动，提升产业层次，补足服务业等短板，提高发展的质量和效益，打造中国经济升级版。

第二，中国在现代化进程中要保护环境、节约资源，实现绿色发展，难度之大和受到的国际关注也前所未有。从历史上看，发展与环境是发达国家过去推进现代化中遇到的一对矛盾。如何在中国这样庞大的经济体走向现代化过程中，处理好这对矛盾，在发展中保护甚至优化环境，没有先例可循。这也是基本民生，必须有新作为，努力破解能源资源和环境等“瓶颈”制约，在探索中寻找出一条经济与资源环境协调发展的新路。

李克强强调，改革开放30多年的实践表明，中国的发展必须在对外开放中不断推进，在扩大开放中扩大内需。无论是产品还是服务，中国对世界来说都是一个大市场。今后五年，货物贸易进口将达10万亿美元。服务业开放的空间更大。中国的服务业增加值已近4万亿美元，而服务贸易总额才4700多亿美元。扩大服务业开放是我们今后的一个重点，当然，这要一步一步地向前推进。

谈到投资环境，李克强指出，中国的发展，离不开同国际的合作。政府要做的，是提供公平竞争的市场和平台，要更加突出规则的严肃性，保护知识产权，保护商业秘密。外资企业与中国企业不仅可以在市场上平等竞争、同台竞技，还可以相互合作，共同开发第三方市场。希望在座的企业家和专家学者们继续多提好建议，积极参与到中国的发展中来，实现互利共赢。

有关部门、有关方面负责人参加了座谈。

据新华网北京3月26日电，记者徐松

张高丽副总理
在“中国发展高层论坛2013”年会上的主旨演讲

尊敬的各位来宾，女士们，先生们，朋友们：

在这春暖花开的美好时节，中外企业家、专家学者、政府官员、国际组织代表相聚一堂，围绕着“中国：改革开放与全面建成小康社会”的主题进行研讨，我觉得这是一件很有意义的事情。在座各位外方嘉宾，有许多是我在广东、深圳、山东、天津就相识或者共同合作过的老朋友，也有许多是刚认识的新朋友，新老朋友相聚在一起感到特别的高兴。明天李克强总理将会见外方的嘉宾，在这里我代表中国政府，对本届论坛的召开表示热烈的祝贺！对各位来宾和朋友们表示诚挚的欢迎！

全面建成小康社会是中国现代化进程中一个重要的、阶段性的目标，是实现中华民族伟大复兴的中国梦的重要体现，可以说承载着千百年来中国人民对美好生活的向往。在进入21世纪第二个10年，中国共产党第十八次全国代表大会郑重提出了全面建成小康社会的目标、要求。到2020年，中国将在发展的平衡性、协调性、可持续性都明显增强的基础上，实现国内生产总值和城乡居民人均收入比2010年翻一番的目标，进一步形成经济繁荣、政治民主、文化昌盛、社会公正、生态良好的发展格局。实现这一目标后，中国的实力将显著增强，中国市场的规模将显著扩大，中国人民的生活水平也将显著提高，中国也将为世界经济发展提供更多的机会、更强的动力，也必将做出新的贡献。

改革开放是坚持和发展中国特色社会主义的必由之路，这一点我从深圳、广东到山东到天津，可以说是直接参与了改革开放和建设，有特别深刻的体会。30多年来，中国的改革开放有序推进、全面展开、不断深化，充分调动了亿万人民

注：根据会议发言整理，未经本人审订。

的积极性、主动性、创造性，有效地激发了国内市场的主体活力，明显地提高了资源配置效率，极大地解放和发展了社会生产力，中国经济发展取得了举世瞩目的成就。实践充分证明，改革开放是中国经济社会发展的根本动力，没有改革开放就没有中国的今天。

全面建成小康社会，我们有这个难得的机遇、坚实的基础和环境条件，我们完全有信心、有决心，在以习近平同志为总书记的党中央的坚强领导下，经过13亿人民的顽强拼搏，把这一蓝图变成美好的现实。在经过几代人的艰苦不懈的努力后，我们一定能够实现中华民族伟大复兴的中国梦，实现国家的富强、民族的振兴、人民的幸福。

同时，我们也清醒地认识到，我们正面临前所未有的风险和挑战。从中国的外部环境看，世界经济已经进入了深度的转型调整期，国际金融危机的影响在短期内难以消除，一些国家债务危机的压力在短期内难以有效地化解。世界经济低速增长的态势在短期内难以明显改变，各种形式的保护主义进一步抬头，可以说不确定、不稳定的因素比较多。从中国的内部来看，发展中不可持续、不协调的问题比较突出，经济结构的调整、科技创新的任务还很艰巨，经济增长下行的压力和产能过剩矛盾有所加深。金融领域里面，我们客观地说也存在着潜在风险。推动科学发展、加快转变经济发展方式的体制、机制上的障碍还比较多。解决这些矛盾和问题根本的出路在哪里？在深化改革开放。只有深化改革开放，才能破解发展难题、创新发展模式，才能海阔天空、赢得未来。

当前，改革已经进入攻坚期、深水区，触及到了一些深层次的矛盾和重大利益的调整。这对我们来说是严峻的挑战。我们将进一步解放思想，以更大的勇气和智慧全面深化改革，做到改革不停步、开放不止步。我们将毫不动摇地坚持社会主义市场改革的方向，始终不移地坚持对外开放的基本国策。我们要正确处理好改革、发展、稳定的关系，统筹当前和长远，特别是要找准牵一发而动全身的关键环节和重点领域。在总结改革经验和学习其他国家长处的基础上，系统地设计改革总体方案，提出路线图和时间表。同时，我们还要像过去那样来鼓励基层大胆地探索、大胆地创新，把我们顶层的设计和基层的实践探索紧密地结合起来。

第一，我们将通过深化改革，创新和完善体制、机制。在现代市场条件下，市场这只“看不见的手”和政府这只“看得见的手”我们都应该用，而且要尽可能地把它们都用好。只有这样我们的经济才能充满活力，才能持久、健康地发展。我们将加快实施政府机构的改革和职能转变。这次机构改革应该说力度还是比较大的，更重要的是我们把职能转变放在重要、突出的位置。我们要坚决减少对微观事务的管理，重在向市场、向社会、向企业放权，在更大的程度、更广的范围发挥市场在资源配置中的基础性作用，使企业在公平竞争中实现优胜劣汰，充分激发市场主体的活力。同时，我们也将加强和提高政府科学化管理的水平，增强宏观调控的前瞻性、针对性、有效性。这需要我们很好地把握和研究，该管的政府一定要把它管住、管实、管好；不该管的不要去管、不要去干预，要建设人民满意的服务型政府。

第二，我们将通过深化改革，积极营造公平竞争的市场环境。最近一段时间里，国外有一些朋友非常关心中国的投资环境，我可以很负责地告诉大家，公平竞争是我们共同的追求，而且只有公平竞争才能充满活力。中国的市场环境将会建设得越来越好。我们将毫不动摇地巩固发展公有制经济，毫不动摇地支持、引导非公有制经济发展，加快国有经济的布局和结构，深化国有企业的改革，提高国有资本运营的效率，继续完善市场准入制度，促进各种所有制依法、平等地使用生产要素，公平地参与市场竞争，同等受到国家法律的保护。

第三，我们将通过深化改革，着力构建促进结构调整、科技创新、资源环境保护的制度。我个人认为，中国的经济问题说到底是经济结构的调整、科技创新的驱动、资源环境保护的问题，这是我们今后要特别突出抓好的重点工作。我们将通过深化财税、金融、资源性产品价格等方面的改革，用市场的办法、经济的办法来加快产业结构的调整优化升级，提高中国发展的质量、效益和水平。我们中国现在GDP达到50多万亿，但是我们的质量、效益、水平和竞争力、自主创新的能力，和发达国家相比还有非常大的差距。结构不调整优化，我们很难持续健康发展。

我们将要着力解决不平衡、不协调发展的问题。我可以告诉各位朋友，在20世纪30年代中国有一个著名的地质学家胡焕庸先生，他当时用45度角从黑龙江的黑河到云南腾冲画了一条线，东、南部的这个方向，聚集了大量的人口；现在改革开放30多年过去了，东、南部方向聚集的人口仍然比较多，经济总量也比较大。所以中国的不平衡问题也是我们今后发展的巨大潜力、空间和回旋的余地。我们将统筹东、中、西，南、北方的协调发展，深化科技体制改革，大力实施创新驱动的发展战略，完善自主知识产权制度，强化企业创新的主体地位。这些都是我们要做的很重要的工作。我在深圳工作的时候，就想从机制上来解决科研机构、高等院校优秀的人才怎么和企业结合的问题。把企业作为创新的主体，创新企业、中小企业的发展就会充满活力；使企业人才去创新、创造、创业，我们中国的经济才能跟上世界科技革命的步伐。否则我们总量再大，水平还是处于中低端，永远都是落后的。所以我们要调整经济结构，一方面要用科技创新来解决不平衡、不协调、不可持续的问题，另一方面还要能够跟上世界科技革命的步伐。

我们将加快建立生态文明的制度，发展新能源、再生能源，发展低碳的、绿色的、循环的经济，这充满着潜力。我在天津工作时，我们搞了一个循环经济，利用废旧电视、汽车、冰箱等等，一年回收的铜就有60万吨，还有黄金、白银。中国这么大，特别是我们实体经济也是大到了一定规模，发展绿色、低碳、循环的经济就非常重要。我们要采取各种措施，包括经济的、行政的、法律的，逐步解决中国产能过剩的问题，在解决产能过剩的过程当中，使整个产业优化升级，坚决治理高污染、高消耗。经济发展了，环境也要保护好，这样经济才能够健康、持续、协调发展，我们的生态环境才能越来越好。我在深圳工作的时候就提出“天蓝、水清、地绿”的口号，希望让人民能够健康，能够安居乐业。我们一个很艰巨的任务，就是在我们发展经济的同时，把我们的资源环境利用好、保护好；只有这个做好了，才是真正的好，才是对中国子孙后代负责。

第四，我们将通过深化改革，健全民生持续改善、社会和谐有序的体制保障。改善民生是我们中国发展的出发点和落脚点。什么叫以人为本？就是要关心群众的疾苦，关心群众生活的改善，关心他们生活的环境。当然这个要随着我们发展的不同阶段量力而行、尽力而为，这可以说也是我们全面建成小康社会的重点和难点。我们将继续深化社会领域改革，优化财政支出的结构，调动社会资本参与的积极性。中国财政收入去年已经到了11.7万亿人民币，我们解放初期财政收入只有62亿，1978年只有1000多亿，去年M2到了97.8万亿，这个数量已经不小了，关键是怎么把这个钱用到刀刃上，使它发挥最大的经济和社会效益。不能把这个钱用去搞重复建设，用去搞产能过剩。所以很重要的是我们要把这个钱用好，用到该用的地方。

我们着力推进教育、医疗、社保、住房等领域的基本公共服务均等化。我们将改革收入的分配制度，规范收入分配的秩序，缩小收入分配的差距。这个问题对中国来说是很尖锐的，但是通过我们的努力，也是可以逐步做到的。我们将加快改革户籍制度，有序推进农业转移人口市民化，特别是大家比较关注的城镇化问题。中国十几亿人口，这么大的空间和面积，特别是中西部，我们要搞好规划，因地制宜，分类指导，从实际出发，积极稳妥搞好城镇化。而且城镇化必须跟我们产业的发展、当地老百姓的安居乐业紧密联系在一起，这样的话，它会给我们的发展带来新的动力。我们将加强管理社会创新，特别是要促进社会的公平正义，有公平、有正义才可能有直接性、主动性、创造性，社会就会充满活力。

女士们、先生们、朋友们，中国30多年来积累的一条重要经验，就是以改革的精神推动开放，以开放促进改革、促进发展。在中国和世界联系日趋紧密、相互影响不断加深的今天，中国的改革发展比任何时候都需要坚持和扩大对外开放。这点我的体会也非常深。我刚刚进来之前见了基辛格博士，西门子、福特、世贸组织等单位的这些令人尊敬的朋友。我在20世纪70年代、80年代、90年代，跟基辛格，那时候还有黑格、约翰斯顿等等，都是好朋友。我带着代表团到美国通用、克莱斯勒、福特进行了三次谈判；我们和西门子公司合作得很好，很难想象没有改革开放我们中国能发展到这个程度。在这么一个新的阶段上，中国更应该扩大开放。我们应该更深入地了解世界。这个了解必须是总体的，而且必须是阶段性的，而且必须是及时的。

最近像美国的经济也在向好的方面发展，失业率在降低。当然，有一些国家的债务比较重，受全球流动性泛滥影响比较大。中国已经和世界经济密不可分了，我们应该了解世界，世界也应该了解中国，特别是了解中国真实的情况。我可以负责任地说，中国政府将坚定不移地推行改革开放。30多年的经验证明，只有改革开放，中国才能发展；只有改革开放，中国才能强大；只有改革开放，中国人民才能过上美好的生活，全面建成小康社会，实现中华民族伟大复兴的中国梦。

我们将以更宽的视野、海纳百川的胸怀吸收借鉴世界上所有民族的一切文明成果。世界的文明成果是人类的宝贵财富，哪个国家吸收它、借鉴它，哪个国家就会发展。闭关自守是没有任何出路的。我们要实施更加积极主动的开放战略，在更大范围、更广领域、更高水平上推进对外开放，进一步完善互利共赢、多元平衡、安全高效的开放型经济体系。

我们将坚持进口、出口并重，在调整优化出口结构的同时发挥进口在满足国内需求、调整优化结构方面的作用，推动对外贸易的发展。去年外商对中国的直接投资达到1100多亿，我们向海外的投资也达到700多亿；到3月20号，进出口贸易的总额增长14%，其中出口增长20%多。这个很说明问题，说明我们和国际的联系、合作的交往到了一个新的起点上并在不断扩大，而且这是在更高的水平和层次上。

我们要坚持“引进来”和“走出去”并重，一如既往地欢迎和鼓励跨国公司来华投资兴业，切实保护投资者的合法权益。这是天经地义的。中国企业到哪个国家也是希望得到保护的，国外的公司到中国来，合法权益也一定要受到保护。我们将为各个国家的企业提供公平竞争、分享中国发展红利的机会，也希望国外投资者多来中国发展。在座很多大公司，我看了一下名单，都是世界上有影响的、实力雄厚的、很有水平的，我建议我们在新的起点上，国外的投资者要多投向中国需要的领域，特别是经济结构重点调整的领域，不能去投向重复建设、产业雷同、产能过剩领域；要投到中西部地区，那里的资源丰富，且有广阔的空间。同时，我们也将支持和规范中国企业扩大在境外的投资，要为当地的经济、就业、人民生活的提高做出中国应该做出的贡献。

我们将继续完善对外开放的新格局，更好地发挥沿海对外开放的门户作用，加快推进内陆沿边的开放，继续加强多双边企业持续的合作，搞好同周边国家互联互通，加快实施自由贸易区战略。我们将积极地参与全球的经济治理，加强同各国的政策协调，为世界经济发展增添正能量。

去年中国的经济持续发展又取得新的成绩，经济总量换算成美元达到8.2万亿，货物贸易进出口总额超过1.8万亿美元，吸收了1117亿美元的外商投资，对外直接投资达到772亿美元，遍布全球140多个国家和地区。中国对外开放水平不断提高，不仅推动了中国自身的发展，也为世界各个国家以及跨国公司带来了巨大的利益和更多的机会。在这一点上，许多企业家深有体会。我在天津工作的时候，美国在天津投资的企业有3000多家，包括可口可乐、百事可乐、惠普等等，我都看过。他们跟我说他们发展得很好，对中国很有信心。我希望以我们的诚意获得朋友们的信任，以我们更加开放的态度来促进同世界各个国家的友谊合作，来共同应对面临的困难和挑战，使世界经济稳定复苏、持续增长、繁荣发展。

女士们、先生们、朋友们，2013年是全面贯彻中国共产党第十八次全国代表大会的开局之年，是为全面建成小康社会奠定坚实基础的重要一年。刚刚闭幕的十二届全国人大一次会议对今年经济社会发展做出了部署，确定了主要的预期目标，这里面包括国内生产总值增长7.5%左右，居民消费价格的涨幅控制在3.5%左右，城镇新增就业岗位900万人以上，城乡居民收入增长与经济增长同步，国际收支状况进一步改善等等。1~2月份我们总的经济运行还是比较平稳的，工业增加值增长9.9%，财政收入增长7.6%，固定资产投资增长了21%，社会交易品零售总额增长了12%，进出口贸易总额增长了14%，其中出口增长了29%，物价指数控制在2.6%。我们将稳中求进，稳要稳好，进也要进好。我们将坚持以科学发展为主体，以转变经济发展方式为主线，以提高经济的增长质量和效益为中心，把握好稳中求进的工作总基调，求真务实、开拓创新，促进经济持续、健康发展和社会的和谐稳定。

女士们、先生们、朋友们，和平发展是世界的大势，友谊合作是我们共同的愿望。中国发展高层论坛已经走过了13载，在这里我真诚地希望本次论坛的代表围绕主题广泛交流、深入研讨，使大家的真知灼见有利于我们中国的发展，有利于我们的改革开放，有利于我们全面建成小康社会，同时有利于各个方面和世界的发展、进步。

最后，预祝中国发展高层论坛2013年年会取得圆满成功！祝女士们、先生们、朋友们在中国过得愉快！谢谢大家！

目录

第1章 深化体制改革，全面建成小康社会

第1章

深化体制改革，全面建成小康社会

国家发展和改革委员会副主任
朱之鑫

根据组织者的安排，下面，我向大家介绍一下中国经济未来发展的目标和政策取向。

作为一件全球瞩目的大事，去年底，中国共产党召开了第十八次全国代表大会。会议向全世界庄严地宣告：中国人民将坚定不移地沿着中国特色社会主义道路前进，为全面建成小康社会而奋斗。从中共十七大、十八大确立了全面建设小康社会的奋斗目标，到现在全面建成小康社会，虽然只有一个字的区别，但意境全新，具有里程碑式的意义，标志着中国经济的发展进入了一个新的阶段。

小康社会的宏伟目标承载着中华民族伟大复兴的千年梦想，新要求赋予了中国经济社会发展更多美好的新期待。

我们期待中国经济持续健康发展，在发展平衡性、协调性、可持续性明显增强的基础上，到2020年国内生产总值比2010年翻一番，转变经济发展方式取得重大进展，科技进步对于经济增长的贡献率大幅提高，工业化、信息化、城镇化、农业现代化同步推进，对外开放水平进一步提高。

我们期待人民民主不断扩大，民主制度更加完善，民主形式更加丰富，依法治国的基本方略全面落实，法治政府基本建成，人权得到切实的尊重和保障。

我们期待文化软实力显著增强，公民的文明素质和社会文明程度明显提高，文化产品更加丰富，公共文化服务体系基本建成，文化产业成为国民经济支柱型的产业，文化强国建设的基础更加坚实。

我们期待人民生活水平全面提高，2020年城乡居民人均收入比2010年翻一番，基本公共服务均等化总体实现，全面受教育程度和创新人才培养水平明显提高，就业更加充分，收入分配的差距缩小，中等收入群体持续扩大，社会保障全民覆盖，社会和谐稳定。

注：根据会议发言整理，未经本人审订。

我们期待资源节约型、环境友好型社会的建设取得重大的进展，主体功能区的区域布局基本形成，资源循环利用体系初步建立，单位国内生产总值能源消耗和二氧化碳排放大幅度下降，主要污染物排放总量明显减少，环境明显改善。

这些期待意味着全面建成小康社会不仅是建设富强中国的愿望，也是建设和谐中国、美丽中国的愿景；不仅是实现社会主义现代化建设宏伟目标的愿景，也是实现发展改革成果真正惠及十几亿人口，让人民梦想成真，与祖国和时代一起成长进步的愿景，必将进一步凝聚人心、聚集民力，鼓舞中华儿女在中国特色社会主义道路上大踏步前进。

美好的愿景需要经过艰苦的努力才能实现，无论是当前还是今后一个时期，实现全面建成小康社会美好愿景的根本途径和工作重心在于加快转变经济发展方式。中国转变经济发展方式涉及到理念的变革、模式的转型、路径的创新，是一种系统性的、综合性的、战略性的转变，是中国现代化建设的必由之路。下一阶段，我们将从三个方面加大工作力度，务求取得新的成效。

第一，以时不我待的紧迫感着力推进经济结构的战略调整。这对加快转变经济发展方式具有决定性意义。我们将坚持把扩大国内需求作为基本立足点和长期的战略方针，着力增强消费对经济增长的基础性作用，提升消费能力，促进消费升级，优化消费环境。要着力发挥好投资对经济增长的关键作用，突出投资重点，优化投资结构，激发民间投资的积极性，保持合理的投资规模。

坚持把深化产业结构调整作为关键的举措，加强现代农业基础的支撑，构建集约化、专业化、组织化、社会化相结合的新型农业金融体制，保障农产品的供给，充分利用国际金融危机的倒逼机制，以化解产能过剩矛盾作为突破口，来加快传统产业的转型升级。

要培育和发展战略性的新兴产业，提升产业整体素质和发展水平。要促进服务业拓宽领域、增强功能、优化结构，实现生产性服务业和生活性服务业并重，现代服务业和传统服务业并举，提高服务业在国民经济中的比重。

坚持把科技进步和创新作为重要支撑，做到基础研究与科技应用双管齐下，加快国家创新体系的建设，增强创新的驱动能力。坚持把积极稳妥地推进城镇化作为重大的契机，注重规划引导，促进城乡发展的一体化，增强城镇的综合承载能力，有序推进农村转移人口的市民化，提升城镇化的质量和水平。

坚持把建设资源节约型、环境友好型的社会作为重要的着力点。把生态文明建设放在更加突出的地位，融入到经济建设、政治建设、文化建设、社会建设的各个方面和全过程，继续抓好节能减排，强化生态建设和环境保护，积极地应对气候变化，增强可持续的发展能力。

第二，以一枝一叶总关情的执政风范加强和改善民生。这是我们工作的基本出发点和落脚点。我们将从关注民众切身利益的具体问题入手，构建社会保障的安全网，加快推进重点民生工程建设，更好地促进经济社会的协调发展。坚持教育优先，适应经济社会发展，特别是转变经济发展方式，是建立创新型国家的需要。我们要合理地配制教育资源，着力提高各级各类的教育质量，实施教育优先的战略。我们要制定更加积极的就业政策，强化公共就业服务，健全面向全体劳动者的技能培训制度，鼓励创业来带动就业，做好重点人群的就业工作，增强就业的稳定性。我们要坚持统筹兼顾，突出重点，尽力而为，量力而行，不断地扩大社会保障的覆盖面。我们要促进基本公共服务的均等化，还要巩固和发展全民医保的成果，完善城乡居民基本养老保险制度，并切实抓好保障性安居工程的建设。

第三，以更大的政治勇气和智慧深化改革开放。这是实现经济发展方式转变的根本性制度保障。过去30年来，中国取得的一切成就靠的是改革开放，在新的起点上，加强转变经济发展方式，全面建成小康社会仍然要靠改革开放。我们将加强改革的顶层设计和总体规划，鼓励和尊重群众的首创精神，明确改革的总体方案、路线图、时间表。进一步处理好政府和市场的关系，健全市场体系，更加尊重市场规律。深化行政体制改革，更好地发挥政府的作用。毫不动摇地巩固和发展公有制经济，推动公有制多种实现形式，深化国有企业改革。毫不动摇地鼓励支持非公有制经济的发展，保障各种所有制经济依法平等地使用生产要素，公平参与市场竞争，同等地受到法律的保护。要深化财税、金融、投资、价格等重要领域的改革，加强宏观调控目标和政策手段机制化的建设，健全宏观调控体系。

中国经济实现转型不仅是自身发展的需要，而且有利于全球的经济复苏和未来的繁荣发展。我们加快经济发展方式的转变，是在开放的条件下进行的，将全面提升开放型经济的水平，更加充分地利用好国际国内两个市场、两种资源，实现互利共赢，共同发展。我们将坚持把稳定出口和扩大进口结合起来，落实和完善外贸政策；积极引导加工贸易的转型升级，扩大重要的原材料、先进机器设备、关键零部件的进口，坚持把“引进来”和“走出去”相结合，提高利用外资的综合优势和总体效益；完善境外投资法律法规和管理制度，支持和引导各类所有制企业有序地开展境外的投资合作。

中国加强转变经济发展方式，实现全面建成小康社会的愿景，是中国人民对幸福美好生活的追求，也会为全世界其他国家有识之士提供重要的契机。我们衷心地希望国内外的企业家和投资者牢牢地把握中国经济转型持续健康发展的巨大商机，精诚合作，携手共进，共同赢得更加美好的未来。

北京市市长
王安顺

本届论坛以“中国：改革开放与全面建成小康社会”为主题，表明国际社会对13亿中国人民实现伟大梦想的高度关切。借此机会，我向大家介绍一下首都城市转型发展的基本情况。

中国改革开放以来，特别是筹办奥运会以来，北京经济社会发展取得了历史性成就。2012年全市实现地区生产总值1.78万亿元，人均达到1.38万美元，第三产业比重提高到76.4%，社会和谐稳定，城镇登记失业率长期低于2%，市民生活也不断改善。进入新的发展阶段，北京仍处在大有可为的重要战略机遇期，经济社会发展呈现一系列新的特征。我们对实现新的更高水平的发展充满信心。同时也清醒而深刻地认识到，随着发展水平的提高和城市规模的扩大，人口、资源、环境的矛盾更加突出，加快转变发展方式，不断提高发展的质量和效益，是我们全面建成小康社会，实现现代化的重大战略任务。

第一，深入实施新驱动发展战略。创新是转变发展方式的中心环节，是经济社会发展的最大活力。作为全国的文化中心，北京创新要素富集。现有高等院校91所，在校师生超过了90万人，研究机构300多个，研发人员31.8万，文化机构30多万家。这些丰富的科技、人才、文化资源，为北京创新发展奠定了良好的基础。我们将实施科技创新、文化创新双轮驱动战略，完善政策，优化环境，抓好中关村国家自主创新示范区建设，增强自主创新能力，促进科技成果的产业化，发展壮大高技术产业和文化创业产业，使北京经济尽快地走上创新驱动、内生增长的发展轨道。

第二，更加注重完善城市的功能。作为一个发展中的特大型城市，北京常住人口已经达到2069万人，面临增强城市存在的能力、提升服务管理水平的重大课题。我们将统筹推进城市规划建设和管理，优化城市空间的布局，完善提升中心城区的功能，加快城市服务中心和新城的建设，在全国率先实现城乡发展一体化。特别是

注：根据会议发言整理，未经本人审订。

要学习借鉴国内外成功经验，坚持依法治市，发挥群众的积极性、创造性，提高城市的精细化管理水平。坚持不懈地治理交通拥堵，完善基础设施、公共服务体系，努力让市民生活更方便、更舒适。

第三，全面推进生态文明建设。北京市高度重视环境治理和生态建设，特别是1998年以来，每年都制定和实施大企业污染治理措施，累计投入了数千亿元，使全市空气质量连续14年有所改善。但是北京的生态环境依然比较脆弱，大气、水、垃圾等污染问题仍然比较突出。今年以来，受复杂的气象条件和特定的地形、地貌的影响，雾霾天气明显增多，引起国内外广泛关注，也给了我们深刻的警示。生态环境面临的突出问题是经济社会发展到达这样一个阶段躲不开、绕不过的挑战，我们将下更大的决心，以更大的作为来解决。特别是牢固树立生态文明的理念，把生态文明建设融入到城市发展的各个方面，完善政策、加大投入、严格执法，持续地改善空气质量，提高水环境品质和垃圾治理的水平。目前，我们已经制定实施了清洁空气五年行动计划，力争到2015年空气中总悬浮颗粒物和可吸入颗粒物年均浓度比2010年下降10%。制定了污水、垃圾治理两个三年行动方案，计划投入848亿元，实现2015年全市的污水处理率达到90%以上，生活垃圾资源化处理比例要达到70%以上。同时要再投入225亿元，完成平原地区100万亩的造林任务，加强生态治理，努力使北京的天更蓝，地更绿，水更净。

第四，不断地增进市民的福祉。城市让生活更美好，这是城市发展的真谛所在，更是人民政府的职责所在。改善民生的关键在于提高城乡居民的收入。北京市已经确立了一个目标，就是要制定实施收入倍增计划，确保到2020年城市居民人均收入要比2010年翻一番。改善民生还需要切实地解决目前教育、医疗、就业、社保、住房等方面存在的突出问题，努力把短板补上。对此我们也将加大公共财政的投入，实施就业的优先战略，尽快实现社会保障覆盖到各类人群；大力发展教育、卫生、文化等社会事业，深入推进基本公共服务均等化，建设更多的保障性住房，在实现学有所教、老有所得、病有所医、老有所养、住有所居上，持续取得新的进展。

第五，积极推动区域合作发展。深化区域合作是调整经济结构、转变发展方式的战略举措，也是现阶段推进北京城市转型发展的必然选择。近年来北京市与周边省区市签订了多项合作协议，开展了多方面的务实合作，取得了良好的效果。我们将发挥好大城市的辐射带动作用，制定实施合作发展规划，建立健全利益协调机制，重点抓好大企业污染等问题的联防联控联治，积极地探索共建产业基地，促进基础设施互联互通，以及城镇产业体系的协调发展，全方位推动首都经济圈建设，努力在更高层次上实现合作发展、互利共赢。

深化改革开放是全面建成小康社会的必由之路，是创新驱动发展的永恒主题。我们将进一步改革开放，以更大的政治勇气和政治智慧，全面推进经济、文化、社会各个领域的改革，着力拓展转型发展的新空间，坚决做到改革不停顿、开放不止步。特别要深化行政体制改革，进一步简政放行，转变政府职能，发挥行业协会、商会等中介组织的作用，不断提高政府服务效率和服务水平。要坚持社会主义基本经济制度，发挥市场配置资源的作用，打破弹簧门、玻璃门等体制性障碍，逐步理顺价格体系，积极地吸引民间资本投资基础设施建设，引导资源合理配置。真诚地欢迎世界各国的企业来京合作发展，我们一定做好优质的服务。

时任西门子股份公司总裁、首席执行官
罗旭德

就在几天之前，习近平主席在讲话中阐述了“中国梦”的内容，呼吁努力为人民谋得福祉；中国的“十二五”规划纲要明确了共享繁荣、构建节能环保型社会以及实现更加均衡和具有可持续性的经济增长的目标。建设繁荣和可持续发展的中国，建设美丽的中国，这个美好愿景只是一个开端，而非终点。

中国取得的成就令人惊叹。在过去20年里，中国的GDP增长率平均超过10%。它创造出3.7亿个就业机会，让5亿人摆脱了贫困。它是世界上最大的出口国，也是世界第二大经济体。如今中国正在谱写新的篇章。在新的篇章中，中国面临着调整增长模式的挑战，为此，它需要促进国内消费，加强社会保障网，开放服务行业，向更可持续的能源供给系统转变，同时也需要培育持久的竞争力。

前任和新任中国领导人都已表示变革势在必行，今年中国发展高层论坛的主题也与此遥相呼应——深化改革开放，建成小康社会。我与参会的商界同仁以及非政府组织和学术机构的思想领袖们进行了认真的交流，大家一致认为以下五个方面的改善有助于中国的变革。

首先，培养熟练掌握技能且受过良好教育的人才。创新是否能成功取决于人才的创造性和技能。为不同人群提供培训和教育机会，以及实现更为均衡的区域发展是当前的改革关键点。

其次，创新文化。创新文化是一种对创造者的努力以及企业家的冒险精神予以回报的文化。不管对于外资企业还是中国企业，有效地保护知识产权对于推动创新都是不可或缺的。

第三，加强法治建设。有效的治理机制和持续的反腐斗争对于国家竞争力的提升至关重要。

第四，推进提升能源效率和开展绿色技术的政策。

注：作者为“中国发展高层论坛2013”年会的外方主席。

最后，推出鼓励自由贸易和外商投资的政策。

不断改善这些领域将为中国培养可持续增长能力和持久的全球竞争力奠定坚实的基础。

今天出席论坛的跨国公司，业务遍及全球，在各种市场环境中成长壮大。我们衷心希望与中国朋友一起分享我们的最佳实践和经验教训。为此，中国发展研究基金会还组织了专题委员会，就科技创新与工业化新浪潮、能源与可持续发展、城市化、人口与老龄化、粮食安全、产业升级与结构调整六个议题进行研究。这一倡议得到众多公司的积极响应。

在努力实现社会繁荣和可持续发展的过程中，在即将翻开历史新篇章的时刻，中国可以继续将我们视为可靠、可信任的伙伴。我们坚定地相信，这种伙伴关系为通往美丽中国，构建中国人民更加富裕和美好的生活铺平了道路。

美国耶鲁大学高级研究员

史蒂芬·罗奇

尽管人们在广泛谈论改革，但我认为要审慎地使用这个词语，因为它非常重要，对中国来说尤为如此。任何改革必须是目标导向型的，必须有进取精神，致力于个体经济的特定要求，而不能为了改革而改革。我认为中国制订经济改革的路线图时需要考虑以下几点。

第一，出口增长面临全球逆境，这为中国的出口拉动型增长带来了很大阻力。

第二，中国内部日益严峻的失衡问题急需大力改革。

第三，国内外制约因素促使人们统一了对改革大方向的认识，即中国应将工作重点放在更依赖消费的再平衡模式上。在过去6年里，关于这个话题的辩论一直没有停止，现在一切尘埃落定，新一代领导人应该着手布置落实工作。

最后，我想跟大家分享一下中国在实现目标方面的进展评估结果。首先，斯蒂格利茨和马丁·沃尔夫在开幕式上的发言强调说，全球经济持续低迷，而且在未来几年内不会好转。IMF的估算结果也表明，如果不把中国包括在内，那么2012年全球的GDP增长率仅为2.4%，略低于2.6%——IMF非官方的衰退门槛。如果把中国包括在内，那么全球的GDP增长率提升至3.2%。可见在2012年，中国的确推动了全球经济增长。即使在如此不景气的大环境下，中国仍然避免使全球陷入衰退。

观察全球经济的趋势增长更能说明问题。在过去的40多年里，全球的趋势增长率为每年3.6%。2009年的实际增长比趋势增长低了4.2个百分点，2010年和2011年的情况有所好转，前者比后者分别高出1.5个百分点和0.3个百分点。在2008~2009年，危机导致实际增长比趋势增长低了5个百分点，虽然2010~2013年的经济复苏可能使实际增长比趋势增长高出1.3个百分点，但两者的差距仍然达到3.7个百分点。因此，虽然我不赞同央行当前的政策，但我不认为通胀会迅速死灰复燃。

在这种背景下，中国的GDP比重清晰地展现了其经济增长方式的明显转变。在过去的32年里，出口是中国增长速度最快的部门，但在2008~2009年经济衰退时迅速从繁荣跌到萧条，现在尚未全面复苏。为此，中国急需转变增长方式。在过去6年里，人们一直在争论何时开始转变增长方式。“十二五”规划对就业、工资和金融安全等规划了蓝图。从理论上来说，这些目标都是可以实现的，但现实情况是进展非常有限。以服务业为例，它的劳动密集程度超过了制造业和建筑业。服务业每生产单位GDP需要的就业比制造业和建筑业多出35%。它的发展不容乐观，仍存在很大提高空间，而这个问题在中国已经谈论了很多年。

在工资方面，城市化是中国收入增长的主要驱动力，也是制造就业的巨大动力。毫无疑问，中国的城市化速度非常惊人。2012年中国的城市化率已经达到52.6%。张高丽副总理在开幕式的讲话中也指出，中国的城市化率还可能提高20个百分点，这非常鼓舞人心。城市化还推动了投资快速增长。和别的国家一样，中国也存在过度投资和资源分布不合理的现象，而且中国的人均资本存量（这个因素对宏观经济发展非常重要）不足，尽管其绝对值在不断提高，但只有日本和美国水平的13%左右。所以在未来的几年中，中国仍然需要大量投资来推高劳动生产率和经济增长。

我个人认为社保体系的问题最多。虽然政府在努力完善社保和医疗体系，但中国的家庭存款率仍然在快速增长。包括国家社保基金、地方政府的社保基金和私营部门养老金等在内的所有退休资产加起来也远远不够，平均下来每个工人只能拿到565美元。因此，中国必须加强退休资产管理。

如果让我给中国在各目标上的进展打分，那么在服务业和就业方面，我给中国的分数是B，这个成绩不算差；在城镇化和工资收入方面，我给出的分数是A–。虽然中国的城市化道路一片光明，但是仍然存在不少外部性问题，如环境恶化等，所以我没有给出A；在社保体系方面，我给的分数比较低，只有C。这是因为其资金方面还有很大的提高空间。

最后，我想谈谈中国在管理宏观经济方面的优势。在过去的30多年里，中国一直能够从战略角度思考和行动。中国的“五五”规划、“九五”规划和“十二五”规划都很好地展示了中国拥有清晰的目标和战略思维，在集中力量解决失衡问题。现在不是为了改革而改革，而是要以目标为导向，努力实现更倚重消费的经济再平衡。

国务院发展研究中心研究员
吴敬琏

我没有很多新鲜的思想，就介绍一下我们现在正在做什么事情。

去年中国共产党十八次代表大会做出了很重要的决定。我们知道在十八大以前，实际上在中国内部对向哪一个方向走，是有很多争论的。大体上说来，一种意见是认为中国应该加强对经济和社会的管控，按英语杂志的说法就是实行国家资本主义。另外一种说法是应延续过去30多年的道路，使得我们初步建设起来的市场经济制度有一个改善和提高，并在规则基础上建立一个现代的市场经济制度。

十八大对这个问题做出了回答。中国今后向什么方向走？向继续改革的方向走。十八大要求必须以更大的政治勇气和智慧，不失时机地深化重要领域的改革。改革方面要坚持社会主义市场经济的改革方向，关键是处理好政府和市场的关系，使得市场能够在更大程度和更大范围上，在资源配置中发挥作用。政治经济改革方面，要加强民主自由的政治化，实现国家法治，这是非常重要的决定。可是决定了方向，并不意味着我们就一定能够实现十八大所确定的一些要求。

在中国30多年的改革历史中间，有两次比较大的推进，全面的、系统的推进。一次是1984年到1988年，另外一次是1991年一直延续到2000年，甚至2001年。这两轮改革，特别是第二次取得了很大的实效。从经验看起来，我们需要做三件事。确定目标是第一步。确定目标以后，第二件事就是要制定重点改革的方案和路线图，或者叫总体规划。第三件事就是克服必然存在的各种阻力和障碍，把改革落到实处。所以对照过去的经验来说，我们现在要做的应该是做出大体的设计。

去年中央经济工作会议提出2013年工作要求的时候，就把这件事列在2013年六项主要工作的最后一项，也是最重要的一项。中央经济工作会议提出2013年要全面深化经济体制改革。所以今年要做的事情就是深入研究全面深化改革的顶层设计和总体规划，明确提出改革的总体方案、路线图和时间表。人们普遍认为，所谓今年

注：根据会议发言整理，未经本人审订。

提出，就意味着在今年晚些时候由党政领导机关把这个路线图提出来。根据过去的做法，一般是在每一届中央委员会的第三次会议上论讨、确认这个路线图。在明年或者更晚一些时候，我们就可以全面地推进改革。

这个工作其实在十八大以前，已经在许多政府和民间的研究机构中着手进行了。因为“十二五”规划里面提出来要更加重视顶层设计和总体规划研讨工作，所以从前年开始，许多研究机构就已经在开始讨论这个问题。

这个工作大体说来分两个层次。首先是问题导向。我们现在面临着许许多多的问题，大的问题大概有两个。一个是所谓转变增长模式。这种粗放的、旧的增长模式，要求转变已经几十年了，转变不过来。那是什么问题？以至于到现在资源的短缺问题、环境的破坏问题，甚至劳动者收入提高问题等等，都变得越来越严重，这都跟增长模式转变不过来有关。另外一件事情就是腐败。腐败蔓延、猖獗，而且导致了底层群众、低收入阶层的强烈不满。从问题入手，去研究找出它们制度上的根源，然后就可以确定应该做哪些改革来解决这些问题了。这是第一件事情。这类工作我们做了很多，报刊上也有很多讨论。再比如城镇化问题。旧城城镇化造成了许许多多的问题，其中根源在于体制问题、土地财产制度问题、政府职能问题等等。

第二步就是把这些改革的项目按照领域汇总，列出每一个领域，比如财政领域、金融领域等，要做哪些改革。我们现在面临的问题很多，需要改革的项目也很多。譬如中国经济50年论坛前一个时候年会上，提出了大概三四十项改革的需要。不可能全面出击，一下解决所有的问题，所以还有第三步的工作，就是要筛选、梳理，找出最需要改革的，而且关系又比较密切的改革项目，然后设计出一个我们根据过去改革手法，叫作最小的一揽子改革方案，这就是一个路线图。

现在在做的事情，实际上已经有了很多研究，各个地方都在进行梳理，来提出自己的建议，最后应该有一个中央的机构来制定中央政府的路线图方案，经过会议讨论定下来。现在是做设计工作，不管是设计和执行都会很困难。从设计来说，主要有两个困难。一是理念、理论、思想方面的困难。到底设计一个什么样的制度？通过什么样的改革可以有不同的选择？认识上就有很大的区别。另外一个更加重要的障碍是利益。李总理前两天讲过，触及利益比触及灵魂还困难，解决意识问题还容易一点，当然也不是那么容易，可对利益格局改革会碰到更大的障碍。预计在设计过程中，我们会碰到许多需要解决的障碍和困难。

即使能够设计好，还要考虑能不能执行下去。一方面需要勇气，即十八大所说的要有更大的政治勇气；另外当然就是需要有智慧。我希望一方面能够靠领导所宣誓的那样的勇气——李总理的话就有壮士断腕的勇气，另一方面能有大众的支持推动，如此才有希望实现我们的目标。

新加坡国立大学东亚研究所所长
郑永年

因为时间关系，关于中国的改革，我只讲几点。

第一点，中国的改革现在处于一个关键时期，因为从去年开始，它的经济增速开始缓慢下降。高增长时代已经过去，它进入一个中速增长阶段。这非常重要。如果中国在今后10年或15年能维持6%~7%的中速增长，那么它将在10至15年之间成为一个高收入社会和高收入经济体。如果能达到这个目标，中国就有可能成为“亚洲四小龙”那样的发展经济体；而如果发展不好，中国就可能无奈地成为另外一个泰国，陷入中等收入陷阱，由此导致中产阶级规模过小，社会不稳定，社会暴力丛生。

如何保证中国顺利转型？从世界历史来看，除了经济发展以外，一要有有效的政府，二要有正确的改革策略。现在都在讲改革是红利，很多人把它理解为发展是红利，所以体制改革是最大的红利。但我觉得还应该再加上一条，体制创新是最大的红利，因为体制改革说起来容易，做起来难。每个体制背后都是庞大的既得利益集团，如国有企业、银行、公务员、大学等。改革非常困难。美国和日本也在改革，为什么大家对美国的体制比较有信心？美国的民主制并不在于改革容易，而在于创新容易，所以创新与体制改革并存，我觉得需要多强调体制的创新。

关于中国改革体制，我今天只讲一点，那就是城镇化。城镇化需要很多体制改革，最重要的是农村土地制度的改革和创新。城镇化的关键是土地制度。现在所谓的农村土地制度改革就是集体所有制。在集体土地所有制下，农村集体拥有土地。土地成了唐僧肉，谁都想吃，地产商、地方政府、上级政府都想吃，但是唐僧肉表面上的主人——农民吃不到。中国大部分文化都跟土地有关，为什么？归根到底是因为土地数量是固定的，而集体是不固定的，土地产生的利益一直被重新分配，产生很多冲突，所以很多地方官员说中国集体土地所有制是所有问题的根源。

中国需要改革才能从中等收入国家迈入高收入国家。土地所有制改革是中国的一个突破口。在中国所有的社会主体里，农民还是最大的弱势群体，最需要体制保障。从结构上说，城镇化确实可以支撑中国的长期经济发展。土地问题为什么重要？我将中国社会称为三流社会，分别由城镇居民、农民工和农村居民组成。农民工现在是第三流人，非工非农。土地制度不改革，这三个群体的关系就处理不好。

在土地改革方面，有人提倡土地私有化，有人提倡土地国有化，我觉得后者在中国的政策环境里比较容易实现。因为土地的私有化很困难，而且也不见得能解决问题，我们要考虑到地方政府的各种因素。与此相对，土地是可以国有化的，而且可以在这个过程中私有化土地的使用权。如果自主创新的话，同样一个改革可以分两步走。第一步土地国有化，同时宣布土地使用权私有化或家庭化。否则城镇化也好，城市化也罢，都会成为新一波掠夺农民土地的运动，这是非常危险的。目前已经出现很多类似问题，因为农民是弱势群体，没有制度保障。

土地国有化不能成为掠夺农民土地的运动，应该给农民适当的补偿。中国台湾和其他地区比较好的经验是，补偿后马上就进行土地使用的私有化、家庭化，这样推进就会比较顺利。如果把土地改革作为一个突破口，就像20世纪80年代土地制度改革一样，就可以大大解放中国的劳动生产率。土地制度的改革有助于中国实现中国梦。中国梦的主要内容之一是居者有其屋，中国如果做到居者有其屋，可以换来20年至30年的政治稳定、社会稳定，那个时候，中国可以达到高收入国家水平，我们今天所面临的很多问题就会自然消失。否则的话，我们就会陷入长期的中等收入陷阱，就会面临无穷无尽的问题。

中国改革议程中的关键问题

世界银行集团①

一、背景介绍

以任何标准衡量，中国近30年的经济表现都令人印象深刻。在此期间，中国的国内生产总值年均增幅高达10%，有超过5亿人口脱离贫困。中国现在已经是世界第一大出口国、第一制造业大国和第二大经济体。然而，以下两个问题是无法回避的：第一，即使经济增速有所放缓，中国的经济增长率是否仍可保持世界最高？第二，在不给整个世界、自然环境和自身社会结构造成重大影响的前提下，中国是否仍可保持快速增长？

1. 经济增速开始逐步结构性放缓

经过30多年高速增长，在未来几十年内，中国的经济增长由于各种原因有可能结构性放缓。首先，人口增速下降，并且从现在开始，劳动力将在几年内开始下降。其次，尽管巨额资本将继续积聚，但经济增长却很少能从中受益，因为劳动与资本比率也在不断上升。最后，作为经济效率和技术进步改善的衡量方法，全要素生产率增长也在放缓，部分原因是中国经济已经耗尽了第一代政策改革的红利，这包括价格改革、所有权改革和吸收引进技术。

在过去，推动生产力增长的一个关键因素是，人与资本从农业向工业和服务业的转移，而且，随着中国朝着科技前沿的发展，采用来自其他国家技术所带来的生产力增长将会放缓，创新和新技术将对生产力增长产生更大作用。因此，需要改变未来经济增长的本质。

越来越多的中国人意识到，当前的生产模式和增长模式是不可持续的。这种意识引发政府工作着力点的重新调整。政策重心要向发展私营部门倾斜，确保市场走向成熟，足以有效分配资源；确保企业走向强大，注重创新能力，具备高技术领域

① 本文是世界银行集团为“中国发展高层论坛 2013”年会完成的政策报告。

的国际竞争力。这些政策的目标应当是纠正各种扭曲现象，在可持续的基础上实现经济增长。

2. 抑制效率、创新和增长的扭曲现象

随着中国开始着手下一阶段的经济发展工作，中国需要移除阻碍创新、抑制效率和增长的障碍。战略调整的核心在于转变政府角色，改变政府与市场、私营部门乃至整个社会的关系。一方面，政府不宜再直接插手生产、分配和资源配置；另一方面，政府要把更多的精力放在制定和执行政策和监管机制上，让其他成分参与到经济决策中来，实现可持续、快速和包容性经济增长这一期望的目标。为发挥这样的作用，政府需要把自己转变成为一个更为精简、清廉、透明和高效的现代法治政府。在重新明确政府的这一角色的时候，政府需要加速国有部门改革，同时继续推进私营部门的发展。政府还需要推进改革要素市场（资本、土地和劳动力），帮助巩固市场经济基础，并促进竞争和创新。

3. 需要在可持续的基础上实现经济增长

当媒体和市场都在关注中国近期经济增速放缓之际，如何转变中国的资源密集型增长模式将是中国新一届领导面临的主要挑战。中国当前的发展模式给环境——土地、空气和水——造成了相当大的压力，以及对自然资源的大量需求。未来的挑战将是如何转化上述压力，寻求的新增长源，而这需要采用可以发掘全球绿色技术市场潜力的绿色发展模式，同时还要解决中国自身面临的众多亟待解决的环境问题。

绿色发展有可能会成为新的重要增长机遇。这在很大程度上得取决于政府政策是否能够促使企业纠正负外部性，并激励企业为应对环境挑战，开拓创新，寻求技术突破。中国并不希望重走发达国家“先致富，后治污”的老路，而是打算采用可以促进环境保护和技术进步的绿色增长模式，实施可以为其他发展中国家、甚至发达国家做出范例的战略。

因此，着眼未来，必须加快改革步伐——企业、要素市场及财政体制改革。这些改革需要针对以下三个方面，以便显著提高效率或减少失衡。第一，继续推进企业改革，以便促进资源的更高效利用，激发创新和创业。第二，推进要素市场改革——土地市场、劳动力市场和资本市场，纠正要素配置的扭曲。第三，改革财政体制，以可持续的方式帮助提供高水平和高质量的公共服务、社会服务和环境服务。

二、促进竞争

1. 在战略和支柱产业引入更多的竞争机制

企业界的繁荣发展对于维持相对快速的经济增长至关重要。为此，必须进一步促进竞争，特别是国有企业和非国有企业（包括私营企业）之间在战略和支柱产业上的竞争，而这些产业上的竞争往往被削弱。政府干预竞争和行政垄断的行为中，允许被列入官方名单中的国有企业在特定领域享有独家经营权或占据优势地位是最成问题的。在这样的名单中，有两份最引人瞩目。第一，2006年中国指定了国家拟实施"绝对控制的"七大战略产业，包括国防、发电和输电、石油石化、电信、煤炭、民航和水运。在这些领域中，为数不多的几家国有企业可能会相互竞争，但是却保护其免受新进入者的竞争。第二，中国还指定了国家拟保留强大影响力的基础或支柱产业，包括机械、汽车、信息技术、建筑、钢铁、冶金和化工。在上述产业中，私营投资参与者将面临一系列准入壁垒或其他限制。

促进战略和支柱产业的竞争，首先是要降低国家主导活动的准入门槛。在某些可以通过引入竞争产生卓越成效的部门中废除垄断和寡头，引入监管机制，确保垄断企业不滥用市场支配力，不拖经济的后腿，还要面向所有企业降低准入和退出门槛。最后，还需要对影响行业内部结构和行业间结构的"产业政策"进行评审，使产业政策现代化。

2. 促进各部门及公共产品和服务提供中的竞争

所有行业都须要有更为公平的竞争环境。更多的国内和国际竞争都将提高中国企业的效率和提升创新能力。通过使生产要素流向最有效益的地方，将提高资源配置效率。为此，不同规模或不同所有权的公司，不仅在严格的法律意义上，而且在获得投入的条款上，应该有一个更加公平的竞争环境。

从中期来看，为实现更为公平的竞争，必须制定和颁布一整套法律，限制具有潜在扭曲力的随意行为，尤其是产业政策领域的随意行为。这样的法律就是要制定明确的"游戏规则"，这些规则与世界贸易组织对成员国贸易政策实施限制的精神是一致的。上述游戏规则可以抑制中央和地方政府显然试图通过不完善的行政手段来施加影响的做法。

从长期来看，为保障单一市场中的公平竞争环境，中国可以考虑限制地方政府直接或间接向企业提供财务支持，这种财务支持也是一种不正当竞争。为了对抗这种趋势的发展，应该向地方政府提出明确的游戏规则，以此应对各种援助需求的压力。这一点中国可以借鉴欧盟在实施“国家援助”规则时积累的经验。

减少对产业的行政支持可以释放资源，改善公共产品和服务的提供。公共资源应当仅用于或者主要用于提供公共产品和服务，生产和消费公共资源必须获得非营利性的积极外部影响。这些产品和服务可以是在国防建设、基础设施、社会保障以及基础学科研发领域，其范围可能会随着情况而改变。为了进一步重新界定政府角色，政府制定政策时应当鼓励私人提供公共服务，还应当进一步向私营企业开放公共采购。

3. 发展私营部门，降低市场进入和退出壁垒

为了在国内市场加强竞争，还要进行进一步改革以支持私营部门，比如降低企业进出市场的壁垒，打破重点行业的国有垄断或寡头局面，促进效益好的中小企业发展，为其获取融资提供更多便利，促进区域和地方专业化进程，并鼓励国有企业在竞争中主动进行改革。

中国过去的经历，以及其他国家的经历表明，加强国内竞争可以大幅提升生产力。近30年中国经济得以迅速增长，私营企业的参与发挥了重要作用。从20世纪80年代开始，在所有制多样化和市场化改革的刺激下，大多数制造业各部门的准入和竞争环境都大有改观。此后，还要通过多样化融资渠道为私营部门提供更多支持。所以，所有企业部门需要进一步改革，以提升资源利用效率，推动创新和创业。

4. 国有企业的进一步改革（包括所有制多样化）

改革企业部门，首先要认识到政府所有的企业是无处不在和多种多样的，它们在大多数领域都存在。政府可以是全资所有者，也可以是大股东或小股东。国有企业与私营企业相比，消耗了更大比例的资本、原材料和中间投入，但创造的总产出和附加值却相对较小。国有企业的大部分利润来自少数几家国有企业，这些利润是通过限制竞争与获得廉价资本、土地、自然资源而得到的。这样就阻碍了私营部门的进入，减少了竞争和创新，最终降低效率和福利。

营造不公平竞争环境的政策，或者加剧企业面临的不确定性的政策，都会进一步限制效率的提升。尽管国有企业和非国有企业得以共存，但在面对不同激励，自然会按照不同的方式行事，资源配置由此就会出现扭曲。非国有其企业推动了中国经济的快速增长，而许多运行效率不高的国有企业依然在开展业务。此外，某些地

方政府旗下的国有企业近期还在迅速扩张；这些扩张行为可能会将私营企业排挤出局，进一步削弱竞争态势。这种做法与中国构建健康市场经济的努力背道而驰。

在中期内，扩大私人部门参与范围可以通过对现有国有企业的改制加以补充。中国凭借过去积累的企业化和国有企业改制经验，这些大企业可以转变为多种所有制并存的企业和上市公司。此外，政府还可以减持这些公司的所有权股份，并建立以专业管理为特征的现代管理模式。虽然天然垄断企业还是存在的（例如，铁路运输），但是垄断企业应当接受独立监督，确保缺乏竞争不会导致价格垄断，也不会导致可能影响下游行业的市场力被滥用。

三、彻底改革要素市场

为了完成向市场经济过渡，进一步巩固增长的基础，中国需要彻底改革要素市场——资本、土地和劳动力市场。这些领域的市场改革往往滞后于商品和服务市场的改革。资本、土地和劳动力市场的制度阻碍了生产要素投入的有效配置。政府通过土地收取租金的方式造成土地利用的低效率，也造成财政体系依赖不可持续的土地收入。农民工和本地工受到的差别待遇弱化了城市化的力量，加剧了经济和社会的不平等。国有企业和非国有企业之间融资渠道的差别性待遇，也扭曲了中国的产业结构，阻碍生产力的提高。

1. 土地市场

未来20年，土地将越来越稀缺，高效利用土地将成为中国长期目标中的关键环节，这些长期目标包括粮食安全、高效和创新的城市、机会均等和社会稳定。更合理的土地政策将有助于保障农民拥有土地的权利，推动农业投资和生产力发展；确保城市或农村的土地被用于最高生产的用途；缩小城乡差距；促进更为有效和可持续的城市发展。

提高土地利用效率，需要解决三个关键问题：①保障农村土地使用权；②农业用地转城市用地；③把土地当作地方政府收入来源。解决这些问题需要进行政策组合改革和发展机构能力，而这些工作需要花时间来设计和实施，但这些工作对于中国整体改革计划的成功是必要的。

首先，落实保障农业土地使用权的措施，将近期的决策落到实处：赋予农民无限期土地使用权，拓展土地注册和巩固农村土地市场，改革和更新农村集体所有制组织的管理结构和争议解决机制。

其次，改革土地征用和补偿措施，在市、地区和国家层面实施战略性土地利用规划。由于国家运用不受监管的征地权来增加政府收入，中国的城市用地面积增长比城市人口增长的速度快得多。需要实施以下两项改革措施：①地方政府在为城市拓展征用农村土地之前，其发展规划必须获得上级政府审批，上级政府在审批过程中需要考虑相关区域土地利用的当务之急和城市用地的效率；②当前土地征用的补偿措施也需要进行评审，毕竟这些措施经常招致抱怨。

第三，开发土地租金和土地融资的替代方案，地方房产税和地方政府从国内资本市场借款。中国现在已经在两个城市试点房产税，但发现推行期间困难重重，常常会遇到技术、制度和社会方面的问题。地方政府目前只能从中央政府借款，但也开发了多种手段的预算外融资，包括以土地作抵押的融资。开放更多常规的融资渠道可以降低对土地融资的需要。根据其他国家的经验，这种地方政府借款需要严格监管，尽管目前的数量有限。房产税与地方政府借款合在一起可以更好地利用土地及更有效的城镇化。

2. 资本市场

现在转向分析资本市场。尽管过去30年中国深化金融部门改革方面的成绩斐然，但中国的金融体系依然缚手缚脚，存在重大结构性失衡。这些失衡不仅会构成显著的系统风险，还将妨碍金融体系为复杂多变、国际融合度日益提升的经济发展服务。金融部门改革的目标应当是构建一个竞争力强、平衡、高效、安全和健康的金融体系。这样的体系应当足以满足企业、家庭和政府部门的需求，并可以为中国最终与全球金融体系接轨打下基础。

首先，实行更为灵活的利率政策，在不进行数量控制的前提下，使利率主导信贷市场。与此同步，金融机构的直接和间接管控应服从于独立的市场安排。

第二，资本市场需要进行深入改革，使其能够提供更多的股权融资和证券化融资，这是发展更具活力和创新行业的重要成分。为实现这个目标，中国可以转变股票首次公开发行政策，从现有的以业绩为基础的审批制度，变为以信息披露为重的审批制度，并侧重改善资本市场的法律框架，落实法律法规，升级金融基础设施，并执行严格的信息披露规定。

第三，如果上述制度和治理结构已经就位，那么中国可以拟定和实施一项计划，放开存款利率上限及贷款利率下限。这一步骤将加快银行商业化进程，确保金融部门的稳定性。

3. 劳动力市场

与土地和资本一样，劳动力也需要流向能带来最高收益的地方，流向产出最多、工资最高的工作。中国以后要拥有一个能提供高收入的开放经济，发展灵活和充满活力的劳动力市场是必不可少的；而是否能够成功发展这样的劳动力市场，关键取决于生产和就业模式是否能够迅速调整，以适应不断变化的国际和国内需求。

然而，中国的户口制度，也就是户籍注册制度，以及由地方管理的保险和养老金制度限制了劳动力的流动。户籍制度改革在未来几十年是当务之急，应当在2030年前完成。然而，这项改革的进展很可能是缓慢的，因为它取决于财政体制改革。户籍制度已经不再限制劳动力从农村向城市的迁徙，但是农民工没有城市户口，他们依然无法获得医疗、教育和住房等城市居民可以获得的社会福利。户籍制度改革的主要局限在于，地方政府既没有资源，也没有动力去为农民工及其家庭提供公共服务。因此，户籍制度改革的步伐将取决于地方政府推进财政体制改革的速度，以及中央和地方政府如何分担出资责任。考虑到这些因素，推进户籍制度改革的系统性方法包括：①使户口和获取公共服务脱钩，使用居住证来作为有权获取服务的凭据；②鼓励地方政府开展试点改革；③重新界定中央和地方政府的出资责任，以此推动改革进程。

第二，为了增加劳动力的流动性，社会保障（养老金、医疗保险和失业保险）应在全国范围内可转移。未来几十年，数亿劳动力还是会去寻求更好的工作，这就要求劳动力市场具有灵活性，配有能够保护工人权益的机构，向工人提供就业预测信息、社会保险和可以转移的、负担得起的医疗保险和老年财务保障。

第三，中国需要找到降低城市就业人群社会保险缴费水平的方法。这种隐性就业税需要雇主负担，雇主要承担平均占工资的45%的雇佣税，这在国际上都算是高的。因为最低缴费额适用于平均工资的60%，这种隐性税收比率对于低收入工人来说要更高些。可以考虑的选择有：吸收政府债务中的遗留成本，提高退休年龄，随着工资的上涨减少养老金替代率。这些选择可以减少社会保险税，增加对劳动力的需求。

四、财政体制改革

未来20年，中国面临的挑战是如何改革财政体制。第一，要限制政府开支占国内生产总值的比重，还要改变政府开支的构成，使之与中国的优先事项相适应，即加大社会和环境领域的政府投资比重以及经常开支的比重；第二，改善收入动员的效率，这可以通过调整收入结构来实现；第三，改革政府间财政关系，这可以通过优化各级政府的资源可用性和支出责任来实现。

1. 调配更多政府开支给社会和环境目标

中国在未来20年迫切需要在卫生、社会保障和环境保护领域加大投入。这些投入对于提供社会保障和基本社会服务，构建人力资本和拓展机遇至关重要。未来几十年提供社会服务的开支将增加，而且地方政府将承担越来越大的份额。需要实现这样的增长，同时要保持财政可持续性，避免损害经济的高税收负担。因此，政府开支需要做出调整，以反映中国面临的不断变化的发展挑战。值得一提的是，需要制定财政纪律和预算程序，以及更强的财政制度，这样可以在从较低优先级到更高优先级的政府项目上重新配置资源。

2. 调动额外金融资源以满足日益攀升的预算需求

中国具有大量尚未开发的收入潜力，可以满足不断上升的预算需求。最重要的短期额外收入来源就是提高国有企业的分红比例，并将这些资金完全划归政府预算。这样可以在生成大量资源的同时，刺激国有企业制定更为高效的投资计划。

在短期到中期，可以对能源（碳）、水、自然资源的使用和污染征收更高的税款，并提高这些资源的使用价格。这样既可以鼓励使用者提高效率，还可以改善环境状况，生成主要收入。此外，提升机动车使用税、停车费（短期选项）和拥堵税（长期选项）可以改善城市效能、宜居程度和环境状况。

最后，加大向居民征收房产税的力度，这样可以提升土地使用效率，同时缓解城市过度扩张。政府还可以拍卖带宽用户权限等公共资源，出租公共设施特许经营权和自然资源开采权，以此来获得可观的经济收益。上述措施不仅可以提高政府收入，还可以避免政治上强大的利益集团获取这些经济收益。

3. 确保各级政府可以获得的预算资源与支出责任相匹配

在政府开支方面，中国是世界上财政分权最显著的国家之一，但在政府收入方面却高度集中。中国地方政府的开支占全部预算支出的80%左右，并承担着提供关键公共服务的责任，如基本医疗、教育、养老金、失业保险、残疾福利、住房保障、基础设施维护和低收入保障。中国的地方政府以各类税费、出让土地使用权和征收房地产交易税等方式获取主要收入。存在于地产开发行业的扭曲动机，可能会导致腐败滋生、强行征地、低效用地和滥用政府权力等问题。此外，财政支出责任和收入不匹配导致了地方政府债务不断增长，通常是采用预算外借款，以绕过预算内借款的限制。主要的措施是，通过重新收回某些职能，将收入与支出责任更好地联系在一起，同时扩大地方政府征收地方税的范围。地方政府借贷和支出应该纳入预算管理，并服从监管。对较富裕和有能力的地方政府，要服从债券市场纪律。尽管政府间转移支付在多数大国是很普遍的，但是中国与众不同，其地方政府拥有自由支配权，而负责提供各项服务的基层地方政府却面临着极大的财政压力。为了解决各省之间以及省内政府资源可用性的差异，可以执行资源转移规定，对省向县和市转移资源的行为加以管理。在其他国家，加强地方政府的自治和能力是普遍做法，在单一制国家也不例外。

五、结论

未来20年里，在构建一个现代、和谐、有创造力的高收入社会的过程中，中国将会面临很多挑战。中国的高层领导已经认识到调整国家发展战略和转变经济增长模式的紧迫性。中国在“十二五”规划和其他政策文件中都已经给出了未来5年新的政策方向，并阐述了宏观经济、社会和环境目标，并把“幸福指数”作为评估地方政府绩效的一个尝试。因此，将政府规划和政策转变为现实将可以使中国成功转型。

中国：加快改革步伐、促进绿色和包容性增长

经济合作与发展组织[①]

前言[②]

中国新的领导集体已发出了明确的信号：中国已取得了巨大的经济与社会发展成就，但深化结构改革的需要日益迫切，现在是时候加快改革步伐了。中国预计将在2016年左右成为全球第一大经济体，为了继续提高生活水平和建设小康社会，中国的确需要更深入的改革。

这些结构性改革涉及众多的政策领域。尽管中国面对的挑战是巨大的且有其具体的特点，但经合组织在许多政策领域的经验还是具有借鉴意义的。本年度的报告在往年报告的基础上撰写并聚焦于中国的重大政策挑战，同时参考了经合组织在《2013年度中国经济调查》（2013 Economic Survey of China）报告中所做的广泛分析以及经合组织在全球价值链、创新、绿色增长、紧凑型城市和食品安全方面的最新工作。主要包括以下几个方面。

（1）全球价值链：经合组织与世界贸易组织联合开展的最新分析。该分析基于附加值（而不是总值）对贸易流动与贸易不平衡的量级进行了重新评估。结果显示，由于原材料价格与劳动力成本不断上涨且来自其他低成本经济体的竞争不断加剧，中国必须继续对其工业与服务业进行升级。

（2）绿色城市：经合组织在紧凑型城市方面的经验。这些经验可以实现聚集效应，同时控制拥堵并确保空气与水的清洁，对稀缺能源与其他资源的定价以及严格的环境标准的制定也具有指导性意义。

---

① 本文为经济合作与发展组织为“中国发展高层论坛2013”撰写的报告，由经合组织经济署Vincent Koen撰写，Richard Herd与汪骁，Irène Hors及经合组织就业劳动力与社会事务司、科学技术与产业司、贸易与农业司、公共治理与土地发展司、国际能源署和核能署的同事对本文亦有贡献。

② 本文前言由经合组织秘书长ANGELGURRIA撰写。

（3）全面城镇化：让外来人口及其子女更好地融入当地城市是城镇化继续成为社会与人类发展的动力的关键，而不仅仅是经济发展。此外，这对于缓和不平等现象及推动消费成为中国经济增长的强劲动力也是非常重要的。更灵活更公平的征地方法以及土地使用权也是很重要的，包括提升农业生产力和食品安全。

（4）老龄化：与多数经合组织成员国类似，中国的人口结构正面临着相当大的变化。对此，需要持续的养老与医疗方面的改革，在控制成本的同时为民众提供更好的保障。经合组织成员国和合作伙伴都在以多种不同的方法解决这一挑战。

经合组织在其他领域的专长对于中国来说同样具有借鉴意义。比如反腐问题——腐败危害社会团结及对改革的支持，国有企业改革问题——更好的企业治理能够促进更公平的增长，税务问题——增值税的现代化改革是重点之一。

目前，遵循去年11月中共十八大上提出的政策方针、国务院于今年1月发布的旨在深化收入分配制度改革的政策以及其他近期政策，许多方面的工作正在取得进展，包括本文中提到的领域及上述领域。

我相信，在中国政府着力实现绿色增长和包容性增长的决心下，经合组织将继续为中国制定和执行“更好的政策，更美好的生活”而做出贡献。

概要

中国现已成为世界最大的制造国与出口国，在全球价值链中扮演着重要的角色。但是，以加工和组装为主导的出口产业会限制中国产品的附加值。在长期看来，随着原材料价格与劳动力成本的继续走高以及来自其他低成本经济体竞争的日益加剧，中国在这些领域的比较优势可能会削弱。因此，价值链上的其他环节必须加以升级，包括上游与下游产业。同时，日益加剧的环境与资源压力也提出了生产流程升级与绿色科技应用的要求。

在上游产业方面，目前中国的研究人员数量居全球第一且在研发方面投入了庞大的资源。但若限制性规定和官僚作风能够得以改善，且在国有企业主导的领域私营企业面临和国有企业同等的竞争条件，那么中国在科技与创新方面的巨大潜力可能带来更多的高质量专利和更大的生产力回报。产业与科技间的关系的改进也是很重要的，同时也包括向外国企业敞开大门，因为它们能够带来资本与技术并推动中国企业提升竞争力。

近年来，中国已大幅降低了单位GDP能耗，同时也引入了旨在控制排放的环境目标与各类措施。可再生能源与核能发展迅速。尽管如此，中国的空气质量总体来说仍然不容乐观，重要原因之一就是对煤的依赖。环境的大幅改善需要更合理的能源定价机制，从而更好地反映生产成本与外部效应。提高对环境有害产品的税收将有助于为绿色基础设施的投资提供资金并降低快速增长的城市的拥堵。

通过提升生产力和扩大内需，城镇化已经并将继续成为中国经济增长与社会变革的强有力动力，但需以更环保、全面的方式推进。完善的公共交通体系是实现上述两个目标的关键。城市供水问题可以通过更有效的水资源定价加以解决。城市外来人口应享有基本的社会服务，包括医疗、子女教育和养老。此外，为了更高效、公平地推动城镇化进程，农地转用方面的限制应有所放宽，同时加强和更好地保护农民的土地使用权。

中国的人口结构过渡已经开始，老龄人口抚养比率（扶老率）在未来几十年中将进入上升通道。鉴于此，独生子女政策应有所放宽，养老与医疗制度改革在近些年取得的巨大进步的基础上仍需进一步深入。养老制度安排仍过于分散，且目前的法定退休年龄较低，应予以提高。在医疗方面，需要实现从医院到社区医疗的再平衡。由于医保覆盖率仍然不高，重大疾病与慢性病继续将民众推向贫穷。为了促进劳动力市场的流动性并实现公平，社会保险的异地转移接续问题应进一步完善。

目前，中国已在食品安全方面取得了重要进展，营养不良比率也已大幅降低。但是，许多家庭仍挣扎在温饱线以下，尤其是农村地区的最贫困人口。此外，日益提高的生活水平带来了对耗水型农产品需求的增长。这就需要新型种子、新技术、便利土地使用和流转的政策以及国内与国际农产品市场的深度融合。农业补贴应逐步被直接支付所取代。此外，应进一步加快改善多数贫困人口居住的农村地区的基础设施及基础公共服务。

一、促进中国的产业升级

过去10年，中国已成为世界最大的制造国与出口国。此外，中国来自全球价值链的附加值的比例的增速超过了所有其他国家；现在，这一比例已于美国持平。但是，在诸如加工与组装等领域，中国出口所包含的附加值微乎其微（比如一些高科技电子手持设备）。长远来看，随着原材料价格和劳动力成本的上涨以及来自其他低成本经济体竞争的加剧，中国在这些领域的比较优势可能会削弱。

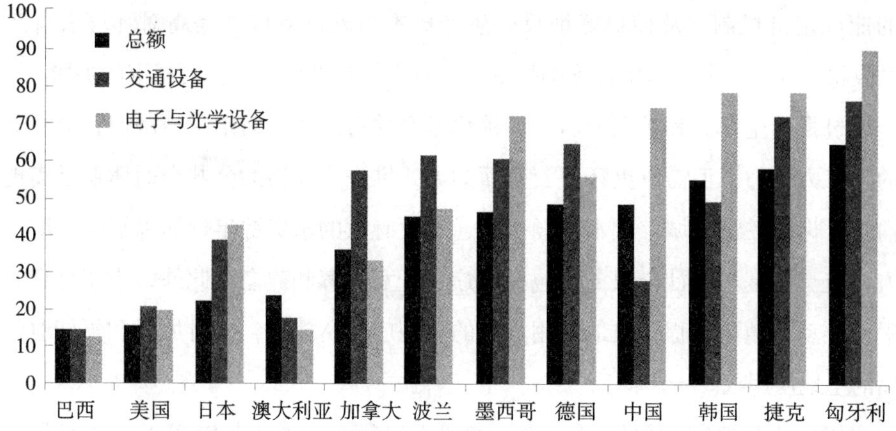

图1　出口中的中间进口（自2009年起）

来源：经合组织与世贸组织，《贸易附加值数据库》，2013年1月

因此，价值链的其他环节必须加以升级，包括研发、设计和关键零部件制造等上游产业，以及营销、品牌宣传和客户服务等下游产业。这些将成为中国强大制造能力的补充，从而提高生产力和附加值。此外，日益严峻的环境与资源压力要求对生产流程进行升级并应用绿色科技。中国的“十二五”规划明确强调了产业升级，要求提高产业竞争力（包括服务业），打造新兴战略性产业，进一步提高能源效率并改善环境。

中国融入全球价值链对于提升其出口产品的技术与技能含量一直非常重要。通过承接跨国企业的生产环节，中国得以开发利用此前属于国内空白的前沿技术。中国的知识密集型服务的出口（这对价值链上的上游活动和下游活动很重要）占全球所占的比例在2010年已接近10%。

同时，中国正在打造新的竞争优势。在“十二五”规划提出的七大战略性产业中，有三大产业与能源和环境直接相关，包括新能源产业、节能环保产业和清洁能源汽车产业。目前，中国已在这些领域取得了进展，尤其是在风能和太阳能领域：2011年，全球约40%的已装机太阳能电池板和44%的风电新装机容量产自于中国。

中国的产业升级有别于经历过产业升级的其他亚洲经济体。基于巨大的、快速扩张的国内市场，参与外国跨国企业价值链的中国企业也能够将获取自全球价值链活动中的知识用于其在国内市场的新能力的开发。反过来，这也为它们在全球价值链中的升级提供了支持。同样地，中国也可以吸引拥有最新技术的跨国企业在国内进行生产，创造知识溢出的机遇。此外，由此产生的跨国企业与国内企业的竞争同样能够激励中国企业在创新方面的投资。

中国的进一步产业升级需要一个有利于结构改革与创新的政策环境。随着经济体在价值链中地位的提升，通过贸易而产生的附加值中日益增多的份额涉及产品制造过程中的服务。数据显示，中国的贸易附加值比例从1995年的25%提高至了2009年的35%。因此，服务产业的表现也是至关重要的。比如，低运输成本、高通信覆盖和低银行利差对服装、电子和汽车等产业的出口非常重要。

中国面对的另一挑战体现在国际贸易与投资方面。进口产品竞争推动企业提高生产力，提升产品品质并在创新方面进行投入，这在全球价值链背景下尤为重要。目前中国在国际市场的成功同等地取决于进口和出口有效产品的能力。此外，由于中国在许多领域处于价值链的末端且加工贸易所占比重很大，因此存在于（影响中国供应商的）上游产业或（中国出口商面对的）下游产业的障碍对中国企业是非常不利的。的确，由于从价关税基于货物总值而征收，这对于仅在价值链末端增加了较少价值但同时要按货物总值来缴纳关税（包括先前缴纳的关税）的生产商的影响更大。

其他一些因素也起着重要作用，包括国有企业垄断、教育投资（尤其是职业教育）、政府对能够让企业融入全球体系的平台和基础设施的扶持以及知识产权。近年来，中国在这些领域取得了很大的进展，但仍需进一步的改革。

最后，环保产品与服务产业的发展将大大受益于税收的提高、促进绿色增长的政策性鼓励措施以及让环境污染者付出代价（经合组织，2013年）。

对中国产业升级的部分政策建议：

（1）鼓励在电信、民航等大型国有企业居主导地位的领域设立新的私有制企业。

（2）减少服务业的外国投资限制，尤其是电信产业。

（3）继续推进银行利率的市场化改革，改善中小企业的风险融资渠道。

（4）通过缩短注册新企业所需的行政审批时间提升商业运营环境。

（5）减少区域间和城市内高中教育资源分配的不平等，允许所有学生入读居住地所在的高中，并增加区域内的大学招生名额。

（6）加强知识产权执法，包括增强法律意识和提高对侵权行为的处罚，以确保为国内外的创新者提供充分保护。

（7）提高环境税收并建立污染税体系，提高汽车尾气排放与燃油质量方面的标准。

二、创新与新工业化浪潮

自上世纪80年代中期起，中国的科学、技术与创新体系经历了快速的变革，由中央政府主导的学术性研发转变为以企业为核心的市场化创新。相较于2005年，中国的研发投入在2010年达到了1620亿美元，仅次于美国，位居世界第二，研发投入占GDP的比重为1.8%。中国企业的研发投入占国内研发总投入的72%，略高于经合组织成员国的中位水平，其中企业自主投资的研发占到了93%。此外，中国的研究人员数量居世界第一。科技类就业人员占就业总人口的比例仍低于金砖经济体的中位水平，但随着接受高等教育的年轻人越来越多，这一比例正在不断上升。

但在创新成果方面，中国的发展不尽平衡，三方专利（triadic patents）数量仍然很低。过去10年，中国在信息通信领域的技术优势得到提升，但在生物与绿色科技方面则有所下降。尽管在学术研究方面，企业投资占11%，但产业界和学术界的关系仍未得以充分发展。政府资金分配没有遵循最佳实践，且向特定举措或成果倾斜。虽然世界银行发布的《营商指数报告》显示近年来中国的经商环境已有所改善，但创新性的创业活动仍受制于限制性法规和行政负担，阻止了新企业的进入并限制了竞争。国有企业的主导地位降低了创新的压力，尤其在电信、交通和电力等网络性产业。中国的信息通信基础设施发展迅速，但以人均来衡量，信息通信技术的使用以及电子政务的普及仍然不高。

《2006~2020年科学技术中长期发展规划》（以下简称《科技中长期规划》）绘制了中国迈向创新型经济的蓝图。《科学技术发展“十二五”规划》（2011~2015年）在《科技中长期规划》的实施中起着重要作用。同时和支持战略性新兴产业以及相关的技术创新的一揽子新政策一起，《科学技术发展“十二五”规划》也促进了战略性新兴产业的发展（包括应对气候变化的技术）。2012年11月召开的中共十八大将创新驱动发展战略和经济结构的战略性调整定为国民经济和社会总体发展的核心。这进一步强调了创新作为中国发展的动力的重要性，包括与之相关的行业竞争力。

上世纪80年代起所施行的“门户开放”政策成功帮助中国获取外部资本和技术，开展知识密集型活动并提升其在国际价值链中的地位，但同时也加深了中国对外部技术的依赖程度。尽管中国企业是积极的研发执行者和承包方，他们的创新成果与创新能力却仍然不足。此外，不断上升的劳动力成本，来自低收入国家的竞争以及某些经合组织国家可能采取的制造业回归行动将削弱中国的低成本竞争优势。因此，这使得迅速提升中国在国际价值链中的地位变得更为迫切，而这需要提高中国企业的创新能力。但是，当前的政策措施在培育企业能力和提供创新激励方面收效甚微，因为一直以来企业的研发与创新投入很大程度上靠政府政策和目标所驱动，而非企业的自主意愿。

创新政策也需要强调中国所面对的社会与经济挑战，尤其是环境恶化、老龄化、贫困及区域贫富差距悬殊等问题。对此，除了高科技领域的技术创新本身，政府需要将关注点扩大至所有类型的创新，包括服务创新和所谓的“节俭式创新”，从而通过利用当地资源开发廉价产品与服务，以满足当地需求。

对创新与新工业化浪潮的部分政策建议：

（1）采取更为市场化的方式鼓励更广泛的企业创新与产业发展。包括经济、产业、税收和采购等方面的政策措施应为在中国的本土和外国企业的研发与创新活动提供公平的竞争平台。

（2）改善创新的框架环境，尤其是针对创新类创业企业。具体做法可包括减少法规限制和行政负担，改善创新类中小企业的融资环境，以及改进公共技术服务平台和技术转让服务等扶持性工具。

（3）重新思考政府和市场在向创新经济转型过程中的角色，尤其是在产业政策、新技术投资以及创造新产业等方面。

（4）改进政府部门间的协调，将重点从实现目标转向获得成果和影响，同时加强政策与项目的评估。

（5）接纳更宽泛的创新理念。不再将高科技领域的技术创新作为唯一重点，提高对创新潜力包括节俭式创新的关注度，从而满足包括低收入人群和农村人口的民众的需求。

（6）深化科学技术体系改革。对各类公共研究机构的现状进行摸底，如基础研究类机构、社会福利与公共服务类研究机构以及技术开发与商业应用类研究机构。相应地优化各类研究机构的管理与运营机制，并为非营利性研究机构提供稳定的资金支持。

（7）提高对科技人员的激励，使他们参与到企业活动中并鼓励公共研究成果的商业化。

三、能源与可持续发展

“十一五”期间（2006~2010年），中国将GDP单位能耗降低了19%，并将进一步降低16%作为了“十二五”的目标。当地空气污染物减排的量化目标已经确定，相对于其他污染物，二氧化硫减排已取得进展。“十二五”规划首次将一氧化氮减排目标落实到电厂上，针对汽车的燃料经济与排放标准也进一步提高，包括北京最新出台的标准。空气污染物监测范围也已扩大，监测结果也更加透明。为了降低对化石燃料的依赖，中国政府正在积极扩大可再生能源的使用——除水电外，风电也日益受重视。尽管最近公众对核能安全的关切可能延缓新核电厂的投产，但核电发电量仍在快速增长。虽然能源效率已有了很大改善，但中国强势的经济表现依然带来了能源需求的不断增长，而其中很大一部分一直由煤这种分布最广泛、最易取得的能源所满足。

尽管能源效率有所改善且二氧化硫排放降低，但多数城市地区的空气质量依然低下。全国范围内，空气悬浮颗粒物年均污染指数是世界卫生组织安全指数上限的三倍多，在许多地区更是超出数倍。目前，这种类型的空气污染已被认为是中国民众过早死亡（或“夭亡”）的第四大祸根。

中国已经采取了多重措施，力图实现能源与环境的可持续。在能源效率与某些污染物排放方面，已在其他地区应用的类似标准和财政激励体制运转良好。其他措施还包括通过将能源效率引入对主管官员考核的方式，关停小型、低效、高污染工厂。但是，中国依然有足够的空间让市场化定价和能源税发挥更大的作用。

有时候，经验的借鉴并不那么顺利。譬如，事实证明，在中国照搬其他国家成功的二氧化硫排放交易模式是有难度的。尽管如此，碳排放交易试点机制正在实施。一项基于欧盟碳排放交易体系的联合研究显示，针对电力行业的全国性机制在中国或许是可行的（国际能源署，2012a）。此外，碳税方面的实践也具有很好的借鉴意义。

对于中国所面临的某些最棘手的问题，譬如降低能源体系对煤的依赖度，其解决方案取决于市场机构的发展进程。“十二五”规划将快速增加国内及进口天然气供给作为了重要目标之一，但若没有配套的新定价机制和监管方式，这一方案未必可行。基于中国目前面临的挑战，某项对其他国家成功经验进行的联合评估给出了一些可取的建议（国际能源署，2012b）。一项油气价格联动机制已在一些省级试点开始实施，上海或广东可能试行“中心定价机制”（Hub-pricing，此定价机制源自美国的亨利中心——Henry Hub，该中心是9条州际天然气管道的交汇点），国内天然气和进口天然气通过此中心进入管网。在电力行业，更好的定价与配电监管可以提升经济效率与环境绩效，同时处理公平与其他关键的社会问题（经合组织，2013年）。

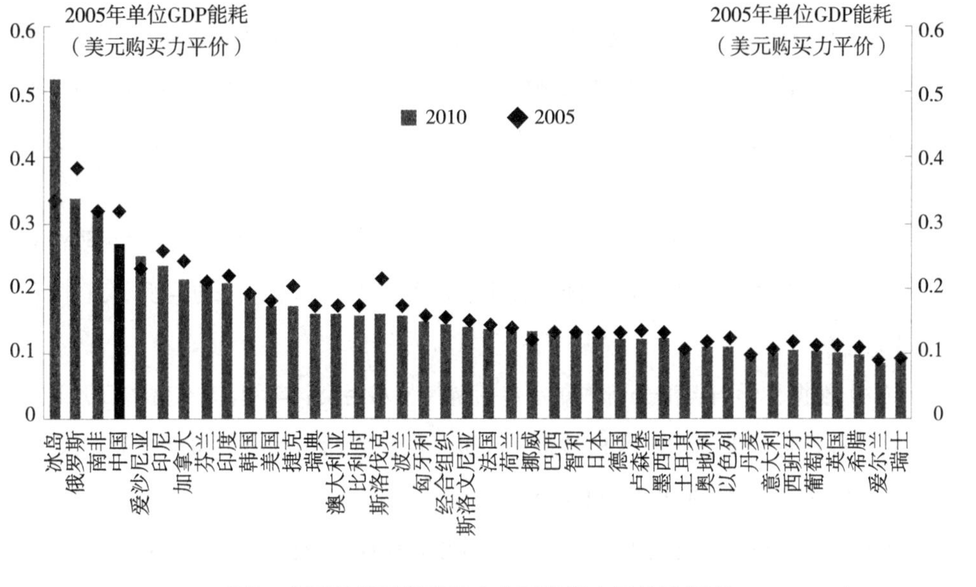

图2 中国的能耗强度已大大下降但水平依然很高

数据来源：经合组织，2013年

目前，中国正在积极地将核能作为低碳式基础能源进行开发。全球目前在建的64座核反应堆中，有26座在中国。2011年3月的日本福岛核事故后，中国国家核安全局发布了国内核电站的全面安全评估报告，更高的安全标准也开始应用于所有已投产核电站的运作中，而新的、更安全的设计规范也将适用尚未审批的核电项目。此外，中国政府还采取了一系列措施扩充核能监管机构的人员并加强其独立性。

对能源和可持续发展方面的部分政策建议：

（1）提高天然气和其他石油产品的税收，使得终端用户价格更接近先进国家的价格水平。取消价格控制，完全与国际油价接轨。

（2）在市场化天然气定价试点机制的基础上，在全国范围内进行推广并推行煤的完全市场化定价。对发电行业的定价机制进行改革，从而更好地反映包括碳和其他污染物定价在内的成本。取消对个别工业用户的电力价格优惠。对输电与送电分离进行试点，走向自由定价机制。

（3）确保二氧化碳排放交易机制试点的有效运行。走向全国范围的碳定价，建议根据试点经验征收碳税。

（4）加强旨在减少自驾车出行的措施，包括采用征收拥堵费而非车牌摇号的方式，从而降低相关的外部效应。

（5）在有效的全国二氧化碳定价机制建立和污染税体系加强之前，继续扶持低碳能源投资，扶持力度应同其他领域的碳减排及环境目标相一致。不对单一型的低碳能源提供更多支持。解决风电与太阳能发电的供给瓶颈，并继续推广更好的投资协调与电网互联。

（6）继续提高汽车和燃料的国家标准，尤其是二氧化硫含量标准，将领先城市适用的标准在全国范围内推广。随着技术进步并参考国际上的先进经验，逐步提高相关标准。

（7）根据科学与经济分析，制定包括空气与水污染物等更为广泛的环境目标；继续将环境目标与地方政府考核挂钩；改进全国主要污染物——包括二氧化碳和其他温室气体——的数据收集与宣传工作。

（8）提高核能安全防护，包括提高监管能力应对日益增长的核能投资，升级监管机制明确职责以及保持监管机构与最高级别政府部门沟通渠道的通畅。

四、城镇化与可持续发展

城镇化已经并将继续成为中国经济增长与社会变革的强大动力，因此，城镇化也成为“十二五”规划中的重要内容。城市扩张主要是通过农村人口的迁出来进行的，劳动力因此从农业中转移出来并进入生产力更高的行业。人口向城市集中也带来了聚集效应。在这一过程中，生活水平得到了快速改善：目前，中国近1/4人口所居住地区的人均收入至少与智利、墨西哥或土耳其持平（经合组织，2013年）。同时在过去10年，生产力不高的工人的下岗以及农民工汇回老家的收入提高了农村地区的人均收入水平，缩小了城乡收入差距。

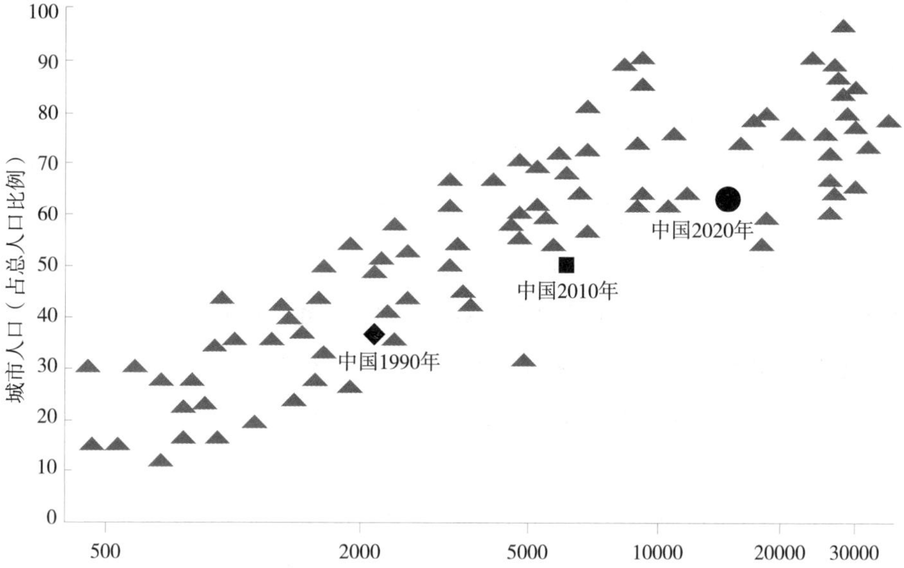

图3 城镇化进程加快但仍低于类似发达经济体的水平

城镇化在带来巨大收益的同时也产生了成本（经合组织与中国发展研究基金会联合报告，2010年）。其中一个问题与拥堵有关：尽管公共交通体系的发展成就令人瞩目，但仍未能跟上城镇化的步伐。此外，城市对为数众多的产业重新分类，产生了比农村地区更多的出行需求，这对空气质量有害。但是，大城市不一定比小城市更为污染。实际上，紧凑型城市有助于减少对汽车的依赖并实现更高效的能源生产与使用（经合组织，2012f）；同时，为碳定价和征收拥堵费等也有助于解决与环境有关的问题。此外，在许多中国城市面临水供给不足问题的情况下，定价机制（从取水定价转向消费定价）和技术措施（用水量测定、节水和再利用）应发挥更大的作用。

随着人均GDP（尽管低于其他东亚国家）的提高，人们对居住空间的需求也相应增加，这反映了中国人口大规模地向城市迁徙以及外来人口对居住面积的较低要求。此外，工业用地需求也在增加，尤其是随着大批开发区与工业园区的建立。

同时，在许多人口密度非常高的主要城区，人口密度已经有所下降。上世纪90年代初，随着土地使用权交易的放开，住房投资开始变得活跃。2010年，地方政府卖地收入占GDP比重超过7%，但其中仅有一小部分被视为地方政府的收入。剩余卖地收入的使用往往不透明，官方统计中公布的土地征收补偿款也大大超出农民所得的数额。无论如何，城市都需要开辟更多的收入来源，尤其是通过征收更高的房产税（汪骁和Richard Herd，2013年）。

2010年，约2.75亿农村外来人口居住在城市地区，占中国总人口的1/5。他们中的大多数都没有当地户口。此外，尽管在许多城市（尤其是上海）外来人口享受当地教育、医疗以及其他社会服务的规定已经开始有所放宽，但外来务工者及其家庭成员仍无法享有和当地户籍居民同等的社会权益。外来学生入读当地高中和在当地参加高考的进展更是缓慢，而户籍仍是最大的阻碍。在医保方面，外来家庭难以将其子女也纳入保障范围，而这些孩子的健康水平明显低于城市的孩子。

在此背景下，中央政府已开始推动户籍制度改革。各城市的改革措施不尽相同，但总体看来，由于相关条件的限制，力度非常有限。因此，绝大多数外来人口仍无法取得现居住地的户籍。他们中的许多人选择不在现居住地落户，因为这要以失去价值不菲的土地为代价，并且如果其他地方有更好的机会，他们也可以再次迁移。因此，最好的方法应该是将户籍与城市公共服务享有权分离，比如向外来人口发放居住证，居住证持有者享有与当地城镇户籍人口同等的权利（苏州是典型案例之一）。随着受教育权利的迅速扩大，这一政策的成本正在降低。

农地转为建设用地的严格规定也阻碍了城镇化进程，这部分反映了对粮食安全的担心。这很可能在未来几年带来土地价格上涨的压力并导致违法建设的增多。需要对农村土地所有权制度进行重大变革，允许农民和村集体将农地用于非农建设。

对城镇化与可持续发展方面的部分政策建议：

（1）终止有利于中小城市发展或限制大城市发展的政策。

（2）废除农地转用年度限额制度以及国家对农地总数的控制，转而实行由地方政府决定的总体规划，规划中应考虑降低大城市周边区域房价的需求。

（3）在大城市进一步发展地铁系统，在小城市进一步发展快速公交系统。

（4）保证农民更多地享有农地开发带来的收益。在法律上进一步明确在城市或城市周边地区的农村集体土地上进行的房产开发。

（5）卖地收入的使用应更加透明，包括土地再开发方面的支出以及征地补偿款的最终去向。

（6）在符合土地利用规划的前提下，允许农民出售、出租并抵押其土地使用权，同时将土地使用权期限延长至70年以允许大型农场的开发。

（7）变土地交易税为土地占用税，同时保持房产税税负总体上基本不变。

（8）将户籍与享有当地公共服务脱钩。

（9）增加对招收外来务工人员子女的民办学校的补贴。允许外来务工人员子女入读当地高中。

（10）允许外来务工人员子女在居住地参加高考并取消大学招生的地方配额。

五、人口与老龄化

2012年底，中国人口总量为13.54亿，这一数字未来仍会增加，并在2020~2030年间达到峰值。由于低生育率和更高的预期寿命，中国人口将在未来几十年迅速老化。去年，15~59岁之间的劳动年龄人口首次出现下降，标志着中国人口结构的重要转折。根据联合国最新发布的人口预测，中国的扶老率（老龄人口与15~64岁人口的比率）预计将在未来十年提高一倍，并在2080年之前还会持续上升。这些人口结构的变化趋势对经济和社会发展有着重大的影响，尤其是对养老与医疗体系。实际上，在这些领域的公共支出在几年之前已经开始快速上升，目前已经超过其他新兴和发达国家的水平。“十二五”规划中的其中一个目标就是要大力改善社会保障体系，尤其是在农村地区，因此，公共社会支出预计将会继续提高，且增速会高于GDP增幅。

在人口老龄化与城镇化加速的背景下，中国政府近年采取了多项措施对养老体系进行改革（Richard Herd等，2010a）。中国的养老体系是非常不统一的，农村、城市和公共部门有不同的养老体系，并且每一个体系之内的具体制度也不尽相同。此外，补充养老体系尽管目前规模较小，但正在发展之中。基本养老体系的不统一带来了效率问题，因为劳动力流动受到了限制；而且还有失公平，因为当劳动者从一个领域转移到另一个领域之后，他在先前领域的工作经历不被新的养老体系所认可。最近的一些改革措施实际上进一步加剧了现有体系的分割，而另一些措施，尤其是规定地方投入更多资金的改革措施，目前只得到了部分执行。此外，另一大挑战就是在目前的规定下，在退休年龄很低的同时，有效的人口置换率不高且预计会进一步降低（经合组织，2012c）。这在一个快速老龄化的社会是难以为继的。第三大挑战与财政资源的分配有关：随着农村地区人口的老龄化，目前的制度安排意味着多数额外的负担将由资源不足的地方政府来承担。

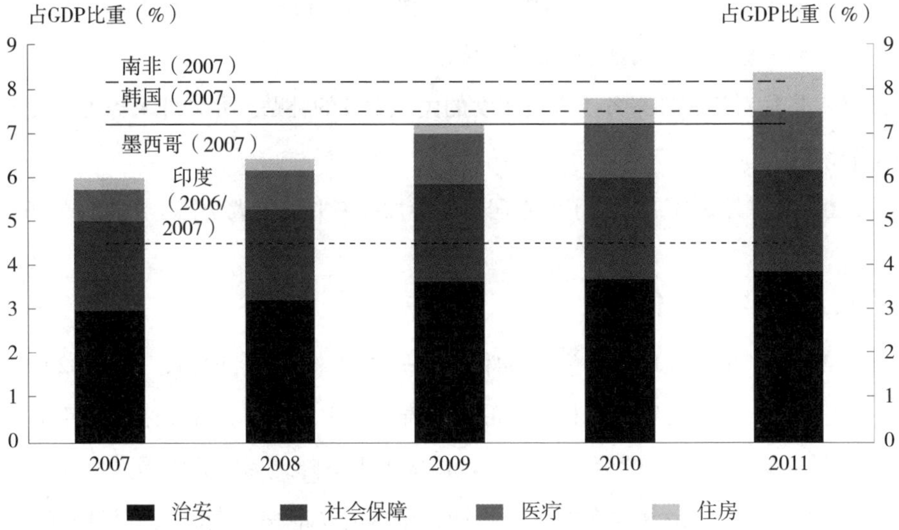

图4　中国政府在社会事务方面的支出增长迅速

近年来，公共医疗支出大幅增加，原因包括政府出台了旨在扩大医保范围的改革措施（目前，中国的医保覆盖率已达到95%之上），以及个人医保支出（包括自行承担费用）比例的降低（经合组织，2012b）。即便如此，中国仍面临一系列的挑战，包括提高医疗体系效率与公平以及确保可预见的医疗支出增加在可控范围内（Richard Herd等，2010b）。中国医疗体系的弊端是显见的，尤其在非传染性疾病、精神类疾病、糖尿病和各类风险因素（包括烟草、不良饮食与食物污染、伪劣药品和环境威胁）等方面。医生数量有所提升，但一些在职医生并不能完全胜任自己的工作。由于工资低且职业前景不佳，吸引有经验的医生去到基层医疗单位（社区诊所）是非常困难的。医院吸收了过大比例的医疗资源。医院预算与医生工资的一部分来自药品销售，药品价格受政府监管且存在很高的交叉补贴。由于国家层面的投入有限，重大疾病与慢性病继续将民众推向贫困，尤其在欠发达地区。2009年，中央政府出台了一整套大力度的改革措施，这些措施已开始实施，目标是到2020年建立起统一的、安全的、可负担的、有效的基本医疗保障体系。这些改革涉及加大医疗基础设施投资，扩大医保范围，加强疾病预防，实施新的基本药物制度以及大规模重组，包括医院改革。

在人口与老龄化方面的政策建议：

（1）进一步松绑独生子女政策，尤其在农村地区。

（2）借鉴一些经合组织成员国的做法，根据预期寿命的提高，逐步提高退休年龄。

（3）逐步整合不同的养老体系。即使延续针对不同劳动者（尤其是城镇职工和城镇居民）采取不同的养老制度的做法，那么也应逐步整合每种制度，首先从省级范围开始，然后扩大至全国，最终消除城乡居民之间的差异。

（4）中央政府承担更多的农村养老支出。

（5）协调不同医保制度之间的权益，同时提高行政效率，包括扩大电子医疗记录的使用。

（6）在继续扩大城市社区医疗中心的基础上，让社区医疗承担更大的作用，尤其是在疾病预防和（无须去医院的）慢性病治疗方面。

（7）推进医疗机构管理体制改革，减少不必要的住院，更加注重提高服务质量，同时还要提高会计水平；改革医院的处方与收入体系，将医生收入与药品销售分离。

（8）提供足够的培训与再培训和薪酬待遇，鼓励医疗从业人员选择顺应社会需求的职业路径。

（9）提高外来人口的养老与医保覆盖率，解决社保的异地转移接续问题。

（10）针对老龄人口和长期养老问题制定综合性政策框架，鼓励地方试点。

六、粮食安全

中国已在食品安全问题方面取得了重大进展：营养不良人口数量已从1990~1992年的2.54亿降至2010~2012年的1.58亿，占全球降幅的73%。在这一过程中，营养不良发生率几乎减半，从21.4%降至11.5%。根据联合国粮农组织的数据，中国儿童发育不良、体重不足或消瘦比率下降了50%~70%。这些成就得益于食品获取渠道的改善和食品供给的增加。根据实际人均水平计算，城市人口和农村人口的收入分别是20年前的五倍多和三倍多。这意味着，根据世界银行公布的每人每天收入1.25美元的贫困线标准，中国贫困人口比率从60%降至约13%。此外，人均食物供给提高了一倍，人均蛋白质供给提高了1/3以上。食物供给不足越来越集中于农村地区的重度贫困人口，尤其是小农户。

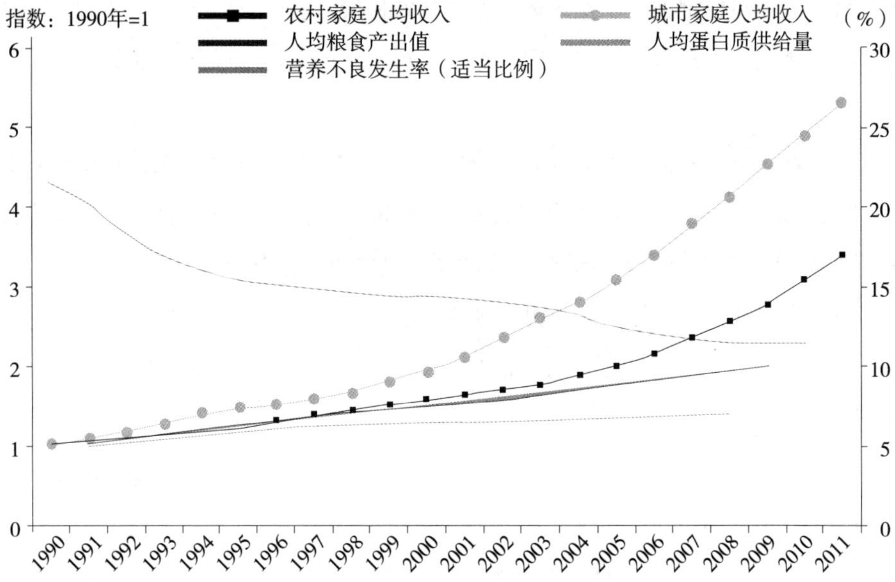

图5　中国粮食安全问题已大大改善

来源：联合国粮农组织，2012年统计数据库（FAOSTAT Database），中国国家统计局（2012年）

尽管中国取得了如此大的成就，但营养不良人口规模依然很大，占世界总量的至少五分之一。近20%的人口仍处于“食物不足”的状态（包括慢性营养不良人群和无法保证每天获取足够食物的人群），人均动物蛋白质供给水平也依然较低。此外，中国面对的资源短缺问题也日益严峻，尤其是水和耕地。随着收入的提高，饮食水平将继续改善，对肉类与奶制品等耗水型食物的需求将增加。为确保粮食安全，中国政府誓将耕地控制在1.2亿公顷（18亿亩）红线以内，但城市化与基础设施建设用土地需求的增加成为了实现这一目标的重大挑战。中国的土地生产力极高，但代价是更多农资的使用，尤其是化肥。因此，农业成为对水资源污染最严重的行业之一。粮食产量的进一步提升需要多重条件，包括新型种子、新技术以及各地区和各类农场更为公平的获取这些种子和技术的渠道。放宽土地使用与流转政策也将获得显著效果，这有利于土地整理（经合组织，2013）。

在此背景下，中国针对三农问题的主要政策目标包括：提高粮食产量，保持95%的粮食自给率；提高农户收入；改善食品安全；加强环境保护；提高农业竞争力以及改善农村地区的社会与技术基础设施。“十二五”规划（2010~2015年）提出了通过改善农村收入和福利来实现均衡增长的目标，以改变一直以来以城市与沿海地区的出口和投资为驱动的增长模式（经合组织，2011年）。

但是，经合组织发布的《生产者支持评估报告》（Producer Support Estimates）指出，中国旨在促进农业生产与提高农民收入的政策将让消费者和纳税人付出更多代价。自上世纪90年代末起，消费者所支付的额外价格（当国内农产品的定价高于国际水平时）尽管波动很大（反映了国际市场的波动），但总体呈上升趋势。针对生产者的转移支付预算也有所增加，但更为平稳。转移支付的实现形式包括农用化学品（尤其是化肥）补贴、良种和农机补贴以及越来越多的按单位土地面积的固定补贴率而进行的直接支付。通过上述两个渠道提供的、旨在提高农场收入的政府扶持力度增长迅速，正在接近经合组织国家的平均水平。根据经合组织“总体支持评估”测算，2008-2010年中国对农业的全部补贴占GDP的比重为2.3%，大大高于经合组织国家0.9%的平均水平，同时也高于俄罗斯、巴西、南非和乌克兰（经合组织，2011年）。

在粮食安全方面的部分政策建议：

（1）通过全面的经济政策来确保有饭吃。中国政府应进一步加快改善绝大多数贫困人口居住的农村地区的基础设施和基本公共服务（如教育、医疗、养老制度以及社会保障）。

（2）完成由农业投入补贴向直接支付的转变，并最终转变为战略性的公共投资。逐步以直接支付（单位土地面积的固定补贴率）取代农业投入补贴，无须以购买特定的农资或生产特定的农产品为获取补贴的条件。这将有助于降低对生产者决策的干涉并更有效地提高农民收入，从而缓解他们的食物不足问题。在未来，考虑从直接支付向战略性投资的转变，提高中国农业与食品体系的生产力和可持续性。

（3）提升农业创新体系。为缓解资源方面的限制并提高长期生产力，进一步推动研发、技术应用与转让、教育、农业培训与指导服务。

（4）与国际农产品市场更紧密接轨，开辟更多食品来源。鉴于庞大的外汇储备和持续增加的账户盈余，中国可以到国际市场上购买粮食，逐步缩小95%的粮食自给目标所涵盖的粮食范围。比如，日常食用玉米仍保持自给，工业加工和饲料用玉米可部分进口。提高玉米进口量可实现土地向更有生产力的其他用途的转移，包括用于满足城市化与基础设施建设的需求。

（5）加强土地市场的发展。土地转用仍是中国农村地区社会矛盾的主要根源之一。为了缓和这些矛盾，农地的非农转用应基于土地的市场价格来进行，这样农民才可以获得初始资本在农村开展非农经营或便利他们向城市迁移。

参考文献

Brooks，J.（ed）（2012），Agricultural Policies for Poverty Reduction，OECD，Paris.

China Development Research Foundation（2012），China：Ten Years After WTO Accession，Beijing，China Development Press.

Herd，R.，Y.-W.Hu and V.Koen（2010a），“Providing Greater Old-Age Security in China”，OECD Economics Department Working Paper No.750.

Herd，R.，Y.-W.Hu and V.Koen（2010b），“Improving China’s Health Care System”，OECD Economics Department Working Paper No.751.

IEA（2012a），Policy Options for Low-Carbon Power Generation in China：Designing an Emissions Trading System for China’s Electricity Sector，Paris，IEA.

IEA（2012b），Gas Pricing and Regulation：China’s Challenges and IEA Experience，Paris，IEA.

NBS（2012），China Statistical Yearbook 2012，National Bureau of Statistics of China，China Statistics Press.

OECD（2010），Economic Survey of China，OECD，Paris.

OECD and CDRF（2010），Trends in Urbanisation and Urban Policies in OECD Countries：What Lessons for China，OECD and China Development Research Foundation.

OECD（2011a），Agricultural Policy Monitoringand Evaluation 2011：OECD Countriesand Emerging Economies，OECD Publishing.

OECD（2011b），How’s Life? Measuring Well-Being，OECD，Paris.

OECD（2011c），“The Labour Market Effects of Social Protection Systems in Emerging Economies”，in Employment Outlook 2011，Paris，OECD.

OECD（2012a），Science，Technology and Industry Outlook 2012，OECD，Paris.

OECD（2012b），China in Focus：Lessons and Challenges，OECD，Paris.

OECD（2012c），Pensionsata Glance Asia/Pacific 2011，OECD，Paris.

OECD（2012d），OECD Environmental Outlook to 2050，the Consequences of Inaction，OECD，Paris.

OECD（2012e），Energy，Green Growth Studies，OECD，Paris.

OECD（2012f），Compact City Policies：A Comparative Assessment，OECD，Paris.

OECD（2013），Economic Survey of China，OECD，Paris.

OECD/WTO（2013），OECD/WTO Trade in Value-Added（TiVA）Database：China，OECD，Paris.

United Nations Population Division（2012），Probabilistic Population Projections Based on the 2010 Revision of the World Population Prospects，15 November（second revision）.

Wang，X.and R.Herd（2013），“The System of Revenue Sharing and Fiscal Transfers in China”，OECD Economics Department Working Paper，forthcoming.

第2章

促进包容性增长的财税体制改革

财政部部长

楼继伟

对于“包容性增长”——inclusive growth，大家理解不尽相同。从比较宽泛的角度，可理解为经济、政治、文化、社会、环境等多个方面的统筹发展。如果把概念缩小一点，包容性增长就是要让经济发展的成果惠及所有地区，惠及所有人群，在经济可持续发展中实现社会的协调发展。

对“两个惠及”，大家并没有什么异议，但对如何实现包容性增长，人们有不同的理解。其中的关键就是，政府和市场各自应该扮演什么样的角色。

政府发挥作用离不开财政税收这种公共资源，财政税收资源来自纳税人的贡献，通过政府预算安排发挥作用。因此，如果实现包容性增长的途径和方式问题不明确，就很难谈到如何进行财税改革。

对于实现包容性增长的途径，有三种理解比较有代表性。

第一种理解，关注发展成果的再分配，为此特别强调发挥政府的作用，国家要提取更大比例的财政收入，通过大规模的再分配来实现结果的公平。这种途径压缩了市场的作用，可能导致经济增长率较低，就业不足。同时，如果过多靠国家福利，而不是靠自己奋斗，人民的幸福感也并不见得很高。因此，这种模式不大可持续。

第二种理解，关注发展机会的创造，而不仅仅关注结果，争取使每个人都能根据自身条件获得发展机会，通过自身努力得到发展，享受发展成果。国家适当提取财政收入，实施适当的再分配政策，主要是创造公平的发展机会，让市场发挥资源配置的基础性作用。这种发展途径使得就业充分，人民的幸福感强，经济增长率高，是可持续的。

第三种理解，是一种不平衡的途径，国家大力扩大开支，实施大规模的再分配，但提取的财政收入比较少，财政长期赤字，个人付出较少的努力，享受更多的福利，国际收支赤字也会越来越大。但是，天上不会掉馅饼，这样一种途径最后要靠通货膨胀来平衡，其结果是低收入人群和地区会更为困难，陷入一种恶性循环。

一些拉美国家在历史上就有这样的例子，落入了所谓“中等收入国家陷阱”。有的拉美国家经过近10年的政策调整，才走出这个陷阱，但付出了惨重的代价。个别南欧国家本属中等收入国家，却走了第三种途径。由于这些国家属于欧元区，有强有力的货币，国际收支平衡有欧元保护伞，因此并不见得马上表现为危机。现在“保护伞”已经撑不住了，我们会发现，这些国家原来没有走出“中等收入陷阱”，可能还要倒退回去。

由此可见，第二种途径是实现包容式增长的正确道路。它尊重和保护市场机制，政府提供必要的公共服务，是可持续的。遗憾的是，第一种和第三种理解总是很有市场，原因多种多样。其中之一就是，部分政府部门过分相信自身干预经济和社会发展的能力，对微观经济活动的不平衡反应过度，不太相信市场自身的修复能力，马上出台干预措施，结果往往适得其反，人为制造波动。

在社会层面，虽然不能指望大多数民众都从可持续性的长远观点来思考问题，以多贡献、少获取的理念来指导行动，但是，大多数人愿意在机会公平、公正的环境之下，通过自身的努力赢得更好的生活。然而，在政策环境不友好，特别是机会很不均等的时候，想少付出、多享受福利的人的比例就会越来越大，舆论环境也会恶化。

第一种和第三种理解是不归之路，中国并非没有滑向这些歧途的可能。第二条是艰巨的改革之路，也是走向包容式增长之路。中国正在努力走上第二条路。

习近平主席在谈到“中国梦”的时候，强调要“保证人民平等参与、平等发展的权利，维护社会公平正义”，要让人民“共同享有人生出彩的机会，共同享有梦想成真的机会”。李克强总理向全国人大汇报的《国务院机构改革和职能转变方案》中提出，“必须处理好政府与市场、政府与社会、中央与地方的关系，深化行政审批制度改革，减少对微观事务的管理，完善和加强宏观管理，真正做到该管的管住、管好，不该管的不去干预，真正让市场起作用”。

这个方案还提出一些具体的任务，比如说大幅度减少、合并中央对地方的专项转移支付，增加一般性转移支付，取消不合理的行政事业收费，公平地向社会各类人群提供医疗、卫生、教育等公共服务，加大政府购买服务的力度。这些都对财政工作提出了明确要求。

2012年底的中央经济工作会议还指出，要按照“守住底线、突出重点、完善制度、引导舆论”的原则做好民生工作，这也是非常重要的。“守住底线、突出重点”，就是政府不能包揽所有的民生问题。什么是基本的需要？底线是什么？财政能不能可持续？承诺过多而收入不够，我们就会走向第三种途径，那是不归之路。“完善制度、引导舆论”也很重要。有的民生政策，在制度上是不完善的，往往没有约束，容易导致帮了懒人却没有帮到穷人。我们应该帮助穷人，而不应该帮助懒人。当然还要“引导舆论”。舆论常常一提到民生就好像站在道德高地上，实际上民生是一个复杂的综合性问题，要兼顾“守住底线、突出重点、完善制度”。

全国人大通过的机构改革方案还提出一些方向性要求，其中，财政税收是特别加以强调的改革重点。包容性发展要求把创造机会均等、平等发展、维护社会正义放在最为突出的位置。这些方面涉及广泛，而且往往同财政制度相关联。所以，财政部门既要加快自身改革，完善财税制度，也要积极支持配合相关改革，着重建立机制，促进包容。财政部门要加强调查研究，理清改革思路，提出发展建议。

改革是当代中国经济社会发展的不竭动力，过去30多年来，中国坚持市场取向，持续不断地改革。在此过程中，财税体制作为改革的突破口和先行军，进行了多次重大变革，与各方面改革相配合，推动了经济、社会的根本性变革，国家的财政实力也不断壮大，财政状况总体健康。

尽管改革和政策调整任务非常艰巨，我仍旧相信，我们已经站在新的起点之上，方向是明确的，也有一定的经验和理论准备，新一轮的财税改革会取得更为长足的进展。

亚洲开发银行副行长
史蒂芬·格罗夫

今天我想重点谈一谈财政政策在支持包容性增长、平衡收入分配、改善民生等方面所发挥的作用，尤其是中国这一世界第二大经济体的情况。我认为，如果不通过改革税收制度和财政转移支付来平衡收入分配，中国经济增长的可持续性将面临巨大风险。

国际经验表明，财政政策对缩小收入差距至关重要。例如在1985~2005年间，经合组织国家曾通过拓宽税基、采用累进税制、增加政府的财政转移支付等措施，将收入差距缩小了1/3。

“十二五”规划提出的改革议程也彰显了财政政策的重要性。近年来，中国经历了数次重大的财政改革，实现了财政状况的稳固。20世纪90年代中期，财政收入占GDP的比重不足10%，现在已增至20%。

然而，一些制约因素仍有待解决。与经合组织国家相比，中国的财政收入水平相对较低，难以为社会发展提供足够的公共资源。尤为明显的一点就是基本社会服务得不到充分的资金支持。

近年来，尽管社会支出大幅增长，但仍处于相对较低的水平。政府将约35%的财政收入用于社会保障、教育和医疗，但仍不及其他中等收入国家52%的平均水平。此外，近年来改革的重点一直在于扩大社会福利的范围，而不是调整其结构。

政府正在开展一些重要的试点工作，比如在上海和重庆征收高档住宅房产税。但这些税收只是迈向成功的一小步，最终目标还是真正实现按房屋价值对所有城市住房征收房产税。

此外，中国还选择了一些城市和行业作为试点，对部分服务业征收增值税，结果非常成功，但试点范围仅限于12个城市。

从宏观上讲，国家需要通过改革，确保财政制度能促进包容性增长和经济再平衡。完成这一艰巨的任务需要全面的、相互协调的政策措施。下面我想简要说明四项举措，相信可以进一步帮助中国实现这些目标。

首先，应拓宽税基。通过近期的各项改革，个人所得税的缴纳人数已不足全国人口的3%。逃税现象屡见不鲜，而征缴、执法力度不足。更重要的是，由于税基狭窄，政策制定者们缺乏有力的手段来管理收入分配。去年，个人所得税在全国财政总收入中所占比例不足6%，远低于经合组织24%的平均水平。国家可以通过相关手段来拓宽所得税税基，从而抑制逃税、减少非正规经济部门、强化税收监管。

其次，应增强税收的累进性。增值税是目前中国最大的税收来源。直接税更利于调节收入差距，因此更具公平性。而间接税有助于增加收入，但累退性明显。征收资本收益税和房产税，引入遗产税和赠予税，都将有助于平衡收入分配。

第三，应增加社会支出。改进征税体系将有利于增加社会支出。国际经验表明，增加医疗保障上的公共支出可直接提高居民消费，从而帮助政府重新平衡经济增长点。同样，增加教育和养老金支出，可减少养老储蓄，促使居民家庭把更多的收入用于消费，改善民生，并有助于平衡收入分配。

目前，中国在教育和健康方面的财政支出仅占GDP的5.6%，相关部门应考虑逐渐增加这两项支出，使其接近经合组织12.5%左右的平均水平。

第四，必须改革中央政府与地方政府之间的分税制度。实现城乡社会福利的广泛覆盖和公平获取，就必须增加预算支持，改革中央政府向贫困省份转移支付过程中的收入分配机制和均等化机制。国家可增加中央政府现有的财政转移支付，使地方政府获得更多的增值税收入，确保地方有充足的资金来提供社会服务。若不进行此类改革，人均公共社会支出差距将会凸显，从而导致永久性的不平衡。

随着财政改革的实施，中国如何确保财政可持续性？加大征税力度、进一步放开能源和资源价格、引入环境税、将国企分红用于社会支出等措施将有助于增加社会支出，而不会导致公共财政吃紧。

财政改革虽然任重道远，但其收效也十分显著。通过税收改革和增加医疗、教育、养老金方面的支出，政府可减轻低收入家庭的预算压力。国家将通过改革鼓励居民消费，从而保持社会稳定，有力缓解外部冲击对经济的影响。

亚洲开发银行在关键改革领域与亚太各国政府保持密切合作。作为中国的发展合作伙伴，我们愿意支持中国深化改革，以实现我们的共同目标，即包容性、可持续性增长，从而提升民生福祉。

英国伦敦政治与经济学院教授
尼古拉斯·斯特恩

随着中国结构的不断调整，中国必须改革税收机制，因为结构变化改变了税收的基础。与此同时，中国也遇到了环境污染和交通拥堵等问题。我想从“结构调整推动税制改革，税制改革推动结构调整”入手来谈谈重大的全局性问题。

我们先回顾一下20世纪70~80年代中国进行的改革吧。大家可以发现企业越来越多地向私有化转变，导致政府直接从企业获取税收的能力有所减弱。此后大概10年，公共财政就出了问题。20世纪80年代末期，总财政收入有所下降。这显然造成了实质性问题。当时企业所得税是用增值税计算的。很显然这种趋势不久就逆转了。中央政府的收入又有所上升。这就是结构性改革发挥作用的结果。

随着企业逐渐摆脱国家控制，不再成为政府收入的直接来源，税基就出了问题。而改革解决了这一问题，使中国占据了优势地位。中国不但没有受到互联网泡沫危机的影响，也没有被近年发生的金融危机打垮。这是一个非常成功的案例。大约20年前，中国又一次迅速调整了财税体系。

随着税收的降低，地方财政压力增大，贫富差距加大，拥堵现象加剧，污染日益严重，资源供不应求，医疗教育问题频发。这一轮结构调整带来了更多问题，此时需要再次对税收制度进行改革。

当然，税收改革必须与“十二五”计划提出的目标相适应，事实上这些目标与我上面提到的问题有千丝万缕的联系，毕竟这些问题涉及资源分配、绿色经济发展和供需再平衡。这些新出现的问题正是20年来结构调整的副产物。设计新税收制度时，必须以基本公共财政原则为基础，如高效生产、高效处理分配工具和加强政府开支问责。我在此就不详细介绍了。

这里有一套进行税制改革的建议，我觉得这是中国未来数月，甚至明年都要一直讨论的议题。如果这些建议得以采纳，那么上述问题就可能得以基本解决。扩大增值税征收范围、合并企业所得税、简化并拓宽个人所得税，甚至降低税率等方法都可以获得更多税收。最重要的是要引入碳税以及其他污染税。

在中国，收入分配问题已经成为造成社会关系紧张的重要原因，为此“十二五”计划也将其列为一个优先解决的问题。然而，我们也知道再分配最好在预算的支出端完成，而不是在预算的所得税端完成。也就是说，再分配应当在医疗卫生、学校教育和养老金领域进行。而要进行再分配，先得有足够的收入，这就是为什么必须进行税制改革的原因。

要解决污染、拥堵和温室气体排放问题，激励机制是关键。去年参加中国发展高层论坛的时候，我就曾建议对煤炭征收一定的税，比如说每生成一吨二氧化碳就征收20美元税款。考虑到中国对煤炭的巨大使用量，这样做就可以提升2%~3%的GDP。如果推广下去，开征水污染税和拥堵税等项目，中国的GDP还可以提升3%~4%。当然，要在充分研究论证的基础上征收。针对这些不好的现象征收税款，中国可以提升6%~7%的GDP。通过建立这样的正确激励机制，提升税收收入，为向其他较为清洁的基础设施建设如城市基础设施提供资金，可为城市化中的再分配做出贡献。与此同时，还可以引入适宜的收入来源，我刚才还没提财产税呢，这应当也是其中一项，这些税可以给地方政府更多收入。因为我们的确发现，地方政府的债务在不断攀升，地方政府的有些做法也不太明智。有了以上以财产税为基础，以污染税、拥堵税为补充的良好收入来源，地方政府的财务状况也会有所改善。

“十二五”计划中提到的目标事实上考虑到了税收领域面临的所有压力，也集合了适宜的激励政策，将确保中国经济向前发展，建立健康的公共财务制度，实现更加绿色的经济。

还有件事我觉得所有政府都认可，那就是新政府开始执政的第一年是进行重大税制改革的最佳时机。

结构调整推动税制改革，税制改革推动结构调整

艾提山·阿迈德，亚洲研究中心，德国波恩大学高级研究员；詹姆斯·瑞奇，时任Dahrendorf项目研究员；尼古拉斯·斯特恩，伦敦政治与经济学院教授

一、结构调整和税制改革的历史沿革和面临的挑战

在计划经济体制时代，公有制税收政策并未发挥特殊的作用。计划委员会或其同等级别的机构是主要的行政实体，政府通过该实体控制分配资源，以促进个人消费和投资。然而，随着开放型市场经济时代的到来，国家开始出现私人所有制，人们开始出售服务；如此，人力、公司和农场开始产出收益。在这样的经济环境下，政府必须增加可用的资源。如何增加资源成为了政治活动的重心，财务部门承担起了这一重任。在结构调整如何影响税收体制的所有例子中，这可能是最引人注目的。中国过去几十年的发展历史始终体现着结构调整与税制改革之间的相互作用和影响。

1. 20世纪70年代开始的结构调整推动了税制改革

中国历史上重要的一次结构调整发生于1978年，该国的农业结构从集体农业生产转变为了家庭责任制。当时，中国也放宽了对大多数农产品的贸易限制。之后10年的改革（包括将国有企业和集体企业的所得税率从100%降低到33%以及1985年引入财政包干制，使地方政府收益保持在特定水平以上）为中国步入显著的经济转型和增长时期奠定了基础。

这些早期的改革为企业和地方政府提供了更多的资源，但对税收收入产生了两大主要影响。第一，税收收入总体下滑；税收在GDP中的占比从1985年的约23%大幅下滑至1993/1994年的约12%（图1）。第二，同一时期内中央政府收入在总收入中占据的份额从约40%下降到了约20%（图1）。税收由地方政府征管，它们不愿与中央政府分享正日益减少的税收收入，并想方设法地避免与中央分享税收。因此，中央政府发现其在执行宏观经济政策、战略投资和收益重新分配上受到了极大的限制。20世纪90年代初，中国急需进一步的税制改革。

20世纪90年代初，Stern、Ahmad和其他人员建议建立一个由中央征管的新的税收和转移体制。Hussain和Stern（1991年）表示“迫切需要建立灵活且广泛的税收体制以及减少价格补贴……”此外，还可参见Hussain和Stern（大连，1993年）、上海税收和转移体制大会（1993年）和青岛均衡性转移大会（1994年）的讨论；会议由财政部和国务院发展研究中心在Ahmad（负责协调来自国际专家的技术性建议）的协助下组织召开（参见Ahmad、Qiang及Tanzi，1995年）。

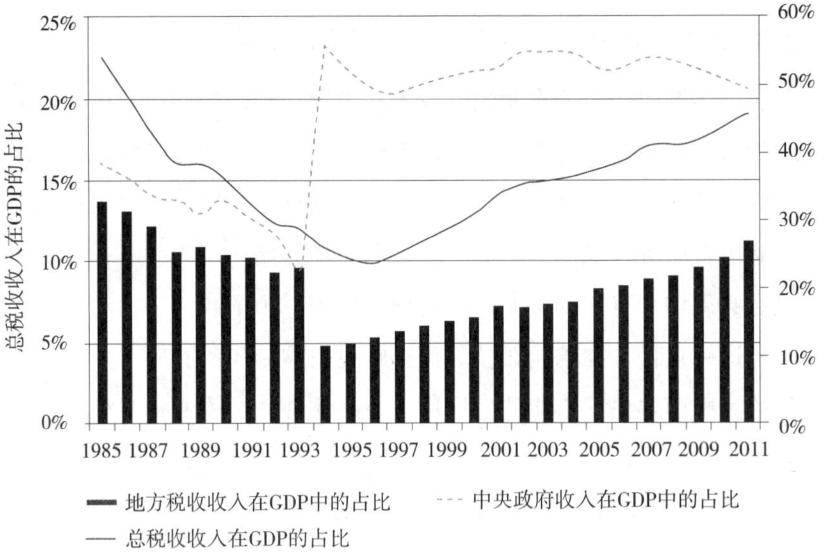

图1　总税收收入（在GDP中的占比）、地方政府收入（在GDP中的占比）以及中央政府收入在总收入中占据的份额（1985~2011年）

资料来源：http：//chinadataonline.org.

中国在1993/1994年积极行动，并实施了主要的税制改革来恢复财政实力。大连会议（Hussain和Stern在该会议上介绍了他们的税制改革论文）是这一决策过程中的关键时刻。中国主要实施了两大改革。第一是实施由中央进行征管的投资型增值税[①]，此税项针对制造和进口行业。选择投资型增值税是因为中国巨大的收入需求（征税对象为消费和总投资行为），尽管有投资“抑制因素”的存在（“抑制因素”与消费型增值税 [征税对象仅仅是消费收入] 相关）。第二个限制是增值税没有

① 投资型增值税将投资成本纳入了课税基数，即：投资和资本货物采购方面不允许信贷退款。中国于1994年引入的增值税未覆盖服务行业。

延伸至服务行业，一是因为新成立的国家税务局需要时间来巩固运转，二是全额增值税将对服务行业地方营业税（地方收入的主要来源之一）的征收产生抑制作用①。

企业所得税的改革同样对地方利益予以了相当的关注，并维持了不同所有权类型的征税差异，从而说服各省级政府进行改革。企业所得税改革合并了1993年《企业所得税暂行条例》下的暂行国有企业所得税、暂行私营企业所得税和国有企业收入调节税。地方政府继续征管当地中国企业的企业所得税（现已合并）。中央国家税务局则负责征管其他所有税收（包括增值税、央企企业所得税和外企相关税收②）。

税收政策和征管改革注重实效，其中涉及新的转移支付体制，试图实现中央政府一系列的目标，包括获得情况大不相同的各地方政府的同意。转移支付体制的第一大要素是向各省级政府进行一次性的付款，以确保1993年的收入水平在名义上得以保持。第二大要素是与交易量巨大的省份，尤其是沿海省份，分享增值税收入。第三大要素是基于现代化原理的均衡性框架，体现收入能力和支出需求这二者的关联性。但是，这些措施是逐步实施的，用于均衡性转移支付的资源日益增加。最终，返还给各省级政府的收入确立为征收的额外税收（增值税和消费税）的30%，超过1993年的基础水平。这些措施主要旨在确保中国增长产出重点区域持续吸引投资。收入返还加上劳动力市场更加灵活推动了中国过去20年贫困的急剧减少。

在意识到均衡性体制主要根据当前的消费需求进行运转后，中国政府制定了一项针对落后地区的特殊转移支付方案，主要旨在改善落后地区相对中国快速增长地区的基础设施赤字情况，并缩小地区差距。

1993/1994年的税制改革在当时是不全面的，中国政府也意识到需要进行进一步的改革；征管上的限制阻碍了深层次改革的进行，税收工具收效差且不完整（例如：投资型增值税仍然未覆盖服务行业，且不同类型的企业适用不同的企业所得税制度）。

作为对1994年税制改革的重要补充，中国政府于20世纪90年代末实施了预算和

① 在中国，营业税按提供服务所得总营业额的5%征收，包括无形资产的分配和许可以及房地产的销售和租赁。

② 为吸引外商直接投资，企业所得税按所有权类型加以区别。外资企业所得税的征税税率较低，并且享受各式的激励政策。它们实际的纳税税率约为10%，而法定名义税率为33%。

财政体制改革，旨在确保所有各级政府获得的资金有合理的依据可循，并可对资金的来源和使用情况进行全面跟踪。自1994年后实施的其他改革包括扩展消费型增值税（2008年）以及将增值税延伸至服务行业的试点计划（目前正在进行当中）；这在减少企业的纳税压力并增强竞争力方面将发挥重要作用。

1994年的改革虽然在很多方面是不全面的，但它们在整合自20世纪80年代起实施的改革措施方面发挥了基础作用，并确保在国际经济呈现周期性动荡的情况下实现持续的增长（更多1993/1994年的改革信息，请参见Ahmad [2012年和2008年] 以及Ahmad、Li和Richardson [2002年]）。

2. 1993/1994年的税制改革推动了进一步的结构调整，而结构的调整又推动了当今中国进一步税制改革的需求

1993/1994年的改革使中国的财政实力得以快速恢复，税收收入在GDP中的占比以及中央政府在收入中占据的份额（图1）呈现出稳健的增长。中国当前产出的税收收入约占GDP的20%，与更加市场化的经济模式相符（表1）。

这些改革为持续的公共部门投资提供了资源，为经济快速增长和减少贫困、抵御金融冲击和深入的结构调整奠定了基础。中国在1994年到2010年期间的实际平均增长率约为每年10%，从而减少了贫困[①]。贫困水平（系指每日生活消费在1.25美元［购买力平价］以下的贫困人口数量）从1994年的超过7亿人（约占总人口的60%）减少至2008年的约1.7亿人（约占总人口的13%）[②]。

此外，这些改革为中国抵御20世纪90年代末和最近2007~2009年的危机提供了强大的后盾。为抵御20世纪90年代末的亚洲金融危机，中央政府在1998~2001年期间推动并帮助筹得了约2.5万亿元的投资资金。这笔投资资金约为2001年GDP的20%。投资资金主要用于“棕色”项目，如建设省际道路体系。道路建设加上房地产市场管制的放松使得住宅房产投资大幅增长（EIU，2009年）。为抵御2008年的金融危机，中国启动了为期两年的价值4万亿元的投资计划，约为2007年GDP的16%。与之前的刺激方案不同的是，2008年的投资资金约有40%用于“绿色”项目，包括铁路、电网和水利基础设施建设以及改善环境专项支出（汇丰银行，

① 依据为GDP和购买力平价（2005年国际定值美元）。数据为2005年国际定值美元。来源：世界银行发展指标，2013年。

② 资料来源：世界银行发展指标，2013年。

2009年）。

经济的快速增长不仅减少了贫困，也推动了深层次的结构调整，例如，个人收入、服务行业以及房地产投资呈现出快速增长①。这些结构调整对现有的税制提出了挑战，并暗示着深层次税制改革的需求，而税制的深层次改革反过来又将推动进一步的结构调整。

税制面临的挑战是如何以更加累进、有效且负责的方式增加和重新分配收入。

提高累进率可尤其通过有效设计和实施所得税（对于中等收入国家而言较低）来实现。此外，中国需要更多收入来弥补在医疗、教育和重新分配方面投入资金的不足（表1）。自1994年以来，个人所得税的改革方向基本正确，转变为由国家税务局征管并与地方政府分享。个人所得税结构还需要进行进一步的改革。

表1 其他国家/地区的情况：部分国家/地区的税收收入和支出（在GDP中的占比）

	德国2010	澳大利亚2010	中国2009②	巴西2010③	OECD国家平均水平2010④	EU27国平均水平2010
收入	43.3	32.5	27.6	36.7	41.4[i]	44.1
税收收入	22.2	25.7	18.9	25.4	34.0	25.8
所得税	10.6	14.4	4.6	6.9	11.3	11.5
商品和服务	10.8	7.1	12.1	15.7	11.2	11.2
财产税	0.8	2.5	1.7	1.3	1.7	1.3
社会贡献	16.8	–	3.6	6.6	10.6[ii]	12.9
支出	47.6	38.0	28.3	39.5	46.6[iii]	50.6
社会福利	25.4	10.6	–	8.2	26.1[iv]	21.6
功能性支出						
医疗	7.2	6.8	1.3	4.1	6.8[iv]	7.5
教育	4.3	6.1	3.8	5.5	5.7[iv]	5.5

注释：i新西兰和智利的数据未获取；ii澳大利亚、新西兰和智利的数据未获取；iii新西兰的数据未获取；iv加拿大、智利、墨西哥、新西兰和瑞士的数据未获取。

资料来源：国际货币基金组织政府财政统计（2012年12月）；ESD SInternational，曼彻斯特大学；世界银行指标；经合组织税收统计（数据库）；欧盟统计局。

效率可通过对主要税收工具进行改革来提高。企业所得税已合并（不同企业类型之间的差异已消除）并且税率降低至25%，符合国际趋势。向消费型增值税的转变也已完成。目前，进入行业间流动的主要服务正由营业税改征增值税——促使企业在效率方面的大幅提升，并减轻了它们的纳税负担。这一举措还处于试验阶

① 服务行业在经济中的占比从20世纪90年代初的略高于30%增加到了现在的约45%。

② 2010年的数据未获取。

③ 2010年功能性支出（医疗和教育）数据未获取（2009年数据来源：世界银行指标）。

④ 不包括美国。

段，但营业税改增值税将导致地方政府的收入损失。因此，中国需要另行思考如何在各级政府间合理分配税收。

将自己的税收向下一级政府分配也可通过个人所得税以及企业所得税实现[①]，可激励省级政府以更加负责的方式运转——包括对其不断增长的负债负责。至于市政府，借鉴广泛的国际经验，可对财产税的征税范围进行深入的探索。

预算体制改革的深化，包括与预算覆盖范围和地方债务管理相关的事项，也将协助实现更具持续性的增长和结构调整。中国不允许地方政府直接借款，但地方政府正通过预算外操作来绕过这一限制。这包括土地租赁和通过土地和财产实现证券化的银行贷款。此外，还积累了退休金负债，由地方政府管理，并且财政部也代表地方政府发行了债券。多数债务由城市发展投资公司进行管理。然而，鉴于预算体制立法的不全面以及地方政府凭借自有资源产出收入的能力有限，促使地方政府有效管理这些债务的激励因素尚不明确。开支责任以及通过自有资源产出收入方面的明朗化对于推动良好管治而言十分重要（Ahmad，2012年）。

为应对这些挑战，中国需要重新规划税收体制，新的税收体制不仅应认可过去发生的结构调整，还应支持中国下一阶段的结构改革计划（正如“十二五”规划所述）。中央政府意识到了这一点。“我们将更好地利用税收来调整经济和分配收入，以刺激企业的发展、引导消费并加快发展模式的转变”（财政部部长谢旭人，2011年3月7日）。中国结构改革的主要目标是促进高质量且更清洁的经济增长；换句话说就是：发展低碳且低污染的创新型经济，调整以增加消费比例（Stern，2011年），家庭财富分配更加均衡，以及重新分配以推动内陆落后省份的发展。

二、改革方向

1. 实施深层次的税制改革，以推动实现第12个五年计划中的结构调整目标

第十二个五年计划设想运用税收政策作为驱动力来推动结构改革。税收政策可通过以下方式推动低碳增长：①产业升级，包括向高新技术转移；②向服务行业转移；③更加有效地使用资本，以维持低储蓄水平的涨幅；④环境保护/节约能源；⑤向价值链上游转移。

对资本进行更加有效地利用是中国实现维持低储蓄水平的涨幅（消费增加）

① 地方政府按最高中央税率进行额外征税，国家税务局获取该笔收入并将额外的收入退还省级政府。

这一目标的关键。增加消费比例意味着储蓄减少以及投资率降低。在储蓄减少以及投资率降低的环境下维持增长，中国需要提高资本效率。中国可通过以下方式提高生产率/资本效率：向资本需求较低的行业转移；在所有行业更加有效地使用资本（通常为产出资本）；更有效地分配行业资本；增加技能和就业；以及技术进步（参见Stern，中国发展论坛，2011年）。

为向价值链上游转移，中国企图优先投资以下七大行业：节能和环保、新能源、清洁能源汽车、新一代信息技术、生物技术、高端制造以及新型材料，目标在于使这些行业在整个经济中的占比从2010年的3%增加到2015年的8%以及2020年的15%。要实现这些目标，行业所需的投资金额可能相当大，未来10年可能达4.5万亿美元左右（说明性估计）①。

2. 利用健全的公共财政学原理指导税制改革

税制改革应包含健全的公共财政学原理，包括高效生产。这一点可通过消除对主体税种理解的几大误区（如增值税）、巩固税率（若可能）以及引入新型税种（若需要）得以实现。例如，增值税应该延伸至服务行业，并代替服务行业相对较低的营业税，这将鼓励服务行业的发展。此外，还应引入（巩固和拓宽）财产、碳和其他污染（资源）税。财产税将帮助防止财产/资产泡沫的产生，而碳税/污染税资源税将内化外部效应（如：温室气体）、鼓励资源保护以及减少环境污染和恶化。税制改革方案和试验/试点已完成或正在进行当中。

税制改革应避免特殊减免和优惠（若可能）。如需要，直接提供补贴更佳。此外，税制改革还应通过加大对作为收入提高工具和再分配工具的个人所得税的重视程度实现更佳的分配结果，以及在扶贫和社会开支方面扩大财政范围或空间，包括中国内陆地区消费的再平衡。

税制改革应增强省级和市级/县级的开支问责（鉴于地方层面的债务日益增长，此举非常重要）。新型税收工具如财产税，可与地方事务挂钩，并且为更好地组织城市群、帮助城市群融资以及激励土地的高效使用也需要引入新型税收工具。地方通行费、服务费用或拥堵费用将与新的增长日程创建联系，例如：促进与更加清洁

① 若未来10年产量每年增长7%左右，并且这七大行业的占比从3%上升至15%，那么这些行业的产量将需要增长约10倍：假设中国现在的年度总产量约为5万亿美元，那么这些行业的年度产量将需要从1500亿美元增长至逾1.5万亿美元。若这些行业的增量资本产出率约为3，那么未来10年的总投资将达约4.5万亿美元。

且低碳的发展道路相符的地方层面的投资。

三、改革建议

1. 推动结构调整和完善税收政策的工具

这些工具应推动产出充足的收入，避免产量误报和创造清晰的激励因素，确保实现权益和分配以及推动建立便于管理的税收体制（Ahmad和Stern，1991年）。这些原则以及上文中的讨论建议采取以下方案：

（1）扩大增值税征税范围，包括重要服务——应覆盖整个生产链，以避免加重行业和出口商的负担。

（2）扩合并企业所得税，通过最低限度的税收减免以及标准的低税率，以推动创造一个公平竞争的环境（与增值税的联系——信息流和防止欺骗），统一税率。

（3）扩简化并拓宽个人所得税，更佳的覆盖范围和更高的免税限制：对再分配而言很重要。

（4）扩重视消费税：更改消费税以解决外部效应问题——需要对奢侈品进行重新定义（例如，从化妆品转移至兰博基尼/高端珠宝）。

（5）扩国家层面的碳税（与地方政府分享收入）。

（6）扩资源税：专注于国家/省级层面，以实现顺利再分配。

(7)扩财产税:可凭借自有资源为地方政府提供收入,从而为地方服务提供资金。

2. 中央、省级和分享事宜

根据基本原理，中央、省级和分享事宜必须通过实施同样的课税基数和签订分享协议/代收协议或实施不同的课税基数进行解决。这可帮助避免博弈、层层征税、官僚主义和混淆不清。

省政府可扩大税基，取代部分服务行业的营业税。它们可分享/代收个人所得税。消费税可适用于部分项目。资源税（尽管在国家层面进行协调）可用于平衡地方收入和均衡资金。省级政府征收的资源税可为具体税项，并与开采成本和环境破坏相关。中央政府征收的（可为从价税）可用于地区间的平衡。若省级政府征收的资源税为从价税，地方层面的开支可能呈现巨大的波动性；不管是省级政府或是中央政府都无法解决此问题。

市级政府应从有效且高效的财产税制度中管理或获取收入。这不仅仅需要借鉴上海/重庆的经验（范围十分有限），还应借鉴国际经验，根据中国的具体情况进行调整。此外，使用费同样可扩大征收范围，如：道路通行费。

3. 绿色增长（清洁的空气和水源）

下一阶段的市场改革加上消费的再平衡将对公共收入和投资带来压力。向绿色低碳增长和清洁的空气和水源转移可能涉及额外投资（GDP的2%或3%），其中一部分将为公共投资。因此，额外的公共收入对中国实现清洁和绿色目标（结构调整优先事项的一部分）而言十分重要。

向绿色低碳增长和清洁的空气和水源转移需考虑三大因素。第一是有效的激励结构。我们应对不良资源征税，以减少污染和拥堵，同时也将对其他更易被曲解的收入来源征收较少的税款，获取收入。第二是地方政府的角色。它们是管理空气和水源污染的关键，因为大多数污染都是在地方产生，尤其是乡镇。此外，逃税行为在地方层面更易管理。第三是气候变化。气候变化给水源问题带来的压力将日益增加。因此，鉴于全球目前正企图重新规划水源模式（包括中国的河流和海岸），在未来几年内减少污染物排放量对中国而言十分重要。

四、结论：以成功经验为基础，意识到变化并推动未来战略目标的实现

20世纪70年代末到1992年期间发生的结构调整产生了进行重大税制改革的需求。这些税制改革在恢复收入以及适应和培育市场经济方面取得了成功。然而，20年来的快速增长和结构调整以及第12个五年计划中包含的新的结构性目标突出了实施更深层次税制改革的需求。

随着中国继续向低碳、高收入和高附加值的经济模式转移，其结构调整可能深化。日益紧迫的效率提升需求以及向低碳、低污染以及更加持续的增长道路转移将需要更多的税制改革，包括：增加收入，尤其用于社会和分配目的；消除对现有税收工具（增值税、个人所得税、企业所得税、营业税）的理解误区，以推动更加有效的经济发展；扩大税基，包括引入财产税；通过分享税收收入或避免重复征税简化国家、省级和市级政府之间的问题；更好地利用新型税收工具，尤其是碳税和资源税（资源税已初步存在）。

第3章

医疗体制改革再前进

瑞士再保险公司董事长

康浩志

中国老龄人口的数据让人感到惊讶：中国65岁以上的老人到2050年将会达到4.4亿。然后再看一下70岁、80岁以上的老人，相关数据也很惊人。面对这些数据，我们该如何去应对这种发展形势？对于今后的中国医疗体制改革，我想阐述三个原则。

首先，要使卫生保健的筹资渠道多样化。现金支付型卫生保健开支在发达国家所占比重要远远大于在中国所占的比重，而其对医疗保险的使用则比较有限。为了有一个可持续的医疗体制，中国需要有多样化的筹资渠道。医疗保险的筹资，或者说医疗保健的筹资，其实是与一国的文化和体制息息相关的。因此美国和欧洲的筹资渠道不同，和中国更是不一样。尤其是人均保险密度和私营保险部门的GDP占比，在中国都非常低。中国还有很长一段路要走。

其次，是提供具有成本效益的卫生保健，而这要与疾病预防相结合。与美国和欧洲一些国家相比，中国在提高疾病预防支出方面还有不小差距。比如说早期诊断新技术、健康意识推广活动、健康的生活方式。要想做好这些，就需要结构化程序。

第三个原则涉及卫生保健服务的提供。在这里我想建议，让服务提供方多样化。更多的利益相关者参与其中，将会有助于在中国更为有效地提供卫生保健服务。卫生保健管理解决方案、健康意识推广活动、疗养院、初步卫生保健服务、家庭护理、成人日托服务中心、风险融资、保险提供、风险分类，所有这些构成了整个服务圈。这些既可以由政府提供，也可以由私营商业部门提供，还可以由非政府组织、宗教团体、非营利组织或地方自助组织提供。调动所有地方性、全国性、地区性、私营、非政府组织、政府、政府赞助的力量来帮助并提供服务，我认为这样做更符合国家利益，更符合社会利益。鉴于中国老龄人口的惊人数据，我认为过度设计、过度集中的程序可能无法奏效。

我再总结一下所说的内容：首先，相关数据非常惊人；其次，筹资渠道必须多样化，我想这一点已经形成共识，但问题是怎么去做；第三，卫生保健要具有成本效益，也就是说还得投入大量资金去预防问题；第四，多方利益相关者参与提供服务。

清华大学经济管理学院副院长、教授

白重恩

首先我们要进一步明确，深化医疗卫生体制改革，到底是什么样的目标。首先是为全民提供基本医疗保障，这有利于城镇化和人口的流动；鼓励发展补充医疗保险以满足多样化的需求（我特别想强调，中国幅员辽阔，各个地区差别也很大，所以我们不能搞“一刀切”，应该满足多样化的需求）；改善对医疗服务者的激励；改善制度相关环境以释放其红利，提高服务质量，降低服务成本的能动性（如果他们被制度约束住，不能做他们应该做的事，就自然不能达到效果）；营造有利于学习和创新的环境。

有了目标就要有措施。关于医疗保障这些年我们取得了巨大的成就，覆盖率超过了95%。但是还是有一些方面我们可以改善。

比如说居民参保地要在居住地而不是户籍所在地。现在有一个问题是，有些农村居民没有在他居住的地方购买保险，而是在户籍所在地购买保险，这样对他们来说非常不方便，我们需要在政策上有所调整。比如说新农合以家庭为单位参保的要求，若父亲在城镇工作而母亲和孩子留在农村，因为农村买保险必须以家庭为单位，那么父亲自然要在农村买保险，就不能在城镇买保险。

另外就是大病保险。现在已经开始做，希望在这方面加大力度。补充医疗保险，企业现在是可以为职工提供的，但是事业单位不能为职工提供，这也是一个问题。

为服务提供者提供激励，最主要的方面是支付方式。支付方式影响了服务提供者的激励。这里要特别考虑，我们不仅要为医院提供对的激励，还要为医生提供对的激励。比如药品零差价，使得医院没有机会从卖药中赚钱，但是医生仍然能从卖药中赚钱。尽管有了药品零差价，但是药品价格比药品提供商的成本要高很多，所以有些药品提供商直接给开处方的医生以回扣。但是怎样的支付方式最好？这是非常难的问题。我建议让各地来做尝试。怎么来尝试呢？让各地医保部门有更大权力

注：根据会议发言整理，未经本人审订。

跟医疗服务提供者协商最佳的服务方式。我觉得这点非常重要。

另外医保部门如果它们自己现在的能力还不足够，应该允许其委托商业机构来帮助它们管理医保，这样就可以尽快提高医保部门和医疗部门共同来管理好医疗的能力。

再就是考核和监管。我们很多监管需要加强。考核应该有一个大家都能够接受的指标体系，然后把考核的结果公之于众，只有这样才能够给医生、医院以更好的激励。

提供服务的制度环境，公立医院管办分开很重要。另外给予医院更大自主权，改善医院法人治理机构、人事制度，只有这样子才能便利医疗资源流动。

另外要保证非公立医院和公立医院之间的公平竞争。公立医院起到了很大作用，但是它们的思路很难跳出过去的框框，如果让私立医院（包括国外投资的医院）带来新的模式，会有利于创新。所以最后一条是鼓励外资设立医疗机构。

诺华公司首席执行官
江慕忠

我想简单谈一谈中国的医疗体制改革，再说一下与私营部门的合作为何能够有助于实现政府所设定的目标。

在过去10年里，中国已经实施了世界上最成功的医疗体制改革，取得了一些卓越的成效。比如说中国的医保覆盖率从10年前的30%提高到了目前的全民医保，医疗服务的费用日益落在人民可承担范围内，个人的现金支出成本下降了40%，同时还建起了一项广泛且影响深远的基础设施，那就是社区医疗机构。这些都要归功于中国民众看病负担的大幅下降。健康指标与评估研究所公布的数据显示，在1999至2010年期间，中国的整体医疗负担下降了25%，而传染性疾病负担也下降了72%，这是一个令人惊叹的数据。举个例子，下呼吸道感染所导致的死亡总数至少减半，而腹泻所导致的死亡总数则下降了95%。事实上，新生儿败血症死亡率甚至降到了低于美国和法国死亡率的水平。

当然了，中国这一大规模医疗体制改革将继续带来挑战，譬如城乡人口医疗水平不均衡、糖尿病等非传染性疾病负担正在迅速攀升以及如何使这个涵盖13亿人口的医疗体系运转更为有效。要解决这类挑战，我们认为办法之一就是与私营部门进行合作。诺华公司认为政府在继续改进其医疗体制时应该格外重视三个领域，我在此想着重谈谈这三个领域。

首先，中国应该继续培养并鼓励创新能力。其中很重要的一点就是为中国患者提供最尖端的医疗技术，尤其是医药成果。中国政府已经做了大量工作来刺激并鼓励创新。政府近来正试着改革药品审批程序，这一努力表明政府正致力于加强医疗领域的创新。然而，还有更多的工作可以做。比如说，临床实验的申请程序可以做到更快、更有效，这样就可以提高中国的竞争力，同时也会刺激更多的本土创新。另一个例子就是要鼓励定价和招标方面的创新。招标决策程序不仅要考虑到药品成本这一因素，同时也要考虑到为病人和社会带来的福利。

第二个我们认为可以提供帮助的领域就是为当地人口提供针对性服务以满足其特定需求。中国在让民众获得更好的基础医疗服务和基础药物方面已经取得了很大进展，但在保健方面仍然存在缺口。诺华公司一直与卫生部在这一领域进行合作并协助建立了社区卫生中心。目前该项目已经培训了4000多名医护人员，并拟定了100多项技术规范。此外，在新疆我们还与当地政府一起开展了一个名叫“健康快车”的项目，这是一个教育项目，旨在培训医护人员并在当地学校向老师和学生们推广健康生活方式。到目前为止已有9个县超过40万名中小学生经过了这一项目的培训。但是，我们还可以做得更多。我们相信社区级别的行动是至关重要的，也就是说我们需要继续加强医疗服务，并让健康意识达到社区级别。

最后，就卫生保健的供给而言，还有一点也很重要，那就是关注患者预后，包括消除障碍让患者获得符合成本效益的治疗、协调保健护理提供方、更好地收集患者预后数据。相关医疗体制研究工作所提供的证据表明，提供良好的患者预后信息不会增加开销，事实上关注患者预后反而能够节约开支。举个例子，加拿大有个慢性阻塞性肺病项目，名叫“与慢性阻塞性肺病和平共处（Living Well with COPD）”。我们发现，在两年时间内，我们将病人的治疗和住院率降低了25%，医疗支出也降低了35%。此外在控制高血压方面我们也取得了很好的成效。去年诺华公司在俄罗斯开展了一个高血压控制项目，数据显示我们将血压控制率从30%提高到了60%。根据相关模式推算，这能在接下来10年内减少8000例中风和心脏病。目前我们也在与新疆政府合作开展类似的项目。

总而言之，中国现在正处于决定其医疗体制改革下一步走向的重要阶段。它需要用创新的办法来让中国的患者更好地获取药物并了解预后情况，同时也提高整个体制的运转效率。在中国政府寻求改善其医疗保健体制以惠及所有国民的时候，我们诺华公司随时愿意提供支持。

国务院发展研究中心社会发展研究部部长

葛延风

下面我简单谈一下中国医药卫生体制改革的进展以及下一步需要努力的方向。

从2009年中国政府颁布医改方案到现在已经4年，总体上看，4年来中国医疗卫生事业发展和改革取得了很大进展。公共卫生体系不断强化；医疗保障制度建设进展迅速，新型农村合作医疗、城镇居民医保和城镇职工医疗保险基本上实现了对所有城乡居民的全覆盖；基层服务体系建设稳步发展；基本药物制度建设顺利推进，国家确定了基本药物目录，基层公立医疗机构全部使用基本药物并采取零差率销售。在公立医院改革试点方面，国家确定的17个试点城市和一些省份自行确定的部分试点城市，进行了多方面的改革探索。例如北京探索实施医药分开，取消药品加成；陕西等地强化县级公立医院改革；安徽等地全面实施基层服务体系改革等，都取得了明显成效。其他地方也围绕不同目标进行了多种探索，这里就不一一罗列了。

除制度建设外，这几年政府对医药卫生投入大幅度增加。医改方案出台时，国家明确提出三年医改新增政府财政投入要达到8500亿，事实上三年累计超过了10000亿。

2012年以来，有关制度建设又进一步推进。国家确定建立大病医疗保障制度，出台了基层体系运行新机制建设以及建立疾病应急救助制度等新的政策。在投入方面，今年两会的政府工作报告明确提出今年人均基本公共卫生服务经费标准由25元提高到30元，对新农合以及城镇居民医保的财政补贴标准由人均240元提高到280元。

通过这4年来的医改，老百姓得到了实惠，看病难、看病贵的问题得到了明显缓解。

虽然进展很大，但必须清楚认识到，中国在医药卫生领域进一步改革的空间还很大，挑战还很多，任务非常艰巨。有关挑战主要表现在四个大的方面。

一是各项具体政策都有很大调整和改革空间。换句话说，我们的很多政策还不完善。例如在公共卫生领域，整体防控能力还不强，对流动人口的公共卫生服务还比较薄弱，医疗服务系统和公共卫生服务系统之间结合得还不够好；在医疗保障领域，虽然我们实现了对所有人的全面覆盖，但对不同人群采取了不同保障制度，且不同制度之间待遇水平差距大，统筹层次低且难以携带，医疗保障系统对于服务系统监督和管理能力也有待进一步提高；从基层服务体系建设情况看，不同地区发展还很不平衡，在全面增加了政府投入的同时，一部分基层服务机构运行机制转换相对滞后，激励和约束机制还需要进一步完善，服务能力还需要进一步提升。在药品领域，基本药品公共品属性有待强化。目前基本药物只是搞了零差率销售，与多数国家基本药物采取免费或基本免费向公众提供的方式相比，还有很大改革空间。在其他如药品的生产、流通等领域，仍然存在不少混乱问题。

在公立医院改革方面，虽然实施了一系列改革探索，但长期形成的不合理的激励机制所导致的过分追求经济利益以及由此导致的服务行为扭曲、医患矛盾等尚没有得到根本解决。在公立医院发展过程中，布局不合理、盲目扩张等问题依然存在。

二是宏观体制对医药卫生改革的影响进一步显现。主要问题之一是以财政体制为核心的政府间责任关系不合理。医改的目标是要让全体老百姓都能够公平地享受基本医疗卫生服务。但是从财政体制来看，中央和地方之间或者说不同层级政府间财力和事权关系仍然没有理顺，这对于推进基本医疗卫生服务的均等化以及相关改革的影响很突出。主要问题之二是医疗卫生管理体制还需要进一步改革和完善。涉及医药卫生管理的部门很多，彼此间难以有效协调的问题一直很突出，对改革和发展的影响很大。这次政府机构改革进行了一些调整，但是总体来看，管理部门过多、职责不清等问题仍需要下大力气解决。

三是在不少问题上仍然有不少分歧，需要在进一步研究的基础上凝聚共识。有些分歧涉及到宏观问题，比如在医疗卫生领域，政府和市场、政府和社会力量到底是什么关系？政府在“管”和“办”的问题上到底怎么定位、怎么协调？等等。在微观领域也有不少分歧，比如不同类型的服务和产品，属性怎么确定？政府责任边界在哪里？公共投入是以补供方为主还是补需方为主？医疗机构之间到底更多强调竞争还是强调分工协作？激励机制如何选择？评价标准如何确定？等等。这些分歧对医药卫生事业发展和体制改革的影响也不能低估。

四是经济和社会环境条件变化带来的挑战也越来越突出。去年中国人均GDP已经达到5400多美元，进入到上中等收入国家的行列。从国际经验来，到了这样的阶段，老百姓对健康需求、对医疗服务的质量要求也会提高；中国的城镇化和人口流动在快速推进，公共卫生领域的挑战和压力会越来越大，对医疗卫生资源布局也会有新要求；受中国计划生育政策以及预期寿命提高等多种因素影响，中国正在经历人类社会其他国家从来没有经历过的老龄化。虽然老龄化是福不是祸，但老龄化毕竟会对医疗卫生服务、筹资等带来更大压力；此外，全球范围内医药卫生技术不断进步，这给疾病防控和治疗带来了福音，但同时也会给筹资带来更大压力。

关于下一步改革，我认为必须坚持已经明确的改革方向，在此基础上，完善制度选择和政策设计。前面谈到，在医药卫生体制改革和事业发展中还有很多分歧，但是这些分歧更多不是在目标层面，而是在工具层面。因此，首先要明确目标到底是什么，再说选择什么样的具体的政策。医药卫生体制改革和事业发展的目标应当说是清楚的，就是要提高公平性，突出对所有人基本权益的保护；要进一步提升医药卫生投入的宏观绩效，也就是以尽可能低的投入，实现尽可能好的国民健康结果。此外，还要重视不同群体之间关系的和谐。在基本策略选择方面，必须坚持保基本、强基层、建机制。无论是按照医药卫生内在规律还是按照中国特定国情，都必须继续强调保基本、强基层、建机制。

最后要强调的一点是，必须树立大卫生、大健康的观念。为什么要推进医疗卫生体制改革和事业发展？目的是为了公众健康。但是大家都清楚，影响健康的因素有很多，如果我们忽略了其他一系列的影响健康的因素，比如说老百姓呼吸不到新鲜的空气、喝不到干净的水、吃不到安全食品，只是关注医疗卫生事业发展，是没有意义的。所以一定要形成大卫生、大健康的观念，并且要有一系列政策予以保障。

第4章

质量为导向的新型城市化战略

第十届全国政协副主席；中国工程院主席团名誉主席、院士
徐匡迪

中国的城镇化

中国的城镇化是目前国内外广泛关注和意见不一的问题，在这里，把我们初步研究的想法跟大家报告一下。

首先，要明确城镇化的概念究竟是什么。城镇化当然是以农村人口比重下降、城镇人口比重上升为表征的，但其本质应是产业结构从农业经济向工业经济、服务业经济转化为主体，社会结构从农村社会向城镇社会演进的过程，所以这是一个社会化的系统过程，而不是一个简单的经济指标。在现代意义上讲，城镇化是人类进入工业社会以后的社会发展现象，不是“人为打造”的结果。

过去30年由于经济高速发展，中国经历了一个高速的城市化的进程，城镇化水平从1970年的20%提高到2012年的50%。全球公认50%是一个转折点，在50%以前城镇化主要动因是劳动密集型产业、建筑业、传统的商业和服务业的发展。在中国主要是东部沿海地区以生产出口导向的轻工业品和一般劳动密集型产品为主的产业，吸引农村劳动力的过程。但城镇化水平达到50%以后就要看这个国家能不能有科技创新能力，产业和产品能不能升级。现在世界上总的来说城镇化率都很高，全世界平均已经超过50%，但是分三个集团。第一个是发达国家，它们在经历了50%的城镇化以后，产业转型了，从手工业、轻工业、一般的餐饮服务业向高等的金融、贸易服务业以及高技术产业转移，成为第一集团，人均的GDP在2万美元以上。但是也有一些发展中国家，如南美、中东的一些资源性国家，以及北非的国家，它们的城镇化率虽然到了80%、90%，但是人均GDP上不去。比如菲律宾和韩国同一年达到50%，但是菲律宾现在人均GDP还是4000多美元，而韩国则是20000多美元。因此，在50%以后要依靠科技创新促进经济发展，这应该说既是一个黄金时期，但是如果没有科

技创新和产业转型，那么也会是城市病集中爆发的时期，像菲律宾、巴西、埃及以及印度的一些大城市，先后陷入“中等收入陷阱”，出现了不同程度的城市病。

从全球来看，城镇化是促进经济发展的重要载体，现代工业、商业、金融服务业都是为城镇化而发展。拿中国来说，大约60%的增加值都是在城市里边，还有40%是什么？也不是在农村，主要是矿山，广义说矿业也属于工业。85%服务业增值，70%国内生产总值，特别重要的是80%的财政税收来自城市。另外，城市还是促进技术进步和工业革命的重要地方，英国的工业革命、美国的电气化和上个世纪90年代的信息化都发生在城市。150年以前伦敦出现的地铁，100年以前芝加哥的高层建筑，这些都只有在城市才能发展，我们国家90%以上的高等教育、科研机构都集中在城市，大量的创新和科学研究活动发生在城市。

城市也是促进现代文明的地方。现代的剧场、博物馆、展览馆、学校、自来水厂、煤气厂、污水处理厂、抽水马桶，都是有了城市才能出现的。所以上海世博会的题目是“城市让生活更美好”。

大家都关心十八大提出的新型城镇化。那么新型城镇化的内涵和实质是什么？首先其核心是人的城镇化，是农业人口转移成城市的居民，城市的基本公共服务覆盖城市的全体人口。第二，新型城镇化应是工业化、信息化、城镇化和农业现代化“四化”互动的。第三是城乡统筹、合理布局的城镇化。第四城镇化的过程当中必须是绿色的、低碳的、生态文明的。第五中国的城镇化应体现中国的城市特色，要弘扬中国优秀文化传统。

在全球化时代城镇化过程中，大城市起着越来越大的作用，像纽约、伦敦、巴黎、东京等。以英国为例，以伦敦为核心的英格兰东南部地区人口增长了13.5倍。中国90%的人口转移集中在中等以上城市，全国50个城市吸纳了60%的流动人口。当然中国是一个人口大国，所以县和城镇还是中国城镇化的基础。统计表明2010年有2003个县，县域人口占全国人口总数的70%，县域经济占全国GDP的48%，所以把县城建好，把县级的城镇建好，是未来城镇化、就地就近城镇化的重要内涵。过去30年中国还出现了非常多的特色镇。在中国行政体系中，镇比县低一级，它在城镇化中作用非常巨大，现有建制镇1800个，占全国人口23%。镇也是当前城镇化的主战场之一，在人口集聚、产业集聚方面优势突出，成本比较低，而且从附近农村集聚来的人，在文化、语言、生活习惯上都可以认同，不会形成社会群体之间的矛盾。特别是临近大城市的工矿型、市场型小城镇，现在正在迅速发展。

根据全国的调研，我们建议构建一个“5611”城镇群的格局。就是5个国家核心城镇群，即珠三角、长三角、京津冀、长江中游及成渝等地区。同时有10个区域的城镇群支撑，包括山东半岛、辽东半岛、中原城市、关中到天水，南方的北部湾，宁夏的沿黄，还有淮海等。另外有6个战略支点的城市群，其中包括海峡西岸、海南、天山北坡、涵盖哈尔滨和长春的东北以及滇中和藏中南。这样对于国家来说总体能够均衡发展。大家看了这样的布局可能提出问题，为什么中国的城镇群都集中在中部和东部？这是因为中国的自然地理上有一条线，从黑龙江瑷珲到云南腾冲，这个线的东部集聚了75%的城镇和82%的人口，这个线以西以北是高原、荒漠、戈壁，其生态条件不适宜人集中居住。

当然城镇化和产业发展是相平衡的，没有产业、没有就业就没有城镇化。城镇化的线和工业化的线、服务业的线是相拟合的。现在阶段农民工进城主要从事的行业是两个：一个是制造业，大概占总进城人口的接近40%；还有建筑业，接近20%。也就是说60%的农民工进城是做第二产业的，当然从事物流、批发、零售和居民的生活服务占另外40%。

中国在城镇化快速发展的同时，机动化也出现了高速发展。目前中国汽车生产和销售量都是世界第一，但是带来了城市交通与环境问题。1995年全国只有3180万辆汽车，到2011年增加到2.25亿辆，其中私人轿车从250万辆增加到6150万辆。到2011年底为止，已有7个城市机动车超过200万辆，14个城市超过100万辆。这些车主要集中在大中城市。这就造成了交通堵塞和大气污染。以北京为例，在1986年城市交通中自行车出行的分担率是62.7%，到2011年降低到15%，也就是说不到1/6了；同期私人小汽车的分担率则从5%上升到33%。

城市交通的变化还带来生态和环境的问题。我们知道从全世界来讲，发达国家，像荷兰、德国、法国、日本，它们的大城市都非常提倡绿色出行，很多城市还设置了自行车的专用道。我们中国的株洲、广州、杭州也都实行了自行车租赁系统，常州还有公交优先的专用道。在城市内小汽车过度发展的同时，城市之间的交通也主要由汽车来承担。以珠三角为例，这个区域在广州和港澳之间，城市连绵，交往频繁，但其2010年客运结构中铁路仅占8%，营运性大巴占12%，自驾车占到80%。未来中国要学习先进国家，打造一体化换乘便捷、绿色的城市交通枢纽系统。

比如东京（新宿）的火车站，在两万平方公里以内建了100个以上的出口，分别与地铁、公交及商业、旅游中心相衔接，有些出口就建设在商务大楼的地下，方便换乘或者购物、居住。最近的一个例子，就是柏林。当德国把首都从波恩迁到柏林以后，在议会大厦和总理府之间建了新的中心火车站，一共六层，立体分布节省了换乘地铁、公交车和出租车的时间。下一步中国城镇化发展要重视交通系统对城市发展的引导，不能再“摊大饼”式的扩大城市规模。比如哥本哈根。它的城市规划像一只手一样，老的市中心区是手掌，四个手指就是四条铁路干线，铁路15分钟一趟，所有新开发的地区都沿着四条铁路线扩展，而手指之间是绿化的地带，这是很好的绿色发展案例。新加坡和日本的绿化“进城”我就不说了。

生态文明是人类社会发展的必然选择，人类从原始文明到农业文明到工业文明现在到生态文明，就是要整体协调各种产业的可循环再生、可持续发展。中国现在城市化进程中大气污染问题比较严重，今年1月东部地区多次被雾霾笼罩，1月份北京一共19天处于阴霾之下。这次雾霾的形成主要是由大气中悬浮的细小的固体颗粒（PM2.5）和光化学污染复合作用的结果。PM2.5主要是尾气燃烧不尽的碳氢化合物和氮氧化物，雾霾发生以后党中央要工程院分析其成因，结果大概是这样：由于冬季低压静风高湿度不利于中低空污染物的扩散，造成一次污染物积累沉积在北京四周的华北平原，而悬浮的PM2.5因为比重轻不会自动沉降下来，再加上飘浮中和氮氧化物反应，就造成了二次污染物迅速生成。除此以外，冬季河北农村地区农民多用土锅炉取暖，烧碎煤，所以整个河北省都被雾霾笼罩。加上雾霾天气湿度大，硝酸盐比例明显增加，所以这次雾霾特别严重。除了气象影响范围比过去大，这次雾霾与北京市和北京周边工业污染源的增加也有很大的关系。

城市要发展必然要新增建筑，有建筑就要耗能。目前中国家实现建筑节能的技术路线大概是这样：一是要用高效的热源、工业的余热来进行城镇采暖，同时农村的建筑要进行改革，要增加保温。大家知道过去农民家里就一个炕是热的，所以一进门老乡叫你上炕，现在农民的房子也都供暖，但是这个土供暖就靠烧碎煤的土锅炉，这是很大问题，所以要改造。另外城里的超市、商场、大的银行的公司建筑，也要进行节能系统改造。总之，我们希望目前的建筑类的商业总能耗，要从现在的6.77亿吨标准煤，在2020年建筑物总面积增长50%后，不超过8.4亿吨标准煤。

要做到这一点还要控制建筑量的高速增长。我们现在建筑数量已经相当大，中国未来人口峰值要达到15亿，希望建筑总量能控制在600亿平方米，也即人均40平方米左右，相当于中国香港、日本、新加坡这样的亚洲国家和地区；而不希望像加拿大、美国那样，人均建筑超过100平方米。

快速城镇化过程当中还有一个问题，就是文化的缺失。“千城一面”的现象成了相当多城市的现实，这不仅是物质空间的雷同，而且说明了文化规划理念的干枯。在快速城镇化中有一种误解，认为现代化就是西方化，导致本来各个地区的建筑应该有自己地域、民族的特点，结果没了。

讲城市化不能不讲到人口流动。我们有六个省市是人口流入的，广东、浙江、上海、北京、江苏、福建，接近90%的农村人口都是往这些地方流。有六个省主要是流出，占70%，它们是安徽、四川、河南、湖南、江西、贵州。有一个很有意思的情况，就是中国现在GDP总量占第三，人口总量第二的山东省，既不出农民工，也不需要大量外地农民工，它自己解决了工业化、城镇化过程中的人口转移问题。我们准备深入研究，这到底是孔孟之道齐鲁文化的影响，还是因山东人比较重视乡情。山东农村人口并不少，也不是工业不发达，它什么工业都有。除此以外最近还有一个比较大的变化，就是农民工的流动由跨省流动转向省内流动。2011年省内流动的占52%，而2010年只有49%，跨省则从50%降到40.1%。这是好事情，表面上看农民可以就地就近地城镇化，而不用到很远的地方跨省谋生。

这里还有一点应该指出，就是我们调查了几万个农民工，新生代的农民工，80后、90后，没有务农的经历，而且也不愿意回到农村去。其中坚决不回农村的，尽量留在城市的，要挣了大钱才回农村的，这三部分加起来占了接近80%。但是他们留下来最大的障碍是收入太低和住房问题。而要按照十八大要求推进人的城镇化，主要的政策维度，在城市方面是要解决就业准入与就业保障的问题，再加上户籍管理的改革、社会保障、住房等等，总之要安居乐业。农村方面牵扯到农村土地制度的改革，就是要确权，农民土地要有保障。但是也不能像现在用单户承包的办法，要在保障农民土地权益的基础上，倡导现代农业规模化经营、农业科技指导。还有青少年的职业技术教育问题。你要让农民变成市民，一定要有职业专长才能持久就业，如果只是力工、小工，做不了多长时间。当然还有社会融入的氛围和知识系统等等。总之，首先是尊重选择自主的原则，第二是分类指导的原则，因为我们现在每年进入就业大军的有大学毕业生、有高职和中职毕业生还有中学毕业生，所以要分类指导。第三要城乡统筹，综合考虑。要建设新型的农村社区，使可能留在农村的几亿人，要有现代生活的保障。

重庆市市长

黄奇帆

在当前中国城市化率已超过50%的背景下，和大家一起探讨质量导向的新型城市化战略问题，很有意义。结合近10年重庆环境治理和国家环境保护模范城市的创立过程，我谈一点体会。

随着产业革命、技术革命的纵深推进，全球城市化运动的蓬勃发展，人类活动正进入以城市生活为主的时代。与此同时，环境恶化、资源紧缺等问题日益严重，而且城市越大问题越突出，有些已濒临承载极限。提升城市化质量，首先要改善城市的生态环境质量，否则，新型城镇化无从谈起。

作为中西部的国家中心城市，近10年来，重庆按照科学发展观的要求，狠抓生态环境整治，收到比较好的效果。

10多年前，重庆环境质量的确糟糕。一是空气质量差。粉尘污染严重，成天灰蒙蒙的，行道树的树叶都粘满厚厚的灰尘。全年空气优良天数只有160多天。二是污水处理率很低。经过污水处理厂处理的工业污水、生活污水不到20%，其余的80%基本是直排长江。所以我刚到重庆的时候，人家有个俏皮话说，上海人喝的是重庆人的洗脚水。三是垃圾处理率也不高。无害化处理率只有10%，其他90%的生活垃圾主要靠在山上堆放处理，也就是说在山顶上建一个平台，山腰处建一个栏坝，将垃圾倒到拦坝里就了事，刮风下雨雨水渗过垃圾形成污水排入长江，污染了水环境，而且容易发生垮塌，引发安全事故。四是自来水水质极低。1993~2003年，自来水水质连续12年排在全国40多个重点监测城市的倒数第一到倒数第三名，每年的分析排名就是我们建设部在排序的，所以重庆的自来水质量当时也是最糟的。这样的环境状况，严重阻碍了经济社会的发展，市民对此怨气也很大。

重庆市委、市政府对此非常重视。近10年来，按照国家科学发展观的要求，尽管重庆财力有限，但是还是逐年加大财政投入，加上企业资金，10年累计投入超过1500亿元，大体上500多亿元用于企业环保搬迁，500多亿元用于垃圾、污水处理和水环境治理，500多亿元用于包括空气治理、小流域治理在内的城市环境综合治理。主要采取了五项措施。

第一，推进企业环保搬迁。重庆主城的环境污染，绝大多数来自于工业，且主要集中在200多家企业，包括各种钢厂、电厂、化工厂，仅仅重钢产生的污染就占到50%以上。为此，我们筹资500多亿，总体上使重庆主城的工业污染减少了80%以上，还为城镇化发展腾出了大量土地资源和环境容量。

第二，关闭二环内所有采石场。当时重庆主城5000平方公里区域内有3000多个采石场，既破坏生态，也产生粉尘污染。我们拿出几十亿元，专项用于采石场关闭。被关闭企业得到了合理补偿，同时污染被彻底消灭。这项工作开展得很顺利、很彻底，没有出现反弹。

第三，实施清洁能源改造。将城市主城区内所有燃煤锅炉、几百家餐饮企业的燃煤灶全部改用天然气，城市居民家庭也全部使用清洁的天然气能源。重庆主城现在1000平方公里区域可以说是无煤区。同时我们也完成了所有公交车、出租车的CNG改造，淘汰柴油中巴车，汽车的尾气污染大大减少。与此同时，狠抓电厂技改，完成20万千瓦及以上所有的发电机组的脱硫设施改造，二氧化硫减排成效明显。

第四，加强垃圾和污水设施的建设和营运。新建了17个城市污水处理厂、110座污水处理站、2500多公里污水管网，建成50多座现代化垃圾处理设施、300多个垃圾中转厂。目前主城污水处理设施已实现成建制以上全覆盖，城市污水处理率由以前的不到20%提高到了90%以上，生活垃圾无害化处理率由10%左右提高到了88%。为了保证污水处理厂平稳运行，我们还进行了财政贴补。经过几次调整，重庆的污水费已经从7年前的0.4元/吨提高到现在1.1元/吨，是中西部最高的污水费价格，但目前污水的实际处理成本为每吨1.3元左右。

第五，加强水环境整治。累计投入65亿元，对主城周围的长江、嘉陵江之外的14条次级河流进行“一河一策”治理，目前已全面达标。新建了5座大型水厂，关闭了21座自备小水厂，自来水水质合格率已由10年前的30%多提高到了100%，连续5年自来水水质位居全国主要城市的前三位。我刚才说了1993年到2003年的10年我们是40多家城市倒数前三位，现在我们已连续5年正数前三位。三峡库区干流水质长期保持在Ⅱ类水的水质，在全国七大水系中处于最好水平。

重庆环境整治取得的成效，得到国家环保部和社会各界的肯定。目前，重庆已成功通过了国家环保部创模专家组验收，成为首个省级单位的国家环境保护模范城市。市民对城市环境的满意率超过了95%，环保投诉处置满意率达到96%。由于汽车尾气、燃煤污染、工业污染都得到较好控制，重庆空气质量优良天数去年达到340天，比10年前增加了一倍以上。受雾霾天气影响也很轻，最近几个月全国雾霾天气数量前10位里面重庆有幸没有列入其中。

生态环境质量的改善，促进了重庆经济的蓬勃发展。近5年，重庆GDP年均增长15%左右；进出口额从5年前的70多亿美元增加到去年的530多亿美元，增长了7.2倍；实际利用外资从过去的10亿美元增加到去年的106亿美元，增长了近10倍。世界500强企业竞相落户重庆。环境改善和经济发展形成了一种良性互动。今后，我们在推进城镇化的过程中，将更加自觉按照十八大提出的经济建设、政治建设、文化建设、社会建设和生态文明建设五位一体总体布局的要求，持之以恒地加强生态环境保护，努力让绿色、低碳、环保成为重庆城市化发展最鲜明的特征。

住房和城乡建设部副部长
仇保兴

紧凑、多样、低碳——中国城市转型发展的策略

世界上绝大多数的污染物产生于城市，同时绝大多数的能源也被城市消耗过，所以要提升城镇化的质量，城市自身需要转型。

一、中国城市转型的三种类型

中国是一个人口众多的发展中国家，正处于城镇化快速发展阶段。2011年底，中国城镇化水平达到51.27%，刚刚步入城市型社会。过去的30年，中国城镇化取得了巨大的发展：一是城市经济成为国家经济支柱，解决了四亿新增城市人口的就业问题；二是形成了一批具有国际影响力的中心城市，以及深度融入全球产业分工的专业化城镇，为推动世界经济平稳发展和贸易交流做出了重要贡献；三是城市面貌日新月异，人居环境明显改善，住房、交通等各项设施建设水平极大提高，社会事业不断进步；四是城乡统筹和区域协调取得进展，城乡人民生活水平和社会富裕程度大幅提高，社会福利和公民权益普遍改善。未来10到20年，中国城镇化仍将继续保持较快的发展速度。

在以往的发展中，由于发展模式粗放，土地、水资源和能源紧缺的形势日益严峻，成为中国城镇化发展的重要制约因素。中国必须转变发展模式，注重资源节约和环境友好，实现城镇化健康有序发展。要以紧凑、多样、低碳为核心，改革和创新城市规划，充分调动城市转型发展的活力，增强城市可持续发展的能力，引导城市实现向生态城市的发展转型。

强调紧凑，原因在于中国人多地少，宜居空间有限，建设用地日渐稀缺。中国人均耕地只有世界平均水平的37.3%，同时，高速城镇化地区与优质耕地资源空间

分布完全重合。必须坚持对大自然和生态环境干扰最小，综合体现节地、节能、节水、节材为目标的集约紧凑的城市发展模式。

强调多样，原因在于城市发展的活力来自于城市的多样性，人类的天性也喜爱多样性。城市多样性既体现在城市建筑、街区风格、地形地貌和可利用资源等明显的物质结构之上，也蕴藏在文化习俗、创业精神、包容能力、社会网络、法规制度、政府行为等非物质的社会形态之中。包容、尊重和激励城市的多样性，有利于促进社会和谐、文化繁荣和经济创新，提升城市可持续发展能力。

强调低碳，原因在于中国的资源相对不足、环境容量有限。中国以7%的耕地、7%的淡水资源、4%的石油、4%的天然气储量推动全球21%人口的城市化。目前中国的能源利用效率还不高，粗放的能源利用方式已经难以为继。必须坚持低碳发展的理念，最大限度地发展绿色建筑、绿色交通和生态城市，加速节能减排，提高资源循环利用的能力。

紧凑、多样、低碳三个核心要素构成了一个共轭、互动的有机整体。紧凑和多样结合，能够强化交流与创新，增强城市的活力；紧凑与低碳结合，能够强化资源利用的效率，优化城市的微循环。只有把紧凑、多样、低碳的新理念在城镇化进程中贯彻落实，改变城市发展机制，才能从根本上实现城市发展转型。

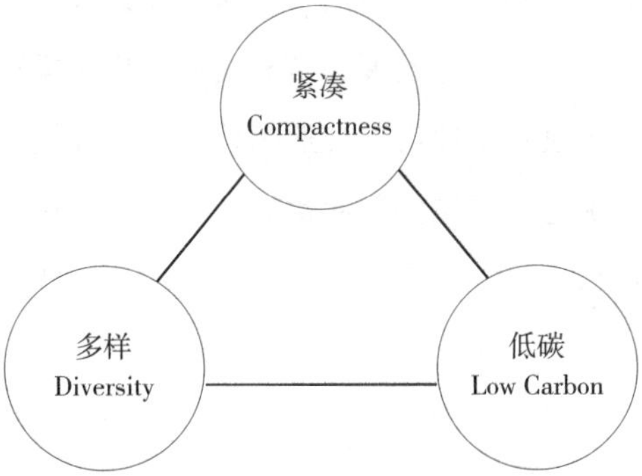

图1　紧凑、多样、低碳三要素构成一个共轭、互动的有机整体

近年来，我们积极推动中国城市在规划建设中践行生态城市的发展要求，生态城市建设已呈星火燎原之势，生态城市规划建设管理立法也取得了重大突破。推动生态城市建设的途径有三个。

第一是积极推进既有城市的生态化更新。中国已有一批城市具有良好基础，已获得国家园林城市、国家环保模范城市、中国人居环境奖等称号；产业转型同步进行，正步入后工业时代；市领导和市民群众有较好的生态文明意识；生态化改造目标、措施扎实；能及时安排建设生态城项目，可有效应对面临的污染、缺水、耗能、地质灾害等问题。对于这些城市，将按照城市规划引导建筑、交通和循环系统的改造，优化产业结构，有组织、有系统地引导城市实现发展转型。

第二是新建生态新城、新区。以天津中新生态城、深圳光明新区为代表，我们启动了一批新城、新区生态城市试点，在城市转型发展方面取得了较好的示范效应，并在生态城建设领域与新加坡、英国、日本、瑞典等国开展了广泛的国际合作。针对“生态城市”名称的滥用，我们设立了城市新城、新区的生态城市门槛，从城市建设伊始就把生态化的指标体系植入城市发展的各个领域、各个环节。生态城市新城、新区要满足六项基本条件：一是建成区人口密度必须大于每平方公里一万人；二是可再生能源应用比例大于等于20%；三是绿色建筑数量占总建筑数量的比例大于等于80%；四是确保生物多样性和自然斑块的保护利用；五是优先发展绿色交通，市民出行中步行、乘自行车、坐公共交通工具的比例大于65%；六是拒绝高耗能、高排放的项目。

第三是灾后重建改造型生态城市。实现城市的可持续发展要注重把握重建机遇，“危机”意味着危难本身也是机遇。生态化重建规划能促使受灾城市改变原先的演进轨道，跳跃性地获得抗灾害能力、系统的自主适应性和发展的可持续性。灾后重建改造型生态城市（镇）规模以中小型为主，2万~10万人，与自然环境融合较好。例如，四川的北川与青海的玉树都正在按照生态城的模式进行重建。

中国推进城市转型已经取得了积极进展。据不完全统计，目前既有城市生态化改造达21个，新建生态新城新区达17个，灾后重建改造型生态城镇2个。

二、城市转型的六项基本原则

为实现城市转型的目标，城市规划建设工作要坚持以下六项基本原则：

第一，坚持发展紧凑型城市。一是要科学把握城市的紧凑度。城市建成区的人口密度要控制在每平方公里一万人口以上；二是要以产业用地和居住用地为重点，积极引导混合用地；三是新增城市用地尽可能不占或少占耕地。

第二，构筑多样性的交通体系和可步行城市。一辆私家车的道路占用可容6辆自行车，一个停车位的占地等于20辆自行车。发展公共交通，抑制私家车出行，不仅节约土地，而且有利于交通通畅。交通基础设施的规划建设要按照行人、自行车、地铁、公交和小汽车位序，把行人的需求放在第一位。

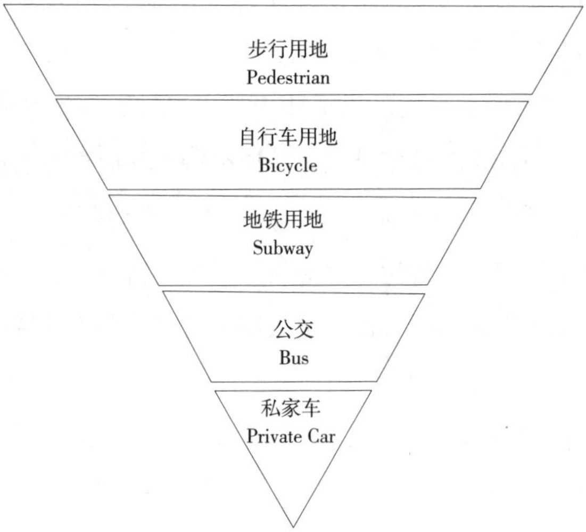

图2　城市各类出行方式用地的倒三角结构

第三，推广低冲击式的城市开发模式，促进水资源的循环利用。要变对雨水的“一冲了之”为通过建筑和街区进行截留利用，增加可渗透地区；变对工业、生活用水“直线式”的使用排放污染为循环利用和零排放；变以末端治理为主为节约用地、源头减污为主。同时，要按照“合理规模、分散布局、深度处理、就地循环”的原则布局污水处理厂，以利于中水回用。

第四，将城市融入当地生态系统。要充分运用蓝线、绿线，管制性保护开敞的园林、绿地、湖泊、河流、海岸、湿地以及其他自然斑块；要以本地物种和多种形式的绿化增加绿量，并构建多物种的绿色生态系统；要保持和恢复原有的河流水系。

第五，保护历史文化遗产和传统建筑风貌。历史文化遗产是民族精神的载体，社会的基石。保护历史文化遗产，就是保存城市历史文脉的延续性，保存自身深厚的文化传统。要尊重城市的历史格局，尊重本地的历史文化和建筑特色，以新的城市功能激发历史街区的活力，实现历史空间与现代功能的和谐共生。

第六，全面推行绿色建筑。绿色建筑是生态城市的基础。中国是目前世界上每年新建建筑量最大的国家，平均每年要建20亿平方米的新建筑。所有的新建建筑都必须严格按照节能50%或65%的标准设计和建造，并同步贯彻节地、节水、节材、节能与室内环境友好的原则，让绿色建筑理念在城市和全行业实现全覆盖。要注重充分利用当地的材料，建设适合当地气候、有当地风格和当地文化元素的绿色建筑。

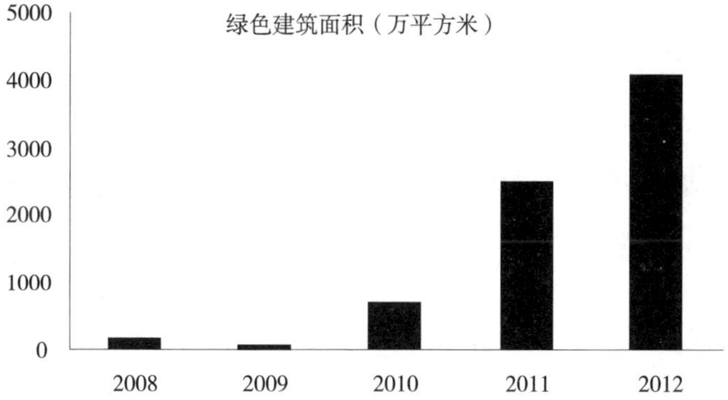

图3　绿色建筑面积增长趋势

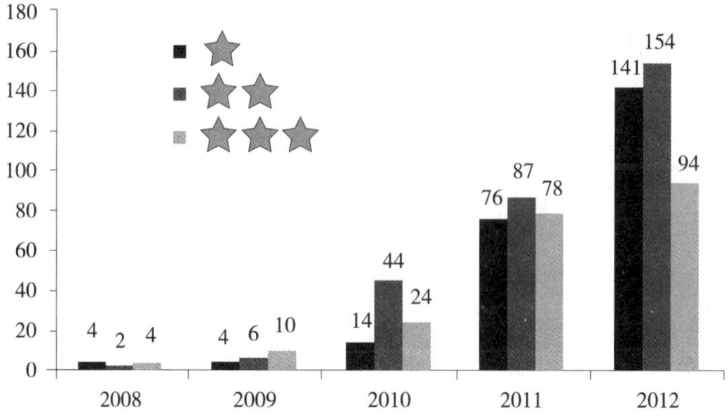

图4　绿色建筑评价标识项目数量

中国正处于城市转型发展的关键时期，一些先行国家和跨国大企业在低碳转型发展方面已经积累了丰富的经验和先进技术，许多技术都适应于中国的发展和应用，国际合作的空间非常巨大。所以，我们希望先行国家和世界500强企业能够参与到中国生态城市的建设中来，把先进的理念融入到中国的城镇化转型发展过程中去。

中央财经领导小组办公室副主任
杨伟民

围绕提高城市化质量这一目标，积极稳妥推进城市化

最近，对城市化讨论较多，在刚刚闭幕的两会上也是热点之一。这是好事，把城市化问题讨论清楚了再行动，可以减少今后推进城市化过程中的代价。因为城市化不仅会扩大内需、带动经济增长，也会带来各种社会的和环境的问题。

一、推进城市化，要把提高城市化质量作为首要目标

说到推进城市化，过去往往是提出一个城市化率的目标。但十八大修改了十七大“城镇人口比重明显增加”的目标，提出的目标是提高城镇化质量。为什么这样做？因为中央认为、全党认为，中国城市化面临的主要问题不是城市化率不高，不是城市化速度不快，而是质量不高。从宏观层面看，城市化质量不高表现在三个方面。

一是人口。1.63亿多进城就业的农民工不能市民化，处于“半城市化”状态，没有享受或没有完整享受城市居民应有的国民教育、医疗卫生、文化、社会保险、最低生活保障、社会救助、住房保障等公共服务以及选举权、被选举权等市民权利。

二是布局。布局的混乱主要表现在，许多城市不顾及资源环境承载能力的物理极限，盲目扩张城市功能、做大城市规模、增大经济总量，使全国大跨度调水、输电、输气、治污的压力越来越大。特别是水及其带来的问题尤为严重，不得不靠超采地下水维系正常生产生活的城市越来越多，由于地下水超采造成的地面沉降面积越来越大。

三是形态。越来越多的城市形成环绕城区扩大城市面积的城市形态，这种“摊大饼”式的城市扩张，直接带来或加剧了交通拥堵、房价过高、污染严重等“城市病”，中国城市化刚刚50%多一点，但很多城市已经患上城市病，而且病得不轻。

所以，推进城市化，要把思想统一到十八大的要求上来，把推进城市化的立足点放在解决上述问题上，不要仅仅是为了占地赚钱，为了房地产景气，为了拉动投资，为了增长速度的提升去推进城市化。

二、推进城市化，要走符合规律的城市化道路

推进城市化，到底要发展哪类城市，是小城镇还是大城市，也有很多争论。有的更多从国情考虑，建议重点发展小城镇，有的更多从国际经验出发，主张重点发展大城市。城市化在中国被称为“城镇化”，当时更多想法是城镇化是解决“三农”问题的一个办法，是“三农”范畴内的一件事，所以，把建设小城镇当成推进城镇化的重要途径，要求重点发展小城镇。这一方针提出已经13年，现实情形是，市场规律没有如当初的决策之意去重点发展小城镇，市场是找资源配置效率高的地方，而不管是小城镇还是大城市。农民工是跟着就业岗位走，而不是按照城镇化的方针走，不是跟着政策走，你让他去小城镇，他却去了北京、上海等特大城市和长三角、珠三角等大城市群。地方政府也没有真正去建设小城镇，因为小城镇的土地不会卖出更多的土地财政来。

推进城市化，不要硬性规定重点发展哪一类城市或者小城镇，要按照市场规律办事。特别是要按照生态文明的理念，按照自然规律办事。在那些山势险峻、沟谷深切、岩层软弱、空气稀薄、淡水紧缺、灾害频发等生态脆弱的地区，不要硬要推进城市化，不要硬要发展小城镇、硬要建设城市新区。这样做，迟早会遭到大自然的报复。

三、推进城市化，要把工作重点放在体制机制建设上

推进城市化，政府的工作重点和工作抓手，不是规划出多少个城市群、划定多少个重点镇、开辟多少个城市新区、建设多少个新产业园区。城市化中出现质量不高的问题，与其说是城市化问题，不如说是整个社会的体制问题。推进城市化，政府要做的其实就是四个字，破旧立新。一是破旧体制，打破以户籍制度为标志，但根源又不在户籍制度本身的计划经济留下的城乡二元结构体制，以及以行政区为界、碎片化的公共服务体制、财税体制等。二是建新体制，建立能够促进城市化按其自身规律健康发展的体制，包括市场配置资源、土地制度、财税体制、公共服

务、社会管理等。

四、推进城市化，要选准农民工市民化的路径

农业转移人口的市民化是推进城市化中不得不面临的一个棘手问题，面对1.63亿外出打工的庞大群众，以及30多年积累下来的问题，不做不行，做急了也不行，用什么样的思路去解决，不仅需要勇气，更需要智慧。有的主张，通过拉平农民工与市民公共服务差距的办法，一条线一条线地解决教育、社保、保障房等，待城乡之间大坝两边的水即公共服务一般高的时候，破除户籍就可以水到渠成了，城乡就一体化了。但这一路径是值得讨论的。

比如，拿保障房来说。目前房价高，最需要建设保障性住房的地区，往往是开发强度高，已经没有多少开发余地的地区。北京、上海、深圳等一线城市房价高、外地人口多，保障性住房需求量大，公共服务和基础设施需求量大，这些都需要大量的建设空间。但若继续无限制地占地建房、建设基础设施，按照过去的速度增加开发面积，意味着越来越多的绿色生态空间要变成水泥板，意味着吸附颗粒物、提供清新空气、涵养水源的生态空间越来越少。一块多达3000平方公里的水泥板，空气质量怎能好呢。所以，要统筹考虑一个地区的经济、人口、资源环境承载力，实现三者的空间均衡，用空间均衡的思路，考虑这类地区城市化质量提高和外地人口市民化的问题。

五、推进城市化，要改变以行政区为界画地为牢的方式

这与前一个问题有关。解决房价高、保障性住房需求量大的地区的城市化难题，必须改变以行政区为界、画地为牢地推进城市化的方式，其中之一是研究改变土地指标分配的方式。现在土地指标是按照行政区分配的。土地能卖钱，给土地指标，就相当于给了一部分钱，土地是第二财政。所以，657座城市、2856座县城、1.7万个建制镇都强烈反映缺地、缺用地指标。各个城市和小城镇在分配给本地区的建设用地上规划建设城市新城、产业园区。结果是，到处都是房地产项目、产业园区，但每一个小的城市新建片区、产业园区的功能都不完备，没有集聚效应，没有人气，因为过于分散，达不到入门人口规模。布局是混乱无序的，到处都有工厂、住宅小区，到处都要建设污水处理厂、垃圾填埋场，到处都要拉电网、建轨道交

通、高速公路。但尴尬的局面是，越来越多的地方，老百姓不让建了，环境群体事件越来越多了。

在城市化从数量扩张转向质量提升的阶段，应该像提高工业化质量一样，实行“上大压小”。“上大”，就在外来人口密集的城市群地区，打破行政区界限，选择资源环境承载能力相对较好的中小城市，通过集中使用土地资源，形成有吸引力的新城市，使之与原来的特大城市等组成空间形态紧密相连、城市功能互为补充的城市群，形成紧凑型、集约型的城市化模式。“压小”，也不是让中小城市衰败，就是改变每个级别的行政区都在自己的辖区、在自己的圈圈里扩大城镇面积的推进城市化方式，减少过于分散化的规模小、功能不可能健全的城市化扩张项目。

IBM公司董事长、总裁、首席执行官
罗睿兰

我想着重谈谈以下三点。第一，现在我们迫切地需要建立一个城市化发展的可持续性战略模式。第二，对于各国领导人来说，智能城市其实是21世纪城市的发展模式。第三，技术虽然具有推动作用，但我认为领导力将在这些城市的建设中起到决定性作用。

首先，我们迫切地需要一个新的可持续性城市化发展领导战略。原因很简单，那就是城市本身会成为中国的发展引擎。城市在全球很多国家都是发展引擎，在中国当然也是如此。事实上，没有人比中国领导层更清楚这一点，他们很清楚机遇与挑战所在。机遇嘛，正如我刚才所说，城市本身就是经济增长的引擎。中国各级领导人已经采取一些行动去把握机会，比如说对这些城市进行投资。此外还有一些特有的挑战，比如说它是否会对基础设施建设造成压力，是否会对环境造成破坏。但我认为最重要的挑战其实是规模方面的挑战。

第二，对于全球领导人来说，智能城市是21世纪的发展模式。原因很简单，随着城市化在全球不断地平行展开，我们的世界经历了巨大的技术飞跃。我在这里所说的是广义上的技术概念，包括通信技术、信息技术、先进材料、生态材料、可再生资源等等。这样我们就可以将所有这些技术无缝链接到一个城市的各项运作之中，从而重建城市发展模式。我的意思是，不仅仅要利用这些技术，同时也要通过汽车、公路、建筑物、水管或其他城市基础设施当中的传感装置，汇总一个城市的大量相关信息，对一个现代化城市的生活流程进行监控、分析、预测和控制。全球有很多这样的经典范例，比如说华盛顿特区的水管理系统；里约热内卢的负责协调30家服务部门的灾害控制系统；昆士兰和斯德哥尔摩的交通管理系统；丹麦的能源网管理系统；英国和哥伦比亚的传染病医疗系统。虽然这样的例子不胜枚举，但我想中国仍有机会取得更大的突破。中国不应着眼于这种针对单个问题的独立系统，而应该着眼于多系统集成系统，在进行城市规划时就将所有这些系统整合到一起。

纽约就是一个不错的例子，它并没有着眼于每一个孤立的系统，而是追求生活的质量，注重建筑物、卫生保健、犯罪和交通等各方面的改变和相互影响。在这种情况下，你会发现，很多通风或采暖不好的建筑最终会给卫生保健系统带来压力。我认为，多系统集成系统中的这种关系是中国在向前发展的时候可以把握的一个机会。

最后一点就是，技术是具有推动力的，但我认为领导力更为重要。我认为，对于一个着眼于多系统集成系统的城市来说，其领导人应该具备三个特点。首先，他必须要有系统意识，必须从这个角度来考虑问题。事实上，这可能也会改变政策和管理方式。其次，要与包括在座很多人在内的相关方面建立新的合作形式。第三点可能是最难的，那就是根据相关数据和基于事实而非经验的预测性分析来进行决策。

正如我一开始所说，我认为城市是中国未来增长的引擎，中国领导人已经清楚地认识到挑战和机会是并存的，同时智能城市这种新的模式是一种多系统集成系统，对中国来说是通过技术以及领导力实现飞跃性发展的一大良机。

大众公司管理董事会主席
文德恩

中国和德国实际上已经进行了数十年富有成效的合作。我想没有几家公司像大众公司这样如此深化与中国的这种合作关系。30年前，我们成为了进入中国产业发展过程中的先驱公司。从那之后，我们与我们的合作伙伴上汽集团和一汽集团携手将中国变成了汽车强国。去年我们集团向中国顾客卖出了280万辆汽车，基本上所有这些车都是在中国本土生产的。中国人信任大众汽车和大众品牌。我向各位保证，对我来说最为重要的就是保证中国顾客的安全和福祉。

对于大众来说，中国是我们的第二故乡。我们会履行我们对顾客的责任，同时也致力于行业、社会和环境的平衡发展。我们的合资企业到2015年时将在中国投资98亿欧元。我们正在建造7家新的整车和零部件厂，如佛山、宁波、长春和天津的工厂，当然了，还有乌鲁木齐。上海大众在新疆的新工厂表明我们又一次带头积极响应了中国走向西部的战略。

我们知道城市化进程是推动中国未来发展的一大因素。城市化给中国人民和社会带来了极大的收益，同时也带来了大量商机。大众公司完全支持中国的质量导向的城市化发展战略，这意味着我们需要满足尽可能多的人群对于流动性的需求。与此同时，我们必须要保护环境、保护自然资源，因此我们正在推出更清洁、更智能的产品和技术，其中包括高效内燃机、混合动力汽车、对可再生能源的使用以及智能驾驶系统。

大众公司也正致力于中国发改委的一项研究项目，这个项目名叫“中国汽车社会形态研究”。我们希望能够确保中国不断发展的城市中心和汽车之间的和谐关系。我们能够也必须保证城市化所带来的效益远远超过它的成本。从中央政府的规划者到城市的管理者再到商界，所有各方都需要合作。我向各位保证，大众已经准备好做出自己的贡献，因为我们仍将全力承诺长期为中国市场服务。

联合技术公司董事长、首席执行官

路易·谢纳沃

在过去20年里，我到中国来了差不多50次，亲眼见证中国取得了非常快速的发展并为此感到振奋。中国在很多领域都取得了惊人的进展，不过仍有一些挑战存在。

城市化一直是而且仍将是一个非常有力的发展推动力量。想想看，到明年我们再次会面举行这个峰会的时候，可能又会有2000万至3000万人口从中国农村地区转向大城市。到2025年，中国可能会拥有11个超大城市，人口超过百万的城市也会占全球总数的一半。而这些超大城市将会带来一些特有的挑战，但针对这些挑战也有一些应对的办法。

现在建筑物的排放量占据了全球排放总量的40%左右，因此我们需要让建筑物更加节能，尤其在中国这样快速发展的经济体中。中国要建立紧凑型城市，这意味着在接下来很长一段时间内，中国将会对在座各位的产品产生大量需求。好消息是，现在我们有很多相关技术可以保护自然资源、提高能效、促进可持续发展。新技术可以大幅提高空调、建筑体系、电梯等的能效。我举个例子，我们公司有一种新一代制冷设备，它是在中国这边的研发中心研发出来的并面向中国市场投产，能够提高40%的能效，这可是非常高的回报率。顺便说一句，这个产品销售得非常好，因此我们决定将同样的设计在北卡罗来纳州进行生产并投入美国市场。在中国生产并面向国内和国外市场的现代化电梯在下降过程中能够发电，考虑到电梯市场的大量需求，这样的能效会取得惊人的效果。我给大家列举一些数据。中国今年一年就将需要45万部新电梯，而市场需求总量是75万部。我再说一个参考数据，美国今年的市场需求大概是17000至18000部。所以说今年中国将是全球最大的电梯安装市场。

随着城市化规模的扩大，还会出现另一个非常有力的推动因素，那就是快速发展的商业航空。未来的这些大城市需要通过航空连接在一起。在座各位可能很难相信，但是实际上现在全球只有15%的人口坐过飞机。在另外那85%的人口也有可能坐上飞机的情况下，我们需要确保我们拥有最好的飞机、最好的系统、最好的引擎，而且这些飞机要尽可能环保、尽可能节约燃料。事实上，生产商正在推进关键技术的研发。波音和庞巴迪这些生产商拥有的创新技术可以将燃油消耗减少15%以上。此外，噪音和排放也有可能减少一半以上。

这些只是几个例子，说明了在应对城市化对环境和社会所造成的挑战方面我们能够取得什么样的成果。在中国正在形成超大城市、对新式飞机的需求也在增加的时候，上述这些技术已经可以得到应用。因此，与中国合作可以使这一发展趋势具有可持续性。大家可以想想重庆所取得的成就，这就是众多城市中的一个极佳示范，证明我们可以克服其中一些挑战、建立可持续发展的环境。

中国国际金融有限公司研究部
黄海洲、汪　超、王　慧

城镇化中住房制度的理论分析框架和相关政策建议

一、当前住房制度面临的问题

过去十几年来，房地产行业快速发展，对中国GDP的贡献不断增加，成为中国经济增长的支柱产业。与此同时，居民的人均居住面积也在扩大，但居民可支配收入上涨的速度远低于房价增速，房屋支付率在下降，买不起房仍是难题。目前的房地产市场面临两个方面的问题，一方面是住房市场自身面临的问题，另一方面则是住房市场与经济发展之间的矛盾。

（一）住房市场面临的问题

我们认为目前的住房市场主要面临着五大问题：

（1）商品房房价过高。房价上涨有多方面原因，包括经济增长周期因素、政策推动因素、货币因素、土地因素及供需等。此外，房子的金融属性在房地产市场发展过程中得到不断加强，逐渐成为居民一种保值增值的投资资产，从而更加推高了房价。

（2）住房保障效率低下。目前我国保障性住房的供需缺口仍然较大。这主要是因为保障性住房难以像商品房一样给地方政府带来经济回报，在财政缺口的紧迫压力和高额土地收益的诱惑下，“民生”被让位于“经济”。

（3）住房分配不平衡。由于较大的贫富差距，使得少数人占据了多数房，住房空置率高，也造成对社会资源的浪费。

（4）住房向福利化倒退。福利房与商品房之间巨大价差正成为一种强力的刺激和驱动将已被房改政策封存多年的福利分房冲动重新唤起。近几年，一些部委、央企甚至于高校进行带有福利性质的分房和建房，引起了广泛的社会讨论。

（5）住房消费过于超前。主要体现在两个方面：①首次购房年龄偏低。链家地产市场研究中心与光大银行2010年合作完成的一份报告显示，北京首套房贷者的平均年龄只有27岁，而在英国为37岁，在德国和日本为42岁。反映在房价不断攀高背景下，大多数人存在购房恐慌心理，购房需求提前释放。②商品房单套面积较大，国内的住房面积通常都能达到90~120m^2，面积过大，远超日本、韩国、中国台湾的水平。

（二）住房市场与社会发展之间的矛盾

除了住房市场自身的问题之外，住房与社会发展之间的矛盾也是目前面临的难题。

首先，地方政府房价调控目标与社会预期存在较大落差。2011年间600多个城市出台了房价调控目标，但绝大多数市政府将房价控制目标设定为增幅不高于或低于GDP增幅与人均可支配收入增幅，被称为涨价目标或者涨价标准。这些调控目标与社会预期存在较大落差。

其次，调控对自住性住房需求存在一定的积压效应。目前首套房贷款首付比例、贷款利率和公积金贷款购房的利率仍高于2008~2011年的利率水平，这使得首套房信贷门槛提高，购房成本增加，负担、压力增大，抵消了消费者因房价增幅回落可获得的受益空间，使首套购房者难以分享房地产市场调控的成果。

第三，保障性住房融资与管理机制不健全。目前我国保障性住房建设尚未形成一套完备的金融支持政策体系。保障性住房建设融资渠道不畅，特别是出租型保障性住房，资金投入大、利润少且回收期长，甚至无利润或负利润，又缺乏相应的担保和保险政策，没有明确的风险补偿机制和激励机制。

二、住房制度的演进及面临的挑战

过去十几年间住房制度也发生了一系列的重大变化，按时间排序可大致分为四个关键年。

第一个关键年是在1998年，国发23号文《关于进一步深化城镇住房制度改革加快住房建设的通知》，该通知停止了福利分房制度，是住房制度的一次根本性变革。

第二关键年是2003年，国发18号文《关于促进房地产市场持续健康发展的通知》，首次明确将房地产定位成国民经济的支柱产业，提出要“充分认识房地产市场持续健康发展的重要意义。房地产业关联度高，带动力强，已经成为国民经济的支柱产业。”

第三个关键年是2008年，国家针对房地产出台了一系列调控政策，但在金融危机爆发后，为了维持稳定的经济增长速度，国家政策迅速从“两防”改为了“一保”，即保增长、扩内需、调结构，房地产政策的态度也相应改变。

第四个关键年是2010年，地产调控政策达到历史上最严厉水平。从政府的态度可以看出，这次房价调控是坚决的，从政府政策出台的力度和密集度透漏出一种信息：房价不降，调控不停。

值得注意的是，无论是1998年、2003年还是2008年、2010年，当时的住房政策变化都基本上是反应式的，是对危机环境下的“条件反射”，而非基于顶层设计。

2013年是“十二五”规划的关键一年，在经济全球化、区域经济一体化、贸易自由化的大背景下推进国内经济发展水平，必然面临许多新的挑战与机遇。党的十八大报告中已明确提出了未来的产业转型方向：即“坚持走中国特色新型工业化、信息化、城镇化、农业现代化道路，推动信息化和工业化深度融合、工业化和城镇化良性互动、城镇化和农业现代化相互协调，促进工业化、信息化、城镇化、农业现代化同步发展”。可见推进城镇化是未来一段时间我国经济增长方式转化的一条主线，而城镇化的稳步推进离不开住房制度的顶层设计。

三、住房制度的理论框架设计和政策建议

（一）理论框架设计

我们把住房制度所涉及的方方面面抽茧剥丝后，剩下的其实就是三个最核心的要素：地权、房权和税收。根据这三个要素，我们构建了住房制度的三维模型，任何住房制度的设计都可以包含于三个核心要素之中。这三因素可以解析如下。

（1）地权：主要是指土地所有权，可以分为完全私有，部分私有和完全国有。由于我国土地所有权均为国有，因此我们根据支付土地出让金的方式划分为全额、部分、无。

（2）房权：主要是指不包含土地的房屋，即地上部分，可以分为全产权、部分产权和无产权。

（3）税收：税种包括交易环节税、持有环节税以及针对租金收入的所得税等等。税率可以分为高、中、低、负四档。当税收为负时，其实就是住房补贴。

我们将此作为后续分析和顶层设计的理论框架。

（二）中国特色的住房制度顶层设计

以下我们结合地权、房权和税收三维模型，分别针对不同市场类型（商品房市场和保障房市场）和住房类型（商品房、租赁房、经济适用房［含两限房］、廉租房），希望可以提出有效的住房制度解决方案。

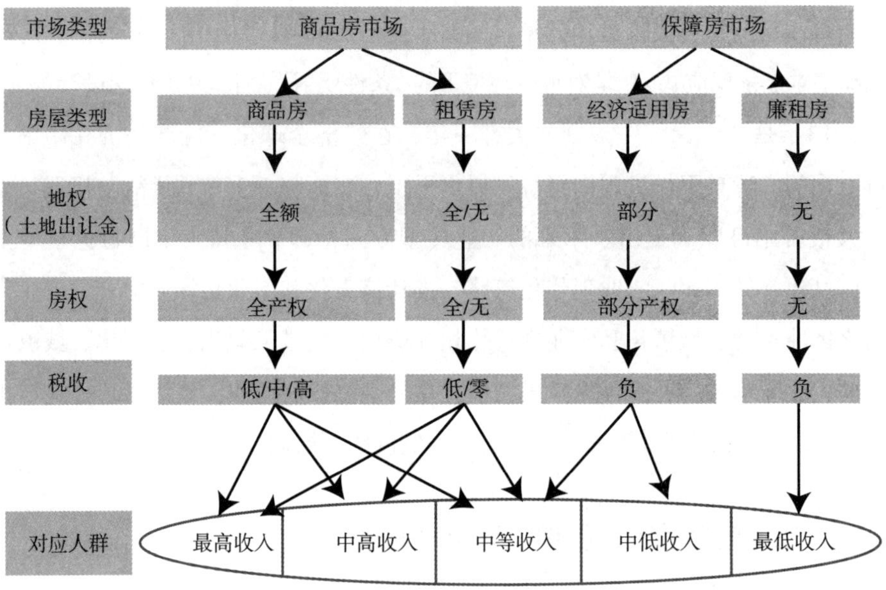

1．商品房

（1）定位

①商品房对应的应该是最高收入、中高收入以及少部分的中等收入家庭。目前中国城镇家庭户均住房套数接近1，但是由于最高收入家庭通常拥有多套住房，与此同时，保障房体系不完善，大部分的家庭（不论是否具有支付能力）都瞄准了商品房市场。这种结构上的错配一方面使得商品房市场过度发展，另一方面又凸显了商品房供不应求。

②商品房应该属于“全额土地出让金+全产权+低/中/高税收”的组合。目前我国经营性用地采用招拍挂出让方式，开发商拍地时向地方政府支付土地出让金，使用权通常分为70年和40年两种；税收主要集中在交易环节，而在持有环节较少且税率低。先不论给房产权设定一定年限的合理性，毕竟其对供需基本没有影响；而土地政策涉及到地方政府财政问题，因此一时间也难以做出较大的变革。那么，唯有从

税收角度改变政策。

（2）税收的必要性

与别国比较，中国住房的交易成本处于中等水平，但是持有成本处于最低水平。正是因为如此，最高收入人群拥有多套住房，并且还在房价下降时继续买入，而一些中高收入和中等收入家庭却无法拥有自己的住房（中低收入以下的家庭的住房问题应该通过保障房体系解决，不在这里考虑）。这种结构上的错配使得大部分房子空置，极大地浪费了社会资源。与其直接调控房价，不如使用税收工具调控供需。物业税的征收可以实现房地产资源的优化配置，为地方政府的财政收入提供稳定长期的来源，同时可以增加房地产投机成本，起到抑制房价的作用。长期来看，征收物业税是大势所趋。

（3）政策建议——使用物业税调节商品房供需结构

①征收条件：产权界定明晰，税率税基合理，违规惩戒有力。首先，在开征物业税之前要理顺所有权的关系。对集体所有的农基地、小产权房等要明确产权关系，对家庭拥有房产的数量和价值都要有系统的统计，为征税做好法律基础。其次，在制度制定方面，建立物业评估系统，对税率的制定要考虑居民的支付能力和地方政府的财政需求，同时，地方财政要公开透明化，建立更直接的纳税人监督机制。再次，在实际操作过程中，要建立高效率的收税平台，完善法律制度督促纳税行为。任何一方面都是一个复杂的过程，需要反复的讨论和验证，因此先采用试点，再全国推广更为实际。

②征收范围：自住房可以享受一定的优惠，以区别拥有多套物业的情况。例如：对首次购房者购房税费相应减少，免物业税；对两套住房以内的家庭免物业税；对两套住房以上的家庭采用累进税率，根据拥有住房套数的增加相应提高税率；对于别墅等特别高档的住宅，可以按照国际上的普遍做法，征收高于2.5%的税率。各省市可以根据自身的实际情况确定不同的税率及其累进方式，以体现区域差别性。

2. 租赁房

（1）定位

①租赁房对应的应该是最高收入和中高收入家庭（供给方），以及中等收入和中低收入家庭（需求方）。最高收入和部分中高收入家庭可能拥有多套房，可以成

为这个市场的供给方；而部分中等收入和中低家庭可能还未买房，或者本身可能已经有房，但是因为工作或者学习等地点距离居住地太远，因此需要在再租一套房，从而成为这个市场的需求方，这种需求可能是短暂的，也可能是长期的。

②租赁房对于供给方而言，应该属于“全额土地出让金+全产权+低税收”的组合；而对于需求方来说，应该属于“无土地出让金+无产权+零税收”的组合。目前我国商品房租赁市场的不规范主要体现在三方面：一是租金的税率太高。如果出租房的业主进入一个规范的租赁市场，就要为租金收入支付20%的所得税，考虑到业主还需要支付中介费、物业费、暖气费等，同时还要承受租户对房屋保护不够而带来的加速折旧，考虑这些之后的租金收入就显得过于微薄；二是对出租者的保护不够。例如擅自改变房屋用途，把别墅改成集体宿舍等等，从而导致了很多业主宁愿房子空置，也不愿进入租赁市场。三是对租户的保护也不够。合同通常比较短期，到期后出租者可以任意提升租金或者终止合同，这样租户就需要再次花时间找房子，成本提高，因此，大多数人都倾向于买房而不是租房。

（2）必要性

由于最近几年我国商品房市场发展过快，房价大幅上涨，不少高收入人群将买房作为一种投资的途径，追求的是房价上涨带来的资本升值，但是也导致很多房屋空置，形成了很大的资源浪费。规范租赁市场，积极促进租赁市场的发展，可以更好地运用存量房产，提高资源使用效率。

（3）政策建议——鼓励商品房租赁市场的发展

建议应该使用低税收或者补贴鼓励拥有多套房的业主进入租赁房市场，从而加大房屋的供给。国际经验来看，如法国，仅出租一套房屋的房主可以免税。如德国，拥有房屋两年以上的房主出租房屋时租金可以免税。大部分国家都允许房主从税赋中扣除各种费用，这些费用包括房屋折旧、贷款利息、房屋维修费、管理费及保险等。一个规范的租赁市场也可在一定程度上缓解中等收入和部分中高收入家庭的买房需求，对高房价也有一定的抑制作用。

3．经济适用房（含两限房）

（1）定位

①经济适用房对应的应该是中等收入和中低收入家庭。中等收入和中低收入家庭在我国占比大，对于商品房缺乏支付能力；但与最低收入家庭还不一样，在一定

的金融支持下，他们对经济适用房有一定的承受能力。因此这部分家庭的住房问题就需要用经济适用房来解决。

②经济适用房应该属于“部分土地出让金+部分产权+负税收”的组合。经济适用房采用产权限制、成本定价的方式。政府拥有部分的地权和房权，因此减少土地出让金；并且配合金融支持或者社会保障支持，相当于负税收。自住一定年限后，房屋可以在二级市场交易，交易时的收益按照土地使用权和房产权的比例与政府分配。

（2）必要性

①适合政府的投入能力。我国目前经济适用房（含限价房）的建设由政府出地及税费减免，而其发展滞后的最大的问题就在于资金投入不足使得建设无法开展。如果经济适用房定位于政府只拥有部分产权，那么政府仍可以取得部分土地出让收入，也符合政府的投入能力。

②符合居民的支付能力。我国目前地价占总房价的比例大约在20%~50%，这部分若能减半，居民的购买能力将大幅提升，相比商品房更加适应中等收入和中低收入家庭的支付能力。而与现在经适房建设政府出地及税费减免相比，政府收取部分土地出让金，经适房的房价也会有一定的提高，挤出的这部分需求（主要是最低收入家庭）则由廉租房来解决。

（3）政策建议——改变产权结构，加大金融支持

①制度方面：改变产权结构，对保障性住房建设立法支持。在保障性住房发展顺利的国家都非常重视法制建设，政府通过立法给予了保障性住房大力支持，保证了政策的权威性和有效性，并且在保障性住房定义、保障对象界定、住房保障的具体形式和操作方式等方面均有详尽、可执行性强的规定。

②供给方面：保障房建设要因地制宜。我们根据国家统计局公布的35个城市2011年人均收入、家庭平均人数以及平均房价来计算90平方米、30%首付、20年贷款、贷款利率8折下的家庭月供收入比，计算结果显示，三、四线城市家庭月供收入比较低，对商品房承担能力较强，而一、二线城市的月供收入比则偏高。因此，一线城市和部分房价较高的城市更应该扩大保障性住房在整个住房市场中的比例；而三四线城市保障性住房比例可适当降低。建筑面积也要因地制宜，同时考虑到5年后可上市交易，完全按照60平方米建设恐怕难以满足居住要求，以及未来在市场上的

出售需求。

③需求方面：加大金融支持力度。世界上绝大部分国家都把信贷支持作为来提高低收入者住房支付能力的重要手段。不管是直接买房补贴、租金补贴，还是低首付、低息甚至零利率贷款，抑或政府为购房者提供住房抵押贷款的担保，对中低收入家庭的购房或者租房需求提供了有力的资金支持。我国目前的公积金制度就是立足于解决居民的住房问题，但其作用没有得到最大程度上的发挥，未来应该更加充分发挥公积金的作用。甚至可以设想把养老金与公积金结合管理，年轻时买房，年老时养老，从而解决人生的两大重要问题。

4. 廉租房

（1）定位

①廉租房对应的应该是最低收入家庭。最低收入家庭的对居住的要求很低，也最容易提升满意度。考虑到未来城镇化的发展，初来城市的农民工根本无力购买住房，这部分人的住房需求也应该通过廉租房来解决。

②廉租房应该属于“无土地出让金+无产权+负税收”的组合。廉租房的土地和建设资金均由政府提供，因此所有者为政府。负税收，即保障补贴，可分为实物配租和租金补贴，主要以实物方式，结合发放租赁补贴。实物配租是指以政府核定的低租金租赁给城市最低收入家庭，只租不售。租金补贴是指对目标人群发放补贴。

（2）必要性

①配合我国城镇化进程。与老一代农民工不同，新生代农民工更倾向于留在城市。所谓新生代农民工主要指80后的农村劳动力，他们目前已经占到外出农民工总数的58.4%，将逐渐成为外出农民工的主体。他们大多没有从事农业生产活动和经验和技能，因此，即使经济形势波动，就业形势恶化，新生代农民工也很少会返乡务农。他们脱离农业生产和向城市流动已经成为一个不可逆转的过程。新生代农民工最大的需求就两个：一是工作，二就是家。通过廉租房的模式可有效解决农民工的住房问题。

②维护社会稳定。解决最低收入人群的居住问题，对维护社会稳定意义重大。

（3）政策建议——增加供给是关键

①立法支持，加大供给。廉租房与经济适用房还有所不同，廉租房土地和建设资金均由政府提供，因此廉租房成为对资金需求最迫切的保障性住房，如果资金投

入不足，廉租房所受影响最大。大力建设廉租房，资金投入和土地分配都要落实。

②把流动人口纳入保障。随着我国各城市间以及城乡间人口流动性的加强，城市中外来务工者和农民工的住房需求由于在保障范围外而得不到满足，仅仅是“有本地户籍的城镇人口”的保障范围将逐渐不能适应社会的变化。当低收入的流动人口租住的偏远地区的廉价房屋由于城市化进程推进或者修建保障性住房而拆迁后，这部分人群被迫移居更远的郊区，推动郊区房租的上涨，居住条件进一步恶化。因此，惠及非当地城镇户口的保障将是未来保障性住房发展的方向。

ABB 集团董事长
冯恩博

全球视角：推动“智能城市”可持续发展的电力解决方案

一、前言

城市居民目前已占全球人口的一半，对全球GDP的贡献率达到60%。到2050年，全球城市人口还将增加29亿人，其占全球人口总量的比例将提高至70%。大约90%的城市人口增长将发生在发展中国家，因为这些国家城市经济发展迅速，这种优势会吸引大量居民[①]。所以，城市需要建设新的基础设施，以满足居民和企业的需求[②]。

城市化已成为中国经济发展的主要推动力量，但它也带来了很多挑战，特别是能源需求的不断增长和城市的可持续发展问题。

提高城市居民的生活质量、推进可持续发展和经济增长的一个有效途径是让城市变得“智能”，智能城市能够监测、优化和控制诸如建筑、能源、水、垃圾和交通等城市中的重要系统和基础设施。

对所有城市而言，基础设施和交通运输系统的平稳运转、经济发展和生活质量的提高都离不开可靠的能源供应。本文探讨了现有智能解决方案如何通过提升能源效率、应用清洁能源和降低二氧化碳排放帮助城市更好地实现可持续发展，同时在城市走向智能化的道路上确保能源的可靠供应。本文旨在为制订中国城市化战略的决策者提供建议。

① 联合国：《世界城市化、国内迁移、人口分布和发展概述》，http：//www.un.org/esa/population/meetings/EGM_PopDist/P01_UNPopDiv.pdf

② C40 Cities，http：//www.c40cities.org/

二、城市化：全球性挑战

在当今城市化浪潮中，城市必须满足不断增加的人口和日益活跃的经济的需求以保持长期繁荣。与此同时，它们必须创造更具可持续性的环境，降低空气和水污染，达到二氧化碳减排目标，并保护有限的资源；最终，它们需要通过营造良好的环境来吸引企业投资、提高居民的生活品质以保持其竞争力。

对于世界很多城市而言，可持续发展是一个日益重要的问题。城市仅占地球陆地面积的3%，但却排放了全球60%~80%的温室气体[①]。与此同时，随着城市化的发展，消费者的数量逐步增加，消费水平也不断提高，进而导致温室气体排量增加[②]。

中国社科院的一份报告指出，中国是全球城市化速度最快的国家，中国城市居民的数量已超过农村人口，这在中国漫长的历史中尚属首次[③]。2011年，中国城市居民占总人口的比例达到51.3%[④]。中国的城市化规模也是前所未有的：到2025年，中国的城市人口将增加3.5亿人，这个数字比美国现在的总人口还要多。到那时，中国将有约220个人口超过百万的大城市，城市对整个国家GDP的贡献率将超过90%[⑤]。

尽管城市化可拉动消费者的购买力，吸引投资并推动经济发展，但从社会和经济的角度看，它也将为中国的可持续发展带来严峻的挑战。

中国面临着严峻的能源形势：人口众多，人均能源资源拥有量较少，人均能源消费量仅为美国的1/4[⑥]。随着城市人口不断增长，中国需要探索增加能源供应的途径。2012年，中国能源进口量占能源需求总量的8.6%，中国已面临能源短缺问题[⑦]。国内能源资源不足，将进一步加剧能源供需矛盾，预计中国的能源进口量将继续增长[⑧]。

除能源安全问题外，中国还必须解决由于过度依赖燃煤发电所导致的环境污染

---

① 联合国环境署：《全球资源节约型城市行动计划》，2012年。

② http：//eau.sagepub.com/content/21/2/545

③ http：//www.bloomberg.com/news/2012-01-17/china-urban-population-exceeds-rural.html

④ http：//www.friendsofeurope.org/Contentnavigation/Library/Libraryoverview/tabid/1186/articleType/ArticleView/articleId/3184/Greening-Chinas-cities-of-tomorrow.aspx

⑤ 麦肯锡：《中国城市人口将超十亿，你准备好了吗》，2009年。

⑥ http：//data.worldbank.org/indicator/EG.USE.PCAP.KG.OE/countries?display=default

⑦ http：//search.worldbank.org/quickview?name=%3Cem%3EEnergy%3C%2Fem%3E+imports%2C+net+%28%25+of+%3Cem%3Eenergy%3C%2Fem%3E+use%29&id=EG.IMP.CONS.ZS&type=Indicators&cube_no=2&qterm=China+energy+import

⑧ http：//www.eri.org.cn/uploadfile/Executive_Summary.pdfp.25

问题。中国的燃煤发电占全国总发电量的70%以上；美国能源信息署的统计表明，2010年，中国因燃煤所排放的二氧化碳约占全球二氧化碳排放总量的五分之一[①]；此外，中国也是世界上最大的二氧化碳排放国[②]。不断加速的城市化进程将迫使中国必须秉承可持续环境发展理念寻求保障能源供应的解决方案。

城市化还意味着人们的收入增加，更多人会购置汽车，结果导致汽车尾气排放的增加[③]。预计中国的汽车保有量每年将增加36%[④]，2013年中国将有2000万辆新车上路[⑤]。随着能源供应量和消耗量的增加，中国需要解决随之而来的环境问题。

令人鼓舞的是，我们看到中国政府已出台应对这些挑战的计划。中国的“十二五”规划以及最近发布的能源白皮书已提出了雄心勃勃的节能增效和发展可再生能源的计划[⑥]。这些目标不仅将指导中国未来的发展，而且还将成为考评各级政府官员政绩的重要指标之一，这意味着中国更加重视发展质量而不是速度。政府的决心和承诺让我们有信心相信中国将踏上一个更具可持续性的发展道路。

随着中国走向现代化，电力将成为一种日益重要的能源。从2010年到2020年，中国的用电量将增加一倍[⑦]；此外，2010年至2035年，中国电力需求增加量将占全球34%[⑧]。随着中国走向现代化，电力将成为一种日益重要的能源。

三、智能化是实现城市发展目标的途径

提高城市居民的生活质量、推进可持续发展和经济增长的一个有效途径是让城市变得“智能”。智能城市能够监测、优化和控制诸如建筑、能源、水、垃圾和交通等城市中的重要系统和基础设施。此外，智能城市的设计和运转还需要得到居民和相关利益群体的认同和支持。智能城市的理念基于新一代供电控制系统，它将IT

---

① http：//www.eia.gov/countries/data.cfm

② http：//www.eia.gov/cfapps/ipdbproject/IEDIndex3.cfm?tid=90&pid=44&aid=8

③ http：//www.businessweek.com/articles/2013-02-04/chinas-autos-need-to-emit-less-pollution

④ 罗兰贝格：《2025年汽车市场展望》，2011年2月，http：//www.rolandberger.com/media/press_releases/511-press_archive2011_sc_content/Automotive-landscape-2025.html

⑤ http：//www.businessweek.com/articles/2013-02-04/chinas-autos-need-to-emit-less-pollution

⑥ 中国政府发布的下列政策文件：http：//www.gov.cn/zwgk/2012-08/21/content_2207867.htm；http：//www.gov.cn/jrzg/2012-10/24/content_2250377.htm

⑦ http：//news.xinhuanet.com/english2010/china/2010-12/21/c_13658772.htm

⑧ http：//www.worldenergyoutlook.org/publications/weo-2012/#d.en.26099

技术纳入电网管理，从而最大限度地提高电网效率、韧性和系统安全[①]。

很多基础设施解决方案本身就可以做到智能化，譬如目前已有的处理建筑、水、能源、通信、交通和垃圾等系统的解决方案。这种由不同服务提供商牵头的“自下而上的”创新，多年来一直实施顺利，将来在满足城市需求方面仍将发挥重要作用。但如果由地方政府自上而下地实施，则可以协调利用这些解决方案帮助解决更多的城市问题。

智能城市通常包括能源管理系统（EMS）、楼宇和房屋自动化系统、分布式发电系统、电动汽车基础设施等。打造智能城市离不开市民和企业的参与，因为许多变革要取得既定效果，往往需要对消费者进行教育，并获得他们的认同和支持。

中国对建设智能城市给予了高度重视，智能城市市场有望推进多个行业的发展。中国通信工业协会是推广智能城市理念和应用的牵头机构之一，该协会指出，目前中国已有超过150座城市提出了智能城市建设的方案[②]。

但是，智能城市仍然是一个十分新鲜的概念，转变人们传统能源管理方式尚需时日。由于缺乏高效整合资源的系统化设计，缺乏能够让所有主要利益相关群体参与并共享数据和资源的开放式平台，以及缺乏相关政策的连续性，中国的智能城市建设会更加复杂。

四、案例研究

像其他国家一样，中国城市化进程势必伴随着新城市的建设和旧城市的改造升级，城市发展规划机构应当全面整合诸如业内人士、学术机构、投资者、服务提供商和消费者这样主要利益相关群体各自的专业特长。如果能够从一开始就让利益相关群体参与发展规划，城市就能确保制定统一的政策，满足不同利益群体的需求。这不仅能让城市规划人员更好理解潜在的长期需求和问题，而且还能帮助他们跨越多个行业整合相关技术，实现城市发展目标。

世界各国纷纷开发智能城市技术，以应对城市化挑战。下面的几个例子（见表1~表4）表明了现有的电力解决方案如何帮助城市最大限度提高资源效率，为建设环

---

① http：//www04.abb.com/global/seitp/seitp202.nsf/0/7ddd81f4bb44dd0dc12577340019ac0c/$file/10_21_finlandsmartgrid.pdf

② http：//www.chinadaily.com.cn/bizchina/2012-11/15/content_15931273.htm

保型城区做出贡献。我希望这些案例对于正在开发智能城市解决方案的中国来说能够有借鉴意义。

表1　借助智能技术提升建筑物能效

现状	中国的建筑物能耗约占全国总能耗的1/3，预计这个数字在未来几年还将大幅上涨。与此同时，中国建筑物的供暖效率仅为工业化国家的1/3①。中国《节能减排“十二五”规划》指出，建筑物的用电量可降低多达800吉瓦。此外，中国政府还计划在建筑物中推广使用可再生能源。2012年，可再生能源占中国建筑能耗的2%②。
解决方案	利用自动化和智能控制技术可提高建筑物主要耗能系统运行效率，可降低建筑物空置区域能耗，还可利用低谷电对建筑物进行预冷和预热，从而降低能耗费用。
益处	通过关闭建筑物内暂无人使用的用电设备，“智能化”楼宇可节省大量的能源。智能楼宇技术的大规模应用可帮助中国城市实现能效目标，节省大量能源。这些技术还能让业主和用户更好地控制楼宇环境，照明控制系统有望节省高达50%的用电量。
成功案例	新加坡的地标建筑：智能楼宇技术帮助新加坡几个屡获殊荣的建筑物降低能耗。例如，新加坡国家图书馆装配了诸多楼宇自控设备，状态控制照明传感器在感测到室内和公共区域有一段时间无人活动后，会自动关闭照明设备，而超级光敏传感器可根据楼宇的自然光强度，对照明设备的亮度进行自动调节，这都为楼宇的节能做出了贡献。2007年，该建筑物荣获“东盟高能效建筑楷模奖”。2006年和2007年的数字表明，由于采用了自动化技术，新加坡国家图书馆每年的单位能耗为102.59千瓦/平方米，比124.47千瓦的目标值低21%，还不到全国平均值（220千瓦）的一半③。

表2　借助岸对船供电解决方案降低对海港的排放和污染

现状	每年，超过10万艘船只停靠在世界各地的4500个港口。在停靠期间，船只通常利用柴油发电机发电，排放大量废气，并带来噪声污染。全球各地的船只每年排放大约9亿吨二氧化碳，相当于220座燃煤发电厂每年的排放总量。就货运量而言，中国拥有全球最大的十个港口中的七个④。随着中国海运贸易量不断增长，港口将面临更大的减排压力。《节能减排“十二五”规划》提出，到2015年，国内港口需要减排10%以上的二氧化碳，而船只至少需要减排16%。
解决方案	岸对船供电解决方案可以让船只接驳岸上电源，而不是利用柴油发电。在连入当地电网之后，船上的辅助发电机可自动关闭。
益处	与使用柴油发电机相比，采用岸对船供电技术后船只的二氧化碳排放预计可降低98%，噪音和振动问题得到消除，这样就能在城区建设港口，让市民选择临水而居。对船东而言，该项技术可降低维护和运营成本。
成功案例	瑞典于斯塔德（Ystad）：于斯塔德是瑞典的第五大港口，每年抵港和离港的船只数量约为3500船次。由于停靠船只采用船上柴油发电机发电，造成了大量废气排放并产生了很大的噪音。于斯塔德选用岸对船供电解决方案应对上述问题，该系统可让停靠船只接驳岸上电源，从而降低排放和噪音。归功于一个雄心勃勃的投资计划，过去三年来于斯塔德的货运量每年以两位数的百分比增长，它是少数几个在当前经济不景气时期继续实现增长的港口之一。据初步估算，采用岸对船供电系统后，该电气化港口的温室气体排放量可降低97.5%。

① http：//discovery.163.com/12/1124/12/8H2UD3JC000125LI.html

② 中国国务院：《节能减排“十二五”规划》，2012 年 8 月

③ http：//www.abb.com/cawp/seitp202/a215861bfb299d56c12574b4004a6b17.aspx

④ http：//finance.chinanews.com/cj/2012/03-01/3711500.shtml

表3　通过电动汽车（EV）降低汽车尾气排放

现状	中国是全球最大的汽车市场。预计2013年中国的汽车销量将超过2000万辆，2015年将突破3000万辆大关，占全球总销量的30%以上①。汽车尾气排放的不断上升，阻碍了建设可持续发展的宜居城市的进程。尽管政府出台了鼓励使用电动汽车的政策，但由于缺乏能够让用户在城区方便地对汽车进行充电的系统，消费者的认可度仍然没有达到预期水平。电动汽车价格高、充电时间长、电池寿命短以及缺乏新技术的普及都阻碍了消费者选用电动汽车②。
解决方案	建设电动汽车充电基础设施，提供多种充电方案以满足司机和服务提供商的不同需求，是降低汽车尾气排放的一个有效途径。各类充电站可让司机在短短几十分钟、几个小时内或隔夜完成充电。在线管理系统可让运营商查看充电站的工作状态，并对其进行相应控制。需要提供充电网络咨询、安装、调试和维护服务，确保网络的高效管理。
益处	与传统汽车相比，电动汽车通常更加环保。研究表明，在美国和英国等多个国家，即便将发电厂的二氧化碳排放考虑在内，电动汽车的二氧化碳排量也低于传统的汽油动力汽车③。站在战略的高度上建设电动汽车充电基础设施，可以鼓励用户购置电动汽车。此外，安装辅助性充电站监控系统可为利用可再生能源发电奠定基础，从而为环保事业做出贡献。
成功案例	爱沙尼亚的电动汽车：爱沙尼亚政府已在所有居民数量超过5000人的城市建立快速充电网络，并在主要公路上每60公里安装一个快速充电站，形成了欧洲密度最高的直流充电网络。投资发展电动汽车，是爱沙尼亚政府减少碳排放计划的内容之一。为实现这一目标，它们从ABB购置了165台直流充电站，建成了全球第一个全国性电动汽车充电网络。

表4　借助信息和自动化手段帮助市民利用绿色能源

现状	消费者常常不了解哪些能源更加环保或更加便宜，即使了解也很少有人能够轻松管理自身的能耗。
解决方案	智能房屋和智能建筑是一个新概念，在这个概念中，消费者可收到有关可再生能源发电何时供应充沛的最新信息，还能获得其他相关信息和设备，从而能够调整他们自己的用电行为。举例来说，楼宇能源管理系统可收到何时有可再生能源以及何时电价较低的信息，消费者可选择在这个时段使用洗衣机等电器。消费者和建筑物运营管理机构可在家内能源显示装置或基于网络的应用程序中看到当前的电力供应情况。
益处	实践证明，这类解决方案可让消费者节省用电。
成功案例	斯德哥尔摩皇家港口：瑞典首都斯德哥尔摩正在建设斯德哥尔摩皇家港口，这一新建的商业和居住区采用多种智能化解决方案，转变人们的用电习惯，推进绿色能源的使用。新建的这个城区的目标之一是利用可再生能源或剩余电能满足当地30%的用电需求。居民还可利用太阳能电池板生产电力，并将其输入电网，或存储起来以备以后使用。斯德哥尔摩皇家港口计划在2030年之前彻底摈弃化石燃料发电，凸显了建设大规模智能电网系统满足当地能源需求的重要意义。

① http：//www.chinaeconomicreview.com/node/63511

② http：//www.reuters.com/article/2012/04/25/china-ev-idUSL3E8FO14620120425

http：//www.nydailynews.com/autos/electric-vehicle-market-struggles-slow-sales-article-1.1178155

③美国研究：http：//www.ucsusa.org/clean_vehicles/smart-transportation-solutions/advanced-vehicle-technologies/ele ctric-cars/emissions-and-charging-costs-electric-cars.html

英国研究：http：//www.parliament.uk/documents/post/postpn365_electricvehicles.pdf

五、结语

城市在管理经济增长、提升可持续发展和保持竞争力方面都面临着众多挑战，对需要大量能源支持其快速城市化进程的中国而言更是如此。

智能城市可以为应对这些挑战提供多方面的解决方案。就能源而言，城市迫切需要一个协调统一的途径，因为节能增效涉及城市环境、可再生能源并网发电、降低汽车尾气排放和电力管理等环节。

规划、开发和实施适当的解决方案需要在整个城市层面上跨越多个行业进行密切协调，借助智能城市技术有的放矢地实施监测、优化和控制措施，城市可以为市民提供更好的条件提高生活质量，并推进可持续发展和经济增长。

在实施可靠的智能城市计划的过程中，所有主要利益相关群体的积极参与都发挥着重要的作用：政府应当通过制定相关政策和提供财政支持发挥牵头作用；投资者、服务提供商、基础设施和自动化技术提供商，以及信息通信技术提供商等企业要有动力去贡献自身的行业经验和先进技术知识；最后，最终用户应该得到知识普及，以便更好地了解建设智能城市的益处。

城市化是一个全球性趋势，中国可借鉴其他国家的经验和知识，推进城市的可持续发展。作为全球智能城市技术的领军企业之一，ABB很荣幸能够帮助中国政府探寻可持续发展的解决方案，共同应对城市化带来的挑战。

日立公司总裁、执行役社长

中西宏明

今天我想谈谈发展中国家城镇化问题。我想和大家分享下我们公司和日本的经验。

首先，日本经历过各种各样的城市问题。城镇化带来极大的好处，但与此同时存在严重的缺陷。日本城镇化带来一系列重大问题，包括人口向大城市集中、汽车普及造成交通拥堵状况、工业化导致的空气和水污染等等。与此同时，由于公共设施发展供不应求，能源短缺和废物处理等问题亦随之而来。医疗卫生、人口老龄化和经济差距等社会问题也变得日益显著。我们希望与各位讨论和分享日本城镇化的问题和经验，思考如何找到实用的途径来解决上述问题。

我们希望介绍有关可持续城镇化的三个重要观点，这是从我们日本经济高速增长经验中得出的。

首先是合理规划交通，建设城市群。在城市发展当中，公共交通是一个重要的因素。当今的城镇化不仅仅是城市的崛起，而应该有机地连接城市的种种功能。这是一个重要的因素。

其次是社区参与，即如何鼓励所有的城市居民进行参与。人员因素对新型城镇化发展而言非常重要。在城镇化规划阶段应考量此类因素。

第三是生活服务基础设施。此类设施能够为人们提供高品质生活，因此对城镇化而言也非常重要。

关于第一点，即建设交通设施规划合理的城市群，我们希望指出两点。第一是立足公共交通，推进城市发展，即考虑在发展过程中如何连接各个城市。第二点是如何系统整合城市功能。以交通为例，公交车、火车和其他公共交通设施是促进城市发展的重要因素。一个典型的例子就是东京的TOD项目，即“柏之叶智能城市项目”。部分开发商和我们日立公司都参与这一项目。日立公司为这一项目提供各种保障。

关于社区参与，我们介绍了供应商和公众需求之间的关系。如何促进供应商和公共需求之间的互动呢？这将依赖于大数据。大数据是通过机器搜集的信息。信息和技术是推动此类互动的重要因素。

另外一个典型案例是交通卡的服务创新。当前日本个人交通IC卡的基本功能是付费。目前日本7800万交通持有人除了使用交通IC卡支付交通费之外，还希望能够在一些便利店使用该卡进行消费。此类智能卡产生一个重要影响，即现在东京公共交通承担80%的客运量，而不是私人汽车。

生活服务基础设施包括硬件和软件，那如何将它们的多样化功能整合在一起呢？过去人们当谈到基础设施时，会简单地想到电力传输、市区交通、配电和污水处理等。不过现在，软件设施变得日益重要。软件对于城镇化而言是一个重要的因素。那么如何实现城镇化可持续发展呢？这取决于管理、政策和技术等因素，不过如想开展全面协调工作，这将取决于IT数据库，也就是大数据。这是我要指出的。

如何将人员因素纳入城镇化规划当中？这一点非常重要。日立公司目前专注于此类活动。我们希望为发展中国家城镇化尽绵薄之力。

重启项目：中国城市化新起点

“城市化”专题小组[①]

一、重启项目：城市化新起点

1750年，随着工业革命的兴起，英国掀起了第一波全球城市化浪潮，历时近200年，实现了英国和多数欧洲国家的城市化。现在，全球正处在另一波城市化进程之中，包括中国在内的新兴经济体以空前的速度和规模在推进。从2007年到2050年，全球的城市人口预计将新增31亿，其中29亿由新兴经济体贡献。毫不夸张地说，这一波城市化浪潮不仅决定着新兴国家自身的未来，也将对世界经济和企业的前景带来全球性的影响。

中国正引领着这波城市化浪潮。到2025年，预计人口超过20万的城市对中国经济增长的贡献率将超过90%。但是，快速的城市化也带来重重挑战，使得包括首都北京在内的诸多城市普遍面临着日趋严重的长期性难题——水质和大气污染、居住面积和质量水平较低；大城市因为交通拥堵，人们在上班路上耽误的时间越来越多，未能受惠于城市化本应带来的“福利”；全球普遍认可的用以判断收入分配公平程度的基尼系数也在不断上升。

今天，数以百万计的农村流动人口进了城市，不远的将来还会新增几百万，社会矛盾和冲突可能会更为尖锐。40%的城市居民由于没有当地户口，不能就地享受与本地居民均等的公共服务。同时，流动人口的医疗保险、养老服务没有得到解决，其子女也很难获得优质的教育。目前，不足15%的流动人口拥有个人房产或租住在正规的住宅之中。因此，如何让庞大的流动人口融入城市，将是中国通往可持续发展

① 本文为卡特彼勒有限公司、爱立信集团、联邦快递公司、福特汽车公司、高富诺有限公司、日立集团、麦肯锡公司、香港铁路有限公司、三星电子、施耐德电气集团、西门子股份公司、联合技术公司联合为“中国发展高层论坛2013”年会提交的专题报告。

之路的重要挑战之一。到目前为止，中国的城市仍然只专注于增长。现在需要按下重启键——转向注重增长的质量和效率。

二、城市形态：发展城市群

关于中国城市化的一个关键问题是将以何种形态出现。是否注定将由特大城市组成？每个城市群的规模——人口达到5000万——俨然可与一个国家相匹敌。从全球来看，城市的绝对规模随着城市化和人口的增长而扩大。世界银行的研究表明，100万人口以上的城市占总人口的比例超过以往任何时候，在低、中、高收入国家分别占11%、20%和52%①。还是随着中型城市的增长，中国的城市发展将更加均衡？这一城市形态的问题非常重要。为了成功地推进城市化，相关政策必须同时考虑到小城市和大城市，以及城市化对农村地区的影响。

中国如此之大，多种增长模式皆有可能。观察当前的趋势可以发现，大都市群由一、两个中心城市和周边多达80个二线城市组成，这些较小的城市通过物流、经济、文化和行政管理与大都市联系起来。中国已经有一些由中心城市和周边城市组成的主要城市群，特别是以上海为中心的长三角城市群，以深圳、广州和香港为中心的珠三角城市群。麦肯锡公司的商业和经济研究机构“麦肯锡全球研究院”预测，到2025年，中国将出现11个平均人口规模在6000万的城市群，总计约占中国城市总人口的3/4。其中的三个城市群的人口将于2025年分别接近1亿，可位列世界前15名的人口大“国”。这11个城市群总共占城市GDP的80%以上，成为中国经济不可或缺的引擎②。

中国需要做出选择。是选择像美国那样的郊区发展模式（由此需要更强大的交通网络），还是选择像日本那样高度集中的模式？理论上，城市群的规模并无上限——唯一的现实难题就是有效管理城市群内部事务的能力。即便是那些5000万或以上人口的城市群，只要做到以提高生产率、应对与密集和污染相互关联的一系列挑战为中心，协调一致地重启城市化进程，就能够不断发展，不断繁荣。

① 世界银行《2009年世界发展报告》第1章。

② 麦肯锡全球研究院2009年3月报告，《迎接中国10亿城市大军》。

三、中国城市化如何取得成效

为了提高生产率，确保新城市群的经济、社会和环境的健康发展，中国政府应该考虑从多个方面采取举措。可能最为重要的一点是，生产率高的城市经济体都具备高效的资源配置机制。虽然中国的资本市场、劳动力市场和土地市场的资源配置机制并不能称为高效。其次，金融市场的改革也必须是所有公共政策制定者的工作重点。否则，不仅城市化将有名无实，而且也无法有效利用资源。不能提高生产率的城市也将无法应对激增的流动人口大军。

医疗、教育和社会福利，尤其对流动人口而言，是他们所期盼的城市化福祉。如果城市不考虑增长的外部效应，这将产生实实在在的成本，如犯罪、公共卫生危机和城市异化。户口障碍是不可持续的，政府要制定政策取消户籍制度。但是，对于流动人口转化为户籍人口后随之而来的医疗、教育和社会服务等各项成本，各个城市尚未做好应对准备。城市如何扩大这三个方面的供应，满足不断增长的需求是一个至关重要的政策问题。

尽管如此，我们把所提建议的重点放在了城市化的基础设施[①]。这是当前政府支出中最大的一部分，也是城市经济最为重要的引擎。同时，鉴于我们各家公司的背景，城市化的基础设施也是我们最能发挥专业知识和经验的领域。

我们认为，摒弃以投资为导向，重量不重质的模式，转而采用更加平衡的发展方式是当务之急。问题并不在于资金投入。当前中国毫无资金不足的风险。相反，问题在于中国应如何使用这些资金？20年后，我们会为今天所取得的哪些成就深感自豪？又有哪些成就在未来20年还存在？我们这一代人有责任为子子孙孙留下一笔财富。正如丘吉尔所说：“我们塑造了建筑物，反过来建筑物也塑造了我们。”

如今，中国需要建设经济、环境、社会可持续发展的城市[②]。以下我们将就六个重要领域展开论述。

---

① 此建议书汇集12家公司的主要观点，不包含所有公司的所有观点。

② 中国新一届领导承诺实现可持续城镇化这一宏伟愿景。其目标是建设一个环保意识强的现代化国家，实现“美丽中国”的美好理想。这一宏伟目标有五大组成部分：坚持绿色发展、政策制定以人为本、扩大可再生资源市场、深化改革和加强国际合作。为了实现这一目标，中国需要大胆试验和创新。新任总理李克强在最近一次讲话中提到，中国要走出一条新的发展道路，避免许多发达国家走过的“先污染后治理”的老路。李克强总理还宣布2011到2015年间将在环保方面投入3.4万亿元人民币（折合5440亿美元），强调建立正确的法规和财政激励机制，引导社会行为准则，增强环保意识和国际合作。

1. 城市规划

（1）整合地区经济、交通运输和土地规划功能，提升城市发展规划的透明度和有效性。

（2）结合智能基础设施规划和技术的最佳实践，建设密集型、复合功能的宜居城市。

鉴于中国城市化的速度和规模，基础设施、交通运输和住宅协调、和谐地发展以创造一个紧凑、高效、愉悦的城市空间，应该是可持续发展的关键。这就需要现代城市规划的最佳实践——制定长期愿景和战略规划，并落实到分区规划和建筑法规之中。这些规划不仅要说明对住宅和商业区的规划目标，还需要明确对学校和医疗设施的规划期望。所有这些不同层次的规划决定了城市的空间分布和基础设施——城市的“骨架”，促进城市群经济和社会资产的增长——不断壮实的“肌肉”。

当前，中国大多数城市没有一个经过统一协调的战略规划流程。许多关于土地使用的决策与各城市发改委的城市产业发展或交通运输和基础设施规划并没有做到协调一致。我们建议，从地区层面整合经济、交通运输和土地规划功能，由地区负责实现一系列综合的发展目标，这些目标不局限于经济目标，也涵盖了社会发展和环境发展的目标。这与当前的做法非常不同，但是能够有效地利用现代城市规划的各种好处。与此同时，重要的是，规划的协调一致也要避免变得过于官僚和复杂，以致让城市失去了灵活应变的能力。在这方面，中国可以参考许多在地区层面进行整合规划的国际案例①。

鉴于可用的土地资源非常有限，成功的城市发展规划应该将“科学用地”的理

① 例如，美国俄勒冈州的波特兰市有一个市议会监管整个地区的规划。该地区的其他城市和区县没有自主规划权，但都派驻代表参与市议会。这让波特兰在设定区域规划目标时得到整个地区的社区的支持和积极参与。2008年，法国的法兰西岛（相当于大巴黎地区）召集城乡各级领导为该地区制定2030年目标。会议建立了包含交通、公共区域、土地使用、社会融合和住房的总体协调框架，管理当地规划（例如，规定密度要求），监督整个地区基建位置和交通。该规划方案还吸取了当地协会和公共机构的意见，做出了数千条修改。日本的柏叶“智能城市”离东京市中心约25公里，在日本这样一个轨道、道路和住房一体化开发的国家中可谓最先进的案例。该市与私营部门的三井不动产和日立进行合作，正在开展“土地重整”的综合项目，以改善铁路基础设施，为26000人提供靠近火车站的紧凑型住所。大学校园、研究和商用设施、医院和大型公寓都是规划的一部分，规划还包括了创新的ICT节能技术和其他城市管理体系。要成功地开展此类和谐城市开发的一大关键在于，负责规划及执行的市政府官员具有透明的方案和清晰的问责机制。中国在城镇规划方面也做出了一些非常有趣的创新。成都是中国西部的特大城市，该市规划在0.5平方公里的范围内，设计一个供80000人生活工作的“样板城市”，所有居民之间的步行距离不超过15分钟。这一城市比起中国同等城市将减少89%的垃圾填埋量、58%的废水排放以及48%的能源使用。该模式如果成功，值得中国其他城市乃至世界的中心城市效仿。

念作为核心。密集度、复合功能用途和以公共交通为导向是宜居城市的关键词。为了实现这几个目标，土地使用需要与包括公共交通规划在内的基础设施规划密切协调，从而提升最具吸引力地区的城市密度①。将综合的信息和通信技术（ICT）基础设施纳入更加广泛的新城市规划中，中国就有机会成为领头羊，率先制定下一阶段的城市解决方案，包括多模式联运或水资源和能源供应网络②。

2. 交通与出行

（1）利用智能技术，提升每一种交通运输方式的效率。

（2）整合公营和私营的陆运、空运和海运运输方式，在城市内部形成一个统一的优化系统，外部交通触角可达地区和全球目的地。

交通规划是成功的城市规划必不可少的部分。然而，城市交通却是一件很难做好的事情——每个市民都希望出行便利。交通规划需要整合公私交通运输方式，形成一个高效的系统，优化每个交通运输方式的经济和环境效率③。人们的出行应该尽可能的方便，这不仅能够提升劳动生产率，还可以有效缓解交通拥堵和环境污染。

首要的当务之急是确保每一种交通运输方式都尽可能的高效和环保。通过道路拥堵收费应对交通拥堵在世界各国越来越受到欢迎。此外，还有一些智能的交通系统，如利用感应器根据实时的交通路况优化交通信号灯的时长。这些系统被公认为平均可减少15%的交通拥堵④。同时，中国还应该充分应用快速发展的电动车技术。

---

① 在新加坡，城市密度随着地点、规划用途和基建情况而各不相同。纽约市内各地的密度取决于区块和规划用途。参见世界银行2013年报告：《规划、连接和融资——立即行动：城市领导者须知》。

② 获得世界级的ICT基础设施是推动城市提高效益和可持续性的众多解决方案的关键驱动力，也符合当下的竞争要求。ICT能够在城镇规划、交通和能源、吸收技术人才和经济战略产业群、提升公共服务质量等方面发挥重要作用。比如，根据光照的条件自动调节街道照明的亮度，可节省30%的能耗。纽约市用大数据帮助维护治安。警察局利用该技术绘制罪案发生位置图，据此制定战略，将警力集中在那些罪案重点地区。在波士顿，居民使用数字应用反映问题，使相关部门可以快速及时地解决。柏林市在网上公布土地规划更改方案，听取更多居民的反馈意见。新加坡使用门户网站OneMap为政府机关、企事业单位和居民提供地球空间信息。新加坡市区重建局利用该网站确定最适合开垦的海岸线区域，而这项任务原本需要对来自16个政府机关的各类数据人工集成。

③《2012年燃料燃烧二氧化碳排放统计》。

④ 新加坡电子公路收费系统根据基本交通模式收取拥堵费，以此鼓励司机选取拥堵少的路段、拼车或者搭乘公交。该制度在减少拥堵和排放的同时，在2010年为该市取得了1.25亿美元的收入。孟买采用了根据交通情况自动调节的信号灯后，驾驶时间缩短了12%。伦敦的拥堵收费体系采用电子牌照读取装置，确认车辆付费情况后才能放行进入特定区域，使得拥堵收费区的误点减少了30%，公交因拥堵而造成的误点情况降低了50%，平均行驶速度上升了31%。

第一个举措是重新考虑城市的电网架构，建立必要的充电设施，从电动自行车，拓展到电动公交、电动汽车和电动专用车等城市交通工具。下一步是整合不同的交通运输方式。信息技术、服务、产品和商业的新模式层出不穷，为应对城市出行提供了多种成熟的方法。科技可以支持人们在城市中心的高效出行，以及商品的高效流通，还能推动远程工作、学习、医疗和购物，从而减少必要出行的数量。有许多参考案例可以说明行之有效的城市出行系统①。

城市需要高效的物流网络连通城区的各个角落，将商品从制造商或分销商送到顾客手中。车辆进入城市现在是中国一个重要的问题。当前的法规规定白天只有客车才能进入市区，因此配送货车为规避法规，增加了车窗和乘客座椅。以经济有效的方式做出一些改变可以让车辆进入城市更加方便，同时也不会给交通拥堵带来明显的负面影响②。一些简单的改变就会带来可观的改善效果，如确保新建大楼为配送货物预留足够空间，使货车在配送商品时不会导致堵塞交通。在电子商务迅猛增长的中国，使配送尽可能的便利，这对于企业和消费者来说极其重要。

城市物流网络还需要把高速公路、道路和机场高效、无缝地连接到周边城市和全球目的地。在当前的系统中，城市面临着许多物流挑战③。中国需要考虑促进邮政局、公安部和发改委之间的部级协调，以及城市群内的法规协调，从而确保商品在中心城市和周边城市之间自由流通。一个可靠物流网络不仅仅是城市的必需品，更是当地经济的发展引擎。

3. 社会保障房

（1）制定规划，强制性地分配一定比例的土地用于建设社会保障房。

（2）考虑建立社会保障房的公司化机构以及租赁管理公司，以运营和维护出租房。

---

① 例如，中国香港的“八达通”系统让旅客可以通过一张智能卡搭乘多种交通工具、支付停车费，还能在便利店使用。日本全国大约发行了7800万张公交IC（集成电路芯片）智能卡，到2013年3月，不同城市间的卡就可以通用。德国的不来梅、哥伦比亚的波哥大、巴黎、巴西的库里提巴，俄勒冈的波特兰都配备有一体化的交通体系。

② 一种方法是整合商业货车流，在城郊建设综合停泊设施。货车可以将货物运输到城市郊区的指定点，由某一家物流公司负责市内的所有物流服务，物流公司的卡车可以满载货物进入市区的单个或数个临近的运货点。布里斯托尔、吉隆坡和其他国家的一些城市已经通过城市、物流公司和零售商之间的合作，积极运作了这一系统。

③ 以上海为例。一些物流公司希望将航班从成本高、班次多的浦东机场转移到杭州，但是这些公司又担心上海的海关会因它们转移业务而出台一些负面的举措。机场的夜间停运措施会降低资产的价值和效率。

随着中国城市继续迎来数百万流动人口，经适房是这些城市面临的最大难题之一。解决这一难题与确保流动人口融入城市，并且生活幸福，工作高效息息相关。

根据市场经济的发展历史，自有住房比率有一个自然的上限，大约为64%，其余的属于房屋租赁市场。为了避免低标准住房给住户造成健康状况不良、教育程度低下、人生追求缺乏等消极影响，约60%的租赁房屋应该作为社会保障房提供给低收入群体。

中国当前做法的一个主要缺点是，大多数社会保障房都提供给了本地居民，导致巨大的流动人口住房需求缺口。尽管如此，中国仍然取得了显著进步。廉租房项目为改善社会公平做出了突出贡献。中国如何实施社会保障房项目也非常关键，当前不同城市取得的成效存在很大差异。充分的激励机制、补贴以及来自保障房使用者的资金是让项目经济可行的必要条件[①]。不论收入增长到什么程度，世界各地的经验教训都说明，一部分城市居民将无法以市场价承担起住房。因此，城市必须设计政策，使经适房住房单元的成本与购买者的承担能力相匹配[②]。同样重要的是，必须按照高能效标准建设经适房。否则，这些住房将产生额外成本——相当于住户多交的税。

各国经验表明，政府总是扮演着关键一职，不仅制定政策法规，还是经适房的直接贡献者。政府投入的规模可以很大，如新加坡和南非就建设了大量经适房；也可以较小，如近几年英国的经适房中来自政府的投入还不到一半[③]。

---

① 麦肯锡全球研究院2010年4月报告《觉醒中的印度城市：建设包容性城市、实现经济持续增长》。报告指出，印度可以使用以下抓手保证充分的经济适用房存量：鼓励特大城市政府和市政府规划经适房以及经适房专用地；规定新开发项目的25%必须作为经适房；为开发商和公房管理机构提供包括拨款、利息补贴和优惠税收在内的各种激励机制；建立全国抵押贷款保障基金，支持低收入人群贷款；考虑在特大城市政府和租房管理公司内建立公司制的经适房机构，专门负责运营和维护租赁房。

② 英国战后开展的社会住房项目遭遇了大量问题，其中之一就是“扎堆旧改”：大量房屋在同一时间需要维护和重建，对相应地区造成了巨大的财政压力。英国还发现社会住房的保障期越长，居民就越产生依赖，并降低劳动力的流动性。为此，就非常需要允许尽可能多的家庭在长期共有或拥有产权的灵活租用条款。南非的经验也强调了经适房毗邻其他城市开发项目、经济机会和交通设施的重要性。虽然南非一直大力推动经适房的建设，但是却没能将住房建造在低收入人群的工作地点附近。大量住房开发在城市外围，就业机会少，交通不便。

③ 香港政府要求开发商在建设商业地产时，以提供公共住房为前提条件。旧金山的“HopeSF（希望旧金山）”项目由市政府和私营开发商合作开展，旨在将五大地区的2500个破旧公租房单元改造成欣欣向荣、收入水平各异、可容纳5万多个居住单元的庞大社区。公租房的资本不必来自于州政府。由于此类公租房为借款方提供了稳定的收入保障，银行和债券市场都非常愿意提供贷款。

确保社会保障房项目的经济可行性是最大的挑战，但同时也存在一些制度问题。确保政策的有效执行需要具备一定权力的专门机构负责经适房的交付和运营，以及一整套透明的流程[①]。

4. 能源效率

（1）制定清晰的环保目标，推动社会行为变革以及对新技术的应用。

（2）制定有效的标准、监管的激励措施、公共宣传计划和需求管理工具，推广节能建筑和节能设备，培养社会大众的节能行为。

提高能效可以带来多重好处。在能源价格处于高位且不稳定时能够降低能耗（2011年，中国占全球能源消耗的20%，远远高于中国对全球GDP10%的贡献率）；减少当地污染和碳排放；未来节约的能源在很大程度上能够弥补现在提高能效的成本，且不必牺牲人们生活的舒适性和福利；还能促进能源需求侧的创新，带来新的商机。

有效的标准、监管的激励措施和公共宣传计划已被证明是建设节能住宅、使用节能家电的重要促进因素。绿色建筑法规能够提高新建建筑的能效[②]。市民主动节能，比如不使用时关掉电源是能够迅速获得回报的较好办法之一。不仅在建筑维护结构上，中国更应该充分采用基于电子技术的节能解决方案，它们具有更好的短期投资回报率。

需求管理政策的激励机制能够鼓励市民合理使用资源。分级定价和智能电表是两个常用的方法。进行公共宣传，提倡节约，反对浪费，鼓励科学使用资源。随着能源价格不断攀升，企业有了更强大的节能动机以更加有效的方式管理能源消耗。可以利用信息技术提高能源和碳跟踪的透明度，形成降低成本、提高质量的新方法（如经过能源优化的工厂和运营，能够迅速发现损耗）。

提高能源消耗的效率，以及实施清洁能源解决方案，如热电联产（CHP），能够让中国城市在可持续发展的道路上走得更远。热电联产非常高效，能够将二氧化

---

① 另外，城市的税收体系不能对经适房造成负担，而要为经适房建设提供激励。抵押贷款保障基金之类的工具营造了一个的良好环境，让百姓住得起经适房，并促进长期经济融合。

② 华盛顿特区政府发现该市80%的电力消耗来自于商业楼宇，于是颁布建筑法令，要求所有的公有楼宇建设项目都要申请反映建筑可持续性的LEED证书。通过设立标准还能有效提高电器能效。美国在1970年代引进了最低能效标准后，冰箱能效在1970到1985年间每年提高4.4%，在1985年到2000年间每年提高3.4%。

碳和氮氧化物排放减少90%[①]。

5. 科学管理水和垃圾

城市应该制定并实施长期、综合的水资源和垃圾管理规划，并严格按照计划跟踪实施进度。

能源、粮食和原材料的价格曾经经历过持续100年的下降，但过去10年改写了这一历史，需求的猛增推动着这些商品的价格持续攀升。在这样一个能源需求和价格都不断上涨的时代，中国城市需要更加高效地利用资源，减少浪费。在中国，尤其是部分华北地区，水资源已经相对短缺，而未来15年城市用水需求将增长65%~100%[②]。与此同时，大多数中国城市面临的挑战是要确保足够的水资源供应，以满足家庭及包括电力行业在内的企业不断增加的用水需求[③]。

城市发展规划需要切实考虑水资源。可参考利用许多方法提高效率，减少浪费。智能管网技术以及水和污水处理系统中的传感器能够防止公共设施故障，漏损减少50%，降低消费者和企业的成本。单单解决漏损这一项，中国节约的水量就相当于40%的城市用水总需求量。这之中最大的机遇是全面推广节水厕所，此举可减少约20%的城市用水需求量。定价是可考虑的另一个重要工具。在中国，水价占居民收入的比重比其他国家低三倍。由于水价相对于家庭收入几乎微乎其微，人们缺乏经济动力节约用水。依据家庭收入制定分级水价，可将居民用水需求减少约30%[④]。此外，在其他国家被证明行之有效的方法是加强对民众的节水宣传，鼓励消费者合理用水。

工业用水几乎不会因为水价高低而发生变化，因此最有效的节水方式就是提高水循环利用率。中国当前的水循环利用率相对较高，达到75%。将水循环利用率进一步提高至80%，可使用水大户企业的水消耗量降低近20%。

垃圾处理对世界各国来说，都是一个紧迫的问题。垃圾填埋厂都达到极限，垃

---

① 山东的热电联产项目利用太阳能发电机将焦炉气转化为电能，使得碳排放每年降低520000多吨。风能和太阳能等替代能源增加了能源多样性，让中国有机会设立全球标杆。

② 麦肯锡全球研究院2009年3月报告，《迎接中国10亿城市大军》。

③ 中国电力部门用于发电的水资源占到了全国总量的10%，还在计划大幅度提高人均装机发电量。到2030，水力发电的装机容量将达到1.2万亿瓦，到时若不能提高效率，水资源将承受更大压力。汇丰全球研究气候变化项目2012年9月发布的Wai-Shin Chan，Nick Robins和Zoe Knight的报告《没有水就没有电：中国是否有足够的水支持电力增长？》

④ 麦肯锡全球研究院2009年3月报告，《迎接中国10亿城市大军》。

圾堆积如山。中国需要一个综合的垃圾管理体系[①]。全球许多城市制定了创新的解决方案来减少家庭垃圾[②]。有时候，仅仅让市民知道可能征收垃圾处理收费，就可以改变人们的行为[③]。

在商业垃圾方面，一个重要的方法是并不制造出新产品，而是通过产品再造优化，循环利用商业垃圾。现在，中国的汽车存量已经达到1亿辆，生产机器500万台，机床800万台。电动机容量已经达到15亿千瓦。优化、改造过的产品其耐用性、品质和质量担保与新产品可以媲美，但能节省60%的能源、70%的原材料和50%的成本，同时减少80%的空气污染。同时几乎不产生固体废物，而且就业可增长三倍[④]。

中国城市可以采取的一个举措是要求家电供应商公布不同型号电器的能效，住宅、商业建筑和工业厂房的建筑商或运营商要公开它们是否遵守了能效和污染标准。领先能源与环境设计（LEED）认证在高能效的领域已经发挥了这样的作用。将这种公开透明的做法延伸至低能效高污染的领域，将有望带来显著的影响。

空气污染影响到生活质量、健康水平和竞争力，对于中国居民和企业而言已经越来越成为迫在眉睫的问题。本文中提到的城市规划、一体化交通、能效管理、水和垃圾智能管理等需要很长时间才能改善空气质量。城市规划合理，交通便捷，公交可靠，车辆节能，道路通畅，建筑和设备能效提高能在当地和全球范围内降低温室气体排放。只要改善空气质量的举措透明，公众对于空气质量的关注将极大地促进包括需求管理在内的能效和资源效率提升。政策措施的强有力的实施能够大幅改

---

① 例如，墨西哥城启动了5R项目（减少、重复使用、再集合、回收和恢复），旨在减少废物并充分提取废物的价值。从废物中获得经济价值包括捕捉利用填埋场甲烷以及无机废物的能源利用和气化。该市估计这一项目将减少80%的填埋场垃圾量，将垃圾场的使用年限延长39年，并长期改善该市的可持续管理。

② 苏黎世要求居民将生活垃圾装入定价4.25美元的垃圾袋中，这一举措使得生活垃圾减少了40%，苏黎世居民的平均垃圾产生量比欧洲居民少25%。旧金山通过法规减少垃圾填埋。居民依法必须将厨余垃圾变成堆肥，而建筑公司必须将建筑工地至少65%的垃圾进行回收或再利用。

③ 位于法国西部的莱斯索里尼尔勒斯的地方当局进行了一项试点：按垃圾桶个数向居民收取垃圾回收费，并在全市追踪垃圾总量，包括向居民提供每户垃圾产生的实时数据，垃圾下降20%以下的点和回收废物量的上升量。该方案后来停止实施，因为已经不再需要。

④ 卡特彼勒公司计划在2020年实现零垃圾填埋，2010年该公司回收了约20亿吨的200多万件寿命到期的铁制品。

善空气质量[①]。

6. 改革城市融资框架

（1）多元化城市融资渠道

成功重启城市化进程带来巨大的投资需求，包括房屋建筑、基础设施和设备，据麦肯锡全球研究院估计，现在中国全部城市每年所需的投资额超过2万亿美元。然而，资金的获取并未成为地方政府的难题。多年来，土地出让一直是大多数中国城市最重要的融资来源，但是现在出现了越来越多的问题，因为卖土地剥夺了农民的土地，助长了城市的盲目扩张，刺激了房地产业的发展——即使这些资金投在别的行业可能更有效。

（2）提高土地融资模式的质量

①试点征收土地税（与房产税相反）。此举可以让地方政府更好地认识到土地的价值。对土地所增加的价值征税也可以促进地产开发商更加高效地进行建设。

②整合基础设施和房地产融资。地方政府获取（或已经拥有）某个基础设施项目周边的土地，在工程结束时租赁或出售土地赚取一定利润，利用这部分资金进行新的基础设施投资[②]。

（3）拓展非土地融资的多元渠道

①税收增额融资是地方政府利用某物业的预期升值收入或其他受益于基础设施开发而征收的税，将其用于该基础设施的融资。税收增额，或“地产增值税”（LandTax）是

---

① 2013年2月，中国政府宣布对汽车施行严格的新燃油标准。到2014年底，柴油车必须使用新的低硫标准，到2017年汽柴油都将实行更加严格的超低硫标准。在2004年，政府已经颁布了燃油能效标准。2011年，中国政府宣布车辆节能补贴，鼓励消费者购买节能车。同一年，中国制造了近8000万台内燃机，消耗2.7亿吨燃油，超过了中国原油进口总量和国内原油产量之和。但是这一格局正在发生变化，全球领先的发动机制造商正在开发更加清洁高效的内燃机，并为车辆配备反怠速功能，以减少油耗和排放。1956年英国颁布《清净空气法案》，规定烟雾排放控制区，要求住宅供暖采用更清洁的煤炭、电和天然气，将电厂搬出城市。其后的20年间，年均烟雾浓度降低了80%。首尔市大力改善空气质量。到2009年，该市的颗粒物总量相当于东京水平。公共汽车改用天然气；车辆使用年限超过7年就要进行改装以降低排放，改装费用的90%由市政府埋单；并在公交和基建中引入太阳能和氢气，约1000所学校和新建公寓将使用太阳能供暖。

② 香港铁路有限公司开辟了另一个模式，称为R+P（轨道加物业）模式。该方法的核心是利用地铁站周边的土地开发高密度房产，之后利用土地升值所得收益支撑公共交通系统的开发与运营。港铁利用这种模式成功地维持了30年自给自足的状态。其他城市也许可以采用该模式，但受到当前购地政策的阻碍。法律规定，所有商业用地必须通过招标、拍卖或挂牌才能购买。这就意味着虽然公交企业可以购地，但是这个“地铁建成前”的地价已经反映了在土地上开发房产所创造的价值，公交企业想在“地铁建成后”利用上涨地价支撑未来开发需求的愿望也就无法实现了。

指某地增值所增加的税收部分，可用来支付该项目所借贷款的利息[①]。

②中国应该考虑发展市政债券市场。哥伦比亚、印度、马来西亚、俄罗斯等不少国家已经发行了收入债券（Revenue Bonds）。吸引私募融资的一个重要前提是城市的信用度。为确保稳定的现金流，地方政府需要向公共服务使用者收费和征税，具备可信的会计机制、完善的财务管理、独立的地方政府财政审计以及地方政府服务的业绩考核[②]。

③对慈善的支持以及通过社会机构向城市调拨资金是发达经济体的固有特征，但在当今中国并不存在[③]。中国城市如果想要有更多的融资选择，这也是另一个可供考虑的渠道。

（4）如何实现城市化项目重启

中国城市可供参考、学习的国际经验有很多，但是随着城市化步伐以前所未有的速度和规模发展，城市化进程的再出发需要中国开辟一片属于自己的新天地。为了应对下一波城市化所带来的挑战，中国需要立意高远，继续制定远大目标。

许多中国城市已经证明，为了实现既定目标，它们具备创新的能力和实验的勇气。在这一基础上，我们建议中国在全国范围内雄心勃勃地开启新一轮可持续的城市化进程，并确定10座城市试点实施创新、全面的城市化重启项目。这些城市的市长和党委领导要积极主动、充满干劲、胸怀抱负，愿意采纳最新的技术和解决方案。这些试点项目需要动员地方政府组织、企业和市民共同协作，领导并管理在多个方面长期展开的变革进程。对中国企业及其国际合作伙伴来说，寻找创新的解决方案是一个难得的机会，通过参与中国城市化进程，与中国城市合作，从而成为所在领域的全球领导者。同样地，创新的试点城市也能够借鉴利用本土及全球的领先经验。

重启城市化进程不能止步于试点城市，需要推广到更大范围形成新趋势。试点项目应该引入能够在中国更多城市推广的方法。提高中国城市在六个重点领域的透明度（如社会保障房在新增住宅用地开发中的比例、交通干线的平均速度、人均能

① 例如：波哥大市正在利用地产增值税筹集10亿美元的基建费用，其中大部分用于难以吸引私人投资的地区。

② 哥伦比亚推出了“交通灯”评级标准，集合了一系列流动性与偿付能力指标，相应地用红灯、黄灯、绿灯对各城市的地方支付能力进行评级。

③ 例如：彭博慈善基金会、底特律的克雷斯吉基金会（Kresge Foundation）、阿加汗基金会。

源消耗量和用水量）能够使城市化重启项目极大地提速。现在许多城市，并没有足够的数据说明其在经济、社会和环境指标上的表现。在某些情况中，甚至弄不清楚主要决策者或负责方是谁。提高透明度能够更加明确地激励城市，也能让城市获取更加充分的信息，了解如何改善绩效。还能让企业更加有效地协助地方政府。一项已经推出的举措就是由城市中国计划（UCI）发布的城市可持续发展指数。该指数利用一系列社会、经济和环境指标，根据整体可持续性对中国112座城市进行排名[①]。

此外，中国应该建立一个由技术和实施专家组成的机构，涵盖城市化重启项目的各个方面。这些专家可以根据我们已经讨论过的六个领域的关键绩效指标，跟踪了解城市的绩效。例如，在城市规划方面，城市可以发布地区规划，由外部专业人士进行客观评估。在能源方面，关键绩效指标可以是住宅和商业的能源强。在社会保障房方面，中国可以跟踪了解社会保障房的入住率及其交易价格。专家还可以按照经济、社会和可持续发展的重点记录城市的政策、投入和成果，以及城市改善绩效的成功经验或失败教训。

中国还应该建立城市的区域网络，网络中相邻的城市在交通和物流举措中互相协调，分享专业知识和经验。此外，还应该建立规模相近、行业组合相仿、资源挑战相似的“同级城市”群。

中国在许多领域设定的目标以及展现出来的雄心都让世界惊叹，其执行的速度也引来国际社会阵阵掌声。但是，对中国经济，甚至是全球经济都举足轻重的城市眼下正面临着诸多难题，正经历着快速扩张和增长带来的阵痛。现在正是重启城市化进程、迈上可持续发展道路的好时机。如果城市政府在以上六大重点领域果断采取措施，5000万人口的城市群没有理由不持续发展、繁荣。毫无疑问，管理如此庞大的都市区是又一座需要攀登的高峰。我们深信，依据本建议书提出的要点，持续协调地开展项目，将有助于中国登上峰顶，在持续转型过程中再获重大成功。

---

① 城市中国计划是2010年由哥伦比亚大学、清华大学与麦肯锡公司共同成立的智囊团。

第5章

建设能源清洁、生态文明的中国

国合会中方首席顾问；中国工程院前副院长、院士
沈国舫

生态文明建设已经被提到中国发展的重要工作日程，尤其是去年中共十八大的总书记的报告当中，把生态文明建设已经提高到一个前所未有的高度。关于生态文明建设，我想从三个方面来讲。

一、提出和推进生态文明建设的背景

首先是国情背景。中国最基本的国情是人口众多、资源不足。这个资源不足主要是从人均的概念来讲，包括水、土地、矿产资源等等；另外是环境脆弱，既包括生态方面也包括环境污染方面。我们在2009年曾经做过中国的宏观环境战略研究，它的结论是中国的环境压力比任何国家都大，环境资源问题比任何国家都突出，解决起来比任何国家都困难。虽然已经经过了巨大的努力，但是总的形式仍旧是局部有所改善而总体尚未遏制，形势仍然严峻，压力继续加大。

其次是发展背景。改革开放30多年来，中国处在快速发展的时期，我们处在工业化的中后期，也处在城镇化的快速期。在这样的情况之下，对于资源环境的压力是很大的。但是由于我们的发展是粗放型的发展，因此所需要的物耗、能耗、水耗都很高，污染排放也大。所以很多地区，特别是大城市和工矿地区以及北方的一些河流，环境质量比较低。我们为粗放发展付出了巨大的资源和环境代价，已经达到了局部要影响威胁到人们的生存和健康的程度，所以这种情况是不可持续的。但是经济发展的势头还很强，群众的要求还很高，一部分民众包括一部分中产阶层，还有要求向不可持续的西方发展模式看齐的倾向。所以中国成为了第一大能源消费国。

第三是国际背景。世界上一些发达国家已经跃过了工业化消耗资源的高峰，环境已经开始得到控制和改善，它们提出的模式和发展趋势，尤其是全世界的生态推动的这个潮流、推动的绿色经济、低碳经济，对中国有很大的影响。中国经济发

注：根据会议发言整理，未经本人审订。

展受资源和环境的制约。现实的教训以及生态意识的提高，使中国一些政府官员和知识精英们不得不思考，改变原来粗放发展的路径。中国共产党的领导集中了群众的集体智慧，本着对国家和人民负责的精神，经过了深思熟虑，陆续提出科学发展观、建设两型社会，最后提到了生态文明建设的高度。

二、生态文明建设内涵

这个内容也很明确地反映在十八大的文件当中。什么叫生态文明？生态文明的实质是人和自然的和谐共存，是人类社会要实现可持续发展的必然要求，人类如果不能做到这点，那就要走自我毁灭的道路，所以我们必须走生态文明的路。这个生态文明过去曾经翻译过不同的说法，有些翻译是不合适的，因为是把生态文明的概念狭隘了。如果把文明理解为人类社会开花的状态，那么生态文明是开花状态的重要领域；如果把文明理解为人类社会进步时代的特征，那么生态文明可能是继原始文明、农业文明、工业文明之后的新时代应该具有的特征之一。我说特征之一，因为对工业文明以后的社会有不同的提法，起码生态文明应该是未来社会的特征之一。对于生态文明建设的定位，中国政府已经把它放在突出的地位，要求生态文明建设要融入经济发展、政治发展、文化发展和社会发展各个方面和全过程，也就是说所有的建设都要贯彻尊重自然、顺应自然、保护自然的生态理念。生态文明建设的突出地位，决定了它自身工作任务的重要性，同时对其他各项建设又提出了原则要求。

三、生态文明建设的方针政策

我们政府已经提出了一系列的方针政策，比如坚持节约资源和保护环境的基本国策，也就是建设资源节约和环境友好的社会。那么也可能跟计划生育的人口政策的国策相协调，因为这个需要平衡人口资源和环境之间的关系。当然人口政策也还要根据情况的变化做适当的调整。另外，坚持节约优先、保护优先、自然恢复为主的方针。提出自然恢复为主就是更多地运用自然力，但是不排除——尤其中国的情况下——需要采取一系列人为措施来改善环境。再就是用科技创新着力推进绿色发展、低碳发展、循环发展，形成资源节约和保护环境的空间格局、产业结构、生产方式和生活方式。我认为主要的内涵在这里。

第三个问题我想再讲一讲，即当前如何推进生态文明建设。我们中国政府提出来，要推进生态文明建设重点应抓好四方面的工作：首先是优化国土空间的开发布局，也就是要用国土主体功能区划作为指导，合理开发布局进行顶层设计。第二是全面促进节约资源，也就是刚才说的要做好绿色发展、循环发展、低碳发展的各项工作，内容很丰富了。第三是加大自然生态系统和环境保护的力度，这是生态文明建设本身要做的重点工作。这里包括两方面：一是自然保护的概念，或者叫生态保育概念，包括天然林保护、退耕还林、水土保持、草原建设、海洋生态保护、生物多样性保护、生态农业等等；另一方面是环境保护，包括水环境、大气环境、噪声污染环境、固体废弃物的处置、土壤保护、海洋环境的保护和核辐射的安全保护等等。所以这是一个庞大的工作系统。第四要加强生态文明的制度建设，包括法治建设、评价体系、目标体系、考核制度、管理制度、生态补偿的财政支持和市场调节、生态文明意识的宣传教育和公众参与。

以上是一张相当全面的需要进行生态文明建设的清单，我们这艘生态文明建设大船刚刚起航，目标远大，任务艰巨，任重而道远，希望政府能够坚定不移地把握住这个方向，为人民造福。

环境保护部环境与经济政策研究中心主任
夏 光

我谈一下建设生态文明的本质属性，即建设生态文明是一场深刻的社会改造运动。

通常，人们一见到“生态文明”四个字，脑海里一般都会立即浮现出生命、环境、绿色、生态等这些自然要素，把生态文明建设主要理解为搞好资源节约、环境保护、生态修复等工作。但事实上，生态文明建设不等于生态建设，其重心是落在“文明”上的。因此，生态文明建设不仅意味着生态环境质量的改善和提升，更意味着全社会文明行为的普及和提高。也就是说，生态文明建设不仅是一场宏大的保护自然的工程，也是一场持久、深刻和重大的社会改造运动。

我国近代以来主要经历了以下几次较大的社会改造过程：第一次是五四运动给中国社会输送了民主、科学等西方现代思想观念，使国人从封闭落后的思想状态开始进入先进文明的思想体系。第二次是新民主主义革命胜利使我国进入到了社会主义这样一个崭新的社会形态，人们的思想观念经历了彻底的洗礼，成为新中国的主人。第三次是“文化大革命”运动使全社会转向了一个错误的方向，社会意识形态走向“左”的极端。政治强力主导了这次社会改造过程，它确实改变了社会状况，但却是一场错误的社会改造。第四次是改革开放以来的思想解放运动，人们逐步抛弃了僵化和极“左”的旧思维，转向了市场经济和公民社会的思维逻辑。这是一次成就显著的社会转型，现在也还处在这个转型之中。

现在，建设生态文明将成为一次新的社会改造运动，这是因为在处理人与自然的关系上，我们的社会“生了病”。我国生态环境形势十分严峻，未来可持续发展能力令人担忧，这是全局性的社会问题。在价值观上，全社会还缺乏尊重自然、顺应自然、保护自然的伦理观念。在行为方式上，以邻为壑、转嫁污染、竭泽而渔的行为比较普遍，遵纪守法、承担责任的行为还没有蔚然成风，生态文明水平还不高。建设生态文明就是针对这种社会病灶而开的良方，将通过持久的工作而逐步建成一个以资源节约和保护环境为特征的“新”社会。

我国过去的社会改造过程比较强调自上而下的方式和政治领导人作用，即“国家改造社会”的模式。在今天的形势下，建设生态文明应该具有更加综合和灵活的选择，更多地发挥社会力量在建设生态文明、追寻美丽中国梦想中的建设性作用，即“社会改造社会”的模式。这种模式强调社会的自我调适、自我完善和自我发展功能，重视持续改进的滚动前进效应，将在创造一个绿色世界的同时也孕育一个绿色的社会。

具体而言主要从三个方面来改造我们的社会：

第一，提高对建设生态文明的政治领导力，这主要是对各级党政执政者而言的。要建立完善有效的环境保护的科学决策机制，从产业布局、经济结构等重大决策的源头上控制资源环境问题的产生。建议中央成立生态文明建设指导委员会，来统筹生态文明建设的工作。特别重要的是要改革党政干部的考核任用制度，让生态文明建设真正能够引领各级党政领导者的决策行为。

第二，改造是提高生态文明制度的决策执行力。生态文明建设必须通过一套完善的管理体系得到落实。要进一步加快两型社会建设的立法，特别是地方人大要根据本地情况制定落实生态文明建设的具体的法律法规。同时，司法力量将来需要进一步介入到生态文明建设过程中间，通过司法的力量维护我们的环境权益和环境公正，通过制定环境经济政策引导人们的科学消费行为、绿色消费行为。

第三，提高全社会生态文明的自觉行动能力，建立完善的环境保护道德文化制度，形成持久的环保意识形态。把生态环保的价值观念，纳入社会主义核心价值体系，形成资源节约和环境友好的执政观、政绩观和荣誉观。引导企业承担社会责任，形成保护环境引以为荣的道德风气。将公民环境权明确地写入宪法和其他法律，引导和指导社会公众进行绿色消费，形成整个社会的生态文明的强烈意识。

马士基集团合伙人、首席执行官
安仕年

我是马士基集团的首席执行官，所以就燃料消费而言，我有很多内容可说，因为运输部门是一个主要燃料消费者，因此也是一个主要的排放源。我们对企业社会责任以及生态环境所做的贡献就是尽可能减少我们的燃料消费。我今天就从这个方面来谈谈我们可以对中国运输系统的设计和管理方式做些什么。

除了其他很多优势之外，中国还拥有特有的机会，因为这儿的很多系统正在进行重新设计，很多新设施也正在起建，因此对中国来说，用一种一体化的方式来思考问题是一个特有的机会。从机动性和供应链的角度来说，中国现在正处于一种矛盾的状况。大家可以想象得到，从中国出去的大量货物都是通过高效的货运系统运出去的。中国有2/3的制成品都是运到国外的，所以这一部分的供应链是非常有效的。但是进入内陆之后，供应链就远远没有那么有效了，所造成的结果就是，中国的货运和物流占了GDP的17.8%，而在美国、欧洲和日本只占9%左右。因此中国在降低这一成本方面有着很好的机会。

效率的缺乏当然也会对经济造成极为不利的影响。据中国官方数据统计，中国运送的生鲜食品中有30%至50%因为效率低下的物流链而营养流失。而且效率低下的物流也会让中国西部地区在该国的西部发展战略中处于极为不利的位置。要想改变这种不利的局面，中国必须改变其资源生产方式。对于船只、海上货运和港口等已经开始出现过剩现象的领域，中国大可以减少对它们的投资，改为投资真正的内陆地区。此外建立多元交通枢纽也是一个很好的机会，可以大幅减少排放量以及运输过程中所使用的资源。转变运输模式也是很好的机会，能够将能源消费和排放量减少50%至80%。此外在污染方面，我们也有很多机会可以做出改进。以香港为例，据估计其37%的空气颗粒物都是由航运排放造成的。很显然，针对航运部门以及其他各部门实施更清洁的燃料标准就能很好地改善环境。

我们集团已经采取诸多措施来改进我们在生态方面的表现。我们刚刚把我们

2007年至2020年的航运业节能减排目标从25%提高到了40%。当然了，这要与更好的管理方式和新的技术相结合。我们非常期待与中国政府及其他政府进行合作，从而充分利用这种潜能。

沙特阿拉伯石油公司总裁、首席执行官
哈立德·法利赫

我想说，接下来20年里中国的经济规模仍将不断扩大，它将需要更多可靠和可负担的能源。此外，利益相关方一致认为，在谈到经济发展的时候，能源的环境接受度与它的可获得性和可负担性一样重要。在我看来，有一种涉及四个层面的务实方案可以兼顾这三点。

首先，要有一个合适的、平衡的能源结构来满足巨大的能源需求。在可以预见的未来，石油仍将是这一能源结构的中心组成部分，尤其是在交通和石油化工原料等领域。煤炭和天然气可以用来发电，不过我们都知道，天然气远比煤炭更清洁、更环保、更高效。而且中国的优势是其拥有大量非常规天然气储备，只是仍需要一段时间进行开发。在此期间，我们认为中国需要通过大量进口天然气来进行过渡。当然了，可再生资源是一个非常好的选择，但是目前面临技术和经济上的障碍，需要假以时日才能解决，但是它们所做的贡献将会逐渐增加并在能源结构中占据一席之地。

第二，提高能效是我们最有力的工具之一，可以节能、减排、降低成本，还不用牺牲经济增长目标，因此是非常可取的战略。中国在这方面同样具备有利的条件，比起成熟经济体来，可以更好地兼顾能效和生态系统。中国有很多能源基础设施尚未建立，而新的基础设施和新的运输工具在如今可以设计得既高效又环保。此外，现有的基础设施和运输工具需要进行快速升级或更新换代，从而保护环境。通过这类能效措施，中国能源需求的增长速度也许不会太快，在接下来20年里可能只达到40%。这是与中国过去20年间的能源需求量相比较得出的数据。不过，中国接下来20年里对能源的需求仍然要比美国现在消费的能源多出70%，这确实是一个很大的数字。

第三点是碳管理。虽然现在在中国，注意力和重心都被放在了常规渠道碳排放问题上，但碳排放问题其实是一个受到各国关注的全球性重大问题。作为全球最大的能源消费国以及最大的排放国，中国已经站出来并提出了建设性的、务实的方法来长期应对其自身的碳排放问题。我们赞赏中国在国际谈判中所采取的这种务实而负责的立场。正如我刚才所说，我们认为应对之道除了提高能效、进行碳捕捉和改进技术之外，就是让天然气在发电过程中扮演更重要的角色。

由此我要说到第四点，也就是最后一点，即上述所有工作都要通过技术来实现。因为中国能源战略只能依赖于碳氢化合物这一基础，尤其是石油和天然气，所以研发工作和技术开发工作的重点应该是怎样让这些燃料更加环保以及怎样减少它们对环境所造成的影响。

中国目前已经做了很多工作，但是正如我刚才所说，它还需要做更多工作。和中国一样，我们沙特阿拉伯公司也在奉行这样的战略。我给大家简单举几个例子。我们在增加石油和天然气产量的同时，也在降低常规渠道的排放，并重点研究如何减少石油产品的碳足迹。比如说我们在生产作业过程中会将气体污染降到最低程度、研制更加清洁的交通燃料、研究如何将二氧化碳转化为有用的产品、试验如何将二氧化碳用于提高石油采收率技术以及进行针对汽车的碳捕捉，比如说我们在近期举行的多哈联合国气候变化大会上展示的一款概念车。此外我们还在福建联合石化公司集成了世界上首屈一指的石油气化装置，可以用更加清洁的方式来发电和生产化学品。我们在沙特也有更大型的类似项目。在我看来，中国需要大量这种高效并具有生态可持续性的设施。我们愿意分享我们的经验，并在这里建成这样的设施。

构建平衡而强健并注重生态环境的多元能源结构并非易事。无论在中国还是在全球，人们都期待既能够提高生活水平，同时又能拥有更清洁的环境。我觉得这是中国在迈向下一阶段现代产业发展过程中所面临的挑战。但是中国在能源结构改革方面所采取的务实政策表明，经济发展和生态建设并不是相互排斥的。我们非常赞赏中方想要两者兼顾的意愿，并且愿意发挥我们的作用来帮助中国实现这样的目标。

汇丰控股有限公司集团行政总裁
欧智华

我打算具体谈谈金融服务行业在推动中国生态文明建设方面可以发挥怎样的作用。在此我想着重谈两点，第一，金融服务行业在为重要金融项目提供融资时怎样做到帮助改善生态环境。第二，根据世界银行为跨国银行设定的赤道原则，这些银行只能为生态友好型项目提供融资，或是在对任何项目提供融资时都必须考虑到其生态效应。中国能否向着赤道原则的方向发展呢?

首先，我想从煤炭和水资源这两个领域来谈谈融资规模。

我们都知道，中国是全球人口最多的国家，也是最大的能源消费国，同时也是世界上最大的煤炭生产国和消费国，它的煤耗量几乎占了全球总量的一半。中国煤电发电量占发电总量的80%左右。因此中国必须掌握清洁的煤炭技术，这不仅是出于全世界的需要，更是出于它自身的需要。但问题是清洁煤炭技术的成本非常高昂。据估计，清洁燃煤的成本会上升60%之多。据澳大利亚低排放煤炭委员会估计，建成一个具有产业规模的清洁煤炭发电厂需要花费100亿至170亿澳元。我们可以看一下，中国在2015年的能源消费量据估算是16.15万亿千瓦，这样的话中国就需要建成1700个这样的发电厂来取代现有的产能。大家可以想象得到，这需要多大规模的融资。

我们可以再看看水资源方面。水供应和水卫生方面的持续性投资仍然迟迟没有到位。中国大概有660个城市，其中2/3的城市都存在水资源短缺问题，1/10的城市有严重缺水的问题。此外中国城市人口还将不断增加，这会给有限的水资源造成进一步的压力。麦肯锡公司预测到2015年，中国将有大概110个城市的人口会超过100万。要想将水资源的卫生条件提高至符合饮用水的标准，成本同样也会很高，大概需要3至5万亿元人民币。

因此金融服务行业在这两个领域能够发挥重要作用。我们希望能够看到金融行业的进一步改革，包括中国债券市场的自由化和长期金融基础设施项目的秩序。跨国银行在新兴市场提供项目融资时要遵守世界银行为其设定的赤道原则，因此中国也应该探索一下，对于其隔夜拆借和其他类型的项目融资，是否也可以将赤道原则应用于中国国内。这些原则为银行设定了强制性义务，以确保它们提供融资的项目都是对社会负责任的，并能采取有效的环境管理措施。我认为这是可以为银行体系、保险公司、资产管理公司等机构设立的一项义务，那就是不仅仅要提供大量的融资，同时也要着眼于融资应用方式，为项目协议设立先决条件。

时任斯特拉塔股份有限公司主席

庞约翰

在这里谈谈我最擅长的内容，即在我所了解的国家里，业界如何应对可持续性发展挑战。

显然，环保是可持续性发展的一个子集。环保对斯特拉塔公司产生的影响，肯定比对银行或电信企业直接得多。尽管如此，我还是觉得有些普遍适用的原则正在发挥作用，这些原则可以为当前的讨论提供信息，或许还可以回答之前提出的问题，甚至对中国有所启示。

第一，平衡经济增长和环境保护的关系，需要各级政府、业界和社会的共同努力。这一责任必须由各方共同承担。中央政府、地方政府、企业和社会都应该参与进来。

第二，可持续性或环保承诺不应被理解为游离于核心业务之外的边缘事项，或者不得不负担的一项开销，而应当成为企业的核心使命之一。为确保人们理解上述信息，企业管理层需要采取行动。如果员工感觉管理层并未下定决心，那么上述承诺就不大可能落实了。有很多证据表明，企业管理层真正提起重视的时候，情况就大不相同了。

第三，如果资本主义者或企业打算维系合法性，保住经营许可，他们就必须展示出其对整个社会的益处。在组织和开展商业活动的同时，需要给所在国和社区带来实质性的经济利益，成为社会和经济发展的催化剂。能够给所在国和社区带来实质性经济利益的企业，将被视为首选合作伙伴，获得竞争优势以及与政府和社区建立成功合作关系的基础，进而推动社会和经济进步。规模和背景各异的公司在开展商业活动的过程中都应当牢记健康、安全和环保的重要性，使其成为日常业务和决策中不可分割的一部分。负责的环境管控已经成为企业成就和社区认可的来源之一，而且日益成为公司得以持续经营的要素和获取新商业机会的重要决定因素。以斯特拉塔公司为例，我们曾经花大力气开发出了一套业界领先的可持续战略，而且已经获得了业界知名度很高的道琼斯可持续发展行业指数认可。我们公司在过去5年一直排名第一，而今年我们再次占据首位。

第四，政府显然在这些需要做出艰难公共政策取舍的领域大有可为。为获得长期的环保效应，出台较为优惠的政策和监管机制的方法已经获得普遍认可。然而，挑战在于如何落实这些政策和机制。一系列政策机制已经长期存在，例如水资源管理、温室气体排放和碳税。可是执行状况依然不理想，并未获得重大进展。地方政府在这方面应当成为中央政府的得力助手，做出变革，推动良好的环境管控实践。改善环境管控，还取决于以下因素：提升重要环境数据的透明度，提供空气、水、土壤质量等详细数据；加强企业和中央、地方政府的责任意识，力求与整体可持续计划保持一致；准确及时监控和发布经济和社会发展状况，让人们都看见其遵守环保标准的决心；当然，制定计划也是重要环节。

第五，要厘清涉及气候变化的复杂而充满矛盾的政策问题，政府、企业、科研机构以及消费者必须进行长期协作。我们所在的行业长久以来在相关辩论中发挥直接作用。在国际采矿及金属协会协调下，矿业企业、冶金企业、国家和区域矿业协会、全球大宗商品协会合作共同应对核心可持续发展挑战，其长远目标是最终建立一体化全球碳机制。从现在的情况看，实现这一目标还任重道远。目前各国甚至各省市都设置了具体的目标和标准，这会产生复杂的监管环境风险，对在不同管辖范围内开展经营活动的跨国公司而言尤为不利。然而，国际采矿及金属协会及其成员将继续支持七项明确原则，促使国家和地方具体拟定高效的气候变化政策。这些政策如果能够一以贯之地执行下去，必将有助于最终转向低碳经济，将低碳技术融入发展进程，同时不会给重大行业的本地或国际竞争者带来不利影响。

我希望通过强调所有利益相关方都需要参与，强调限制企业一味追逐私利，给中国的未来发展方向提供一些启示。

神华集团有限责任公司总经理
张玉卓

我主要说三点。

首先是中国的能源生产消费结构中将仍然以煤炭为主要的构成部分。中国的煤炭消耗量大，而且未来的二三十年里，中国以煤为主的能源需求会持续稳步增长，若不有效提高能源利用效率，推动煤基能源利用方式的变革，将会带来严重的环境问题。

第二是积极发展清洁能源，包括洁净煤和可再生能源，将有效推进能源利用方式变革，对生态环境保护和社会可持续发展具有重要意义。中国清洁能源的发展可以两步走，第一步是以煤炭的清洁高效转化利用为主，大力推进洁净煤技术的开发与应用，并积极发展新能源和可再生能源并培育相关市场，逐步降低煤炭在能源结构中的占比。预计到2020年煤在能源结构中的比例将下降到57%，可再生能源比例将达10%，能源强度较2005年将下降约44%。第二步是在第一步发展的基础上，依靠技术创新与突破，大规模开发利用新能源和可再生能源，力争大幅度提高其在能源结构中的比例。预计2050年能源结构中煤的比例将下降到43%，可再生能源比例达16%左右，能源强度较2005年下降约78%。我们如何达到这个目标呢？

就是我要说的第三点，即依靠技术创新与产业变革，建立高效智能的清洁能源生态系统，推进清洁能源发展，共同重建碧水蓝天。

我们需要将化石能源、可再生能源、核能通过耦合优化技术，并结合智能电网以及物联网技术，进行技术融合创新，构建智能能源系统。虽然目前还不能完全摆脱煤的使用，但是我们需要寻求清洁的方式来使用煤炭。我们需要更清洁高效地利用各类能源，包括煤。依靠技术突破，比如说要使用煤气化技术来产生清洁的煤基能源化工产品。

神华是中国最大的能源集团之一，并一直致力于煤基清洁能源的开发与应用，已经进行了一些探索和实践。神华一次能源的供应总量占了中国的12%，清洁能源的供应占了全国的6.5%。我们建成并成功运营了世界首套百万吨级煤直接液化的工业示范装置和年产60万吨的MTO示范项目。未来，神华正在以呼伦贝尔和鄂尔多斯两个洁净煤技术应用基地为核心，希望携手各方共同构建煤基清洁能源的全产业链，实现煤炭的清洁高效利用，为发展清洁能源，助力生态环境保护与社会可持续发展贡献力量，实现能源、经济、社会、环境的和谐发展。

“中国发展高层论坛2013”能源与环境倡议

“能源与环境”专题小组①

一、前言

过去30年来，中国经济保持快速增长。在此期间，中国将其丰富资源中的很大一部分用于发电和生产其他形式的能源，使6.5亿人摆脱了贫困。这种快速发展及其所带来的社会经济效益，使中国有能力和信心面向未来，制定能够保护环境、实现能源安全和支持可持续经济繁荣的能源体系规划。但是，为了把握机会，选择实现节约能源和保护环境的最佳路径，中国必须采取一系列措施保证资源消耗的可持续性，譬如建设高效油气基础设施、发展国内非常规油气行业、利用可再生能源、推行有利于矿业和核电等行业高效发展的安全措施、改善城市化和交通管理、采用智能化途径缓解食品、水资源和能源压力。

中国“十二五”发展规划提出了雄心勃勃的能源发展目标，但为了实现这些目标和构建合理的能源体系，中国需要出台深思熟虑的政策。在今后10年内，依托适当的政策、基础设施和技术选择，中国或许能够避免重蹈发达国家低效能源使用的覆辙。在该研究项目中，我们对9个战略性能源和环境主题进行了深入分析。该研究项目提出了如下宽泛的政策建议：

（1）转变经济发展模式，扩大市场准入，鼓励市场竞争，充分挖掘外国直接投资潜力，在适当时机，建设一个公平竞争的市场，使运营商、开发商、消费者、设备生产商和用户能展开充分合作。

（2）以对环境负责的方式开发能源资源，改进监管体系，促进能源开发。

① 本文是卡特彼勒、法国电力集团、马士基、博地能源公司、皇家荷兰壳牌公司、道达尔、西门子公司联合为“中国发展高层论坛 2013”年会提交的专题报告。本文包含参与编写能源与环境倡议的公司提供的信息、观点和建议。这些公司利用它们各自的知识、专业技能和分析模型提出政策建议。但由于各公司的经验或关注重点不同，它们的观点可能不尽相同。

（3）制定有效的能源基础设施方案，包括扩建电网、鼓励开发常规和非常规油气资源、安全高效地利用煤炭和核能、加快可再生能源商用化进程。

（4）推行相关标准，确保中国能源行业的核心部门提高质量、效率、安全性和环保性。

（5）鼓励外国企业与中国企业合作开发（生产、开采、提炼）、生产、销售或采购产品，支持采用最先进的技术使消费者获益，同时改善环境，降低二氧化碳排放。

二、改变能源格局的趋势

在以致密气、页岩气和煤层气为主的非常规天然气领域取得的突破，是近些年全球能源体系经历的最大变化。过去三年来，石油和天然气公司在北美地区发现的页岩气储量增加了一倍以上，并且大幅扩大了产量。全球非常规天然气资源储量仍待探明，但据美国能源信息署（US Energy Information Administration）估计，从技术可行性角度讲，全球页岩气可采储量超过6500万亿立方英尺，与当前常规天然气探明储量大体相当。由于能源效率不断提高，并且相关鼓励政策、能效法规和价格机制不断推动以其他能源替代石油，预计到2030年，经合组织国家的石油耗用量会下降到目前消耗量的85%~90%。2010~2020年，非经合组织国家的石油耗用量将增长20%~30%，2020~2030年将进一步增长20%~25%[①]。据估计，2030年全球原油消费大约为每天1.05亿桶，目前每天消费量大约为9000万桶[②]。

自2000年以来，在全球能源消耗中，煤炭一直占据主导地位，占2001~2011年一次能源需求增长量的45%。过去10年来，煤炭是世界上增长最快的燃料，预计最快在2013年将超过原油成为世界第一大能源资源[③]。过去10年煤炭需求的增长量，相当于美国目前煤炭耗用量的三倍，目前，全世界40%的电能来自煤炭。考虑到电力、钢铁需求的预期增长以及城市化速度的加快，近期全球海上煤炭贸易的迅猛上升未来仍将持续。目前，煤炭的国际贸易量每年超过10亿吨。

① 关于美国能源供应量的积极展望的地缘政治意义，人们众说纷纭。但在考虑这些影响时，应当区分煤炭、天然气和石油。一定不能忽视美国需要继续进口石油这一事实。

② 对于整个北美洲而言，加拿大和美国LRS持续取得非常规石油的成功，进口石油占石油总需求的比重可能从2010年的40%下降到2020年的20%，如果执行公司平均燃油经济性（CAFE）标准，到2030年可能会进一步下降到10%~15%。

③ Wood Mackenzie能源服务公司，《IEA世界能源展望2012》。

发达国家进一步加强了其发展可再生能源的决心和努力，视此为响应可持续发展、保护环境和减少二氧化碳排放号召的负责任的举措[①]。欧盟立法部门将新能源消费比重目标设定为到2020年达到20%，其中几个欧洲国家率先制定了更高目标，例如德国和丹麦的35%可再生能源占比。为了实现该新能源比重目标，数个国家已经部署了增长计划，其计划重点是发展海上风电。譬如以2020年为界，德国的海上风电发展目标是装机容量达到10GW，英国的发展目标为13GW~18GW，仅这两个国家的目标容量相加，就相当于2012年末全球海上风电装机容量的5~6倍[②]。

高效且可持续的解决方案已经成为在需求侧推行能源节约的一个重要方面。过去，人们努力降低能源价格，增加可用能源并减少对环境的压力。最近，全球经济增长和全球能源可持续性成为核心，同时人们努力寻求节约能源解决方案，譬如研发清洁和高效内燃机技术、提升燃料质量、发展再制造、分布式能源热电联产（DECHP）、研发和部署自动控制矿山开采装备解决方案和针对提升能源效率的经济和法律手段。美国政府制定了未来发展路径，其中能效提升是经济增长的关键驱动力，而欧盟制定了到2020年将能源效率提升20%的目标。合理规划的基础设施，如公共交通发达的紧凑型城市，有助于结构性地降低能源需求。

研究表明，新能源技术的应用进程会受到诸多因素的限制。研究发现，能源技术的发展速度主要受两大“定律”的限制[③]。在起步阶段，一项新能源技术需要30年时间才能实现从试点走向规模化生产（规模扩大1000倍），占全球一次能源需求总量的1%~2%。也就是说每年需要增长26%。在这一过程中，政策制定者发挥着重要的作用，他们需要控制最终用户的成本上升、解决协作和知识产权问题、消除对于厚此薄彼的担忧、考虑当地是否能够接受新技术等。人们需要利用太阳能、风能、和可持续的生物质能发电等可再生能源以及使用碳捕集和封存（CCS）的清洁煤和大规模核能等，来满足能源需求增长和降低温室气体排放，因此通过建立机制来确保相关市场份额实现加速增长至关重要。

声誉和环境风险继续对能源行业的许多方面提出“运营准入”挑战。随着相关

① 尽管美国可能减少其对北美洲之外的进口依赖，在下一个10年里的持续原油进口使美国不可能减轻对诸如全球能源获取和贸易的地缘政治的重视。另一个重要的因素是认可美国的重要政治伙伴欧盟和日本的需求。

② 2012年末全球海上风电装机容量约为5GW。

③ Kramer，Gert Jan和Martin Haigh，“不要快速走向低碳能源”，《自然》第462期，2009年12月3日。

机构不断提高自身量化非技术风险影响的能力，人们将运营准入与传统能源开发资本成本攀升更加紧密地联系在一起。墨西哥湾Macondo漏油事故的后续影响，很好地证明了灾难性事故为企业招致的代价。但是，鉴于多个较小的技术或运营故障会造成严重的声誉影响，因此很有必要讨论如何更好地控制与能源生产和消费相关的风险。

水资源—食品—能源关系链上的资源短缺，给全球经济带来了新的风险，并影响社会和政治稳定。居高不下的能源和食品价格、日益严重的水资源短缺、人口增长和气候变化的影响，加剧了很多国家宏观经济的不稳定性。政策、政府部门和市场的失误，进一步恶化了这些问题，结果损害了私营部门、政府、公众之间的相互信任，进而阻碍了问题的解决。我们需要新的协作方式，更好地了解资源之间相互依存的复杂关系和改善经济和能源体系关系的方法。

三、对中国的启示

在世界能源体系中，中国的能源政策将成为日益重要的影响因素。如果不采取有效举措，中国2030年的一次能源耗用量将比2010年增长一倍，占世界能源需求总量的30%，相当于美国目前能源需求的两倍，届时中国将成为最大能源消费国。中国将占2001至2030年全球能源需求增长量的40%~50%。作为新的头号耗能大国，中国在未来的选择将对全球产生深远的影响。

中国必须在未来5年中采取行动，确保成功实现能源体系变革。今天做出的选择需要一定的时间才能产生重要影响。转变能源体系所需的重大变革需要几十年时间才能见到成效。近期内需要采取的行动要到2030年才能产生可见的影响。中国应制定均衡的综合性能源政策，其中应包括以负责的方式开发和利用各种能源（包括传统能源），推广替代能源技术应用。中国能源需求的快速增长，将促使中国开辟新的供能途径，节约能源，利用替代能源和可再生能源，以环保高效的方式使用现有能源。

开放、竞争的市场将对改善中国能源安全性做出积极贡献。能源开发模式和能源资源多样化、公平竞争和运行顺畅的定价机制将会推动技术革新和最佳实践共享，包括水资源保护、排放控制和生态足迹等环境保护问题。这有利于能源行业健康发展，使中国消费者受益。

中国非常规天然气储量估计差异甚大，储量规模存在不确定性。这种不确定性在勘探和评估初期非常典型，随着更细致的勘探研究工作的开展，储量估计值会不断变化。与美国相比，中国页岩气埋藏更深，地质条件更为复杂。这些障碍会导致中国非常规天然气的盈亏平衡价格高于北美的4~6美元/百万Btu。此外，还需要建设相关基础设施，以便运输用于打井和铺设天然气管道的设备和物资。但非常规天然气开发潜力巨大，能够降低中国对进口油气的依存度，有助于降低煤炭用量增幅。

中国炼油产能需求在2030年前可能达到顶峰。对于过去一直新建/扩建炼油项目以满足国家成品油需求的下游战略而言，中国需审慎扩大炼油产能。分析表明，中国的成品油需求可能在2030年前达到顶峰，随后开始下滑。积极的石油消费削减措施（尤其是公路运输领域）、人口总数即将抵达峰值以及能源强度降低等因素可能会导致成品油需求下降。此外，通过高效炼油奖励措施和加速关闭低效小型炼油厂，现有炼油设施的整体利用率将得到改善。

在可预见的未来，煤炭仍然是中国的主要能源。煤炭在实现中国社会发展目标的努力中仍然起着主要作用。中国应倡导建立安全、高效的煤炭开采行业。电力行业积极开发高效、大容量和其他先进燃煤发电技术，是减少污染排放、改善空气质量的最有效的第一步举措，其后的举措将是炭捕集和封存技术。若不对煤炭需求采取管理措施，2030年煤炭可能占到中国能源需求的62%。中国政府应加强煤炭开采的安全性并提高技术和操作标准。尤为重要的是，推广机械化和借鉴最佳实践将有助于建立更为安全、高效的煤炭开采行业。煤炭是成本最低的能源，煤炭用于发电产生的综合排放物最少（电厂尤其是超临界燃煤发电厂）。借助最先进的技术，煤炭还能够充当石化工业的原料，替代更为昂贵的石油产品。将二氧化碳排放集中起来能够简化大规模炭捕集和封存技术的运用。此外，将来应在西部（而非东部需求中心）集中建设火电厂，以减少二氧化碳排放，并缓解境内长距离煤炭运输引发的其他环保问题。

需要建立新的监管法规和定价机制来加速海上风电项目实施，降低电力平准化成本，并加强海上风电的健康和安全环境，以推动风电行业的发展，使海上风电成为中国能源组合的重要支柱。中国既拥有强大的陆上风电工业基础，又有到2020年海上风电装机容量达到30GW的宏伟目标，因此具备了利用海上风能，并成为该领域的全球领导者的强大优势。在行业政策制定和国内产业价值链的构建中，政府应秉着长远的眼光，明确优先发展事宜，从而确保海上风电的开发采用系统的方法，且具备连贯性和一致性。为此铺平道路，政府需要一边下大力气确定国内的总体海上风力资源，一边做好各方的利益平衡工作，从而绘制全国范围的海上风电开发路线布局图。在此过程中，位于强风地区且靠近海岸和用电中心的项目应当作为全国海上风电开发的试点，得到优先发展。

提升太阳能对能源组合的贡献。太阳能在中国被广泛用于生产热水。光伏发电系统近年来增长迅速，2012年新装机容量达到约4.8GW。官方原来公布的2015年装机容量达到20GW的目标可能会再度上扬，这预示着国内太阳能市场将快速发展。得益于规模经济效应、数千家公司的刻苦钻研以及工艺合理化，太阳能成本被迅速降低。与此同时，政府开始采取措施，大力支持被产能过剩、质量低劣、环境和财务问题所困扰的国内光伏产业进行重组。在由消费者或纳税人买单的诱人上网电价或新能源投资赋税优惠的推动下，中国对德国、意大利、法国和美国的太阳能产品出口大幅上升，惠及众多中国本土公司，而这也导致了后来的贸易摩擦。

核电发展潜力巨大，有助于大幅度降低二氧化碳排放。中国2010年的核电装机容量为10GW，到2030年核电装机容量可能增长20倍，达到130GW~200GW。为了将核电装机容量提高到200GW，中国需要在未来20年里每年新建大约10座核电站，这对世界其他任何国家来说都是一个严峻的挑战。在2011年福岛核电站事故之后，各国加强了核电站的安全性审查，福岛事故表明了核电运营公司对核电设施的安全承担责任，未来的核电发展与国际合作密切相关。核电安全高效的开发固然需要先进技术，但更需要严格的安全规范和合理的工业组织，从而把运营管理、设计施工和设备制造的经验加以整合。通过经验反馈、持续改进和加强国际合作，中国可以改善现有电厂的安全性、延长核电站运营寿期和设计新的符合安全标准和具有竞争力的核电站。

加速分布式能源系统如热电联产的发展和应用对于中国解决能源困境和减少二氧化碳和污染排放具有重要意义。中国发展分布式能源必须改善电网系统和其他基础设施，如天然气供应和管网系统。在发展分布式能源和电力供应中，必须统筹考虑需求的差异性、应对系统突发事件和网络总体规划和运营。

中国需要采取新措施来减少运输行业的能源需求，这对于减少原油需求和控制环境污染至关重要。由于运输方式对二氧化碳排放量有重要影响，应当加速发展协调的综合运输体系，重点鼓励将公路运输转为航运和铁路运输，因为航运和铁路运输远比公路运输节约能源。中国应鼓励运输行业的整合，鼓励采用第三方物流供应商。制定针对海运的强制性污染物排放标准（类似于轿车和卡车的排放标准），并确立物流中心建设的全局观念（从全国的角度出发，而非局限于本地或本省的角度）。

全球领先发动机生产商正在致力于开发清洁高效的内燃机技术，以减少排放，同时提升效率。作为主要的燃油消耗大户，中国的内燃机总量在2011年达到了2.7亿台[①]。采用清洁高效的内燃机技术之后，如果每台发动机每天节约1克燃油，那么到2015年中国内燃机行业每年有望节约2000万吨燃油。

与生产新产品相比，再制造可以节约60%的能源、70%的原料、50%的成本，减少80%的空气污染，并且可避免产生几乎任何固体废物排放，同时将就业机会增加三倍以上，而再制造产品与新产品具有相同的质量、耐用性和保修。通过再制造，不可回收的资源被多次重复利用，支持未来实现零废弃物填埋的计划。为了发挥再制造带来的节约能源、减少原材料消耗和保护环境等种种效益，应在全国建立起切实可行的政策（包括旧件回收政策、旧件回收的财税支持和奖励政策），并鼓励旧件和再制造品跨境自由流通，以促进中国再制造行业的发展。

可以采取多种技术手段来减少能源生产过程中的用水强度，但这需要付出一定的成本。譬如，减少发电过程中的用水量会降低能源效率，并且水的循环利用需要相应的基础设施并且消耗能源[②]。对于缺水地区，可以考虑采用这些技术手段。城市的扩张使得电站的部署走向了河流沿岸，这将对河流流域产生影响。能源生产与农业活动的日趋重叠需要进行权衡取舍，但亦有可能带来共同发展机遇。

四、结束语、建议和政策方向

中国的能源监管体系和政策在过去30年不断发展，大力支持经济快速发展和提高人们生活水平，同时提升能源效率。能源计划定价体制从1978年开始逐渐平稳有序地转变为主要以市场供求定价的机制。某些主要能源已经实现市场定价机制。交

① 数据来源：中国内燃机行业协会。

② 中国能源变迁对水资源产生的最大影响将在未来15到20年显现。煤炭生产和火力发电是主要的耗水大户。2030年之后，耗水量的增加主要来自生物燃料和CSP，而取水量的下降得益于燃煤电厂提高用水效率。其带来的经济和环境影响对中国意义重大，尤其是考虑到人口增长、城市化和各地区缺水程度的迥异。电厂将越来越多地建在河边。（非常规）化石燃料的开发将在农业区域进行。

参与本倡议编写的各家公司都充分利用其专业知识、国际良策和远见卓识，以确保其提出的建议能够助力中国实现三项能源目标：稳定能源供应以确保能源安全，提升能源效率同时减少废物排放，加速清洁能源的推广。

第6章

关注吃、住问题：粮食与房地产市场的危与机

国土资源部副部长
胡存智

我们有足够的数量证明，突然的供应对满足城镇化和住宅市场的需求是足够的，如果按照每年的城市化率进城的人口量来说，每年的土地供应量是供过于求的。

但是实际上目前的市场表现出来的情况却是供不应求的表达方式——抢购价格提升是供不应求的表达方式。主要的原因是投资性的需求还是过于旺盛，居住需求已经得到满足的情况下，投资性需求觉得供不应求，因此表现为供不应求。

从我们国家的情况来看，应该再进一步深化调控的措施，把调控的工作更加引向深入。当前，应该考虑把现在已经成功的限价、限购的政策及时地总结经验，转化为用经济手段来进行。当前最值得考虑的是对现有的房屋，对第二套以上，比如说从第三套开始征收不动产的调节税。因为限购、限价的政策，从近两年情况看效果是比较好的。大家回想一下，两年多了房地产的形势基本上是稳定的，价格基本上稳定，尽管去年年底、今年年初有所波动，但是总体是稳定的，说明在调控投资和投机性的需求上是起到了作用；加上国土部门在市场土地供应上也加大了力度，使得房地产的供求趋向良好的平衡。现在如果能够尽快用经济和税收的手段，就会使整个调控取得比较好的效果。

因此把房价攀升的原因简单地归结为供应量不足，这个说法是不够准确的，还是应该在现有的基础上继续深化。当然对收取不动产的调节税，我的建议应该是从两套以上，如第三套房子开始收。这也是限购政策已经表现出来的成功的一方面，这样的话能够把投资、投机性的需求抑制在合理的水平上。

注：根据会议发言整理，未经本人审订。

中粮集团有限公司总裁
于旭波

全球视野中的中国粮食安全

中国的粮食能否实现自给自足？这不仅是个吃饭问题，也是个严肃的政治问题。尤其是在中国粮食生产成功地实现了“九连增”的巨大成就下，科学地回答这个问题就更显得重要。

一、我国粮食的平衡关系

如果把粮食仅仅定义为稻谷、小麦、玉米，也就是外国人惯称的谷物（Grains），我国的生产和消费到目前为止是基本可以平衡的。但这也是很紧的平衡，因为我国在2012年也进口了大约1000万吨的上述谷物，而且国内的玉米深加工规模受到了严格控制。即使这样，这种平衡也仅仅是现阶段的谷物平衡。

如果把粮食的定义扩大到我们习惯上理解的范围，即上述谷物加上大麦、大豆、红薯等；甚至把同样是在土地上生产出来的其他品种如油菜籽、食糖乃至畜禽产品等也纳入计算范围，我们必须承认，我们是不能做到粮食的自给自足的。2012年仅是大豆我国就进口了5800多万吨，大豆的对外依存度超过了80%，这还不包括进口量在逐步增加的小麦、玉米、大米、大麦，这些加起来也有1400万吨。当然，其中许多品种的进口量可能是短期市场的价格因素和品种调剂，并不代表中国会长期短缺。虽然如此，可如果再加上不断增加的棕榈油、奶制品、棉花等农产品的进口，整体而言，我们国家在国民经济和消费高速发展的过程中，人口、土地、水资源的矛盾显得更加突出了。粗略估计，生产上述进口的农产品，我们至少需要6亿亩的耕地。这也就是目前我国粮食和农产品生产和消费的缺口。

“九连增”的成就使我国粮食产量由2004年的4.7亿吨增长到2012年的5.9亿吨，

这是了不起的成绩，但是农业增长速度仍跟不上需求增长速度，这主要是因为我国的粮食和食物的消费结构在不断升级。我国正处在一个城镇化率提高和食物消费水平提升的阶段，食物消费结构中，大米、面粉等主食消费无论城市还是农村都呈缓慢下降趋势，而肉蛋奶等动物蛋白、植物油、糖[①]的消费呈现持续增长趋势。过去10年，我国肉类消费增长了1/4，饲料占粮食总消费量的比例达到40%以上，植物油消费翻了一番，糖消费增长了125%。

而且这个消费的转变升级还在进行中。据我们观察，与同中国饮食消费相近的亚洲国家和地区如日本、韩国和中国台湾相比，这个消费升级要到购买力平价人均GDP达到20000美元时才进入成熟期缓慢稳定下来。这样看，这个消费趋势的增长要持续到2025年。在未来的10年，预计我国肉类、植物油、糖、奶的消费量要增长1/3以上，届时，我国肉类消费将超过1亿吨，植物油消费将达到3300万吨，糖消费将超过3200万吨，奶消费[②]将达到8500万吨。所以，在此消费增长前提下，受自然条件所限，我国未来油脂油料和食糖缺口将进一步扩大，谷物缺口将成为常态，肉食、奶制品、海产品的进口也将不断扩大，这是中国人食物消费结构不断升级的必然结果。

过去我们常以用7%的土地养活了世界上20%的人口为自豪，但那是一种相对低水平消费的自给自足，当中国人要像西方发达国家人一样消费食物的时候，这个平衡就被打破了。中国人均消费粮食的增加是中国走向富裕国家的必然，也是人类的进步，中国人没有必要因为自己消费粮食的增加而感到亏欠了谁，实际上中国从产粮国进口粮食并不是占用了不该占用的资源，这是国际分工的新需求。产粮国的农业因为中国的进口得到了发展，也是大大得益的。所以，在全球视野中来看我国的粮食安全，充分利用国际市场和国际资源，把中国的粮食安全主动地与国际市场相联系，在掌握主动的同时在全球范围内进行资源配置是必然的战略选择。

二、国际市场的供应能力

如果中国要长期从国际市场进口部分粮食，国际市场有此供应能力吗？答案是肯定的。

虽然世界范围内的“粮食危机”问题也不断引起人们的担忧，世界粮食的库存

---

① 包括以甘蔗和甜菜为原料制成的食糖和以玉米等原料制成的淀粉糖。

② 折原奶消费量。

使用比例也曾接近甚至低于过FAO设定的17%～18%的警戒线，但真正的实质性的因粮食短缺而导致的粮食危机还没有发生过。这是因为全球粮食在过去10年产量不断增加，有效应对了需求增长。10年间，全球稻谷年产量增加了17%，小麦增加了19%，玉米增加了47%，大豆增加了30%。虽然粮食的价格较能源矿产价格上升幅度要小很多，粮食价格相对于其他大宗商品的历史价格走势要低很多，但粮食价格仍然大大刺激了供给。播种面积的增加使巴西、阿根廷成为重要粮食出口国，科技进步使粮食的单产大大增加，俄罗斯、乌克兰等国家农业增产潜力很大。如果在合适的价格刺激下，未来全球的粮食供应潜力很大，可以适应需求的增长。中国要用7%的土地养活20%的人口，亚洲要用20%的土地养活50%的人口，在消费升级的今天，粮食安全在全球经济一体化的环境下，不应仅是一个国家的孤立事情，是全球的事情，而人类是有这个能力解决此问题的。

影响全球粮食安全的另一重要因素是美国对玉米燃料乙醇的广泛使用，这也是引起世界“粮食安全”担忧的重要原因。目前，以玉米燃料乙醇、甘蔗燃料乙醇为代表的能源和粮食互动关系已基本稳定下来，全球粮食生产及贸易市场已消化了这一因素。美国玉米增产满足了燃料乙醇发展的需要，玉米出口并未受到发展燃料乙醇的影响。目前，美国玉米燃料乙醇产量已超过130亿加仑，接近2007年能源法案设定的2022年达到150亿加仑的目标，实现目标还需增加1700万吨玉米，如果政策不作大的调整，美国玉米燃料乙醇发展将逐渐稳定。巴西甘蔗燃料乙醇发展快，食糖出口增长也很快，巴西已经稳居全球最大食糖出口国地位，占全球食糖出口比例超过40%。因生物能源带来的粮食危机担忧已基本过去。

能源与粮食的互动关系出现了新的动向。页岩气的发展正成为全球热点，如果页岩气能提供更多的能源选择，能源价格可能下降，将会带来粮食更充分的供应，可能减少对玉米燃料乙醇的使用。

就“粮食危机”而言，虽然2006年以来全球粮价上涨，个别国家出现“粮食危机”，但我们发现，出现“粮食危机”的国家，大多为低收入缺粮国。粮价上涨，进口成本增加，“粮食危机”的实质是贫困问题，是低收入国家买不起粮食，而不是全球粮食供应出现了实质性的不足。

三、保障我国粮食安全的思考

在高度重视我国农业和粮食生产的前提下，我们希望做到最大限度的粮食自给，在严格保护耕地、开发新耕地、有效利用水资源、加大农业基础设施投入、加大科技投入、优化农业经营体制、适度提升价格以刺激生产等方法的基础上，我们可能仍然面临着粮食的自给率不断下降的局面，因为这是由资源和人口的基本矛盾所决定的，也是其他人口密集国家在工业化过程中遇到的同样挑战。而从全球角度来说，粮食生产潜力是很大的，并没有即时危机的可能性。这样，保障我国粮食安全，可以从下述三方面着手：

第一，我国应从全球角度来考虑粮食安全。如果以自给自足的思路来考虑我国的粮食供应，在农业增长速度跟不上需求增长速度的情况下，必然要采取限制需求的系列措施，但是，不同品种之间存在较强的替代关系，“堵”是堵不住的，缺口会在不同品种上表现出来。如小麦价格比玉米价格有优势，则小麦就会替代玉米进入饲料，再如玉米价格比糖料价格有优势，玉米就会转变成淀粉糖替代食糖进入食品饮料行业。我国人口和资源的基本矛盾决定了我国不能完全实现自给自足，需要从全球角度来看我国的粮食安全，将利用全球资源和全球市场、在全球进行资源配置提升到新的战略高度。

第二，我国应有站在全球角度的长期战略规划。保障我国粮食安全，需要从全球角度来考虑，汲取大豆的教训，制定长期的、基于全球市场供求的、全球布局的战略规划，制定粮食消费总量20%的粮食（包括大豆）进口长期规划，明确哪些商品未来需要依靠国际市场和国际资源，缺口有多大，从哪些国家和地区进口，做到主动把握进口，科学规划进口，把国际资源为我所用。

第三，实施“走出去”战略，培育我国自己的、全球布局的、全产业链的国际粮商。粮食经营的主体是企业，国际粮商通过在全球布局的粮食加工、仓储物流设施以及全球化的贸易网络，在全球粮食流通和加工中起着举足轻重作用。国际粮商大多已进入我国，呈现国际竞争国内化格局。落实国家粮食安全战略需要培育我国自己的国际粮商，在国内市场做大做强，加快“走出去”步伐，在国外建立稳定的采购渠道和网络。

波士顿咨询公司全球董事长

汉斯–保罗·博克纳

中国在粮食安全上取得的成就相当可观。中国不仅能够在不断完善的基础上养活全球70亿人口，而且将在未来30~40年里养活超过100亿人。在此我想谈以下四点。

第一，粮食质量。我们需要改善粮食质量，避免受到污染的粮食和有毒粮食流入消费市场。毕竟，在中国和欧洲等地，都发生过不幸的事件。与此同时，我们还要认识到，食用太多的肉、脂肪和糖类也是不健康的。如果我们总是把中国的饮食与欧洲和北美的饮食进行比较，就犯了一个严重错误。毕竟，欧美人也不希望超重。我们需要从中看到向消费者分配不同粮食的必要性。

第二点，粮食供应链。目前有20%的粮食在运输和存储过程中被白白浪费。在有些地方，这一数字甚至超过50%。为此，我们应当系统改善整个粮食供应链。供应链得到改善，粮食安全就会更有保障。

第三点，促进生产。显然，产量越高、抗病虫害能力越强、所需灌溉用水越少的粮食作物就越理想。我们需要引入这些作物，当然，首先是要确保世界公众能够接受它们。与此同时，谈到生产，我们还需要确保不刺激生产错误的作物。搞生物燃料可不是什么环境友好的方法。与其利用数百万英亩耕地生产出的粮食去开发生物燃料，还不如使用更多节能车辆和节能建筑呢。应当用正确的激励措施去替代错误的激励措施，推动种植适合的作物。我们曾听说在中国北方就有这样的事例。我们也可以到世界其他地方看看，有用哪些错误的激励措施导致作物耗费过量水资源，让土地长期贫瘠不堪的例子。同时，我们也要确保市场上的价格机制切实有效。

最后，会议开始的时候，我们听到了自给自足的说法。我想世界上每个地方都会为实现粮食自给自足而自傲。然而，自给自足并非实现粮食安全的最佳解决方案。我想我们需要寻求一种平衡：一方面，确保无须从数千公里之外采购粮食；另一方面，确保市场开放，种植具有比较优势的作物，而不是人为地以自给自足的名义种植作物。我刚刚去过中东地区，沙特85%的水资源都用于补贴农业生产了，显然大家都明白这种做法不具可持续性。所以，我认为确保市场开放和适宜的贸易流动对世界各地都有利，包括非洲在内。我们一定要种植优势作物，只有这样才能确保世界能够养活100亿人口。我认为我们肯定可以的。

时任嘉吉全球董事会主席、总裁、首席执行官

彭国瑞

粮食危机离我们有多远？我认为，粮食危机离我们还很远。如果我们集思广益考察一下国际粮食安全问题，就会发现这是一个不争的事实。现在，我想谈谈制定明智的粮食安全政策的五个前提。做好这五点，我们在粮食和农业领域采取措施就会事半功倍。

第一，我们需要更好地理解价格的作用。人们谈到价格时，往往会联想到通货膨胀。人们往往不太关注价格在激励全球农场主生产人体所需的卡路里和蛋白质方面发挥的作用。从宏观角度来看，世界种植面积最广的20种农作物的价值在全球GDP中的比重还不到2%。因此，利用价格激励农场主，满足城市消费者需求是我们可以使用的一种方法。事实上，这样做需要大智慧。我这次来亚洲访问期间去了趟印度。当时印度正被通货膨胀困扰，而它此前提升了对农场主的最低支持价格。驱动粮食价格通胀的原因恰恰是政治因素，因为它试图利用调整最低支持价格来实现城乡收入再分配。围绕价格进行的讨论，应在提高质量时做到统筹兼顾。毕竟，价格不仅是生产的驱动力，也是通货膨胀的动因。

第二，我们需要区别对待不同的“小农场主”。今天，我们接连不断地参加各种会议，就好像真有这么一个“世界小农场主”的单一概念存在似的。事实上，进入商业领域的小农场主寻求以企业方式经营农场，他们与那些仅能糊口的农民是不同的。后者往往只有半英亩土地，甚至更少。所以这两类人对于不同政策的反应会有本质区别。如果在制定政策时将小农场主作为一个整体进行探讨，那么我们为世界所有人提供粮食的能力将受到影响。

第三，我们需要好好探讨科学的地位以及社会大众对科学在粮食生产领域发挥作用的认可。对我而言，农业的意义在于用最少的资源做最多的事。在未来35年，我们的农业将使用相同或更少的土地，生产出超出我们当前需求量70%的卡路里，还要降低温室气体排放以及灌溉水和化肥的使用量。所有这些都可以实现，但前提是

社会大众认可相关科学应用。在这方面，农业任重道远。我们必须让社会大众意识到，科学在改善环境、推动可持续农业方面可以发挥重大作用。

第四，我们需要接受比较优势。中国在这方面做得比其他任何国家都好。据嘉吉公司观察，在中国东北，一公顷土地种植玉米时产量为8~10吨，而种植大豆时产量最多只有2吨。为发掘土地的比较优势，中国选择最大化生产淀粉作物，如小麦、水稻、玉米和甜菜，而从大豆单位面积产量高、拥有比较优势的巴西进口大豆。这样一来，两个国家就实现了双赢，两国的生产者和消费者也都受益。在发掘比较优势的时候，关键是在互信的基础上推动自由贸易。我们需要相信，这类淀粉作物换豆类的交易不但会出现，而且会持续多年，还不会给消费者带来损失。我认为很有意思的一件事是，今年美国进口玉米的数量比中国还要多。这出乎大多数人的预料，但这确实是事实。我们这边的天气非常恶劣，美国东海岸已经无法找到价格比巴西东北部还便宜的玉米了。迫于严重干旱气候的压力，佐治亚州、北卡罗来纳州和南卡罗来纳州的牲畜原本可能会被提前宰杀，但是，通过互信基础上的自由贸易，以及对比较优势的利用，美国得以从巴西采购玉米来保全养殖业。在这个案例中，显然时效更为重要。

第五，我们必须齐心协力帮助非洲。如果你去非洲，看到那里的土地资源，查看那里的水文图之后，就会明白，要打造基于自然降雨的世界粮食安全体系，非洲是不可或缺的。那里有丰富的土地资源，但公共政策并不健全，法治和私有财产保障规定缺失。事实上这些社会和机制因素都无从谈起。所以尽管非洲有自然的慷慨馈赠，但非洲从粮食净进口地区到净出口地区的路还很长。

总之我认为，如果我们能够明智地采取联合行动，那么粮食危机离我们就很远。

时任中国储备粮管理总公司董事长
包克辛

中国是世界人口最多的国家，人多地少是中国国情，中国的粮食自足供应，多年来一直是一个全世界关注的问题。最近一次对中国粮食安全问题的争议，可以说是来自于去年中国谷物进口的大幅度增长。去年中国谷物进口增长156.7%，净进口量增加了873万吨，这个现象是中国多年来没有出现过的，所以引起了中国国内以及世界上很多人的关注。不过，我可以负责任地告诉大家，去年中国谷物进口的激增与2004年和上个世纪90年代后期的几次情况不同，不是由于中国谷物供求出现了较大的缺口，而是价格因素导致的纯市场行为。也就是说，国外的价格便宜，国内的价格贵，进口有利可图，于是引发了较大的进口量。

为什么这么说？由于中国农业生产发展，目前中国粮食库存已达到历史最高水平。过去一年中，增加的库存量远远超过净进口的增量。这是什么意思呢？进口把国内的供应量顶了下来，造成库存的增加超过了进口量。去年中国的谷物供求是自给有余的，而且库存的品种结构更加趋于合理，小麦、稻谷、玉米库存的品种结构跟消费结构更加匹配。所以，可以说目前中国粮食安全没有问题。

但是近期没有问题，并不等于远期没有忧虑。一方面，城镇化和工业化必将持续增加对粮食的需求，因为城里人对肉食消费的需求远远超过农村人。同时，城镇化和工业化又在不断蚕食着我们的土地。另一方面，由于种粮的比较效益比较低，所以这种比较效益就不断地削弱各级地方政府和农民种粮的积极性。我经常到下面，很多省长给我提要求，他说你以后多给我调点粮，你多调点，我就可以少种点。大家都知道，特别在中国的南方，有很多问题，如撂荒的问题，双季稻改单季稻问题。虽然说了多年，也采取了诸多的措施，但是这些现象并没有完全消些。另外，种粮食改种经济作物或者改成林地，这种现象在各地已经越来越普遍。这些都是现行政策还没有解决的问题。

中国有一句话，我反过来用，生之者寡，食之着众，愿意种粮食的地方和农民越来越少，消费的人越来越多，这是中国粮食安全最大的问题。粮食安全首先是够不够用的问题，仅仅靠中央政府和粮食主产区积极性还不够，改造占耕地面积2/3中低产田是增加粮食生产的巨大潜力。但是要有效挖掘这些潜力，必须充分调动从中央到地方各级政府和6亿农民的积极性。

今年以来，中国有一句耳熟能详的词叫“舌尖上的浪费”。国家粮食局有个测算，中国每年流通和消费过程中损失、浪费的粮食约1亿吨，占全年总消费量的五分之一。这里面有投入的问题、体制的问题，也有观念习惯的问题。八项规定现在形成了一个势头，令人鼓舞，坚持下去，利国利民，对我们每个人也是有利的。

除此之外，还有科技进步的潜力，控制非食品工业用粮的潜力。中国的人口峰值现在已经不足10%的增量，我认为只要理顺政策，变少数人、少数地方的积极性为多数人、多数地方的积极性，全民重视，中国谷物需求的长期基本自给，有条件也是有可能的。

时任邦吉公司董事长、首席执行官

魏泽博

对我们而言，“粮食危机离我们到底有多远？”这个问题的答案，我认为是“事在人为”。在全球范围内，我们拥有天然优势、技术能力和人力资源，足以化解这样的危机。也就是说，只要政府和企业能够通力合作，制定恰当的政策，就可以化解潜在的粮食危机。我们可以在避免危机出现的同时，应对当前挑战。

我认为目前有三大挑战。第一，目前全球有8.7亿人营养不良。第二，1/3的全球人口体重超标，而且这一比例还在继续攀升。第三，我们需要生产更多的粮食。以谷物和油籽为例，需求缺口就高达15亿吨。为此，我们必须提高效率，克服环境局限，管控市场波动。

正如我刚才所说，这些挑战都是可以应对的。世界的相互依存程度越来越高，而这正是解决问题的关键。想想看，亚洲承载了大约55%的世界人口，但只有25%的可耕土地。不要忘记，4.5亿人居住在农业并不发达的中东和非洲。相互依存度是关键问题，而且其重要性会日益提升。

那么我们需要做些什么呢？我们需要基础设施、贸易和真正有效的市场。中国在基础设施领域独树一帜，采取了很多措施，但大多数国家并没有行动起来。非洲每年需要将近1000亿美元，连续投入数十年后才能填补基础设施领域与其他新兴市场的差距。如果考虑到非洲地区当前公路密度甚至低于印度1950年水平的30%，这样巨大的投资额也就不足为奇了。巴西现有的铁路里程低于其在上世纪20年代的水平。由世界经济论坛公布的基础设施质量排名显示，美国、澳大利亚、俄罗斯、乌克兰分列全球第25、36、101和107位。以上这些国家的基础设施都在老化。这是我谈的第一个问题，基础设施。第二，当前的贸易政策导致农业贸易进展日益缓慢、成本日益升高。加权农产品平均关税为25%，而工业品只有8%。非关税壁垒造成的影响或许更为深远，消除这些壁垒能带来6倍于取消关税带来的经济利益。世界粮农组织调查的77个国家中，有1/4的国家在2007到2010年间实行了不同形式的农产品贸易限制政策。第三，高效的市场是必需的。当前，太多的市场因不具备基本要素而无法顺畅运行。如何才能培育出良好的市场呢？我们需要高效的信息通报机制，设计合理的合同，明确连贯的监管，透明、可靠和准确的实时信息共享，以及充分的交易量和流动性以确保市场参与各方有效管理风险。总结一下，加大基础设施投资，改善贸易政策，确保市场顺畅运行就可以解决我们的面临问题。

那么，我们应该采取什么措施呢？第一，企业管理层应当鼓励和提供重要农业生产市场的基础设施投资。我们公司在全球30个港口开展业务，尽管这不是我们的主业，但是我们的确这样做了，因为我们都得以某种方式行动起来。第二，政策制定者可以通过提供全面、易得的农产品供求信息来提高市场的透明度。在这方面，美国农业部是一个表率，它最近启动的农业市场信息系统更是前途光明。中国也可以大有所为，通过对市场系统的、动态的监测，可以为该领域的研究人员、政策制定者及商务人员的决策提供至关重要的信息。第三，我们应当缔造新型贸易关系和和谐的贸易关系和标准。做到以上几点，粮食危机就迎刃而解了。

绿地集团董事长、总裁

张玉良

对于中国房地产市场的整体现状，我认为要全面地看待。当前房价上涨较快的地区，主要还是局限在一线城市和部分二线省会城市，全国大部分城市的房地产市场仍然相对平稳。造成部分城市房价过快上涨的原因是多方面的，既有宏观经济方面的原因，也有货币政策方面的原因，但根本原因是市场供求结构的失衡，而这是由我国所处的特定发展阶段决定的。我国正处在城镇化快速推进的历史阶段，住房需求和供应之间的矛盾将在较长一段时期内存在。由于城市布局的不尽合理，一线城市和部分二线城市优势资源高度集中，磁性过强，吸引人口集聚的能量过大，从而导致这些地方供需矛盾进一步突出。

尽管当前中国房地产市场存在这样那样的问题，但随着中国经济社会发展水平和能级的不断提升，特别是新型城镇化的进一步推进，中国房地产市场仍有巨大的发展空间。为促进中国房地产市场平稳健康发展，需要对一些全局性的问题进行长远的考虑和谋划。因此，我建议：首先，要不断改进完善房地产市场调控，构建起整体设计、系统改革、疏堵结合的长效调控机制，进一步完善调控的内容和手段，特别是要注重调控手段的差异性，防止“一刀切”。其次，要合理规划城市布局，增强中小城市的吸引力，缓解资源向大城市过度集中的压力；同时有效管理人口流动，合理控制大城市的人口总量，缓解人口过度集聚带来的房地产市场供需矛盾。再次，要对涉及房地产的税收进行仔细梳理和通盘考虑，实施一揽子的税制改革，切实减轻税负，降低购房成本。

刚才，大家对中国房地产企业拓展海外业务表示了浓厚的兴趣。最近一段时间以来，我们绿地集团的海外业务正在积极稳妥地推进。在此，我愿意与大家分享我对这一问题的看法。实际上，随着中国经济的成长，国人海外投资、海外求学、海外旅游的现象日益普遍，海外置业的需求也应运而生。据统计，澳大利亚有70%以上的新房是出售给中国消费者的。这为品牌影响力大、核心竞争力强的大型房地产企业走出国门开拓海外市场创造了条件。大企业应该充分发挥自身的专业开发能力和资源获取优势，积极稳妥地探索海外投资开发模式，将“国内市场的海外延伸”这篇文章做好做足。当然，在海外经营过程中，要特别注意防控风险，特别是要有专业的人才，要对投资地的文化和法律有深入的了解。

高富诺集团董事长

莱斯利·诺克斯

很多时候人们是根据当前的短期趋势做出建房的决定，但我们认为中国可以有一种新的发展模式。我们和“中国发展高层论坛”一起研究过如何打造新型城市以及如何参照其他国家建设可持续城市的模式。我认为中国在这方面是可以走在世界前列的。我所说的“可持续城市”指的是人们愿意居住和工作、商业愿意前来投资的城市，所有这些也会促进房地产增值，不仅有利于个人也有利于整个社会。

如果退后一步来看当前的现状，我认为中国面临的挑战是如何保证建筑的质量，你们需要建成能够持久使用并让中国人为之自豪的建筑。

在这方面我们西方国家有一些心得和教训。

首先，所有权必须多样化，你们需要构建不同的所有权结构。要想经济充满活力，那么人口就得流动。你们得保证有20%到25%的住房是经济保障房。但是在西方国家，拥有保障房的人无法再搬到其他地方去，因为他们无法找到更多的保障房或是无法换成其他保障房。所以你们在建房的时候既得保证其中一部分是质量优良的保障房，同时还得让人们可以自由地搬迁，不会被困在一个地方。

其次，你们所建的地方得让人们愿意居住，让人们有一种归属感和社区感。如果这一点做得很好的话，人们不但会在社区里拥有房产或租赁房产，而且会成立房屋协会，并自己管理自己的居住环境，这样可以降低犯罪率，减少反社会行为发生的概率，从而让人们愿意居住在这里，所以这样做是很有益的。

所以我认为，房地产既是长期的，也是短期的。因为市场需求是短期的；但如果要建房的话，就得保证它的质量，让它能够使用很长时间，这样才可以保值，这一点是非常重要的。简单地说，我们建房时要面向长期的未来。我们在温哥华也有业务，遇到过很多中国买家，在东京和香港也都有中国买家，他们的足迹遍布全球。我们发现中国的买家非常看重质量，他们买的都是质量上乘的好房子，而且希望这些房子能够保值。我想在国内也是如此。

国务院发展研究中心市场经济研究所所长

任兴洲

我对2012年房地产运行的情况的看法是“前底、中升、后翘”。今天我谈三个层面的观点。

现在讨论中国的房地产市场要有个新的视角，我们说今年怎么样？下个季度怎么样？先看看今年怎么样。30多年的改革开放，从1998年住房制度全面改革到现在差不多是15年，我们知道不知道中国的房地产市场的整体情况，存量是多少呢？我们要在这样的基础上来考虑现在和未来的房地产市场的发展。我们根据第六次（2010）人口普查的数据和相关的数据推算，到目前为止还没有完整的统计，到2010年这些年来积累存量住房全中国是179亿平方米、2.2亿套，按照2010年的常住人口的家庭户来算，达到了户均1.02套的住房。这是就总量而言。当然了1.02套不完全是成套的，成套的住房，包括厕所、厨房等，是0.73套。

所以大量的住房存量已经建成存在那里了，下一步住房的发展，可能要考虑这样的最基础的情况。所以可以说中国住房最短缺的时候可能已经过去。下一步的发展除了数量型的发展，不断地多建房子以外，更重要的是提高质量的问题，是结构的问题。比如说一线和二、三线城市的结构的问题，要从这样的角度看中国的市场整体的存量和未来的发展。

按这样的情况，到2015年“十二五”以后，户均城镇家庭户会达到1.08套住房，全世界的经验达到这样的水平以后，住房市场的峰值就到来了，就往下走。这是从中国现在的整体情况来考虑。

第二个观点，如果说十年前各个地方都缺房子的话，到现在为止，一线、二线和三、四线的城市出现了分化的状况。北上广深可能还缺房子，但是有一些三、四线的城市并不缺房子了，像鄂尔多斯、温州可能有些地方会逐步地暴露出来，鄂尔多斯可能是产能过剩。不管怎么说，反正它的房子户均三四套有了，卖不出去。可

注：根据会议发言整理，未经本人审订。

能未来的政策要考虑中国现在的状况。一线城市有它的问题和特殊性，三、四线城市有它的问题，调控需要更加地细致，一刀切措施可能不太适合了。我们应该有针对性地去进行房地产的调控和所谓的社会管理，这是第二个层面。

第三个层面，刚才讲今年的房地产会是怎样的轨迹呢？今年的房地产主要取决于两大因素。

第一是政策的因素。我们知道3月份二手房市场井喷式的交易量和国五条和国办六条细则有很大的关系，未来的市场怎样呢？可能跟三月底四月初各个地方的实施细则有很大的关系。比如说土地如何供应，20%差价的个人所得税怎么收，和这些政策有很大的关系。当然了各个地方可能会出台实施细则，这个细则出来可能对整个的后面的市场带来很大的影响，特别是二手房，但是二手房的政策变了以后可能会影响到一手房。

第二是工作政策，特别是金融政策。今年的货币发得多不多，以及金融有什么样的优惠政策，会决定今年的市场走势。如果说今年货币政策很宽松，信贷放得很宽，而政策比较优惠的话，我相信今年的住房价格是会往上走的，尽管采取了很多限购政策。如果信贷收得比较紧，特别是二套房以上的政策收紧，我相信会有所影响。根据我们课题组的分析，金融政策对家庭住房的购买力影响是最大的。我们建议在金融政策变化的时候，采取对冲式的方式，这面是降低利率，那面要提高首付，这样有个对冲，不至于对房地产产生更大的直接的影响。

构筑中国粮食安全保障的新长城
——粮食危机离中国有多远？

“粮食安全”专题小组[①]

一、全球粮食安全继续面临挑战，尽管各个国家具体问题不尽相同

20世纪70年代中期，联合国粮农组织在粮食危机的背景下首先提出了粮食安全的概念。世界粮食高峰会议将粮食安全定义为，任何人在任何时候都能够买得到并买得起足够的、安全的、营养的粮食，以满足积极健康生活所必需的饮食要求和偏好。实现粮食安全，不但要保证粮食供给的充足性，同时也要确保食品的安全性，在实现前两者后，更要保障食品的健康营养。

粮食安全仍然是全世界需要解决的最紧迫问题之一：今天全球还有将近10亿人口没有解决温饱问题。即使粮食供应每年都在增加，理论上已经可以提供足够粮食养活地球上的每个人——可是在过去10年中饥饿人口数量仍然在不断增长，联合国到2015年将全球饥饿人口比例减半的千年发展目标将几乎无法实现。如果粮食安全问题不能得以有效解决，将会对无数人的健康和生存，以及全球的社会和经济发展造成严重挑战。世界人口预计在2050年将达到90亿，全球粮食生产[②]需要提升70%左右才能满足那时的全球粮食需求。与此同时，随着全球收入增加，肉类食品在人们的饮食比例中也不断增加，不断发展的生活方式给全球粮食需求和价格带来了更大的压力。粮食安全是一个复杂的问题，除了人口增长和需求发展所带来的挑战以外

① 本文是波士顿咨询有限公司、嘉吉公司、瑞士再保险、新西兰乳业公司联合为“中国发展高层论坛2013”年会提交的专题报告。

② 到2050年，预计世界粮食产量必须增产70%才能满足扩大的全球粮食需求。为实现保护环境的目的，需主要采取提高单产和生产力的方法来实现粮食增产，而不是开辟更多的耕地，这也是之前遇到的一个挑战。为了让粮食系统更加多产、更可持续、更加可靠，人们需要在能够提供最高生产力并能够得到恢复的地方进行农业种植，从而实现多年连续生产。

还受许多其他相关因素的影响，如因气候变化或社会环境引起的供应中断[①]，政府政策[②]对粮食贸易的抑制和对农民的负面影响，用于生物燃料[③]等非食品用途的粮食比例增长，农业对环境影响[④]的争议，相关研发投资[⑤]的不足，以及农产品的价格波动[⑥]和价格持续增长等等。

虽然粮食安全是一个全球性的共同问题，但不同国家在粮食安全问题上的具体状况和程度不尽相同。发达国家在保障了食品供应并提供了相对较佳的食品安全后，现在更多的重点将转向提供更好的食品营养——挑战肥胖而不是饥饿问题。但是很多发展中国家还面临着如何解决温饱的问题，如在撒哈拉以南的非洲和印度分别有超过28%和22%的人口仍然在面对着因食不果腹而对生命的挑战。

二、中国粮食安全挑战的特殊性

1. 粮食供应问题基本解决，虽有风险但近期不大可能出现粮食危机

中国粮食生产在过去60多年发展道路上取得了巨大进展。2012年粮食总产量实现了难得的“九连增”，并且连续6年超过一万亿斤，居民的基本温饱问题已经得予解决。同时在维持持续的粮食产量增长的道路上，中国面对了并且还将继续面对

① 不论是政治动荡、不良天气、自然灾害，还是其他破坏粮食生产的因素，都会造成粮食短缺，从而会对粮食安全造成直接的和长期的影响。存储和运输能力不足也会破坏粮食供应。在某些国家，由于粮食供应链基础设施欠缺（包括缺少保护粮食不受外界环境和虫害影响的储存设施），收获后浪费的粮食可高达收获量的40%。

② 政府制定的某些政策会干扰市场：其颁布的标准可能会抑制贸易，使农民看不到准确的价格信号；出口限制措施和贸易禁令会隔离本地市场，让农民失去在下一季扩大生产的动机，使高涨的粮食价格得不到供应扩大的响应。例如，2008年粮食危机时，30多个国家出台了出口限制措施，这就使粮食价格进一步升高。

③ 预计会有越来越多的农产品（包括玉米、大豆、甘蔗等）用作生产生物燃料的原料，这在很大程度上是因为生物燃料的发展受到了政府政策和行政命令的支持。到2020年，生物燃料会消耗掉全球约13%的粗粮产量，15%的植物油作物产量和30%的甘蔗产量。

④ 人类需要生产更多的粮食，这就对环境提出了更高的要求。农业需要通过创新和节约措施更好地利用自然资源，尤其是水资源和土地。随着人口持续增长，土地使用的压力也日益增大，保护森林和生物多样性的挑战也逐渐严峻。需要人们改进并创新技术，使农业生产达到“绿色革命”的新阶段，并显著提高单产，促进全球粮食的可持续性生产。

⑤ 20年来，公共部门的农业投资减少对农业生产力提升造成了不良影响。需要增加农业研发投资，以提高未来几十年的粮食供应量，使人们能够以合理的价格方便地购买到所需粮食。

⑥ 当今，粮食产量的细小变动会对价格产生重大影响，特别是当粮食储备较少时。即使价格升高，粮食需求仍然存在。粮食价格走高对世界贫穷人口的影响是不成比例的。例如，2010年俄罗斯发生干旱，造成全球谷类减产1%，但是刺激价格升高了60%至80%。2009年，行情正好相反，粮食产量略微的升高驱使价格急剧下跌。这种价格不稳定性造成了全球对农业的关注，并且对粮食安全的担忧升高。

许多严峻的挑战。虽然耕地面积只占全球总面积的7%，中国每年已经消耗全球1/4的水稻和玉米，和1/6的小麦。自上世纪80年代起，几乎中国所有的可用耕地已经被开垦，同时不少耕地也因城镇化的推进而丧失。水土资源和生态条件的恶化，以家庭为单位占主导的较分散的农业生产组织方式，对农业生产力的进一步提升形成了制约。尽管农村劳动力人口还有富余，但是其收入结构中的农业所得比例持续缩小，导致农业生产处于副业状态。同时，人口增长还在持续，到2030年将达到高峰14.5亿，对于间接粮食如肉、禽、蛋、奶等动物性食品消费量成倍增长，造成饲料用粮的结构性短缺。此外，因气候变化和各种灾害等原因导致的粮食产量波动，农产品和食品产业链的某些重要环节特别是种子供应和食用油加工对外资企业的高度依赖，一些重要粮食品类如大豆对进口的依赖，以及其造成的粮食价格波动和持续增长等等，对中国粮食安全也造成了一定隐患。

尽管面临着巨大的挑战，我们仍对中国农业增长的持续和未来粮食需求的满足持谨慎乐观的态度。虽然粮食产量在过去的10年里有显著增长，在未来仍然有足够空间来提高粮食产量。平均来讲，中国现在的玉米产量是每英亩5.8吨，远远落后于美国农民所能实现的每英亩农田7.8吨的产量。尽管耕地面积萎缩，但随着农技推广服务的提升、政府对规模化和专业化的推进，中国在未来仍有很好的机会继续突破粮食产量纪录。在需求方面，中国人均食品摄取量有可能会逐渐下降。如日本一样，随着人口老龄化加速，在接下来的几十年里，中国消费者将会吃得更少。虽然中国居民肉类消费正在增加，但是快速增长的趋势已经接近尾声了。

2. 食品安全成为全社会关注的重点

食品安全问题不仅是全球粮食安全领域关注的焦点之一，而且在中国随着吃饱问题的逐步解决，也成为全社会关注的重点。在21世纪特别是近5年以来，所发生的众多食品安全事件对国民的健康造成了很大的影响，陈化粮、毒红薯、黑心茄子、毒黄瓜、毒豇豆、毒豆芽、毒瓜子、瘦肉精、地沟油、毒水饺、大头娃娃奶粉、三聚氰胺奶粉等一系列食品安全事件层出不穷。食品中有毒有害物质对人体健康造成损害，并由此产生公共安全问题。中国作为发展中国家则面临着食品生物污染和化学污染的双重挑战。当前，中国在食品安全方面存在的突出问题包括：重金属和药物残留等有毒物质含量超标、食品中微生物污染和生物毒素含量超标，以及食品生产加工过程中的掺杂使假。产地环境污染是主要原因之一：大于70%的河流、湖泊被污染，接近1/6的耕地受到重金属污染，超过65%的耕地为污水灌溉。此外，农业投入品的不当使用、农兽药的经营管理不到位、违规使用食品添加剂也在主要原因之列。

3. 食品消费质量和健康营养日益成为新的主题

收入的不断增长让世界各地成千上万人们的饮食得到了改善。中国也不例外。在过去的10年中，随着收入增长，居民饮食结构越来越多样化，正在从谷物消费转向包含更多的糖、脂肪、油和蛋白质的饮食结构。波士顿咨询公司预计，中国居民人均肉类食品摄入量将从2010年的45公斤增加到2020年53公斤。同样，中国消费者对食品的营养性需求也在逐步提升。在波士顿咨询公司2012年全球消费者消费信心指数调研中发现，超过75%的中国消费者选择“更健康”作为其未来提升食品消费花费的一个原因，高于所有其他参与调研的国家（包括美国、欧盟五国、巴西、俄罗斯和印度），营养健康品类在消费者品类消费升级排名中从2010年到2012年得到显著提升。对营养健康品类需求的不断增加也为更多的营养食品生产提供了大量机会和经济回报。

三、对中国应对粮食安全挑战建言的总体思路

在全球粮食安全挑战形势依然严峻的状况下，中国粮食安全既面临着一些共同的挑战，但也有自身的独特性。

鉴于中国粮食安全面临挑战的独特性，我们认为，中国应对粮食安全问题应该立足于“稳定供应，强化安全，提升品质”。在供应、安全、品质这三个方向，每一个方向都包含众多机会点，可以据此提出有效应对的具体建议，并可进行进一步延伸，提出更多相关的政策建议。本报告将立足于撰写公司的行业背景、对相关问题的研究和观点，从“提升粮食生产的生产力，控制产量及价格波动风险，优化产业链结构和效率，强化食品质量和安全，推进消费营养结构升级”等五个主题进行建言。这也体现了针对中国粮食安全问题面临的特殊挑战所需要优先解决的重要问题。

首先，在“稳定供应”层面，需要从种子/化肥供应，农业生产，农产品储运，初加工/后期加工和分销零售的全产业链着手，通过农业生产和农技推广体系的现代化来提升粮食生产力，确保粮食供应数量的增长；同时，通过保障粮食生产和储备的红线，借助国际贸易和海外农业基地拓展，有效控制产量及价格波动风险；再进一步掌控产业链关键环节，提升产业链整体效率和配置，优化产业链结构，从而增

强居民对粮食产品的可获得性。

“强化安全”层面，需要强化食品安全源头治理，并推进标准化农业，并且制定科学可行的食品安全标准及法规，完善政府部门监控职能，并联合社会和企业资源健全食品安全支撑体系，从而保证所供应粮食食品的质量和安全。

最后，在“提升品质”层面，需要提倡饮食多样化和更平衡的营养摄入，并通过农业产业结构优化及国家食品营养干预，保障食品消费的营养组合，推进消费营养结构升级。

四、跨国公司对中国粮食安全问题的建言

1. 提升粮食生产的生产力

（1）通过更好的农业技术培训、农技推广服务体系，以及价格补贴，提升粮食生产效率。

（2）通过现代化的农业生产保险产品，控制和缓解农业生产风险。

（3）通过农业土地流转机制的改革，以及和下游产业的纵向合作，发展规模化的农业生产。

继续增加农户培训、农技推广和各种支持服务的投资，帮助各地小农户提高生产力。除了农耕的实际操作方法，农户还需要获得改良的种子、改善土壤的肥料和灌溉设施。总的来讲，农业不发达地区的农户和农业发达地区的农户拥有一样的农业生产支持工具。但是需要将这些工具和价格激励作用结合起来才能达到最佳效果。小农户需要获得与投入相符的价格回报，并且这些收入可以为来年继续耕作提供资金。价格永远是促进农业生产的最好肥料，可以考虑将各种农业支持政策捆绑打包。中国有很多的农业支持政策，例如谷物种植直接补贴、良种补贴和无息或低息贷款。中国应适当探索将这些农业支持政策捆绑打包，要么与现有的各种农业支持产品和服务相结合，要么通过现有的分销网络，从而使政策惠及农村，尤其是偏远地区农村的农户。

鼓励运用保险和再保险产品来降低农户和其下游产业所面临的风险。为了更好地激励农户并确保农业生产收益，风险保护是需要关注的重点之一。在中国，有许多保险和再保险产品不仅能够向农户和农业生产者提供风险保护，还能够给政府、社区、公共机构、合作社或企业提供风险管理方案。这些产品方案的提供方可能不

直接参与粮食生产，但是促进了农户和农业生产者的经济收益，并最终对粮食安全做出了贡献。其中一种机制运用了公私合作模式。最新的进展证明，公私合作模式在提高风险意识和补充政府的农业支持措施方面取得了成功。公私合作模式需要政府、农户和保险行业紧密合作管理农业风险。政府提供必要的法律框架和补贴，农户通过交纳保费承担部分风险成本，再保险/保险公司作为风险的承担者进行保险产品开发。政府改进农村金融设施和气候数据收集的工作也可以帮助保险公司保护本地人口免遭农业风险，进而提高本地及全球的粮食安全。在亚洲，越南的大规模水稻保险公私合作机制就是一个成功的案例。北京市政府也同国际再保险/保险公司合作就重大灾难保护实施了一项政府资助的保险项目。针对小农户可以考虑微型保险（小额保险）①，特别是适用于中国西部地区的小农户。

发展现代化农业生产模式，以提升生产规模并促进生产力提高。随着农业科技的引进和利用，农业生产力在近几十年来已有了显著提升，但是仍有很大的上升空间。但是中国特有的农业土地制度政策和随之形成的小规模农业生产模式，由于缺乏规模和分散农户的素质差异，成为了农业生产力继续增长的瓶颈。要突破这个瓶颈，必须运用现代化的农业生产模式，以实现规模优势和促进最佳实践和技术的运用。而选择最适合中国的特有土地政策的现代化农业生产模式尤其关键，我们认为应该从三个主要方面来考虑：农业土地流转、融资渠道和管理模式。土地流转制度的改革是实现现代化农业的重要的第一步，政府需要制定清晰的农户土地权利的登记和流转政策以作为实现规模化运营的重要基础。虽然土地私有化不在考虑之列，但是需要摸索最适合的既能最好保护农户利益、又能促进规模化农业的土地登记流转政策。实现规模化农业生产的融资模式和管理模式也是非常重要的考虑因素，需要对其中政府、企业、合作社和农户的参与程度，和农民的参与程度进行讨论和探索。

2．控制粮食产量及价格波动风险

通过保障粮食生产和储备的红线，借助国际贸易和海外农业基地，有效控制粮

① 农业微型保险产品和传统农业保险产品在目标人群、保险费规模、保险范围和分布上都有所不同。现在正在开发几种创新型农业微型保险计划，例如肯尼亚的Kilimo Salama计划。这是一个基于气候指数的微型保险计划，向小规模农户提供保护，以应对由于干旱或雨水过多造成的经济损失。该计划使用自动化的、以太阳能为电源的气象站，用低成本的方式在手机上让农民“边种植边付款”来试用该保险业务，当农民了解该保险业务的益处之后再拓展覆盖范围。通过一个当地的网站（农业经销商店），农民能够用手机在线无纸注册、交纳保险费并获得赔偿。这一用户友好的科技手段降低了交易成本，并且可以实时审查保险单和支付情况。

食产量及价格波动风险。

在确保粮食产量之外，确保粮食产量及价格的稳定性也是确保粮食安全需要考虑的重要因素，特别是考虑到近年来全球粮食产量和价格的大幅波动。短期粮食生产波动主要由自然灾害、病虫害造成，或者农业生产者为适应农产品成本、价格等变化所进行的主动调整而产生。同时，全球气候变暖对粮食生产影响越来越大。国际水稻研究所和美国农业研究局的生态学家认为，农作物生长期所处环境温度比最适宜温度每高一度，作物收获量就会降低10%。

为确保粮食供应的稳定性，除了在降灾减灾、缓解气候变化等方面的努力之外，主要建议中国政府可以考虑加强三个方面的工作：①保证稳定的国内粮食生产和储备；②继续发展高效平衡的国际粮食贸易[①]；③探索投资建设中国以外的农业基地。

建立稳定和基本自给自足的国内粮食生产和储备是确保中国粮食供给稳定的首要任务，也是实现中国粮食安全最可控的方式。首先，需要在实现农业生产现代化之外，坚守粮食生产的三个基本红线：耕地总面积不低于18亿亩，人均粮食产量不低于400公斤，粮食储备率不低于产量的18%。中国社会科学院的研究人员认为，耕地总面积红线已经被攻破，为保护剩余的耕地，国家应采取更严格的保护政策和措施，如提高城市外部的各种开发区和工业园的用地“门槛”。其次，需要通过更好地控制天气对粮食生产的影响来进一步稳定粮食供应。不仅要投资于用于控制天气影响的技术和方法，更重要的是要投资于基于过往天气模式的研究而进行更好的农业生产规划，以最大限度地提高产量。此外，可通过建立和完善粮食供需信息预警系统，通过对生产、流通、储备和消费环节的数据跟踪监控，建立权威的粮食生产、储备和消费信息发布，协助进行更高效的粮食生产和储备规划，以及危机管理。

---

① 国内粮食生产仅仅是粮食安全方程式中的一项。粮食安全包括数量和质量两部分。即便是单从数量方面看，用于确保供应的粮食来源也不只有一种。大多数情况下，粮食需求由国内生产和进口补充来满足。例如，为满足畜牧业和玉米深加工的强大需求，2012年中国玉米产量达到历史最高水平2亿吨，产量、种植面积和种植技术都提高了。同时，2011年至2012年间，中国也进口了550万吨玉米以填补需求缺口。为什么大多数经济体必须依靠进口实现粮食安全？全球粮食需求增长迅速，而世界各国的粮食生产能力却差异很大。这种差距是自然资源、环境资源和经济资源的不同造成的。对大多数国家而言，各种粮食的生产都实现自给自足不是可行的解决方案。粮食贸易可以将农产品从生产过剩地区转移至不足地区，对保障粮食安全发挥着重要作用。

通过稳定和平衡的国际粮食贸易进一步稳定粮食供应。伴随着世界经济全球化趋势的加快，我国的粮食供给平衡将需要直接面对全球市场。稳定的国内产量为参与全球粮食贸易奠定了坚实基础。中国通过国内农业的发展，保持了高于95%的粮食自给率，今后可考虑进一步改革粮食外贸体制，通过参与国际贸易来更有效的调剂粮食余缺。为确保粮食国际贸易的稳定供应，需要建立长期稳定的贸易关系，并促进国际粮食贸易市场的自由、高效、稳定和可预测的货物流通和交易，对于进口依赖度高的农产品（如大豆）更要扩宽粮食的进口来源以加强供应的安全和对少数国家的依赖性。同时需要优化关税、配额，以及境内的各种贸易壁垒，如针对食品和饲料中偶然出现的转基因材料标准不一致。如果缺乏全球一致的对此及相关问题的标准，粮食自由流动将受到人为的抑制。为建立全球贸易所需的信任，各国必须保证在粮食短缺或价格波动时期仍然开放粮食出口，同时避免大量储备非必要的重要谷类。最后，也可通过充分运用期货等金融工具平衡粮食贸易价格波动、控制进口总体成本，并确保粮食供应稳定。

在海外进行农业生产投资也可成为保障粮食长期供应稳定性的战略选择之一。这可以配合国内产量和国际贸易，作为粮食供应的补充来源。例如，非洲土地总面积超过了中国、印度、美国、欧洲和日本的总和，地球上已经没有其他无须降低关键居住地就可提供更多的农业生产用地的地方了。通过正确的政策组合和投资，非洲有能力从单纯的粮食进口区转化为不仅能满足本地人口需求并可帮助满足全球需求的新大陆。中国与这些国家在农业资源上的差异性和互补性为中国农业走出去提供了空间：一方面有利于发展这些国家的农业资源优势，增加所在国的粮食产量；另一方面，也可为中国国内消费和国际贸易需求的供应稳定性提供补充保障。

3. 优化产业链结构和效率

（1）掌控粮食和食品产业链的关键环节，以防价格垄断。

（2）提升粮食和食品供应链的整体效率，降低粮食储运、分销等环节的浪费。

（3）平衡食用和其他用途之间粮食需求的合理比例。

在保证粮食供应充足性和稳定性的同时，也需要关注粮食的可获得性。为确保稳定和高效的粮食供应，需要对粮食和食品产业链有充分的掌控，保持高效的粮食和食品供应链。此外，还需平衡不同粮食用途的需求，如食用需求和生物燃料需求之间的平衡。

强化对粮食和食品产业链的关键环节的掌控。粮食和食品产业链包括许多环节，如种子/化肥供应，农业生产，农产品储运，初加工/后期加工和分销零售。目前，一些非常重要的产业链环节如种子供应和食用油后期加工被少数几家跨国公司垄断。这种垄断虽然对产量的影响非常有限，但是对于粮食和食品价格稳定性的影响需要得到更加关注。中国企业在这些环节重新取得掌控或优势非常重要，可以考虑三种不同策略：①鼓励国内企业和主要的跨国公司合作，如建立以双赢为基础的合资企业，充分学习跨国公司的技术和经验；②鼓励大型国有企业通过兼并收购或加大研发投入，加速在关键领域的发展；③鼓励国内民营企业投资发展某些较小的供应链重要环节，建立竞争优势。

需要进一步提升粮食和食品供应链的整体效率，降低粮食储运、分销等环节的浪费。当前中国在粮食和食品供应链的许多环节还存在低效、浪费的状况，需要加速和扩大在供应链关键环节的投资[①]以提升基础设施和管理水平，为高效粮食的供应奠定坚实基础。例如，中国当前的粮食储备高于世界平均水平，粮库的地理位置分布欠佳，而且基础设施相对陈旧，在储备环节就存在大量的优化空间。在粮食加工、分销和零售环节也存在大量小规模的或者缺乏现代技术的参与者，可以考虑通过整合或技术提升来取得规模，加强控制，最终减少浪费。

生物燃料对粮食的需求及其在其他国家引起的巨大争议是一个重要的预警信号。我们需要对使用粮食生产生物燃料采取审慎的态度，并需要就平衡粮食的食用需求和能源需求进行公正的讨论。虽然目前为止生物燃料对农户和粮食安全总体影响是正面的，但是当今的生物燃料和生物柴油产业消耗了全球相当大一部分玉米、大豆和食糖产量。当生物燃料的粮食消费被强制要求时，将扭曲和扰乱全球粮食供应链。今年美国玉米种植带的干旱表明，粮食市场供应紧张时应当采取灵活措施，取消或放松生物燃料产业的粮食强制消费。中国的生物燃料发展对消化储备陈化粮发挥了积极作用，但是需要对当前生物燃料产能的过度投资进行审查和评估。

4. 强化食品质量和安全

（1）明确“预防为主、源头治理”的思路，推进农业标准化，强化食品安全源

① 在粮食安全最没有保障的两个地区（印度和撒哈拉以南非洲地区），由于缺少道路、铁路、港口和储存设施等原因，高达40%的粮食被浪费。降低这部分不合理的浪费，将是最好的保持农业可持续性和提高粮食安全的途径。

头治理，并推进食品产业的纵向契约协作。

（2）制定科学、清晰的食品安全标准和实施目标，完善食品安全法规和政府监管体系。

（3）联合社会和企业力量健全食品安全支撑体系，加强相关能力建设。

要把农业标准化作为保障食品安全的基础，坚持预防为主的理念。净化农产品产地环境，规范使用农业投入品，加强农民技术培训和农业服务体系，加快实施农业标准化，并最终实施农产品品牌战略。食品生产、加工和销售企业的纵向契约协作（从农田到餐桌的一体化）是安全食品供应链中常见的产业治理结构，成为降低交易成本和保证产品质量安全的重要产业组织形式。中国食品产业在未来供应安全食品中需要考虑产业链上下游公司间，以及公司与合作社、农户间的相互依赖、相互协作的经济联合。公司和农户之间的契约协作已经被广泛应用于发达国家食品产业中。在中国，种业、家禽业、烟业、果业、饲料业、茶叶和奶业等行业中都存在不同程度的契约关系。例如，针对动物性食品源头不良饲料生产和饲养管理，通过公司和合作社或农户的契约关系，得到了一定程度的有效管理和预防。

缓解并解决食品安全问题，需要提升并加强政府食品安全管理模式。不论采用何种管理模式，保障食品安全都越来越成为政府的重要职责。中国政府对食品安全采用了多部门分段管理为主，分类管理为辅的行政管理体制。全国统一领导，地方政府负责，部门指导协调的多头模式造成职能分散交叉，协作配合难度大，权责界定不清，监管工作量大，成本高，降低了政府的行政效能，导致监管力不足。相关行业协会的发展也不太成熟，缺乏有效的行业自律、自管体系。相关管理法规也有待完善，部分法规滞后于发展需要，同时威慑力不够，守法成本高，违法成本低。这需要中国政府相关部门主导制定食品安全的科学标准和务实目标，并通过进一步完善相关法规，健全监管体制，强化监管责任。统一、权威的技术标准至关重要，可借鉴国际食品法典委员会推荐的食品安全标准，并通过明确的政府主管部门发布和实施。监管机构的人员素质需要达到相关要求，法规和管理措施需要根据形势变化与时俱进。加强宣传推广，明确法律责任，强化执行力度。在工作方式上需要提升管理透明度，实现以风险评估为主的管理机制。

需要进一步提升检验监测、信息服务管理、认证评估征信等食品安全相关支撑体系和能力。特别是需要加强食品在整个供应链的可追溯性①，实施从农田到餐桌的全程控制，以增强供应链各个环节在食品安全上的责任性。在食品加工领域，可追溯性是指通过使用条形码或无线射频识别标签及其他追踪媒介，来记录产品的所有移动和生产加工的每个步骤，从而可以将商业流程中的各部门包括整条供应链上的所有供应商和未来的销售连接起来，然后可以使用追踪软件找到供应链上的具体交易和/或产品，针对系统中任何节点的信息和文件审查其正确性和完整性。这样做的关键原因之一是，例如当食品污染事件发生时需要召回产品，在食品可追溯性被严格遵守的情况下，才可能通过准确的日期/时间和确切的地点识别需要召回的产品和安全的产品，从而可能在食品召回流程中节约数百万成本。

5. 推进消费营养结构升级

（1）提倡饮食多样化和更平衡的营养摄入，推进营养健康的饮食结构。

（2）通过优化调整农业产业结构保证食品营养安全。

（3）通过国家食品营养干预，保障食品消费的全面营养组合。

通过政府支持项目提升食品营养健康意识在提升国家食品营养安全②上非常重要。食品营养安全超越了生存所需的基本卡路里需求，它要求在淀粉类主粮和基本谷物之外，实现食品多样化。额外的营养来源包括水果、蔬菜和一些不同种类的蛋白质食物。世界正在同时遭受营养不良和营养过剩的情况。当前，中国在解决了温饱问题之后，正在不断增加对食品营养健康的需求。而这需要通过提升消费者的食品营养健康意识和知识，才能够正确地选择健康营养的饮食结构。

进一步调整农业产业结构成为保障食品营养安全的必然选择。需要提高畜牧业在农业中比重，不断加大饲料用粮的产量，并进行种植业的调整，进而满足居民对

① 恒天然集团的经验：恒天然强制食品操作员为食品创建可追溯性，并要求各商业部门在供应链中实施可追溯性系统。

② 世界卫生组织称，全球将近1/3的人口因营养不良或食品不足去世或患病。而另一方面，在发达国家和发展中国家，肥胖问题日益严重。肥胖可以导致糖尿病、心脏病和癌症等疾病。需要提倡通过食品选择和均衡饮食，确保全面营养。在亚洲等发展中地区，奶制品作为一种高营养的食品来源，对于创建当地更加可持续性的未来发挥着独特的作用。为对抗肥胖问题，我们需要摄取更多营养和更少的卡路里；而为对抗营养不良问题，我们需要花更少的钱来摄取更多的营养。恒天然集团多年来一直在研究将蛋白质应用在食品和饮料中。不同类型的蛋白质提供一系列不同的营养益处，例如增长肌肉、管理体重、骨质健康和免疫调节。我们相信蛋白质在管理饮食营养中的重要性将日益增长。

粮食种类和食品营养不断提高的要求。

同时通过国家营养干预，实现平衡膳食解决微量营养素营养不足的问题，并控制发达地区热能摄入过多。中国营养干预虽然近年来得到政府部门的不断重视，但是离国际标准还有很大差距。需要进一步通过制度、投资和机制进行提升。具体可以根据需要考虑推广营养强化食品、立法规范学生餐营养组合和专业营养顾问咨询辅导等方式实现：

①营养强化食品在全球范围内已实施70余年，80多个国家积极实施。无论国内、国外都进行过大规模食用效果实验，证明通过食物强化方式改善公众微量营养素摄入不足是安全且有效的。不仅能预防患上慢性病，还能提高居民的生命质量。可以针对性地对相关营养强化食品产品和生产企业进行相关政策支持和补贴支持。

②日本通过立法规定学生必须在学校吃营养午餐，其午餐包括鱼、肉、蛋及好几种蔬菜，美国规定学生每天必须吃5种蔬菜水果。国内目前在部分地区一定范围内进行了试点推广，但范围和力度还可进一步扩大。

③此外，通过专业营养顾问进行食品营养教育和辅导也是普及营养知识、促进膳食营养平衡的有效手段。

6. 建立应对中国粮食安全挑战的路径图

立足中国粮食安全面临的普遍性和特殊性挑战，通过以上建议的五个主题方向进行积极应对和科学决策，进而实现中国粮食安全“稳定供应，强化安全，提升品质”的战略目标，是一个需要政府、企业、社会等主体进行全方位合作的系统化战略工程，各个主体之间也并非相互独立而是存在多种不同程度的交叉互动关系，同时在政策、舆论、投资、管理、组织和配套等多维度进行协同推进。

首先，建议通过组织相关问题专家团和政府相关部门的专场讨论会和决策征询会等方式，界定相关问题的战略优先性。在此基础上对重要优先问题组织资源进行专项攻关，拟定大政方针和战略实施规划。

在通过相关决策流程通过后，会合相关主管部门，明确各方职责和合作机制，针对各个重大举措制定详细实施规划，并进行资源落实。建议每一项重大举措需要以某主管部门为主要职责方，协调其他部门推进实施。同时，也需要界定政府、社会、企业之间的沟通、协作和职权分配机制，充分调动社会、企业资源和市场化力量确保资源和效率的优化配置。在实施推进上，可以考虑充分利用国内和国际两种资源，借力跨国领先企业优势，打造有竞争力的龙头企业来形成战略竞争优势。在视野上要立足全产业链，特别是鉴于农业和其他产业的不同，充分利用公开市场联系而非所有权一体化实现更加高效的纵向一体化，降低执行成本。由于中国农业生产结构分散，规模有限，农民整体知识水平较低，加之农业管理对某些特殊能力需求和土地所有权的政治属性，很难和下游企业实现垂直一体化，而是更多的是借助第三方认证和支持体系来实现与下游环节的公司之间通过契约协作，因此需要通过进一步研究寻求最适合中国具体国情和最有效率的协作模式。

此外，需要在相关体系配套上落实资源，予以稳步推进。如农村土地流转模式的改革优化，相关金融支持工具发展，政府的补助激励、研发创新和基础设施投资等。在具体实施推进上，可采取先在合适地区进行相关举措的试点，并根据试点结果进行优化相关机制和资源计划后在全国范围稳步推广。

“国以民为本，民以食为天。”实现中国粮食安全的长治久安，不仅是对全球1/5人口的极大贡献，也是对全球粮食安全奠定了稳固的基础。实现中国粮食安全的“稳定供应，强化安全，提升品质”的战略目标，需要立足全产业链，联合政府、社会和企业的多方力量，充分利用国内、国外两种资源，方能兴大业、著春秋！

中国粮食安全战略与风险控制
——国家粮食安全政策建议

邦吉公司

一、概览

随着中国经济的发展进入现代化的新阶段，与时俱进的农业政策更突显出其重要意义。过去的30年，中国基本做到了粮食自给自足，同时维持了相对稳定的物价水平，且满足了人民日益多元的饮食需要。这是举世瞩目的伟大成就。然而，随着经济发展，城镇化的深入与现代化进程的推进，农村人口结构发生了重大变化，现有的农村经济产业结构发生了相应的变化，政府不得不通过农业补贴来减少农村劳动力人口的流失；同时，贸易壁垒带来的间接成本和密集的农业生产带来的环境成本也随着经济发展日益增加。因此，要实现粮食完全自给自足，中国必须付出越来越昂贵的代价。相反，大豆等农产品的自由贸易却在不影响农民收入的同时促进了中国现代养殖业的发展。

中国应当根据自身人口发展的趋势，城镇化的速度以及国民经济产业结构调整的整体发展，全面衡量维持农产品自给自足的成本和收益、把有限的国内农业资源配置到效益更高的作物上，有利于促进中国的农业现代化和经济的全面发展。应当清醒地意识到，中国自改革开放30年来，实际上已经成为国际农产品市场的一个主要参与者，只不过参与的方式和程度，与中国对农产品的需求以及国际农产品市场的特有规律和方式还有很大的距离。更广泛地参与国际农产品市场，有助于中国建立安全稳定的农产品供给体系，有利于提高国内农业生产的效率和可持续性，有利于节省因补贴和资源的低效配置带来的经济成本。然而，反对的声音不少，其实施也涉及诸多利益的权衡，最大的担忧之一就是：这样做会使中国更大程度地暴露于国际市场的价格风险、他国的政策风险以及原产地的供应风险。事实上，这些风险都可以以适当的方式减轻或规避，并且很多反对的理论从经济学理论或历史经验可知是站不住脚的。

本文指出，作为国际农产品市场上的一个主要参与者，中国应当积极建立一个符合当前国际农产品市场规则的参与机制，根据中国的实际情况以及中长期的需求，加强与国际农产品公司的合作以减弱价格波动和单国减产带来的风险，是中国实现长期粮食安全的行之有效的途径。本文衡量了维持农产品自给自足的成本以及与国际市场更广泛合作带来的收益。同时，本文列举了反对国际农产品市场一体化的常见理论，并指出了这些理论的漏洞。波动性是农产品市场的内在属性，但过去四十年的价格历史并未显示中国因为开放某些品种农产品的进口承受了更大的价格波动。同时，国际农产品公司凭借其强大的国际采购能力和庞大的风险管理资产确保稳定的粮食供给，降低国际市场价格风险，加强与这些公司的合作能使中国从中获益。

二、过去30年，中国保证粮食自给自足的努力取得了巨大的成功

中国过去30年的农业政策使得中国农业在极少依赖进口的情况下满足了国人的粮食需求和多元的饮食结构。20世纪90年代以来，中国动物蛋白生产和消费得到大幅增长，这在人类过去半个世纪的食物供求演变历史中也是绝无仅有的。1990年至2011年间，人工饲养的鱼类和贝壳类的产量增长了5倍以上，鸡肉的产量增长了4倍以上，蛋类的产量增长了2.5倍，猪肉的产量也翻了一番以上（见图1）。同时期蔬菜的产量翻了一番以上，品种也从原先的以大白菜为主扩展到多种类其他蔬菜；水果的产量增长超过7倍。在肉类、水果、蔬菜的消费快速增长的同时，人均粮食消费的增长速度却呈现出相对缓慢甚至下行的趋势，粮食的生产也没有呈现快速的增长。1990年以来，小麦和大米的产量仅分别增加了15%和8%（见图2）。但同时，为了适应饲料需求的增长，玉米和油籽等饲料原料的产量有所增长，玉米产量翻了一番以上，大豆产量增长了15%。大豆产量的增长主要发生在20世纪90年代，到2000年以后就因劳动力和土地向玉米转移而逐步缩减，其中2012年比2011年减产13%。

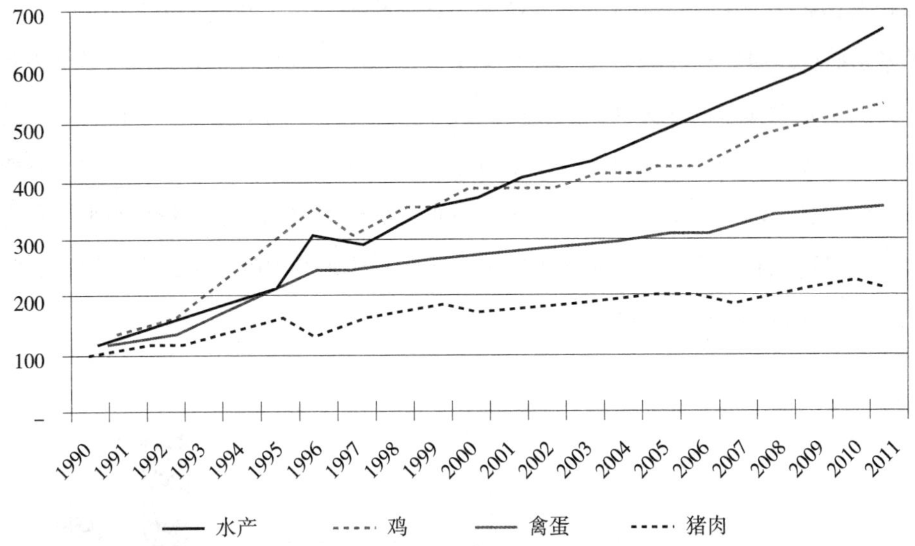

图1 中国水产、鸡肉、禽蛋、猪肉产量增长指数（1990 年为 100）

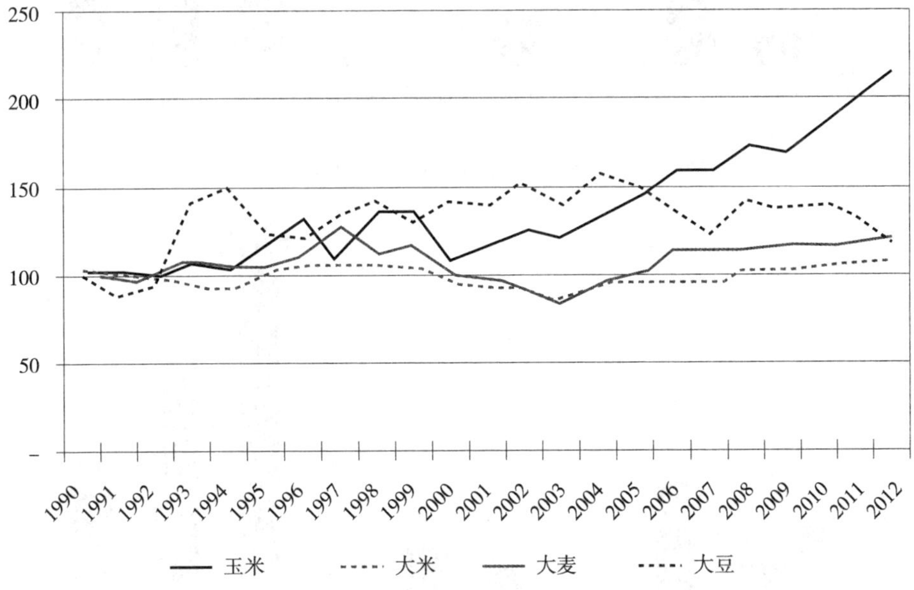

图2 中国玉米、大米、小麦、大豆生产增长指数（1990 年为 100）

中国所有农产品产量的增长几乎都得益于良好的政策。良好的政策使得农民能更快地对市场信息做出反应，更有效地利用资源，把土地从食用谷物转向饲用谷物和油料作物，同时采用更先进的种植技术，增加化肥的使用量。大米和小麦的种植面积自1990年以来分别缩减了8%和22%，而玉米的种植面积增加了63%以上，油菜的种植面积也增加了27%以上。同时，单产的增加比种植面积的扩大更有效地提高了作物产量。然而，农业劳动力人口的流失却仍然是不争的事实——每亩土地所需的劳动力天数在这一时期明显下降。据估计，单位农业劳动力的生产力在这一时期得到了年均2%~4%的提升，与发达国家和其他发展中国家相比处于较高水平。每亩土地的灌溉量也有所下降。化肥是中国过去30年农业生产中唯一得到大幅增长的要素投入，自1980年来增长了325%以上。

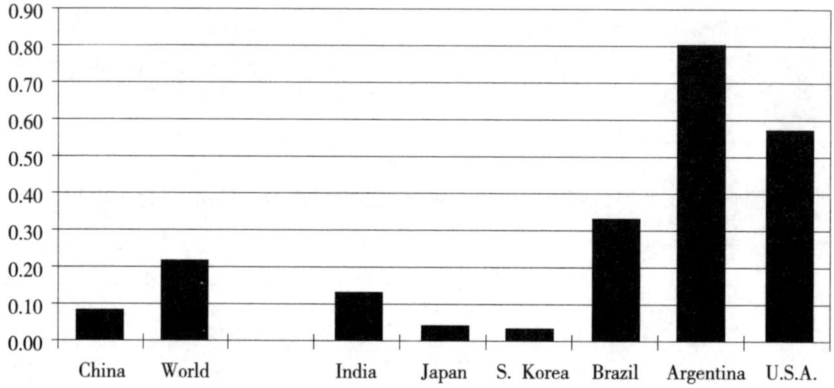

图3　中国人均耕地面积与其他国家的对比（公顷）

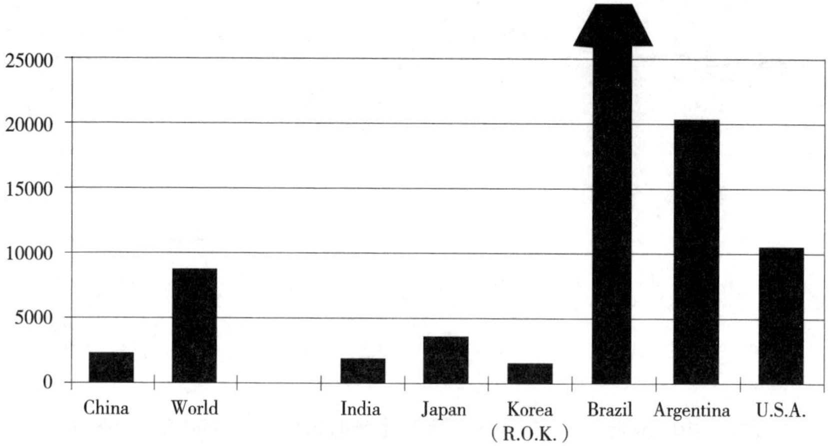

图4　中国人均可再生水资源与其他国家的对比（立方米）

然而，农产品产量继续大幅上升的空间却极为有限。今天的中国用少于世界10%（见图3）的耕地和6%的可再生水资源（见图4）生产出了世界1/2的猪肉、1/3的大米、1/4的棉花和1/5的玉米。以玉米为例，中国玉米的单产虽低于美国和阿根廷等主要原产国，但已处于或高于世界平均水平。需要指出的是，为适应与其他冬季作物双季播种的需要，中国大约一半的玉米是短季品种；在北方种植区，由于高纬度的影响，玉米的生长期本身就较短，单产也相对较低。在1980年到1990年间，玉米的单产由3吨每公顷增长到4.5吨每公顷，平均年增长率超过4%，是单产增长最快的时期，此后，年增长率就降到每年1%以下，达到现有的5.5~6吨每公顷（见图5）。

尽管中国还有大量的农村人口，但他们中有很多人在非农部门工作，有经验的农民和青壮年劳动力都在减少，农业劳动力在未来10年将会明显偏紧。当今世界的很多地区都在试图依靠科技进步提高作物产量，而中国已经将其资源利用到较大限度，未来的科技进步能多大程度地追赶需求增长的速度，答案恐怕是不容乐观的。

有限的水资源是限制中国农业产量进一步提升的最重要因素之一。中国的人均淡水占有量不足世界平均水平的1/4，在世界上名列第110位。全国600多座城市中有400多个城市存在供水不足问题，其中比较严重的缺水城市达110个，全国城市缺水总量为60亿立方米。以华北为例，虽然地处黄河、海河、淮河三河流域，却仍然是中国缺水最严重的地区之一。这里占有全中国40%的耕地，水资源却只占全国的10%，但生产出了70%的小麦、50%的棉花和40%的玉米。水质的污染使得本已经稀有的水资源更岌岌可危。据监测，全国废污水排放量由1980年的315亿吨增加到2011年的652亿吨。多数城市地下水受到一定程度污染，并且有逐年加重的趋势。如此紧缺和污染的水资源无疑会严重制约中国农业产出的进一步提升。

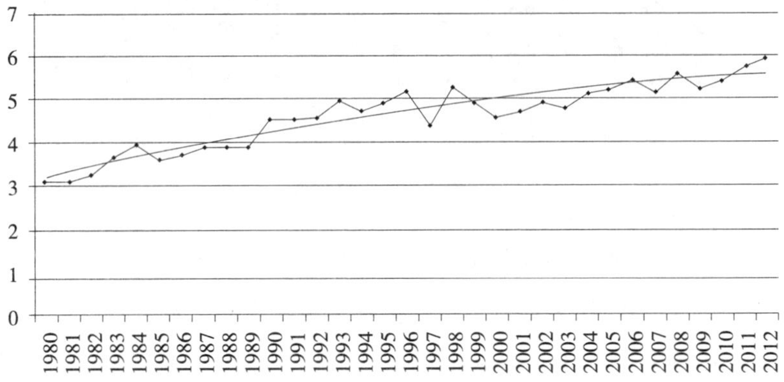

图5 1980~2012年中国玉米单产趋势线（吨/公顷）

1. 粮食自给自足的成本随着收入的增长、饮食结构的变化和资源价格的上升而提高

尽管中国在粮食生产上有着成功的经验，但需求的快速增长使有限的资源显得捉襟见肘。或许中国尚有为国人提供足够粮食的能力，但随着城镇化的深入和人民生活水平的提高，国人的饮食结构正在发生巨大的变化，尤其是对肉类的需求快速增长。从以碳水化合物为主的饮食结构转向更多的蛋白类食品消费，是人民达到更高生活水平时对更健康生活方式的必然诉求，在很多发达国家的历史上都有所见证。农村和城镇低收入家庭的肉类消费大大低于城镇中高收入人群，因此收入的增长及城镇化的推进将持续推高中国对肉类的总需求（见图6），而对肉类需求的增加又将推高对饲用粮食（如玉米）以及粕类蛋白的需求。同样，对水果、蔬菜和食用油的总需求也将继续增加。尽管对小麦和大米的需求会保持稳定，甚至略有下降，但因此富余的耕地远不足以弥补对其他农产品的需求增加。为了满足快速增长的需求和提高业已高企的农业产出，中国只能进一步加强密集耕种，但由此带来的环境成本将威胁到中国未来的作物产量。

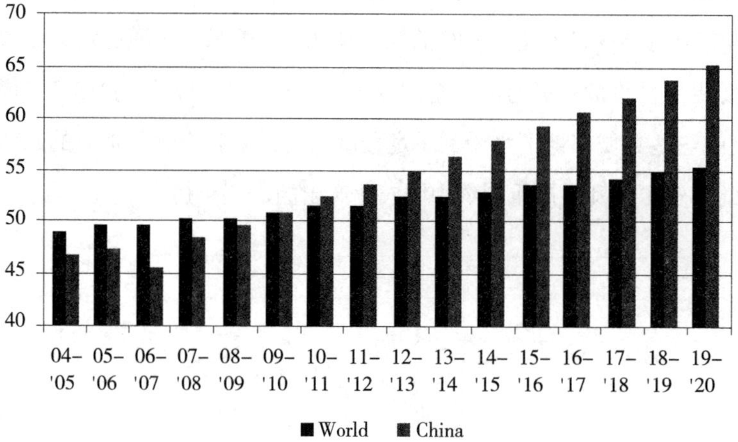

图6　中国与世界人均肉类需求预测（公斤）

维持粮食自给自足所需的成本包括由补贴等带来的政策成本，以及由环境恶化和贸易壁垒造成的资源不合理配置带来的间接成本。中国启动了一系列的补贴政策，以应对由于劳动力、土地和水资源的成本上涨而带来的种植成本的上涨。这些补贴不仅旨在提高农民收入，还致力于改良种子、提高土地产出率、提高机械化程

度。随着中国经济的进一步发展，劳动力、土地、水资源的成本会持续攀升，国家必须持续加大补贴力度才有可能抵消这些要素成本的上涨。

另一种方式是进一步加强贸易壁垒，以保护本国农业生产不受更有竞争力的国际市场的威胁。尽管贸易壁垒的直接经济成本低于补贴，但同样会扭曲资源配置，让资源继续留在低产值部门。进口限制使终端消费者为商品支付的更高的价格，例如，饲用粮食的进口限制会让养殖户和相关企业支付更高的价格，企业会进一步将这种高成本转嫁给终端消费者，同时也影响了企业自身在国际市场上的竞争力。如果实行贸易壁垒的同时还限制土地、劳动力和水资源向非农部门的转移，非农部门就不得不为这些资源支付更高的代价，从而损害非农部门的发展。

持续的密集耕种还会带来环境问题。中国的氮肥和磷肥的用量占到世界总用量的1/3，再加上大量的禽畜粪便，中国的水资源正受到严重的威胁。动物粪便可以通过科技变废为宝，然而化肥中的有害物质用当今的技术仍难以有效降解。中国北方等重要农产区的地下水资源也因被过分攫取而濒临枯竭，打井取水的高成本和农业生产的低收益形成了强烈的反差。过度种植还会降低土壤肥力，例如缺乏根瘤作物（如大豆）与玉米的轮种，土壤的含氮量就会降低，进而使土地更依赖化肥。

当非农部门的收入高于农业生产的收入时，劳动力就会向非农部门转移；同样的，当其他经济作物的产值高于饲用粮食和油料作物的产值时，土地就应向高产值经济作物转移。随着机械化程度的提高，每单位土地的劳动力投入可以减少，但每单位产出的土地投入却无法大幅减少。土地从农业部门向非农部门转移可以提高土地的总产出，并且增加就业，从而比农业生产更有效地提高农民收入。水资源从农业部门向非农部门转移也同样能提高水资源的回报率。

仅依靠自身的力量，不通过国际合作，要实现维持物价稳定的目标，代价也会十分巨大。经济学的推理和其他国家的经验揭示，通过建立巨大的库存来调节物价的行为无一例外地成为支持国内价格的方式，从而产生大量的结构性成本。巨大的库存还涉及到高昂的管理费用，并时刻受到金融风险的威胁。这里所说的巨大的库存，并非指一到两个月的正常商业库存，而是以调控物价为目标而建立的巨大的国家储备。国家通常在低价时收储，高价时放储。但是，为了提高农民收入，国家会以高于市场价的价格收储；为了保证足够的国家储备，国家会在市场价格回升的时候继续持有。同时，维持巨大的库存涉及高昂的成本，例如仓储费用和粮食变质造成的损失——变质的粮食不得不低价贱卖，结果往往入不敷出。再者，由于整个市场都在频繁地低买高卖，致使合理的买卖点瞬息万变，国家储备很难从中获利，反而可能因决策失误而蒙受巨大损失。

2. 反对国际合作的理论站不住脚

反对中国进一步融入国际农产品市场的学者和决策者提出了诸多论据。1994年，莱斯特·布朗在《谁来喂饱中国》一书中提到，中国的进口若继续增加，就会抬高国际市场价格，使得经济欠发达国家更难获得足够的食物。也有人说，融入国际市场将会使中国的农民不得不直面更强大的国际竞争者。还有人担心，融入国际市场会让中国的食品供给过度受制于他国的政策。事实上，不论用经济学理论分析，还是用过去经验分析，以上三种论断都是站不住脚的。

中国对肉类产品和其他食品的需求增长的确是世界农产品需求增长的主要来源。世界必须以最经济的方式满足这种需求增长，也就是在种植成本最低的地区扩大产量。中国有限的农业资源还同时面临着非农部门的竞争，要在中国通过密集耕种满足增长的需求，就会出现国内价格和国际价格的严重倒挂，除非通过行政命令禁止土地向非农部门转移，而这样又会导致要素价格的不均衡。这样的政策是自相矛盾、不可持续的，因为农产品的需求方（饲料厂、养殖场和其他工业用户）与土地资源的竞争者（工业企业）都会要求政府为他们提供更低的成本，以提高其在国际市场上的竞争力。如果有一天保护政策消失，资源就会立即被重新分配，决策者会意识到，自给自足的目标已不可能达到，只能从国际市场上寻求食物的供给，突然涌入的需求会造成国际市场更剧烈的波动。

很难说逐步融入国际市场会导致国际市场价格多大程度的上涨，但可以肯定的是，如果由于政策的转变导致需求突然涌入，所导致的价格飙升会对一国的粮食安全带来更大的伤害。价格的平缓上升能给一国更多的时间从容应对，不论是提升本国食物产量，还是转向更廉价的食物，或者通过发展经济来满足商品的进口需求。由于在世界范围内，仍有大量的土地未被开垦，随着农产品市场国际一体化的推进，这些国家能逐步开发这些土地资源，降低生产成本，缓和因需求上升导致的农产品的价格上涨。

同时，农民的收入也并不会像一些人担心的那样由于国际一体化的推进而受到损害，因为他们可以把手中的资源转移到更高增长性和营利性的部门。一般来说，中国农村家庭务农的收入只占其总收入的一部分，且其中绝大部分来自于经济作物和养殖，另外约有一半的收入来自于非农业劳动。给资源松绑，将资源配置到经济效益更高的部门，比为维持“自给自足”而制定的政策更能提高农民的收入。当今中国的农村家庭，平均需要向市场上购买的农产品都超过自家土地的产出，因此也是低价农产品的获益者。

应当特别提出的是，农业产业化是中国农业的未来发展方向。而农业产业化的进展，需要依托一个更加市场化，更加快速与国内市场需求以及与国际农产品市场信息公开化的资源分配体系。这种体系的建立，也是与参与国际农产品市场的活动密切相关的。

最后，诚然农产品市场一体化不可避免地使中国的食物供给受制于他国的政策，也可能让国内的农产品直面他国农业补贴带来的不公平竞争，但降低甚至规避这些风险不无办法，大可不必因为害怕风险而因噎废食。与国际市场的更广泛合作将使中国同时与更多原产国建立贸易关系，从而减少由于某国减产或政策变化带来的风险。过去禁止对某国出口的例子无一例外地使该国从其他国家进口到更低价的商品，况且类似的贸易制裁政策往往因为违背出口国自身的利益因而在出口国国内部就很难得到通过。从更大的方面讲，中国在农产品贸易的逆差有利于平衡在工业品贸易上的巨大顺差，让中外的贸易往来更加平衡和多元化，使其不易因单国政策的变化而受到过大的冲击。

3. 过去10年大豆进口开放节省了食物和工业成本，助力了中国的经济发展

中国对大豆的进口开放使得中国更广泛地参与国际大豆市场的活动，将市场机制引入中国农产品市场，提高了资源配置的效率，促进了中国经济的整体发展，同时，除了国际商品市场内在的波动性之外，大豆的进口开放也并未大幅影响这些农产品的国内价格。大豆的进口为中国提供了大量的蛋白饲料，使得发展现代化生猪养殖成为可能。

中国的大豆进口在过去10年逐年递增，使现代化的养殖业得到大力发展，也为国人提供大量的植物油，而且未对国内价格造成过大的影响。众所周知，中国的大豆进口由20世纪90年代末的区区几百万吨增加到2005年的超过2500万吨，进而在2012年超过5800万吨。进口大豆压榨产生的豆油很大程度上满足了中国由于城镇化的推进而日益增长的植物油需求。同一时期，中国的养殖业也得到快速的发展。比

如，存栏大于10000羽的养鸡场在2000年到2010年间由起初的30%市场份额扩大到70%。生猪养殖同样也得到快速发展，存栏量大于500头的养猪场在同一时期由小于20%发展到超过50%。进口大豆满足了现代化养殖业对蛋白饲料的巨大需求，进一步提高中国养殖业的现代化水平，不仅有利于提高肉类的产量，也有利于加强疫病防控的能力和处理动物粪便的能力。

4. 参与国际市场的活动并不必然给国内市场带来更大的价格波动

大豆进口为中国带来了诸多利益，也并无证据表明国产大豆价格因贸易的开放而下降而影响农民收入，但进口开放的确可能给国内市场带来更大的价格波动。例如，2003年12月至2012年12月间，国内大豆价格的变异系数——大豆月均价格的标准差除以均值，用以衡量价格的波动性——为0.22，大于小麦的0.16（见图7）。大豆价格的波动性向植物油价格和饲料价格传导，进而影响到消费者为植物油和肉类支付的价格，也影响到养殖业的利润。但事实上，参与国际市场的活动并不必然给国内市场带来更大的价格波动。例如，我国对玉米的进口仍实行配额制，但同一时期国内玉米价格的变异系数为0.24，大于大豆。

尽管中国大豆价格的波动性大于小麦，却仍低于国际市场大豆价格的波动性。在2003年12月到2012年12月间，月均大豆、玉米、小麦在芝加哥期货交易所上近月合约价格的变异系数分别为0.33，0.43和0.34，明显高于中国国内观察到的水平。虽然在过去10年间，价格显著增长，价格波动看似扩大，但波动程度实际上并未增加。1970年至2012年间大豆、玉米、小麦月均价格的变异系数分别为0.37，0.43和0.39（见图8）。最近的大幅价格涨跌使过去十年看似比以往经历了更大的波动，但事实上波动性在过去的40年一直相对稳定。

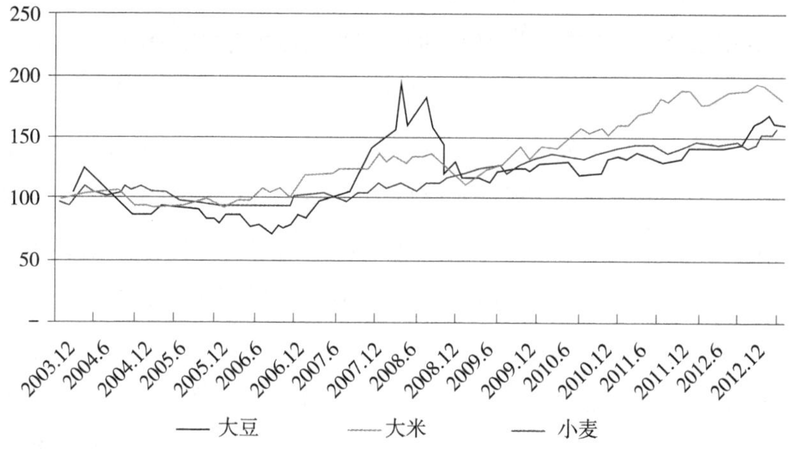

图7 中国大豆、玉米、小麦国内现货价格指数（2003年12月为100）

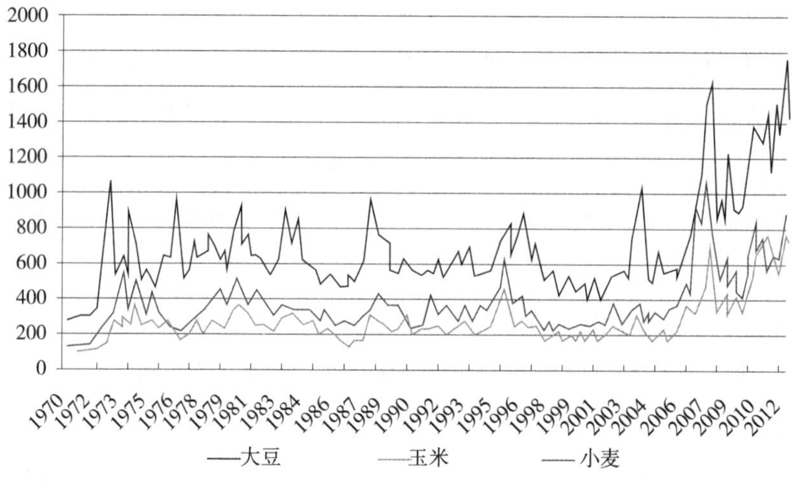

图8 1970~2012年芝加哥期货交易所大豆、玉米、小麦即期合约价格（美分/蒲式耳）

波动性是农产品市场的内在属性，试图减少或消除波动性的政府行为往往成本巨大却徒劳无功。天气和其他因素都会对农产品的产量造成影响从而引起价格涨跌。由于农民往往根据前一季的价格决定下一季的播种，因此前一季的高价往往会使土地向该作物转移，从而产量大增而价格下降（前一季低价则相反）。天气的变化，甚至关于天气影响的传言，都会使农产品的价格出现波动。

5．大型国际农产品公司能帮助中国管理风险、维持安全稳定的农产品供给

中国日益增长的食品需求和有限的国内资源使得中国从注重国内市场向注重统

筹利用国际国内两种资源、两个市场转变成为新的战略方向。在这个转变过程中，如何有效管理风险、如何确保安全稳定的农产品供给成为关键命题。

商品市场各环节的利益相关方——生产者、贸易商、终端消费者——都在长期的商业活动中积累了管理商品价格风险的有效方法，国际农产品公司在大宗农产品风险管理上更是经验丰富。在国际农产品交易中要保证安全稳定的货流，必须依靠在原产国巨大的实体资产和广泛的交易员与市场分析员网络。这些资产和网络的积累和建立耗时良久，而大型的国际农产品公司历经多年都已不同程度地建立起遍布全球的资产和人才体系。

成熟的网络和专业的人才是这些公司的宝贵资产。农产品的供求形势瞬息万变，在农产品交易中长期持有一定头寸会使自身暴露于价格风险。对价格走势的判断依靠大量的市场信息，也依靠独立交易员和市场分析员的有效合作。判断失误有可能会造成巨大的经济损失。农产品交易的历史是许多公司发展壮大的历史，也是很多人因有效风险管理的缺失而变得一无所有的历史。部分成功的大型农产品公司能较早预判这些价格走势，以便于在合适的时机和地点进行商品的交易。需要指出的是，充分而及时的市场信息是这些公司得以准确判断市场走势的重要因素，因此，增加中国农产品供求信息的准确性和透明度对于增强中国市场的抗风险能力至关重要。

在原产国广泛的资产分布使得国际农产品公司在某国出现供给问题时依然有能力从其他原产地取得货源，从而保证稳定的供给。例如，2010年，俄罗斯干旱导致小麦产量大幅下降，俄罗斯政府对小麦出口实施禁运，邦吉迅速从巴西、阿根廷和欧洲组织了约100万吨的小麦，供给中东和北非地区的俄罗斯小麦传统进口国，从而缓解了这些地区的粮食短缺。

同时，国际农产品公司在长期的经营中，与原产国的生产者和消费国的终端用户都建立了强大而广泛的联系，它们为生产者和消费者提供可靠的客户或货源，以及丰富的风险管理经验，生产者和消费者也为它们提供稳定的货源和客户，从而扩大它们的信息和业务网络。这些信息和业务网络最终有可能发展成合资公司，形成全球-本土的合作模式，以追求稳定的货流和共同的利益。

以邦吉为例。19世纪初在荷兰阿姆斯特丹成立，经过半个多世纪的发展，公司将重心逐渐转移到阿根廷，20世纪初拓展到巴西，在南美两大农产品原产国100多年的经营中，邦吉日臻完善其“从农场到餐桌”的完整产业链。随后，邦吉将总部迁至美国，将其在原产国的优势拓展到北美。近年来，为提供更完善的全球粮食安全解决方案，邦吉又开始大力开拓亚洲和非洲等新兴市场。在两个多世纪的历史中，邦吉在全球主要农产品原产地积累了巨大的实体资产，建立了遍布全球的优秀的市场研发团队和经验丰富的风险管控团队，相对有效地降低了油籽和谷物在全球贸易流动过程中的市场风险。

加强与国际大型农产品公司的合作能为中国提供更安全稳定的农产品货源，以更低的成本满足日益增长的粮食需求和人民饮食结构多元化的需求，从而将资源转移到快速发展的制造业和服务业，在确保粮食安全的同时促进中国经济的整体发展。中国国有粮企借助广泛的国内网络在其中发挥重要作用，同时国际农产品公司借助其强大的国际网络和风险管理经验为国有粮企提供风险管理和货源支持，并在此基础上寻求协助中国农业“走出去”的契机，合作共赢，联手保证中国的粮食安全和与国际市场的平稳融合。

三、政策建议与结语

今天的中国已经成为国际农产品市场的一个主要参与者，而根据中国中长期的需求，建立一个符合中国国情和当前国际农产品市场规则的参与机制、更积极地参与国际农产品市场的活动，是实现长期粮食安全的行之有效的途径。与国际市场的平稳融合，依赖于中国农业的信息化、资源配置的市场化、期货市场的国际化和持续的改革开放。因此我们提出以下四方面的政策建议。

1．建立全面和透明的中国农业数据库

全面建立涵盖各品种、各地区农产品生产、需求、库存信息的中国农业数据库，实现对中国农业信息的系统化动态管理，使之服务于研究、政策决策和商业决策。同时，在合理的范围内增强信息的透明度和可得性，使得农产品供求各方能及时预判未来的供求形势，避免因需求的突然涌入或供给的突然短缺而造成剧烈的市场波动。

2．推进资源配置的市场经济化

理论和实践已经证明，市场的内在机制能优化资源配置的效率，而过多的人为干预则会导致额外成本。就国内农业生产而言，将农业资源配置到投入产出率更高的品种，有利于提高土地的总产出，也有利于提高农民收入。就对国际市场的参与而言，公平的竞争环境有利于鼓励市场参与者更积极广泛地参与国际市场的活动，对个别品种加大改革开放力度，有利于促进市场化供给体系的建立，降低整体采购成本。

3. 促进中国期货市场与国际期货市场的融合

期货交易的宗旨是通过市场各方的参与，反映市场对现货走势的预期，从而为市场参与者提供有效的避险工具。完善交割机制，确保期货正确反映现货供求，让期货市场更好地发挥其避险功能，有利于在微观上提高以避险为目的的期货市场参与者的积极性，保护国内企业和农民的利益，同时在宏观上维护农产品市场的稳定。

4. 深化改革开放，促进工业化、信息化、城镇化、农业现代化同步发展

30年的改革开放为中国经济注入了巨大的活力，十八大在新的国际国内环境下又提出了促进工业化、信息化、城镇化、农业现代化同步发展的方针。要让中国农业持续成为正确方针的受益者，深化农业领域的改革开放，促进城镇化和农业现代化，让更多的市场参与者在公平开放的环境下参与市场活动，为中国农业注入新的活力。

未来10年，市场环境会变得更加复杂，中国的食品供给将面临更大挑战。市场目前处于低库存水平，价格波动也会相应增大，而重新恢复合理库存并非一朝一夕可以完成。尽管依靠国内供给能满足短期供给，却会因为要素价格的上涨提升食物的价格。向有限禀赋攫取无限产出，使中国不得不继续加强密集耕种，导致环境恶化、水资源枯竭、土壤肥力下降，最终降低产出。但另一方面，中国人对肉类需求的增长，尤其现代化养殖业的发展，使蛋白粕类和饲用粮食的需求大幅增长。

进一步融入国际农产品市场有助于中国更有效地配置国内资源。注重统筹利用国际国内两种资源、两个市场，通过建立“公共——私有”的新型伙伴关系，开创中国政府、国有企业与国内外私营企业之间的合作双赢局面，既有利于充分发挥大国经济体的优势，又有助于中国多渠道有效利用全球资源和国际市场，是新形势下中国粮食策略的发展方向。在国际市场一体化的进程中，价格风险和其他风险的有效管理至关重要。广泛参与国际市场、建立与国际大型贸易公司的互利互信，有助于中国更好地管理风险，确保粮食安全稳定的供给。

第7章

构建现代产业体系，变世界工厂为世界市场

工业和信息化部部长
苗　圩

按照会议的安排，我想就构建现代产业体系的主题谈三点看法。

必须充分认识到构建现代产业体系是转变发展方式、调整结构的一项重要任务

中国共产党的十八大对于未来一个时期加快转变经济发展方式作了战略部署，并且强调推进经济结构战略性调整是加快转变经济发展方式的主攻方向，要着力构建现代产业体系。这是党中央根据国际产业格局的新变化，在科学地分析我国经济发展新阶段、新特征的基础上提出的一项重大的战略任务。我认为，构建现代产业体系，关键还是要调整优化产业结构，推动产业发展方式的转型，加快形成结构优化、技术先进、清洁安全、附加值高、吸纳就业能力强的产业体系。具体来说可以从五个角度理解和把握现代产业体系。

一是实体经济是现代产业体系成长的沃土。只有植根于实体经济，特别是强大的工业基础之上的现代产业体系，才具有强大的活力和生命力。

二是结构优化是现代产业体系的根本特征。这包括三次产业比例协调、轻重工业比例合理、行业内部构成合理，也包括大中小微企业协调发展、区域布局合理优化等等。

三是创新是现代产业体系的力量。技术创新、管理创新以及体制的创新引领着先进制造业、新兴产业和现代服务业的快速成长，带动了全产业链的整体升级，促进了三次产业在更高水平上的协调发展。

四是绿色低碳是现代产业体系的基本要求。现代产业具有资源消耗低、环境污染少的特点，促进产业文明与生态文明协调，应当是产业发展的重要使命。

五是吸纳就业能力强是我国现代产业体系的鲜明特色。中国作为人口大国，通过促进劳动密集型产业、现代服务业和中小企业的发展，形成科学合理的产业体

系，创造更多的就业岗位，具有重要的现实意义。

我国新型工业化和信息化快速发展，为构建现代产业体系奠定了坚实的基础

经过改革开放30多年的不懈努力，我国建成了门类齐全、独立完整的工业体系和国民经济体系。特别是深化信息技术在各行各业的应用，为构建现代产业体系奠定了基础。

首先，工业的实力大大增强，产业结构不断优化升级。2012年全国工业增加值达到了19.99万亿元人民币，占国民经济的比重为38.5%，工业制成品出口占商品出口总额的95%左右。在500多种主要的工业品当中，有220多种产品产量居全球第一位。这些年，通过加强企业的技术改造，在19个行业加快淘汰落后的生产能力，先进产能的比重也在不断地扩大。重点行业兼并重组取得了新的进展，2011年汽车、钢铁、船舶、水泥行业前十家企业，占整个行业的产业集中度分别达到了87%、49.2%、47.7%、26.5%。区域产业布局也在不断地优化，“十一五”期间中西部地区工业占全国比重提高5.8个百分点。

第二，创新能力逐步提高，先进制造业和战略性新兴产业取得重要进展。2011年全国规模以上工业企业研发经费、内部支出占主营业务的收入比重达到0.71%，虽然不高但是有了很大的提高。这些年先后颁布了促进战略性新兴产业发展的规划和有关政策，实施了“核高基”、高档数控机床与基础制造装备、大型飞机等重大科技专项，同时在探月工程、高速轨道交通、高性能计算机、海洋装备、第四代移动通信等领域取得了一系列重大的突破。

第三，强化工业节能减排，产业逐步走上绿色低碳的发展道路。“十一五”期间，全国规模以上的企业单位工业增加值的能耗下降了26%，以年均8.1%的能耗增长速度支撑了工业年均14.9%的增长，万元工业增加值用水量累计下降36.7%，工业化学需氧量和二氧化硫排放总量分别下降17%和15%，工业的固体废物综合利用率提高到69%。

第四，深入地推进两化融合，传统产业加快转型升级，新兴的信息服务业在快速发展。2012年，全国电话用户数达到了13.9亿部，超过了我们人口总数，网民达到5.64亿人，互联网普及率达到42.1%。信息产业和制造业、服务业融合在加快发展，

信息技术在重点行业的集成应用也在不断深化，工业研发设计、生产制造、经营管理以及生产装备的信息化水平在稳步地提升。目前主要行业大中型企业的数字化设计工具普及率超过了60%，关键工序的数控化率超过50%，特别基于信息网络的新兴信息服务业发展迅速，移动互联网、云计算等迅速发展，智能终端、电子商务等市场在扩大。

在加快转变经济发展方式的过程中，着力构建符合中国国情的现代产业体系

我们在肯定成绩的同时，也清醒地认识到我国构建现代产业体系的任务还十分艰巨。当前产业结构不合理、科技创新能力不强、核心技术缺乏等矛盾和问题仍然比较突出。我们要按照全面建成小康社会的目标要求，坚持以科学发展为主题，紧紧围绕加快转变经济发展方式这条主线，加快构建符合我国国情的现代产业体系。

首先，努力营造有利于实体经济发展的政策环境。完善鼓励支持实体经济，特别是工业发展的政策措施，通过政策的调节，缩小行业之间、职业之间的收入差距，创造实体经济的收益率与虚拟经济大致相当的一个条件。增强社会资本投资实业的吸引力和信心，引导社会资金更多投向实体经济。

第二，坚持改造和提升传统产业与培育战略性新兴产业并重。应当遵循产业的规律和市场的规律，立足现有的产业基础，既要盘活存量又要做强增量，提高产业整体质量、效益和核心竞争力。盘活存量就是通过先进、适用技术改造传统产业，推进企业的技术改造，淘汰落后的产业，推动企业的兼并重组，抑制产能过剩，扩大先进产能的比重，提高传统产业的整体素质。做强增量就是要大力培育新兴产业和现代服务业，加快形成先导性、支柱性的产业。

第三，把创新作为构建现代产业体系的核心动力。有两点需要强调，一是落实企业是创新的主体地位，解决科技与经济结合不紧密的问题，促进创新要素向企业聚集。二是高度重视中小企业在技术创新体系当中的重要作用，认真落实好各项扶植政策，支持创新型、创业型和劳动密集型的小型、微型企业的发展。

第四，发挥信息通信技术对现代产业体系的引领和支撑作用。以互联网为核心的新一代信息通信技术，已经成为引领全球新一轮技术创新和产业变革的重要力量。我们一方面要加快发展信息产业，解决产业发展当中的关键问题；另一方面要

推动信息化、工业化、城镇化、农业现代化的融合结合，促进智能制造、智慧城市以及农业农村信息服务等发展，促进经济发展方式加快转变。

第五，通过加大对外开放促进现代产业体系的发展。现代产业是开放的产业，必须坚持以开放促发展，主动参与国际产业的分工，在全球范围优化配置资源，培育开放型的经济发展新优势。随着工业、通信业对外开放程度的不断提高，今后要更加注意“引进来”与“走出去”的平衡比较，重点在支持中国企业“走出去”上下功夫，努力使中国企业、中国产业成为全球产业链上重要的环节。

构建现代产业体系是加快转变经济发展方式的重要内容，也是产业界的一项重要使命。我们真诚希望与国内外开展广泛交流与合作，不断提高中国经济增长的质量和效益，共同为促进世界经济持续发展做出贡献。

美国纽约大学教授
保罗·罗默

加强工业化监管，我想这是中国推进工业发展所面临的最大瓶颈。有效的监管有助于创建公平的竞争环境。我想用一些例子来佐证这个观点。在北京奥运会之前，中国航空体系的死亡率是美国的10倍。中国政府接触了美国联邦航空管理局（FAA），即美国的航空监管机构，和波音公司，在它们的帮助下修订了航空安全监管条例。新监管条例使中国的死亡率下降为原来的1/10。中国航空现在的安全记录不逊于世界上任何一个国家。这打造出一个公平竞争的环境，允许各公司相互竞争以提高服务效率和种类，但又不会让它们通过降低安全标准、压低票价来进行恶性竞争。

斯宾塞教授组织的“增长与发展委员会”里有不少政府官员，如周小川行长。我参与这个委员会时学到的一点是：在谈论监管体系和航空安全等问题时，发展中国家首先考虑的是国有航空公司。这些公司内部都有自己的航空安全监管流程。在经济发展的早期阶段，政府无法独力建立起像美国联邦航空管理局那样的监管机构。而随着国家日益强大，政府就有能力将监管和提供服务这两个功能相互剥离，安排监管机构和相互竞争的服务供应商来分别承担这些功能。我认为中国就站在这个门槛前，这也是关于国企角色的讨论核心。

很多国家的电信发展也经历了相似的过程。在电信发展初期，部分机构实体垄断了整个行业，虽然存在部分私营企业，但其他大部分归政府所有。现在大部分国家都建立起“监管机制+私营公司竞争”的模式。只要看看带宽的价格以及带宽对于现代经济发展的重要性，我们就可以看到监管得力的国家成功地在电信供应私有化的同时推动了经济发展。监管乏力的国家则存在很多问题，如大型公司垄断了电信业，但没有关注公共利益。所以监管是否有效决定了是否能引进真正的竞争。

举例来说，美国最大油气公司的员工告诉我，一些小公司为了走捷径忽视生产监管，酿成海湾漏油那样的安全事故，导致整个行业倒退10年，所以在天然气最新开采技术的发展过程中，它受到的最大威胁是监管不足。不过，我们一定要谨慎行事，因为并不是所有技术都是由成熟的大型油气公司开发并引进的。我们的监管体系应该允许具有冒险性的小规模油气企业探索新技术，推动前沿技术的发展，但在生产阶段迫使它们遵守大企业普遍遵循的安全标准。

最后，监管的危险是，它会莫名地再度制造出垄断。强大的监管者需要对他们获得的授权负责。但是要怎么做到这一点呢？有时我们会采用独立司法审查，但我认为这不是最有效的办法。以航空安全为例，美国联邦航空管理局的监管者拥有强大的自由裁量权。如果他们认为波音的新飞机不能运行，波音不能有任何反对意见，也无法反抗。这也是美国的航空安全卓有成效的原因之一。但联邦交通安全委员会作为一种完全不同的职责分工，制衡了美国联邦航空管理局的权力。前者负责审查后者的监管效果。他们对每一起事故进行调查，如前段时间波音飞机的电池故障，然后对外发布可靠的调查结果。他们提供的翔实信息促使整个行业和监管者规范自己的行为。如果中国在考虑如何加强监管来打造公平的竞争环境，促进竞争和工业化，那么我认为可以考虑信息提供所发挥的作用。

庞巴迪公司总裁、首席执行官
皮埃尔·布多昂

中国目前正处于其经济演进里程中所固有的重大抉择时刻。我相信以下三个相互关联的因素将不仅使中国经济持续增长，并将使目前的出口型经济模式得到改观，使国内需求得到扩大：第一个因素，向内陆的迁移与沿海转型；第二个因素，城市化与中产阶层的出现；第三个因素，致力于绿色技术。

为了改变中国目前依赖低端制造业的状况，中国政府正在鼓励海外投资者对新能源、环保、现代服务业和先进制造业进行投资。现在，外国投资的质量和效益比投资规模更为重要。我们在中国制造最先进的航空部件和完整的铁路与轨道交通产品，比如，C系列商用飞机和Q400涡桨飞机的机身，ZEFIRO380超高速列车。可以说我们已经成为中国经济新增长模式的一部分。

当前某些劳动密集型产业已经开始将其生产场地向劳动力成本仍然较低的内陆地区转移，例如成都，那里的工资水平比沿海地区低25%。这一新的竞争格局促使沿海城市重新考虑自己的经济增长模式，吸引高端投资。这是迈向现代化产业发展体系的一个积极的步骤。

过去沿海省份大量使用内陆省份劳动力的原因之一是内陆省份缺少就业机会，而现在内陆地区出现了新的就业机会，故这种格局正在发生转变。我相信这会降低中国经济高速增长可能导致的风险，即内陆地区经济的增长速度落后于沿海地区。这一积极的转变同时意味着推出更多城市化项目。

中国内陆地区的发展和沿海地区的转型将成为经济发展的新焦点，对中国城市的发展产生重要影响。到2050年之前，预计将有近10亿的中国人口居住在城市地区，届时消费者的需求将会达到顶峰。

要想通过健全国内市场来进一步提高更多人的生活水平，城市设计必须确保能源效率、生产力和环境的可持续性。城市规划至关重要，因为到2025年之前，预计中国将有多达200个城市的人口超过一百万。相形之下，如今的美国仅有九个城市拥有这样的规模。此外，年收入达到17000~35000美元的人口比重将从2010年的6%增加到2020年的51%。这种变化提升了城市居民的需求。它不仅体现在对产品质量的需求上，还包括对服务的需求上。这一需求增长将是中国现代化产业发展体系中的一个重要元素。中国的新一届领导需要考虑的将不仅仅是基础设施，还要考虑社会与文化的支撑层面，以保持城市的活力。

影响预算开支的另一个因素是：通过建设现代化的交通运输基础设施来改善中国公民的流动性，如武汉到广州的和谐号高速铁路列车。此列车以每小时300公里的速度运行，在不到4个小时的时间内运行于相当于从芝加哥到华盛顿特区之间的距离（美国铁路客运公司运行此段路程需要18个小时）。武广线是中国旨在开发一个低库存和低运输成本的一体化的全国消费市场的一项战略举措。武广线只是2020年之前计划建成高速铁路的一部分，计划建成的高速铁路将长达16000公里，线路包括南北和东西四横四纵运输走廊以及19条城际铁路。中国的铁路扩建计划要求在2020年之前共达到12万公里，连接所有省会和人口超过50万的城市。

随着新兴中产阶级购买力的增长，汽车数量不断增加，由此造成的交通拥堵和碳排放量将会成为一个挑战。中国政府现在需要考虑区域交通的解决方案（比如区域性支线机场、地铁、单轨车和通勤列车）以防止碳排放和交通拥堵的问题日益严重。

中国政府已经关注了环境恶化并采取措施，希望使生态与经济实现前所未有的并行发展。中国政府前瞻性地设定了2015年之前减少碳和其他污染物排放的具体指标，这些指标已经分派给全国的每一个省、县、市。这是中国最大的挑战，同时也是最大的机遇。2012年，中国的绿色投资是一个亮点，投资额上涨了20%，达到680亿美元左右，相当于全球绿色能源投资总额2690亿美元的1/4。

我们公司的产品正在创造越来越多的社会和经济价值，与此同时，我们的产品不断为产品的环境保护性能设置新的基准。在空中，我们新型的无污染板材 C 系列商用飞机是世界上最环保和最具成本效益的干线飞机。在地面，ZEFIRO380 超高速列车将在超高速列车领域中提供最低的能源消耗和每座位最佳经济效益。该款超高速列车就在中国生产。最后，我们的PRIMOVE 技术装备，可用于各类公路和铁路车辆，包括公共汽车、电车、小汽车和卡车，提供简易的、无限的、零排放的电力机动性。

由于对绿色能源的承诺，中国有可能实现跨越发展而成为绿色能源的先导。中国亦可成为一个创新型碳交易市场的领路者，成为其他国家的典范。

中国目前正处于其经济发展中必须面对的重大抉择时刻，如果决策得当，这个国家将迎来一系列不寻常的机遇。构筑一个现代化产业体系，需要将许多部件组合在一起。在这里，我所强调的只是其中的几个问题而已。

万事达卡国际组织总裁、首席执行官
彭安杰

我今天的演讲主题是激发中小企业的创新能力，推动中国未来经济增长。

中国中小企业的创新能力与其他领先经济体相比仍存在差距。除了人力资本、知识产权等众多领域外，它们面临两个重要的挑战：一是融资难；二是财务供应链严重低效。我想首先说明为什么中小企业的发展对创新来说至关重要，然后分析一下融资难和财务供应链低效的问题，最后提出一些我们的建议。

在经过数十年的高速发展后，中国现有的以低成本劳动力为基础的工业化增长模式已难以持续。中国亟须掀起一场依靠持续创新的工业化新浪潮——这不仅包含新产品方面的创新，还包括产品制造工艺的创新。一直以来，中小企业都是创新的主要驱动力，因为它们只有依靠创新才能获得竞争优势和成长动力。与此同时，它们也推动了经济持续发展、国内消费及就业。然而，中国的中小企业在创新能力上与国外同行相比仍有差距。举例说，中国中小企业中能在其细分市场上做到领先的“隐形冠军”的仅有68家，远远少于德国的1307家。为充分发挥中小企业优势，中国必须为其解决所面临的两大难题——融资难及低效的财务供应链。

虽然中小企业对中国GDP有极大贡献，且愿意付出两倍于国有企业贷款利率，中小企业仅占银行总贷款额的20%至25%。由于受制于严重低效的财务供应链，中小企业需要更高的营运资本，这主要是由人工操作的、高成本的“销售—回款”流程所导致。

我们认为，要发展中小企业，中国在以下四个方面势在必行。

（1）消除国有企业相对于中小企业的结构优势。中国的银行更倾向于向国有企业贷款，因为它们的贷款规模大，可提供可观存款，且有政府无形担保。渐进的私有化是消除这种政府担保优势的最有效方法。在1980年之前，英国是欧洲拥有国有企业最多的国家之一，通过渐进的方式，它们在并未造成政治动荡的情况下完成了私有化进程。

（2）建立倾向于中小企业的融资体系。通过发展小型和地方银行，可使它们更好地为本地中小企业客户提供服务。例如，充满活力的德国中小企业外部融资的一半就来源于数百家地方银行。除此之外，也应该鼓励和提高中国的大型银行服务中小企业的能力以及积极性。美国的摩根大通银行即是一个很好的例子：其2012年新增小企业贷款达200亿美元。

（3）改革利率制度。在现行利率制度下，银行更倾向于服务大型国有企业。市场化的定价将激励中国的银行向净息差更高的中小企业贷款倾斜。当然，我们认识到利率市场化改革并非毫无风险，监管部门及银行需要认真做好准备。

（4）利用支付创新满足中小企业的需求。中小企业受限于低效的手工财务供应链流程。通过"销售—回款"流程的自动化和提高现金流透明度，电子支付创新可以帮助它们提高效率且减少成本。

最近一篇美国的研究表明，通过部署商务卡收单，销售至回款的循环速度比使用支票、ACH和汇款提升10倍，周期平均减少了34天，极大地降低了运营资本压力。例如，eNett采用了万事达卡的创新虚拟卡片技术，使得小型旅行社可以安全和及时地向以中小企业为主的供应商进行付款，供应商可以更快地收到付款，而小型旅行社也从运营成本较低的简化流程中获益。

综上所述，要迎接下一轮增长，中国就必须提高中小企业的创新能力。对中小企业来说，创新能力的最大障碍就是资金来源和严重低效的财务供应链。要解决这一难题，需要采取以下措失：①消除国有企业相对于中小企业的结构优势；②建立倾向于中小企业的融资体系；③改革利率制度；④利用支付创新满足中小企业的需求。

时任阿里巴巴集团首席战略官

曾 鸣

阿里巴巴集团过去13年的成长正好说明了中国的变化。阿里巴巴刚成立的时候，第一个公司是alibaba.com，帮助中国中小企业出口，同时在接下来10年取得了重要的增长。尤其是WTO之后中国外贸也取得了巨大增长，以广东、浙江中小企业为代表的制造业也获得了高速成长。所以这个网站的增长就是中国企业制造真正全球化并且越来越具有全球竞争力的一个缩影。

但是更有意思的是，大概从2008年开始，特别是金融危机之后中国出口不再那么迅猛。但是2008年开始阿里巴巴集团另外一家企业——淘宝开始以快得多的速度在增长。淘宝增长显示了中国作为市场的潜力。2003年淘宝成立，而今年是我们的第10年，但是像很多行业一样，去年中国电子商务毫无疑问成为了全球老大。去年一年淘宝上的总的GMV（音）成交额是一万亿人民币，超过了亚马逊和ebay的总和。去年11月11号，淘宝和天猫一天成交额是191亿人民币，这比十几天后的美国类似的交易市场高了两倍多。所以这个整体框架已经远超过了美国。

更有意思的是，在很多市场中中国不仅仅是最大的，同时还依然以非常快的速度在增长，而且它的变化也是非常丰富有趣的。所以这样一个现象带来的是，在中国市场上创新也变成是一件对未来非常有影响的事情。在中国，我们是短短10年利用互联网技术发展起来。中国传统零售发展并不成熟、效率也很低，即使有国美、苏宁、百联，它们在中国三四线城市的渗透率也是非常低的。2008年淘宝一年的零售额超过了一千亿。那一年国美、苏宁、百联都是一千零几十亿，比淘宝大。但是四年后我们到了一万亿，它们几家大概是两三千亿左右。

但是在中国由于原来零售不够发达，故我们给消费者提供的价值大得多。今天在中国任何一个地方，包括最偏远的农村，都可以像北京、上海的消费者一样看到同样十亿件商品的选择、付同样的价格。你唯一需要的只是多付一点物流费，多等两天快递的时间。这在以前绝对不可以想象。以前四五级的分销制度，导致越是贫困地方越需要以更高价钱来买商品。所以电子商务给中国带来了巨大的影响。

更有意思的是，当这样一种巨大市场能量释放出来的时候，我们其实也在带动中国制造业的升级换代。过去，特别是从2008年的金融危机以来，淘宝对中国制造业最大的帮助是，我们帮助了一大批中国最有竞争力的ODM的企业。它们曾经只是为国外品牌代工，曾经只能赚取外贸当中非常少的一点利润，但是我们在国内通过互联网帮助它们完成销售。它们没有传统渠道的包袱，有最好的产品，我们帮助它们跟互联网结合，这些ODM的企业把性价比最好的产品带给中国消费者，也让自己的销量有大幅度增长并获得很好的利润。这是在金融危机之后由于淘宝销售平台兴起对中国制造业能获取较高的利润回报从而建立自己研发中心、自己品牌带来的变化。

让我们更兴奋的是，由于中国快速多变的市场，我们在创新模式上可能比世界其他地方走得更远。我们希望在中国创造的不是传统零售、简单的电子商务，我们希望在中国推动“C2B”在未来一切要由消费者推动，这是一个全新的商业模式。这是因为在中国，今年在淘宝上很有可能每天有两三亿的消费者在购买，利用互联网平台我们可以把传统工业时代的模式，变成由消费者驱动的商业模式。这从根本上可以改变传统供应链，带来社会效率的巨大提升。这对中国（无论是制造、服务、零售、分销）是一个全面的效率提升。我们很有信心在中国能做到。所以淘宝希望在过去的基础上，今年有一个持续高速增长，下一个阶段希望做到10万亿人民币的销售额。如果能做到这样的数字，大概能占到中国商品零售总额的百分之十几到百分之二十。我想这对中国市场会带来巨大的变化和冲击，而对全球其他市场的影响也是根本性和革命性的。

时任国务院发展研究中心对外经济研究部副部长
赵晋平

中国已经不仅仅是作为世界工厂，而是逐步作为世界市场在崭露头角。这在统计上表现为什么？特别是中国国际贸易出现了怎样的变化？在全球占有怎样的份额？如果说中国过去曾经在作为全球的制造业中心和世界工厂时发挥过重要的作用，那么我们今后所期待的世界工厂又是什么样的？就这两个问题，我来和大家分享一下观点。

首先可以看出，中国过去在经济发展的过程中出口应该说是提供了非常重要的增长动力和来源。事实上，中国出口增长，如果我们观察它和全球出口增长的平均水平之间的关系的话，有一个结论是显而易见的，就是说它首先和全球国际贸易的波动基本上是同步的，当然也有另外一个特点就是它的增长幅度要高于全球平均水平。所以也说明中国出口是和国际市场需求波动密切相关的，是适应了世界市场的需要。这是我要讲的第一点。

第二点，既然讲到世界市场，我们就需要来看另外一个方面，就是中国的进口在全球经济中究竟发挥了什么样的作用。首先从世界进口近几十年增长的趋势来看，我们还可以得到两个结论：一个结论是中国进口的波动和全球市场需求的波动相一致，基本是同步的。另外一个就是中国进口的增长明显高于全球的进口平均增长水平，以及发达国家和发展中国家的平均水平。这就说明中国的进口在提振全球市场需求方面发挥了非常重要的作用。在20世纪80年代初，中国进口只占到全球市场的1%，但是2010年，这个指标达到了9.3%。尤其是在2008年到2012年，累计提升了2.5个百分点，幅度超过以往时期。这就是中国市场影响力提升的例证。

新兴市场国家的国际贸易在全球崭露头角，这点也离不开中国进口增长的贡献。在2008年到2012年期间，从双边贸易的角度来看，中国和新兴经济体之间的双边贸易增长幅度超过我国的增长，也包括我国和其他国家之间的增长。对于新兴市场的发展，中国需求也提供了一个非常好的机会。

不论是出口还是进口，从国别统计来看，欧、美、日等发达经济体仍然是中国最重要的出口市场和最重要的进口来源地。不论是从出口的国别结构还是从进口的国别结构都可以看到这一点。当然这个结构也在发生一些变化，比如说新兴市场的重要性在提升。从贸易伙伴角度来看，东盟已经超过日本，成为中国第三大贸易伙伴。在这里我们把欧盟作为一个经济体来看的，它目前仍然保持中国第一大贸易伙伴的地位，但是新兴经济体在中国对外贸易当中的影响力和地位正在迅速提升。

从商品结构可以看到，从出口来看，尤其是2008年到2012年期间，其中占到份额最大的机电产品或者说电气机械以及纺织品（这是传统大宗商品）在出口当中占的份额比较大，但是在此期间增长比较慢。而比重比较小的产品，出口增长速度明显高于平均水平。这说明中国出口商品结构也在进行相应调整。

从进口方面来看，更容易表现出中国作为世界市场的一些特点。2008年到2012年期间基本所有大类的商品，中国从国际市场的进口都是正增长，而且增长幅度相对来说比较高，增长的幅度相对来说也比较均匀。这也表明中国进口或者说中国作为世界市场在几乎所有的大类商品领域同样发挥着重要的作用。

还可以看到，中国过去经常被认为是过度地依赖于出口、依赖于净出口为经济增长提供动力。但是这种情况我们可以看出在最近几年已经得到了明显的改善。中国经济再平衡也取得了进展，和许多经济体之间的双边贸易失衡得到明显改善。如果我们把贸易差额作为双边贸易失衡的表现，可以看出基本上不论是顺差对象还是逆差对象，规模基本是在缩小的。尤其是从相对规模来看，比例是在缩小的。2007年中国对外贸易顺差占贸易总额比重为11%多，2012年降低到6%。尤其是中国对欧盟的贸易，不仅仅是贸易顺差的总额在减少，甚至它的相对贸易差额也是明显地在缩小。所以表明了中欧双边贸易失衡已经得到明显改善。

刚才我们所看到的是，中国作为“世界市场”对促进全球经济增长所发挥的作用和做出的贡献。

长期以来，外界经常用 “世界工厂”的说法形容中国。严格意义上讲，我不是特别喜欢这样的说法。但是我们姑且用“世界工厂”这个词形容中国以后的工业化道路。我们认为，中国所需要的不是原来意义上的“世界工厂”，而是一个“升级版”的“世界工厂”。中国需要走工业化的道路，需要通过“三化并举”（工业化、信息化、城镇化）方式保持中国经济协调和可持续发展。当然，这样的一个工业化的过程，我们需要在两个方面做出努力。

第一个方面的努力，是需要实现产业升级，需要提升产业发展的质量和效益。我们在很多高技术的领域、在关键零部件和核心技术领域仍然还处于比较劣势，需要通过研发、创新的方式加以弥补和赶超。

第二个方面的努力，过去我们大量依赖于资源投入、数量型增长，所以面临着资源和环境严重制约，现在需要在节能减排、提高能源利用效率方面采取更多的措施，实现绿色发展目标。我们也可以看出，中国一、二、三产业的比例，实际上在逐步走向协同发展的趋势。我们预计在今后几年内，中国的第三产业的比重有可能超过第二产业。

长期来看，中国既是巨大的“世界市场”，同时也是升级版的“世界工厂”。这就为跨国公司提供了更多机遇。如果我们做国际比较可以发现，从吸收外资和对外投资存量相对于GDP的比例来看，中国的实际水平仍然低于全球平均水平，甚至发展中国家的平均水平，今后还有巨大空间。这就为跨国公司在中国经济增长中充分获益提供了许多重要的机会。

产业结构调整与转型升级

“产业结构升级与转型”专题小组①

前言

2012年底召开的中央经济工作会议将加快调整产业结构和提高产业整体素质作为2013年经济工作的六大重点之一。产业结构调整和转型升级绝不是一个新话题，它对中国经济持续增长的必要性和重要性毋庸置疑。在当今世界经济形势不断变化和深刻调整，技术创新不断涌现，以及中国比较优势转换的大背景下，产业结构调整和转型升级能否成功，将对未来10年中国经济发展方式的转变成功与否极为关键。

中国是我们的第二故乡，过去数10年中，我们一直密切关注并积极参与中国的产业结构调整和转型升级。我们认为，产业结构调整和转型升级首先必须通过环保和可持续发展的方式来实现。我们愿意为中国的产业升级和结构调整做出贡献。由于我们三家公司都是制造业企业，所以本文主要针对制造业领域及我们所服务的部分行业，如能源、电力、基础设施和电子等行业，就存在的问题和所取得的经验展开讨论。

一、新工业浪潮

新工业浪潮并非源于某个产业一枝独秀，而是多个产业相辅相成、协调发展的结果。有专家认为，新技术革命包括信息技术、生物技术和新能源等集成技术。美国宾夕法尼亚大学的里夫金教授提出，新的产业革命是能源技术和互联网技术的融合，这将显著改变我们的生活和生产方式。信息技术广泛地应用在传统能源领域，有效地提高了能源效率。而全球物联网把机器、家庭和住宅紧密联系在一起，实现互联互动，也是新工业浪潮的重要组成部分。新工业革命应当在最少的

① 本文是卡特彼勒、三星电子、西门子公司联合为“中国发展高层论坛 2013”年会提交的专题报告。

能源消耗、最低的环境影响的前提下推进，这需要开发新技术、发展基础设施，以及有效的政府激励措施。

此外，能源结构调整、多元化和减排等领域即将实现突破，它们也将成为新工业浪潮的主要驱动力。除了替代燃料和可再生能源外，内燃机效率的显著提高也将改变整个行业。美国贸易委员会的一位官员指出，美国政府将新能源技术作为推动美国新工业发展的主要动力，试图推动以新能源技术驱动的新一轮工业革命。这些新能源技术将有助于构建人类与环境之间的和谐，推广绿色建筑和绿色经济，实现可持续发展。

在过去的几十年里，制造业已经发生了许多巨大的变化，从计算机辅助设计（CAD）和计算机辅助制造（CAM），到计算机完全控制的机器和完成精益流程。从可以降低成本，缩短上市时间，到可为产品提升质量，每个变化都以自己的方式革命性地改变着行业。

到了21世纪，数字工厂体现了IT技术在制造业的最新应用水平。数字工厂也称基于模型的数字化企业（MBE）或三维工程化（3D-based Engineering）。MBE是指一种基于在整个企业中数据分遣和共享的三维产品定义，是对产品从概念、设计、生产、使用直到废弃处置过程的全面管理和迅速、无缝、经济的协同整合，从而推动产品全生命周期管理（PLM）的革命。

换言之，MBE是所有下游客户对三维计算机辅助设计（3D CAD）模型再利用的过程，取代了一切数据的重建或再输入过程。所有数据信息都经标注并构建在模型中供读取或自动获取。这取代了传统绘图形式。

产品生命周期管理这一工具不仅适用于数字布局，还可对伴随数字化而来的企业变革进行管理。用户由于使用各种通用工具完成这些任务，所以不增加成本。供应商不需额外的软件就可以使用这些数据。

所以，MBE实现了三维化并与上游供应商和下游客户的产品数据共享。实施MBE可以降低非经常性成本的50%至70%，产品入市的时间可减少达50%。基于以上原因，美国国防部在许多新的合同中已经开始采用了MBE。

二、可持续发展推动制造业向服务领域迈进

全球产业升级和结构调整的另一主要动力是对可持续性发展的追求。艾

伦·麦克阿瑟基金会在《走向循环经济》中指出，全球制造业正在从“获取—使用—废弃”的线性资源消耗模式，转换到循环模式。现有线性模式中废弃物料的回收往往为末端解决方案，并未经过着眼于将来回收的特别设计，因此称不上真正的循环，只能称作低端循环，物料质量处于下降过程。在真正的循环模式中，物料经过特别设计，便于未来被回收利用，并能在使用过程中保持其质量，这是一种高端循环过程，能延长产品、部件和物料的使用时间和生命周期。

为适应这一趋势，一些制造业企业开始革新商业模式，将可持续发展植入其商业模式核心，这种做法催生了新的技术和新的产业链。其核心是观念更新，将产品从一次性消费品变为一种产品使用服务，通过用户与产品供应商之间的协议，使产品、关键零部件，以及原材料得以最大限度的循环利用。

这种观念更新将带来多重益处：降低能源和原材料消耗，提高产品生命周期价值，客户能享有更多益处，最大限度地减少工业废料。它也是全球制造业逐渐纳入越来越多的服务内容背后的真正原因。

再制造是观念改变所催生的新产业之一。与新产品的制造相比，再制造可减少原材料使用量的70%，减少能源消耗的60%~80%。罗彻斯特理工学院纳赛尔博士的研究表明，如今制造业中使用的材料的50%是不可再生材料，但有了再制造技术后，这部分不可再生材料的重复利用成为可能。

表1　美国某公司缸盖产品再制造VS新生产数据对比

缸盖	再制造vs.新生产
温室气体排放	降低61%
水利用	降低93%
能源利用	降低86%
安全度	提高82%
原料利用	降低>99%
垃圾填埋	降低>99%

数据来源：2007年美国密歇根理工大学的某项研究

三、中国的比较优势

中国曾经拥有的比较优势是廉价劳动力，广阔的土地，以及廉价供给的资源。但现在中国的比较优势已经出现了变化。在“中产阶级”不断壮大的同时，中国社会开始呈现老龄化趋势，人口红利已经到了顶点，未来劳动力越来越少。劳动力成本已经开始大幅上升。沿海地区可开发土地资源变得稀缺，自然生态环境遭到破坏，能源和矿产资源大规模依赖进口。与此同时，中国新的比较优势体现在：①拥有众多的人口，城镇化的比例较低，因此内部市场潜力巨大；②通讯、能源、交通等基础设施发展良好；③拥有了具有实力的制造业大企业；④可以培养大量人才的教育体系。这些新的比较优势使中国的规模经济优势更加突出。

中国推进产业结构调整和转型升级应发展适合自身比较优势的产业。我们建议中国优先发展资金技术密集型产业。

金融危机以来，发达国家纷纷制定以新兴技术和产业推动经济可持续发展的战略，并涌现出像苹果、谷歌等一些成功的领军企业。中国已开始从资源和劳动力富余向资本富余转化，发展产业也应从劳动密集型向资金技术密集型转换。特别应根据国内具有的比较优势，一是要发展能满足国内市场需求，具备规模经济，符合全球绿色经济潮流的资金技术密集产业。比如，可满足国内新兴消费电子需求的半导体、新型显示面板、LED照明、再制造、大型电力系统等；或可适应中国老龄化社会趋势的医疗器械、生物制药等。二是要发展能够使中国企业融入全球供应链的行业，增强中国加工和出口能力。此外，政府也应鼓励多元化的产业发展，加强经济的抗风险能力。

四、我们的建议

1. 避免“大跃进”的推进方式和重复投资

我们支持中国政府发展战略性新兴产业的决定，这些新兴产业的确体现了全球一些最重要的发展方向。但是，必须警惕在这些领域出现重复投资现象，特别是各级政府争先恐后对重点产业发展给予特别优惠政策和资金支持，很容易造成这种局面。中央政府应发挥强有力的协调和指导作用，避免地方政府各自为营。新兴产业的发展不能盲目大跃进。否则，各地同时上马类似项目，有关行业将会在很短时间内造成产能过剩，浪费大量资源。

2. 鼓励外资平等参与，不要“闭门造车”

鼓励国内公司发展战略性新兴产业当然重要，而鼓励外商投资企业平等参与有关产业发展，制定相关政策和法规时遵照世界贸易组织规则和履行承诺，对外资和国内企业一视同仁同样非常重要。

许多外商投资企业是新兴产业的全球领先企业，它们愿意在所在领域为中国的发展做出贡献。然而，在目前的政策环境下，它们面临着诸多不平等的待遇。例如，节能机电产品申请要求发动机具有自主知识产权，该要求将诸多外商投资企业拒之门外。

开放式创新是当今世界一大趋势。经济全球化进程中，创新也需善用全球化研发网络共同努力，闭门造车没有出路。虽然中国劳动力成本在不断上升，但研发成本与发达国家相比仍然具有很强的竞争力。在许多反向创新案例中，越来越多的跨国公司在中国和印度等新兴市场开发新产品，并将成熟的产品升级到发达国家市场。这样，跨国公司可以善用新兴市场低成本的研发、丰富的人才资源、对当地市场的了解和经验，以及发达市场先进的能力等综合优势。政府对创新的支持应充分考虑这一新的发展趋势，而不局限于创新技术的注册地点。

我们希望中国政府能够更加开放、透明，让外商投资企业公平地参与到相关政府采购、补贴、财政税收减免，以及进口与出口奖励中。我们相信，这些举措将大大鼓舞外商投资企业对新兴产业的广泛参与和投资信心，将有助于新兴产业的发展，并最终有利于中国的产业结构调整和转型升级。

3. 加强扶植中小企业，完善产业链

要实现产业升级，中国需要把产业结构升级到资本密集度与发达国家接近的程度。即便中国出现了与发达国家相似的比较优势，比如说资本的富余，但新兴产业在中国实现从无到有也很困难。中国目前在很多产业链的下游生产组装应用等环节具备优势，但在上游原材料，中间配套等环节还比较薄弱。

同时也应重视中小企业对产业升级的重要作用。中国的中小企业一直是弱势群体，在融资、政府支持等许多方面与国企、大企业相差甚远。政府应该认识到中小企业是产业升级不可或缺的力量，很多原材料以及配套供应商、先行进入市场创新企业都是中小企业。国有企业和大型企业不能单独实现产业升级。政府应该做出更大的努力，以建立一个中立的环境，加大对中小企业的保护和扶持力度。

4. 建设有活力的创新生态系统，加强知识产权保护

财政支持对创新生态系统的建设至关重要。要建立一个充满活力的创新生态系统，需要多层次资本市场体系的支持。资本市场之所以重要，是因为没有资金，就

没有创新。资本市场除支持大型企业的创新，还应支持中小企业创新。目前，中国的资本市场体系不利于中小企业融资，这在一定程度上制约了中小企业创新发展的能力。要完善多层次资本市场体系，需要优化上市流程，满足中小企业需求，加快建设场外交易市场，建立全面的资本融资机制。

根据西方国家的经验，政府在创新方面的投资非常重要，不仅需要对研发投资，还需重视对“下游”应用和学习的投资。政府和企业的研发伙伴合作模式很受欢迎，因为可以利用政府资金，促进企业间合作。这种合作模式还可以有效地促进垂直合作，比如能源行业供应商和消费者之间的协作。

过去数十年里，中国的中央和地方政府在知识产权保护方面取得了很大的进步，但实施综合完善全面的知识产权保护体系是项长期任务，仍有很长的路要走。

强大而有效的知识产权制度应由两部分组成：首先要符合国际标准，其次要有有效的国家执法。国家执法需要积极协调一致的法律行动。知识产权执法是国家商业环境好坏的衡量标准之一。如果一个国家知识产权管理很薄弱，那么它在其他重要的政府服务领域也可能同样薄弱，那么在这个国家做生意，无论对当地公司或外资公司而言，都会有较大的风险。

然而，如果一个国家在知识产权政策方面过于严格僵化，就会阻碍创新和正常的竞争。问题的关键在于在保护和开放之间找到平衡。即使这个问题在经济一体化和技术变革的背景下变得更加艰难，但政策制定者必须正视这个关键问题，因为以往可行的解决方案，将无法适应未来的需要。

5. 深化管理模式改革是关键

过去数十年的改革，使中国取得了惊人的经济发展速度。如果要实现长期可持续性增长，仍然需要深化经济体制改革。首先，减少政府在一般竞争领域经营层面上的直接参与，而应创建和维护公平竞争的市场环境，促进企业遵守市场机制，进行产业结构的优化和升级。第二，积极推动建立全国统一的市场体系。第三，降低退出壁垒。推进以市场为导向的改革，解决当前行业发展的重点问题，如进入和退出成本过高等。第四，加快建立有利于高技术产业和创新企业发展的机制，包括新技术认证、知识产权保护和交易机制。支持技术交易体系、技术服务体系和产业化等。第五，解决国际培训、外汇管理的障碍，尽快完善知识产权保护机制。第六，深化环境和自然资源系统改革，建立生产约束机制。通过标准制定，推广和发展节能产品、设备及技术。

我们认为，中国的改革是一个长期不断深化的过程，工业从计划经济体制的约束中解放出来，开始市场竞争，是这个进程的开始。要竞争降低厂商成本，促使企业进行技术创新并力行节约，并刺激新一轮市场化取向的制度变革。我们提出进一步改革应充分考虑中国产业经济的四大制度特征：分散监管、初级竞争、政府财政对产业利润的依赖大，以及不同企业的等级化。科学与政策、社会与个人（企业）之间的平衡是创新持续发展的基础。

6. 将人口红利变为“人才红利”

人是产业升级和结构调整最重要的资源。产业升级需要具备专业技术和创新意识的人才，也需要各类人才合理搭配的人才结构，包括研究人员、工程师、技术人员和训练有素的工人。

青少年在中小学阶段培养创新精神至关重要。这是我们应试教育的薄弱点。我们必须加快应试教育改造，通过实验教学和创造力教育，重点培养创新人才。

课程改革创新以及针对教师和社区活动支持，将推动社会形成创新风气，提高对创新的接受度。目前，许多课程改革产生的效果无法显现，因为当前的学生评价标准不能与之配套。例如，一项课程创新能提高学生在某一领域的高层次技能，但如果学生评价标准不改变，还是只考核学生死记硬背的应试能力，那么即使创新教育带来的实际效果很显著，也还是会被评估体系忽略。

课程创新的成效取决于两方面：创新教学的接受度和为学生量身定制创新学习计划的能力。为学生量身打造创新学习计划，也必须在教学上给予教师一定的灵活性。这些创新如在因循守旧的环境下进行，也不可能产生预期效果。教师需要根据学生的学习技能，定制创新课程，灵活调整内容，以满足学生需求。教师的积极性也是创新教育能否被接受的关键。教师的积极性不高，创新课程教学也会变成“走过场”，对学生的影响就将微乎其微。

另一个重要问题是中国的人才结构不够平衡。中国基础研究人才多，应用研究人才少，人才结构不合理。如今从科技大学毕业的大学生还需要进一步接受专业教育和培训，才能成为合格的工程师。目前中国没有足够的受过良好教育的专业技术人员。为解决这一问题，需要改善教育体制。

因此，企业要成为教育链条中的一环。学生到企业实践，部分学习经费由企业承担。当这种做法能够在政府政策的支持下，成为所有企业的共同风尚时，才是整个价值链为产业升级做好准备的时候。

为此，一家德国公司创建了它自己的培训生项目，将大学毕业生培养成合格的工程师。作为培训生，培训生与其他当地员工享有相同的员工福利。这一实践被延伸用于支持大学教育，并与教育部合作，支持大学的“卓越工程师”计划，包括邀请青年教师到企业进行培训，向学生们开放公司资源，选派公司的专家到大学课堂授课等。

中国应该大力发展高等职业技术教育。根据发达国家的经验，高技能的技术工人是工业化快速增长的需要。中国也将需要大量的高技能工人来完成产业结构调整。目前高技能人员的储备量远远小于需求量。因此，应该建立一个强大的职业技术教育体系，完善教育结构，进行课程改革，拓宽学生在高科技行业的就业机会。

德国二元教育原则将理论课程和企业运营实践并重，不仅适用于工程师的继续教育，也适用于技术人员和工人教育。事实证明它成功地推动了德国工业化发展进程。在美国，情况完全不同，没有二元教育原则。尽管其失业率创纪录，仍然有约60万个职位由于缺乏合格的专业技术人员而空缺。为此，弗吉尼亚州和北卡罗来纳州近期引入了二元教育原则，引起美国联邦政府的高度重视，美国总统奥巴马多次称赞过德国企业在其中发挥的积极作用。

7. 鼓励中国企业创新经营模式，植入可持续性发展理念

（1）尽可能采用替代燃料或可再生能源进行生产

创新商业模式应从能源使用开始，最终目标是开发出依靠可再生能源的生产系统。制造业企业应在两个方向上努力：提高能源使用效率以及利用替代或可再生能源满足生产中的能源需要。

提高能源效率的例子包括推广使用高效马达。一家德国企业的研究表明，电机消耗约70%的工业用电，高效率电机的开发和应用以及控制对节能意义重大。

另一重要方式是使用替代或可再生能源，比如利用垃圾填埋场产生的填埋废气或从食物垃圾产生的沼气，为工厂发电和供热。

使用可替代能源不仅节能，而且还产生有益的“副产品”。例如，从垃圾填埋场排出的甲烷比二氧化碳对全球变暖造成的潜在影响高出25倍，因此收集和利用垃

圾填埋废气还可以大大减少温室气体的排放。

煤炭仍将是未来几十年支撑中国工业发展的主要能源。使用焦炉煤气、煤层气和煤矿甲烷的分布式能源技术可以显著提高能源效率并节省能源。

（2）提倡“为再制造而设计”的理念，实现产品生命周期价值和客户利益最大化

新的产品设计理念着眼于为传统制造产品的生命周期增加新的循环圈，从而延长产品的经济生命，为制造生态系统植入可持续性，将生产过程中所消耗的原材料和能源的价值最大化。

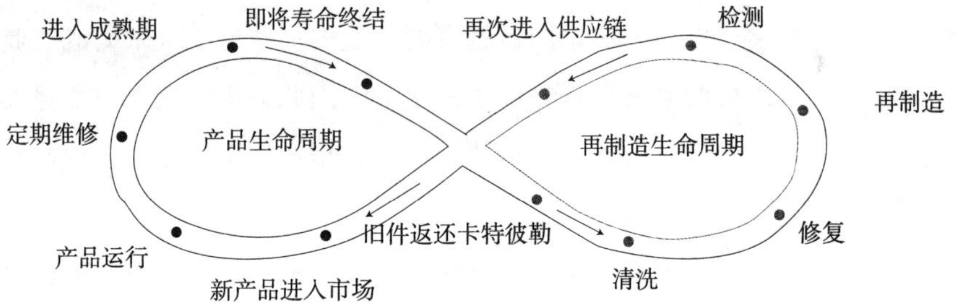

图1　再制造的生命周期

这种新的产品设计理念需要清晰的前瞻规划。例如，产品的哪些关键部件会被再利用、再制造和回收，或者哪些附加组件需要在产品的生命周期结束阶段被替换[①]。这些关键部件，或称“核心”部件，需要经过特别设计，当它们被再制造时，所需能源投入可以做到极小化。为了便于拆卸，设计会采用模块化和标准化组件。基于新的设计理念，由于大量材料都来自生命周期结束的产品，原材料的消耗将大大减少。新设计理念带来的另一个好处是，因为产品由“核心”和“附加组件”组成，制造商能够为用户提供更多定制类产品，这意味着消费者能有更多的选择。

基于这种设计的再制造产品为消费者提供的是更低价位、使用生命周期更长、质量和性能与全新制造完全一样的产品。因此，相比新产品，它更经济、资本投入更低、操作成本更低。

（3）发展高端循环和再制造，减少工业废料

为“再制造而设计”不仅旨在减少制造商的废物产出，也为消费者减少了废物

① 艾伦·麦克阿瑟基金会，《走向循环经济》

产出。但要实现这一目的，需要增加图1所示的高端循环，减少低端循环。2011年，一家美国公司工厂所产生废物的90%得到循环利用。如果将金属计算在内，2011年的循环率为95%（包括从废物焚化能源中回收的能量）。如此高比例的循环得益于高端循环和低端循环两种方式，但主要是高端循环。

然而，实现高端循环需要建立有效的回收系统和再制造技术，它无法由制造商单独实现。因此，许多企业也创新其经营模式，通过整个产业链的协作，建立循环模式所需的基础设施和能力。例如，该美国公司就采用“押金-回收-折扣”的方式，最大限度地提高旧核心部件和零件的回收，以支撑其快速发展的再制造业务。只有通过这种方式，制造商才有可能实现规模经营，以抵偿发展再制造技术和建厂所需的高额投资。

（4）将提供产品视为服务，扩大制造业范围，向服务迈进

再制造这种循环模式通过保持和延长产品及其关键零部件的服役时间，从根本上改变了产品使用的性质，从一次性的“购买—消费—废弃”模式转变到重复“使用—再制造—再使用”模式。正如艾伦·麦克阿瑟基金会在其报告中所说的那样，它主张“功能服务”：制造商或零售商更多地保留其产品的拥有权，而作为服务供应商为消费者服务——销售的是产品的使用权，而不是一次性的消费权。

再制造企业利用新的产品供应方式，如租赁或出租，而不是售出，来确保能收回产品。即使产品还是以出售方式提供给用户，企业也采用一种“押金—返还”的销售模式，激励用户在产品初次使用周期结束时退还产品，并在他们不准备重新使用该产品及其部件或材料的情况下，确保产品能得到再制造利用。这种新的产品供应方式也促进了融资及租赁相关服务的发展。

再制造是售后服务中一种新型商业模式，拓宽了传统制造业的服务内容。它为客户提供了更多选择，如修理、更换或升级他们的设备，并帮助客户保持竞争力。对客户来说，如果需要更换一些主要部件如发动机，使用再制造发动机几天的时间就可完成替换，而如果选择修理，则可能需要长达四个月的时间拆卸、运输、检修，再把修理好的发动机运还。再制造设备能为客户提供更多“正常运转时间”，为客户实现几十万到数百万美元的生产。所以说，再制造意味着更好的服务，而远不仅是产品。

（5）走向智能制造

随着IT技术的发展，制造业经历了从传统制造、自动化制造、IT优化制造阶段，目前正走向以大数据（Big Data）、物联网、移动化生产管理、人与机器人的协作进化为特征的智能化制造时代。智能化制造会实时分析作业现场巨大的实时数据，提高收益及生产率。

中国大部分企业在传统制造、自动化制造等初级阶段徘徊，少数领导企业如华为、海尔等已经开始步入IT优化制造阶段以挑战此方面比较成功的外国企业。在向未来向智能化制造时代进军的道路上，中国企业应借鉴外国领先企业的先进制造经验。

（6）应用物联网到产品生产制造及使用过程中

在生产中使用物联网可以提高自动化生产的程度和效率。例如，生产中不同步骤和流程的用电水平有高有低，物联网可以统一协调，合理分配，发挥最大效益。

物联网还可帮助产品在使用过程中更好地发挥其性能，例如它可以协调单台设备与整个作业场的协同运作，协调原料的供应和运输，达到更高效率。物联网对设备性能的快速诊断也可以提高机器正常运行时间，带给顾客更多价值。

物联网技术让制造商能够在整个产业链中跟踪材料、零部件和产品状态，方便再制造。循环经济成功的关键因素之一是需要建立旧产品与核心部件的回收体系。再制造的闭环循环必须能使核心部件纳入回收流程，最终流入再制造工厂进行再制造。因此，在生产中应用物联网将很大程度上促进旧部件流通，帮助企业在整个流程和多种渠道中识别与管理主要产品及部件信息。

（7）完善法规体系，促进商业模式创新

尽管企业在商业模式创新中承担着主导角色，但它们也需要政府的支持，帮助改善跨部门和跨行业的合作。尤其是，政府应该建立能促进产品和核心部件跨境双向自由流动的中立的监管政策及环境，促进商业模式创新。这可能需要调整税收及相关政策，鼓励创新的金融服务，以支持新的诸如押金—销售的商业模式，也需要调整环境法规和相应的产品技术标准，使整个行业标准化。

如今再制造产品仍被普遍视为二手货，因此在产业政策和贸易政策中受到歧视。事实上，再制造产品在技术和安全规范上能达到与新产品同样的标准，这是再制造产品和二手产品最大的区别。这些高品质、低成本的再制造产品被视作二手货会阻碍再制造产品贸易的发展，制约再制造产业的发展壮大，并导致中国消费者错失再制造产品交易带来的好处，不能享受再制造产品带来的经济和环境效益。如果用户不能购买再制造产品，他们就得买全新制造的产品，更多全新制造产品意味着更多的工业废物，对环境和社会造成更多负面影响。目前，已有许多国家和地区，如美国、英国、日本、韩国、澳大利亚、新西兰和新加坡等，已经将再制造产品如同新产品一样对待，并已被当地消费者和政府广泛接受。

8. 一些补充建议

（1）加大对市场先入者的保护和补贴

政府应加大对市场先入者的保护和补贴。产业升级的先行企业会面对更大的经营风险。企业无论成功与否都将为其他企业提供有价值的经验。市场先入者经营受挫将自己承担损失，但如果某产业被市场先入者证明是盈利前景光明的，便会引来众多的后来者进入该市场，势必抢夺市场先入者的市场份额。市场先入者的投入与回报不对称，也就使得企业缺乏成为市场先入者的动力。在发达国家，市场先入者知识产权得到有力的保护，可以在专利保护期内享受独有的回报。但在中国，一方面知识产权保护力度弱，另一方面很多专利在发达国家已经注册了。因此，中国的先行企业很难通过制度保护获取回报。针对这些情况，政府要给市场先入者提供补贴，以推动更多的企业成为市场先入者，这样才能推动产业升级和创新发展。

（2）应对劳动力成本上涨，维护和提高中国国际竞争力

经济增长的最终目标是提高人民的福祉，因此劳动力成本上升不可避免。中国面临的挑战是如何在劳动力成本上涨的情况下保持或提高自身的国际竞争力。中国应该降低经营成本，包括税收、地方政府各种收费等。

其次，降低物流成本，在有需求的地方建设更多的基础设施。2011年，中国的公路总长410万公里，同期美国公路总长650万公里、日本公路总长120万公里。如果我们计算公路密度（每100平方公里有多少公里的公路），中国的公路密度是美国的64%、日本的13%。如果按公路的人均拥有水平计算，中国只有美国水平的14%、日本的30%。可见，中国的基础设施还是不够的，应该继续发展。

（3）推动兼并重组

为推动中国产业升级，并购应作为一项重要战略。在“十二五”规划中，中国政

府也提倡通过产业整合在多个战略产业中建立数家“领军企业”和“企业航母”。

然而我们必须谨慎地看待并购。据统计，大量的企业并购案例并未能实现其预期的商业目标。这其中包括一些中国公司并购的案例。

正确的并购战略必须能使并购方从中获益。中国企业都热衷于购买大品牌和大公司，为了能更快地进入国际市场。然而，迄今为止很难讲有哪次并购实现了这个目的。相反，印第安纳大学的Merih Sevilir和Xuan Tian在他们的最新研究报告《并购与创新》中表明，收购有高创新能力和专利成果的小型企业，可能是一个更有效和可行的增加并购方创新能力的途径。

并购也有利于培育一个适合中小型企业发展的商业环境，促进产业升级。它能使中小企业快速成长，消除中小企业的初创和成长瓶颈。并购还能鼓励金融和高端科技人才向中小企业“下注”——因为他们懂得，这些公司具备非常现实的成长潜力。正如本文此前所述，中小型企业的发展最终将有利于整个产业链的发展。

创新与新型工业化浪潮

“创新与新型工业化浪潮”专题小组①

前言

我们米其林、卡特彼勒、陶氏化学、菲亚特、日立和万事达卡六家公司对于能够受邀，为中国发展最具重要意义的议题，提出我们的观点，感到十分荣幸。改革开放以来，中国取得了巨大进步。我们相信，新的全球性挑战为各方通力合作，创造更美好的未来，提供了非常好的机遇。

作为制造、加工和支付技术领域久负盛名的全球领先公司，我们的创新能力和全球市场拓展能力获得了广泛的认可。本报告所阐述的内容是基于我们对自身及相关服务行业专业知识的掌握与理解，具体涉及能源、电力、基础设施、电子、汽车、生命科学和支付技术等领域。我们的目标是实现一个实实在在的愿景，而这样的愿景源自我们所做出的“推动公司业务可持续发展和社会持续进步”的承诺。

我们的研发遍布全球各地。2011年，我们六家公司的全球研发总投入达到了770亿元。不管在哪个国家或地区，我们都坚持同样的市场发展原则，即“客户至上，与当地社会共同发展与进步”。

我们六家公司在中国的员工人数超过85000人，与我们业务直接相关的上下游企业所雇用的人数则更大。与他们一道，我们致力于促进中国的进一步发展和共同繁荣目标的实现。为此，我们将充分利用和发挥我们在创新和企业社会责任方面的经验和专长。我们的成功源于适应各种环境的能力。今天，我们也意识到，我们的创新能力越来越依赖于我们所处的创新生态系统及运营环境的活力。具体而言，包括国有企业、跨国公司、中小企业、高等院校和政府研究机构在内的所有创新生态系统组成部分，不管在国内市场，还是全球市场上，都必须要建立和形成以创新为导

① 本文是米其林、卡特彼勒、陶氏化学、菲亚特、日立和万事达卡联合为“中国发展高层论坛 2013”年会提交的专题报告。

向的合作精神和市场竞争意识。

本报告旨在向中国新一届政府就我们认为非常重要的一些议题，如将中国打造成全球创新中心、实现新型工业化、增加就业及改善民生，介绍我们的观点、看法和建议。我们认为，要实现这些目标，最为关键的是要将全球的最佳实践与“中国道路”紧密结合。

我们热忱地期待，通过开展企业、政府和社会各方之间的对话与合作，充分挖掘各方创新潜力。为实现以上承诺，我们已经做好准备。

一、发展趋势和全球经验

1. 创新的前景目标：对社会发展的益处

创新是企业与国家经济得以长期发展的动力。创新可以通过提高生产力，使更多的人更加便捷地获得产品和服务，从而促进就业，改善民生。

20世纪时期科技的繁荣使产品工业化在规模和质量上达到了空前的高度。21世纪的黎明创新和工业化面临转折点。

这一转折期同时带来了机遇与压力：从机遇而言，数十亿新顾客涌入市场，成为新的消费者，强大的新技术在产品和服务中得以应用，信息通信技术的发展赋予了人们对创新的强烈需求，它们开启了推动创新和经济发展的令人鼓舞的巨大潜力。在局限方面，人类也愈来愈强烈地意识到某些资源的稀缺性以及地球对人类开采的有限承受力。世界各国正面临着诸多影响人类持续进步的威胁。其中包括经济安全、食品安全、健康安全、环境安全、个人安全、社区安全以及政治安全。失业现象严重。联合国开发计划署在1994年将这些威胁归纳在广义的“人类安全”范畴中。

与此同时，企业面临着研发成本不断攀升，而回报却日益减少的处境①。企业正对现有的研发流程进行认真研究和调整。企业依靠一己之力解决，如高额的研发成本、细化的劳动力分工以及对交叉领域的创新研发压力等等问题的难度越来越大。越来越多的企业意识到它们需要更加重视合作伙伴的关系以及进行外部研发来应对挑战。

---

①《思想领导者访谈》（The Thought Leader Interview）：亨利·切斯布罗格（Henry Chesbrough）、罗伯·诺顿（Rob Norton），《战略+商业杂志》，2011年第63期。

这些因素汇总起来说明调整发展模式是必由之路。在此背景下，创新被赋予了新的使命。创新应以实现“人类安全和福祉”为目标，进一步为社会与社会发展服务。这种演变可以从全世界愈来愈关注道德问题的现象、要求对创新的“目的”和“方式”进行明确区分中得以体现。所有经济体中的每个参与者都面临着相同的挑战：如何实现对创新方式的创新。正如我们对“共同价值观”①的概念所描述的，企业迎接新一轮全球经济增长的唯一途径就是朝着加强合作、解决社会挑战的道路迎头迈进。

2. 发展的趋势与战略前瞻

由于环境的不断变化，各国和企业都在努力提高创新和（再）工业化的能力。它们对未来有可能形成新一轮工业化核心的新兴战略领域及主要机遇，进行着认真的研究和筛选。

虽然变化难料，但我们相信以下趋势会对未来的世界产生重大影响。

（1）在经济方面，三个趋势越来越明显。

第一个趋势是“服务化”②。这源于货物商品化、激烈的竞争以及对服务需求的增加。此趋势最常见的例证是“使用权与所有权”概念的兴起（如汽车共享）。一些顺利完成转型的制造型企业，50%的收入来源于其提供的服务。这种转型需要企业在深层次改变自己的DNA，获得相关资源，来提升价值规模。

第二个趋势是女性将在生活各方面发挥着越来越重要的作用。“女性经济学”指的是被逐渐赋予更多权力、占有半边天的女性日益影响企业或组织机构的活力和行动计划，给经济带来新的面貌。然而能够全面理解这个含义并抓住相关机遇的企业少之又少。

第三个趋势是作为“经济燃料”的能源将经历重大转变。减少使用传统碳氢化合物燃料势在必行，要大力支持并发展低碳经济。地球有丰富的清洁能源亟待

---

①《创造共同价值观：如何实现资本主义再投资，掀起新一轮创新和增长潮》（Creating Shared Value：How to Reinvent Capitalism and Unleash a Wave of Innovation and Growth），迈克·E·波特（Michael E. Porter）、马克·R·克拉默（Mark Kramer），《哈佛商业评论》，2011年1月~2月。

②《开放商业模式：如何在新的创新形势下蓬勃发展》（Open·E·Business Models：How to Thrive in the New Innovation Landscape），亨利·切斯布罗格（Henry Chesbrough），哈佛商学院出版社，2006。《如何使服务以更加有利可图的方式销售出去》（How to Sell Services More Profitably），伍尔夫冈·尤拉格（Wolfgang Ulaga），哈佛商业评论，2008。

开发。

（2）在社会发展方面，我们认为以下四个趋势将产生显著影响。

第一是人口结构的变化，数百万的新增人口与年龄结构[①]的剧烈变化同时发生。这种变化改变了包括休闲方式在内人口的平衡与需求。

第二是新型城镇化模式将以容纳新增城镇人口、优化资源以及适应人与物的流动性、释放可用耕地为发展方向。

第三是生命科学的发展与人们对健康解决方案的需求日益增强，为重大的创新突破铺平了道路，为健康产业的繁荣奠定了基础。

第四个趋势就是公民社会迅速兴起。越来越多受到良好教育的人通过互联网成为经济发展和社会变化的推动者。这种趋势在世界各地开始发生。

（3）在环境保护方面，诸如地方污染、气候变化等问题会促使人们采取行动阻止对环境的进一步破坏，并使人们加入到保护海洋、空气、野生动物保、水和土壤的等方面的“环境修复”中。对环保活动的紧迫需求与领域扩大将促使新措施、绿色科技与相关项目的大范围推广，这会给工业化和服务带来影响。此外，一些材料的日益稀缺将加快产业模式的改进，促进循环经济的大力发展。

（4）最后是技术层面，“信息通信技术、生物技术和纳米技术”[②]出现融合的趋势。广泛的连接性、创新的基础设施、精密的信息通信技术以及智能庞大的数据将极大程度地提高效率，节约能源，改变我们工作和生活的方式。这就是“物联网”的趋势。数字技术将对商业模式[③]和我们的创新方式产生颠覆性的影响。

当然，我们并不是在此对未来做出正式的预测，只是提出关系到未来重大进程的一些关键点。当我们观察周边世界的变化时，这些趋势的发展规模、速度和具体形式绝大部分都是难以预测的，但它们必定会受到国内外政策环境的深刻影响（如联合国关于气候变化的决定）。此外，不可预见的事件（如大规模流行病、

① 联合国称，“老年人口数量是50年前的3倍，而未来50年老年人口数将是现在的3倍”。到2020年，60岁及以上人口数将达到20亿，而中国60岁以上人口数将居世界之首，达到4.37亿。《世界人口老龄化》，联合国，2010。

② 《管理纳米—生物—信息—认知创新：社会中的科技融合》，威廉·西姆斯·班布里奇（William Simes Bainbridge）、米哈伊尔·C·劳卡（Mihail C Roco）、国家科学基金会，施普林格出版社（Springer），2003年。

③ 《有关公司如何顺利实现数字化转型的一些发现》（Findings on how companies are succeeding with digital transformations），安德鲁·迈克菲（Andrew McAfee）、麻省理工学院数字商务中心，《数字化转型评论》（Digital Transformation Review），2012年1月。

地缘政治动荡、自然灾害……）同样可以使这些趋势的影响力产生显著变化。

除了这些不可预见的事件，世界现处在一个可以把握自己未来命运的独特历史节点上。机遇无处不在。政府必洞察所有这些趋势，为了创造一个让人民满意的、可持续发展的未来而做好准备，这包括：为私营部门创新提供相应的基础设施和公共产品；在必要时推动正确的决策对市场力量进行补充。

3. 新型工业化浪潮的战略领域

上述趋势仅提供了对正在发生的变化的领域，要准确评估其影响的难度很大。政府和企业必须坚定地发展它们所选择的战略领域。长远规划和相关政策将比任何时期都更有助于我们集中精力于战略重点。欧盟在制定“七大旗舰计划”时就决定采用这种方法，针对农业、老龄化等七个重点领域采取多种措施。

我们认为，目前被预测的由能源和通讯革命相融合所催生的新一轮工业化浪潮的实现，与以下领域有着密不可分的关系：

（1）生命科学应用。它涵盖医疗领域的创新，包括精神方面、脑科学与工程连接、再生医学和诱导性多性能干细胞等。例如，英国宣布了为期10年的“英国生命科学战略”，验证了生命科学领域前景广阔的论断。为此，英国专门成立了一个贸易投资机构①。

（2）农业科学应用②。食品安全（生产、存储、物流）正成为可持续发展和消除贫困的一个关键议题。

（3）服务电子化。互联网和移动电话的不断渗透将推动服务的电子化，使商业、金融服务和支付服务发生转变。

（4）绿色化学。绿色化学是各行业可持续发展的有效途径。此外，从构成微小分子主要来源的化石碳氢化合物向更丰富的植物界化合物的过渡，开启了新材料的发展方向，具有巨大的应用前景。

（5）可持续的交通运输。可持续交通运输由三个主要因素驱动：能源多样化、减排以及连接性。从陆到空，交通方式的电气化将极大地促进新的长期可持续工业

---

①《通过新英国生命科学计划开启你的全球商业潜力》（Unlock your Global Business Potential through the new UK Life Science Offer），英国贸易贸易投资总署，2012年12月

②《食品安全对食品和营养安全至关重要》（Food Safety is Critical for Food and Nutrition Security），世界银行，2012年

的发展。然而，至少从中短期来看，内燃机创新依然是交通运输部门节能减排的主要手段。目前的纯电动和氢电池汽车的性能和成本尚未达到在大众市场中取代内燃机的要求。

（6）海洋和空间科学在未来数十年可能成为改变未来的主要领域。

在此背景下，掌握和部署关键使能技术（KETs）至关重要。欧盟确定了七个关键使能技术以提高欧洲智能、可持续和内生增长的能力：纳米技术、微电子与纳米电子、工业生物技术、光子学、先进材料和先进制造系统，作为其2020年战略[①]的关键点。而日本对科学与技术的重要关注则是围绕着三个概念：创造人类智慧、最大化国家潜力最大化以及保护国家的健康和安全。

上述列出的都是范围大、影响强的战略领域。需要建立各种新型的组织和伙伴关系来解决问题，挖掘内在潜力。

4．打开围城：创新生态系统

这些巨大的创新机遇要求创新参与者减少对传统“封闭式”创新方式的依赖，一起协作共同融入到更“开放”的创新生态系统中。只有通过“集群效应”才能充分发挥创新和生产力的优势。在这个新领域时代，集成式的创新生态系统是取得突破的最佳方式。

（1）步骤一：实现开放式的生态系统

创新生态系统将合作关系的复杂性提升到一个新的层次。在政府和企业的推动下，数字化浪潮将加速工艺和方法的突变。政府的角色是通过制定适当的政策[②]为创新发展[③]提供所需的环境，并且释放个人的能量和创造力。企业的角色则是通过优化创意、材料与资源在各种生态系统中的交流与互换，从而推动与增强其创新生态系统的运转与活力。开放的技术引进及创新将显著改变知识产权格局。

（2）步骤二：采取开放与连接的原则

需要以整体的跨学科方式来跨越差异巨大的学科界限。只有强化并融合人文

---

①《关键使能技术》（Key Enabling Technologies），最终报告，欧盟高级专家小组，2011年6月。

②《政策简讯——欧盟战略环境下的集群政策》（Policy Brief—Cluster policy in the context of EU Strategy），罗夫·莱纳（Rolf Reiner），克里斯托弗·盖尔泽（Christoph Gelzer），2020（http：//europa.eu/rapid/press-release_SPEECH-12-395_en.doc）。

③《集群与经济政策：将公共政策与新竞争经济学相结合（Clusters and Economic policy：A ligning Public Policy with the New Economics of Competition），迈克·波特（Michael Porter），哈佛大学商学院，2007年11月。

科学、社会科学和其他必要领域之间的联系，才能塑造创新体系来满足人类的福祉。真正可持续的科学与技术的解决方案必须是经济上可行、对环境无害且能满足人类需求的。科学和工程必须是相辅相成的，应该为社会基础设施和提高人民生活质量服务。这一原则被称为“造物论（Monozukuri）”，这也是多年来日本制造业竞争和创新的指导原则。

（3）步骤三：用正确的观念和文化深化协作

创新生态系统离不开具有创业家精神、才华横溢、有熊彼得提出的“创造性破坏”的意识、以创新为驱动的人才。必须要要在竞争和合作创造之间保持恰当的平衡。竞争能所带来变化而合作创造则能确保必要的技术的提供，这对从崭新的、更广泛的知识领域中创造具有经济与社会价值有着至关重要的作用。

在这个背景下，为了实现包容性和谐社会的目标，中国必须从注重低成本的追赶模式转移到强调高价值产品和服务的前沿模式。我们六家公司均倡导更加开放的创新生态系统，愿意支持中国在“十二五”期间的发展。

二、中国创新生态系统

30年来中国推进的改革和开放，取得了令人瞩目的成就。如今，中国正迎来新的黎明。中国不仅要成功实现以高价值和高质量为基础的工业和服务经济，还要以包容性方式实现人民福祉，建立和谐社会。

根据欧洲工商管理学院和世界知识产权组织联合公布的2012全球创新指数[①]，中国的创新效率排名榜首。虽然这项成绩很突出，但中国的综合创新指数位仅列第34名，这种矛盾很大程度上是由于中国在对创新生态系统的支持中仅排名第55位造成的。

① 瑞士、瑞典和新加坡位列前三名，美国（10）、德国（15）、法国（24）、日本（25）。

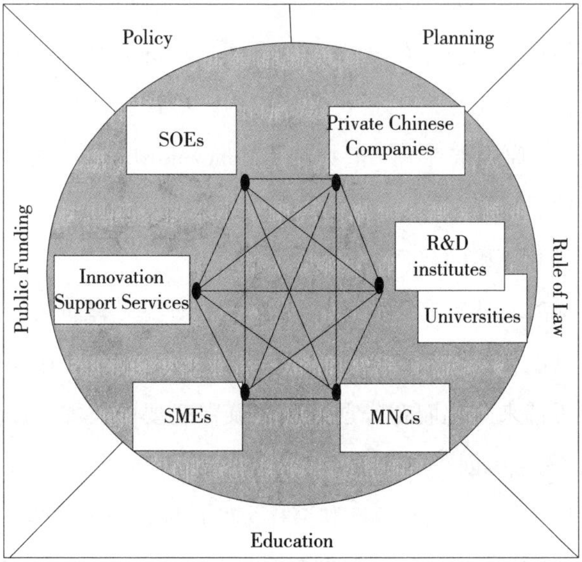

图1　创新生态系统

本章阐述的对中国创新的差距和瓶颈的一些看法，主要是基于我们自身经验以及我们对中国创新生态系统结构的洞悉：

如图1所示，创新生态系统的内圈主要是创新生态系统的参与者。它们包括国有企业、跨国公司（总部设在境外的跨国公司）、国内的大型私有企业、中小企业、创新支持业务机构以及高校/研发机构。位于外圈框架的创新生态系统的公共体制机构[①]则主要通过制定规则以及提供如教育、规划、法治、公共资金和政策等方面的必要支持，为内圈参与者们进行协作、创造与创新提供正确的环境。

1．我们对中国创新生态系统的理解：参与者

30年来，中国的创新参与者主要包括国有企业、私有企业、研发机构/高校和跨国公司。随着时间的推移，各方的角色和责任都有所变化，它们也取得了不俗的成绩。然而，各方依然需要加强在这个系统中的协作，使之更符合实际情况的需要。

中国的国有企业通常规模大、结构复杂。尽管国有企业吸引了绝大部分政府投

① 道格拉斯·诺斯（Douglass North）介绍了体制和组织的分工区别。体制是“游戏规则”，包括正式的法律规则和非正式的、规范个人行为和社会活动的社会规范（体制框架）。

资，也在过去几十年来取得了令人瞩目的成绩[①]，目前仍然没有国有企业可以在全球范围内称得上是该领域的佼佼者。我们认为这是由于国有企业尚未完全、充分地参与市场竞争所造成，由此也会削弱国企业对创新的意愿。放眼全球，很多极富创新的公司前身都是国有企业（如波音、欧洲宇航防务集团、大众等）。那时，政府还没有全部或部分开放它们的资金使它们直接应对市场的挑战。我们认为，国有企业可以受益于以创新为导向的政策，并可以充分利用其他合作伙伴，来加快价值创造和转型。我们相信，推动中国的创新生态系统充分参与竞争，可以加强国有企业的国内研发能力和水平。同样，对跨国公司开放这一创新生态系统也可以使国有企业参与到全球创新生态系统中。

中国的私有企业充分发挥了它们在国内的优势（如政府支持、市场定位等），一些企业加入到全球市场的竞争中。值得注意的是，通过兼并和收购，中国私有企业对连接中国和全球的创新生态系统[②]做出了贡献。一些私有企业在创新领域成绩斐然。它们迫切要求加大对非公有部门的支持力度，使非公有经济在中国经济中扮演更重要的角色。这与政府所倡导的“深化经济体制改革、增强国有经济活力同时鼓励非公有制经济发展”的思想相一致[③]。

高校/研发机构在历史上就是研究的摇篮。今天，我们观察到它们的工作重心正在向开发性项目倾斜。中国关注的重点已经从传统的科学向更加强调工程方向过渡（例如中国工程学术界的规模壮大及智库）。此外，在充满前景的新型共同投资模式中，高校/研发机构和企业之间的关系和界限正在被重塑。的确，新当选的习近平总书记强调高校是创新和研究文化的重要基础，并提议把创新理念“移植”到企业和社会各部门。他还主张加强与世界知名高校、学术机构和跨国公司[④]的交流与合作。实际上，许多在中国开展研发投资的跨国企业已经与高校和研发机构建立了密切的合作关系，这样有助于它们接触到人才并为它们的开发项目提供支撑。然而，我们也注意到，学术界目前发生的一些变化让创新生态系统

① 中国“本土创新”的动力——产业政策网络（China’s Drive for ‘IndigenousInnovation’—A Web of Industrial Policies），詹姆斯·麦克格雷戈（James McGregor），美国商会，2010年。

② 全球50家最富创意的公司，中国10强，2012年排名，Fastcompany.com

③ 中国亿万富豪梁期待企业发挥更大的作用（China Billionaire Liang Sees Bigger Role for Companies），彭博新闻社，2012年11月。

④ 摘自《浙江日报》，2007年1月。

中的参与者们对自身角色的认知出现了混淆。许多高校参与参与下游活动来弥补在某些领域的主动性不足，有时会导致各方的界限和职责不明确。

过去50年来，跨国公司从高强度的研发中受益，而今正朝着创新的新路径迈进。英国政府发布了一项关于全球14000家研发投入最多公司排名（2010）的报告，报告显示跨国公司依然是推动研发的主力军，而前100名的公司占总支出的60%。但遗憾的是中国公司尚未出现其中。跨国公司所具有的重要技术和方法可以使中国经济受益。由于中国市场快速发展，许多外国跨国公司在中国设立了研发机构。这些机构的工作人员大部分都是中国本土的科学家和工程师。我们认为中国应该让跨国公司的优势发挥得更加充分，并通过它们参与全球创新。

除了这些“传统”创新生态系统的参与者，中国还需要进一步发挥中小型企业以及为创新提供服务的支持机构的作用。它们正逐渐成为全球创新生态系统的重要合作伙伴。

在很多发达国家，中小企业是创新引擎。中国的中小企业群体覆盖范围广，从附加值很低的企业到创新型的初创小企业不等。这些小企业在高价值部门中蕴含着巨大潜力。2011年，中国的中小企业所占的专利成果比例为66%，所占研发成果比例为80%以上[①]，然而中国这样杰出的中小企业数量仅为德国“黑马企业”[②]的一小部分，也不及美国、日本、意大利及法国成功中小企业的数量[③]。无论是在经济发达的国家，如德国的中小企业（德语：“Mittlestand”）的特定发展模式，或是在发展中国家，诸如印度的对中小企业“节俭包容的创新”机制的支持[④]，这些国家都采取了积极的措施来保护和培育中小企业[⑤]。而中国具有潜力的中小企业也需要特定的环境来实现成功发展，如快速获得资金的渠道以及简易、活跃及低成本的金融交易。诸如高端跑车之类的利基商品就是很好的例子，因为这些商品往往是新技术和

---

① 信息源自中国社会科学院及中国小型贷款协会。

② 定义：“黑马”即在利基市场取得卓越成功的小企业（维基百科）。

③ 德国经济与技术部《黑马国际比较》（Hiden Champions in the International Comparison），2012年数据。

④ 普拉哈拉德（Prahalad）以及哈尔特（Hart）教授在《金字塔底层》一书中创建发展了节俭包容创新理念，并在过去10年间形成了设计实施金字塔底层的创新生态系统的一系列方法，并于2008年发表《金字塔底层协议——走向下一代BoP战略（第二版）》（The Base of the Pyramid Protocol：Toward Next Generation BoP Strategy Second Edition，2008）。

⑤ 欧洲委员会工业及企业家副主席安东尼奥·塔亚尼先生的演讲。http：//europa.eu/rapid/press-release_SPEECH-12-395_en.doc

设计发芽的实验室。相关部门应根据这些利基商品的具体情况制定规则和标准，以鼓励和促进其对技术创新和产品开发的突出贡献。而有些中国“黑马”企业已经创造了若干成功案例，尤其是在互联网行业。这样的黑马企业和较为大型的私有企业吸引了大量人才（常常是海归人才[①]），为他们提供了比国企更具活力的工作环境。

硅谷所取得的巨大成功证明，专业而多样的创新服务（通讯、咨询、法律、财务和税务支持、工程、高潜力人才招聘支持等等）为创新生态系统注入活力。其中，金融伙伴在促进创新方面发挥着公认的重要作用。中国的各大银行都资源雄厚，然而只有20%的银行贷款流向非国有企业。尽管风投机构正发挥着越来越大的作用，但是不同行业的投资机会各有不同。国际银行可为中国企业在中国及世界范围内的创新提供更多的支持。除了研发及资金方面，如财会、法律等商业使能服务也至关重要。

2. 中国创新生态系统解析：各项体制

（1）教育。教育是国家人才之本，是保持创新生态系统活力的创新文化之源。每个不同性质的创新生态系统都具有差异性，一个解决方案不能普遍适用。然而，某些文化特点可能成为至关重要的成功因素，这其中包括创造力、对失败的容忍度、自由的探索以及企业家精神。中国的教育应注重培养这些特点，开设企业家精神和冒险精神的课程，加强技能培养的热情和动力。具有才华和创造力的青年才俊对跨国公司具有极大的吸引力，因为这些公司有时会缺乏熟练且具有一定创新意识的专家和技术人员。许多跨国公司在这一方面一直领先，它们与高校建立着积极的合作关系，推动了创新教育的发展。

（2）规划。规划必须制定长远目标框架并确定创新型社会发展的愿景。若不制定这样一份总指导方针，就很难根据共同目标和工作重点将创新生态系统进行组织并保持协调一致。中国的五年计划以及中国的科技发展规划就是其国内创新企业的标尺。许多国家在重新发现远景规划的益处后考虑恢复这样的做法[②]，从而既可以遵循统一长期目标，又可以在目标之外有一定的创新自由度。规划需具备足

① 美国教育情报中心2012年统计的“中国海归的就业部门”（Work sectors for Chinese returnees）。

② 萝斯·马努艾尔·杜老·巴罗索（Jose Manuel Dura Barroso）著：《任务增长：通过增长和稳定保证欧洲未来》，任务增长大会（2012年5月）以及日本经济贸易产业部2010年6月发布的《振兴日本的二十一个国家战略项目》。

够的空间和灵活度以引发一些突破。一份为期10至15年的规划在时间段上是较为合适的。

（3）创新政策。包含可执行的指导方案和计划的创新政策能支持生态系统达到目标。中国一直在积极地制定新政策来支持自己的战略。然而这些政策在某些情况下，由于参与者间缺少协同，所获得的收益有限（如电动车）。尽管跨国企业在努力深化与中国相关机构的合作，但在发展过程中仍然遭遇了阻碍[①]。譬如，跨国公司积极的申请中国的研发资助项目（如国家863计划和973基础研发项目等），但总是困难重重。此外，某些政策更倾向于使用国内特殊标准，而与国际标准不符。这影响了中国在国际的影响力，可能会导致无法将专门为中国市场所设计的商品出口至其他市场。

（4）法治和公平竞争。法治和公平竞争对政策执行以及建立信任至关重要。尽管政府在法治建设上已卓有成效，但运营网络遍布全球的跨国公司仍在中国遭遇不同挑战。比如，知识产权保护以及公平协作的相关政策，虽然已有明显改善，但政策的落实情况仍不统一。法治并非从来就有，而各地区法治建设进度亦各不相同。某些地区着重保护地方利益，而如江苏省等一些地区则因提供稳定的法律环境而吸引了大量的外来投资。

（5）公共资金。公共资金指的是国家可用来支持其创新生态系统的多种资金。它的难点在于如何高效地将资金分配给正确的参与者，设定可靠的评测、筛选、再评估机制，以确保实现预期效果。中国已确立了与“十二五”规划目标相关的若干资金支持项目。在华外企主要通过与当地企业及高校共同开展国际合作项目来从上述项目中获取资金。但是，跨国企业获得此类资金的机会非常有限，而项目申请流程的复杂性和透明度则进一步限制了跨国企业的参与热忱。跨国公司在中国的大部分员工都是中国人，服务于中国市场并帮助提升中国的科技知识。限制外资企业在华获得资金支持，很可能使中国错失某些创新机遇。

中国的创新生态系统即将蓬勃发展，但能培养正确创业精神和良好的外部环境尚未完全到位，可谓，满园花色尚需园丁辛勤手。

---

① 例如，一些政策会限制某些行业的技术及外来投资额（菲亚特汽车）。

三、政策：创新的益处与含义

1. 政策建议

《2012全球创新政策指数报告》[①]综合评估了全球55个国家推进创新的相关政策（包括经济合作与发展组织各成员国、巴西、俄罗斯、印度与中国）。该报告表明“制定有效的创新政策”，各国须把握好创新生态系统的三个组成部分，即商业环境（金融、信息通信技术、技能、文化等）、监管环境（贸易、法规、政府采购、知识产权等）以及创新政策环境（对研发的支持、商业化、基础设施等）。

基于此，我们特别提出如下五个关键点，这五点是中国继续改善其体制环境和创新生态系统的重中之重，也是把握好上述三个部分的必要举措。

关键点1：大力推广先进、实用技术和工艺，全力推进低碳、高效的循环经济，加快现代制造业等产业发展和升级。

节省能源及减少原材料消耗是转变现有工业和消费模式的一个重要起点。这一转变的长期目标是要开发出可靠的可再生能源，有效管理“从摇篮到摇篮”产品循环模式[②]，加强原材料的大量回收和循环利用，缓解对普通资源（水、空气、生物多样性）的环境压力。这对中国的创新政策和产业升级政策将直接产生下述影响：

投资新材料研发领域，减少对进口材料的依赖，克服资源短缺问题[③]。

提高能源效率化，跟上“新工业革命”经济大潮并提高生活水平。随着中国新能源行业的发展，传统的制造企业开始在其工业化过程中运用绿色通信技术。中国可以率先建立“零排放、高能效的低碳环保型城市”。

---

① R.D. 阿特金森、S.J.·艾滋艾尔、L.A.·斯图尔特（R. D. Atkinson，S. J. Ezell，L. A. Stewart）著：《全球创新政策指数》（The Global Innovation Policy Index），信息科技与创新基金会及考夫曼基金会，2012年3月出版。

② 在“从摇篮到摇篮”模式中，麦克多纳（McDonough）和布劳恩加特（Braungart）认为工业与环境间的冲突并不是对商业的控诉，而是纯粹机会主义设计的后果。如今随着我们对所生活的地球的了解加深，设计也应反映新的精神。作者写道：事实上，当设计者运用自然系统的力量——有效的养分循环及丰富的太阳能——他们就能创造出允许商业与自然和谐共存的产品、工业系统、建筑、甚至是区域方案。威廉·麦克多纳（William McDonough）&麦克尔·布劳恩加特（Michael Braungart）著：《从摇篮到摇篮：改变我们的制造方式》（“Cradle to Cradle：Remaking the Way we MakeThings”），北极点出版社，2002年。

③ 清华大学在2010年成立了世界首个探讨“绿色跨越”问题的研究中心。该校获得了康奈尔大学、国内外知名企业、中国科技部以及其他政府部门的支持。信息来自清华大学，2010年6月。

此外，我们认为核心的政策优先应当放在中国先进制造系统（AMS）[①]的发展上。“先进制造系统包含生产系统及其附属服务、流程、工厂、从开始到循环过程中所用设备等。这种系统的强健是建立在高水平的技能以及对多学科知识的掌握，其中包括材料科技学、信息通信技术学、机械电子学[②]、物理学及纳米技术学。”2012年，美国总统科技顾问委员会[③]向总统奥巴马提交了一份报告[④]，该报告围绕三个关键点提出建议：实现创新、保证人才储备安全以及改善商业环境。而日本和欧洲[⑤]也早已开始实施了类似的政策。

在振兴现有工业基地的同时，中国也应抓住机会在“节俭创新”的基础上率先发展新的创新模式及做法。这需要崭新的管理理念和企业家精神，而中国不缺这两样。潜在需求来自于成千上百万仍被排除在市场外的客户群体。节俭技术并不是指二手科技，而是始终走在技术前沿[⑥]，利用最先进的科技来创造新的产品线。这样就可以使低收入人群获得现代化产品。比如海尔生产的H2O洗衣机以及格力制造的太阳能空调都证明了科技创新突破的潜力[⑦]。

除了这些行业特定产品和加工程序外，进一步的潜在增长空间在于产品相关的服务。当产业升级接近技术进步的极限时，服务可以为客户创造附加值。

尽管中国的服务业在稳定增长，但服务业占中国GDP的比重在10年间仍徘徊在

---

① 《关键使能技术高层小组主题报告》（High Level Group on Key Enabling Technologies-Thematic Report），先进制造系统工作组，2010年12月，欧洲经济共同体（EEC）。

② 机械电子学属于将机械、电子工程与计算机科学相结合的跨学科工程科学。该科学旨在产品设计及制造中发挥机械学、电子学、控制理论学以及计算机科学的协同作用，优化产品性能。

③ 美国总统科技顾问委员会（President's Council of Advisors on Scienceand Technology），简称PCAST。

④ 2012年，由美国陶氏化学安德鲁·利维里斯（AndrewLiveris）和麻省理工学院的苏珊·霍克菲尔德（Susan Hockfield）共同主持的先进制造合作关系指导委员会建议美国政府增加对先进制造业投资并长期发挥美国的领导力。该报告围绕三个关键点提出了建议，包括促进创新、确保人才输送及改善商业环境。

⑥ 《关键使能技术高层小组主题报告》，先进制造系统工作组，2010 年12 月，欧洲经济共同体（EEC）。

⑥ 米歇尔·阿格列特和郭白（Michel Aglietta&Bai Guo）著，《中国发展：资本主义与帝国主义（重新思考全球化）》（China's Development：Capitalism And Empire（Rethinking Globalizations）），卢特雷奇出版社（Routledge），2012年11月。

⑦ 2003年，海尔依据水的电解作用发明了一种不需要洗衣粉的洗衣机，使洗衣过程十分有效，但该产品过于领先时代，因而很难取得商业成功。然而这种功用现在已被用在其高端系列产品上，被称为“自然循环”，使海尔成为对免用洗涤剂研究中的全球领袖。类似地，格力也于2010年末时开始销售第一批“太阳能”空调。来自新华社2006年3月及2010年12月消息。

40%左右[①]。依阿格列特（Aglietta）和白教授（BaiGuo）之见，“与其他处于类似发展水平的国家相比，这一比例比其他国家低10%~20%左右：服务业真正的活力尚未释放出来。按照国际经验，当人们年均收入达到2000美元的时候，其第三产业就会进入快速发展阶段。中国已为服务业的腾飞做好了充分准备”。这将对中国的创新和升级政策带来直接影响。

关键点2：科学规划和管理创新生态系统，发挥市场竞争的核心作用，建成全面开放的创新生态系统。

许多国家都制定了创新战略，从教育到推动经济增长[②]，明确国家及私有部门的互补作用，利用其不同的组成成分。下面就是我们在此方面提出的建议：协调整个创新链条；通过整合性项目。

政策制定者的一个核心问题是要横跨整个创新链条的战略领域，创立协调项目，具体涵盖教育、研究、展示、标准化措施和市场渗透。美国能源部的固态照明计划（SSL）是很好的范例[③]。

①通过管理创新型产业集群：“如果产业集群仅是由一个个孤立，并未在创新生态系统中参与合作的企业所组成的区域性集合的话，那么产业集群的表现一定不佳。既然市场力量促成的地理集群不能达到社会最优，那么政府就应发挥作用，以“确保地理集群的效益有超越企业自身范畴的溢出效应”[④]。

---

① 《中国统计年鉴——2012年》（China Statistical Yearbook 2012），中国国家统计局（NBS），2012年9月。信息源自：国内生产总值（GDP）（2012年一至四季度），中国国家统计局，2013年1月。《中国统计年鉴——2012年》，中国国家统计局，2012年9月。2012年，第二产业占中国GDP的比重为45.3%，第三产业占比为44.6%。这是两大产业占GDP的比重差首次缩减到不足1%。信息源自：国内生产总值（GDP）（2012年一至四季度），中国国家统计局，2013年1月。

② R.D.·阿特金森、S.J.·艾滋艾尔、L.A.·斯图尔特（R.D.Atkinson，S.J.Ezell，L.A.Stewart）著：《全球创新指数政策——科学及研发、政府研发支出》42页，2012年3月出版——该报告称冰岛、奥地利、芬兰、瑞典及新加坡2008年将其国内GDP的1%左右放在了非国防研发上。新加坡在亚洲国家中居首位，将0.78%的GDP放在了非国防研发上。而俄罗斯、英国及美国却远远落后，分别将0.47%、0.43%和0.31%的GDP放在了非国防研发上。相反，这三个国家在国防上的花费占比却达到或接近了最高水平。法国、韩国和瑞典等几个国家在国防和非国防研发上的GDP占比均比较高。中国在非国防研发的经费GDP占比预计为0.3%，而在国防研发的经费占GDP的比重为0.05%。

③ 战略应有特定手段协助部署，可在所有层次达到竞争性技术水平，从基本科学、理念及原型验证到大型展示行动及公共采购。而美国能源部已“制定了一个综合国家战略，包括基本能源科学、核心技术研究、产品开发、生产研发计划、商业化协助、固态照明合作以及标准化发展”。

④ 出处同上，17产业集群的发展46页。

②形成与创新战略相匹配的机制：目前中国工业发展正处于转折点，这让中国有机会审视体制结构。明确并精简国家及地区性参与者的作用与责任，将有助于更好地协调政策制定、资源配置、及政策影响评估。新加坡政府对新加坡经济发展局（EDB）的角色有过多次调整，虽然其规模和背景不同于中国，但却印证了灵活的体制会给政府带来何种好处。

③引进竞争机制，提供重点扶持，增强企业创新能力：企业的生产力很大程度上取决于其监管环境①。简而言之，引进竞争机制的国家创新力更强。我们建议中国政府能继续放手国有企业，使其充分参与市场竞争。这将会引发很多的创新源泉。在中国政府制定的一系列规则与政策框架下，应充分信任市场能选择出最恰当的创新。

在企业层面，中国政府应促进并支持高效和先进的创新实践②。几个国家已经制定了类似的政策方案，中国可以从中吸取精华：例如新加坡的GetUp创新计划、弗罗恩霍夫研究所（FrauhoferInstitute）、欧盟委员会的Innova计划、日本以及美国的中小企业创新研究制度（SBIR）。

④评估创新政策的实施情况及结果：为提高整个创新生态系统的效率，应制定一个综合方案来评估科技及创新政策的实施情况是否符合中国利益③。另外，研发项目评估是保证公共资金分配效率的关键，因此建议建立独立的评估系统④。

⑤将中国放在全球创新竞技场：建议中国政府赞助重要的全球创新项目。此类项目不多，且主要为高端研究领域：如核聚变领域的国际热核实验反应堆计划

① “除了宏观经济政策外，经济分析往往把大部分的经济表现差异归因于劳力和资本市场的差异。这种结论是不正确的。产品市场中的竞争差异更为重要。产品市场中的竞争管理政策与宏观经济政策的重要性相等。”威廉·路易斯（William Lewis）著：《生产力的力量》（The Power of Productivity）（芝加哥大学出版社，2005年）（http：//www.press.uchicago.edu/Misc/Chicago/476766.html）。

② “企业可以通过雇用创新型企业家，并为其创新有利于创新的环境（比如企业培育中心等）中，发现并支持好的想法，建立创意管理及资助机制，从而提高企业创新能力。”JP·戴斯甘普斯教授（Prof.JP Deschamps）著：《实践中的创新领导力》（Innovation Leadership in Practice），瑞士国际管理学院，2008年6月。

③ 请见欧盟创新快报：“创新联合快报包括欧盟27个成员国的创新指数和趋势分析，还包括在欧盟27国及10个全球竞争国之间在一系列简化指标上的对比”。（http：//ec.europa.eu/enterprise/policies/innovation/files/ius-2011_en.pdf）另请见经济合作与发展组织的《衡量创新：新角度》（“Measuring Innovation：A New Perspective”）。

④ 详解请见《研发项目评估方法概述》（“Overview of evaluation methods for R&D program”），美国能源部，2007年3月，萝莎莉·路格（Rosalie Ruegg）。

（ITER）、欧洲核子研究委员会（CERN）的大型强子对撞机、神经科学中的人脑计划等。中国还可以运用国内相关研发资源[①]，开展多边创新项目，实际应对全球挑战（清洁煤炭、氢气、交通电气化等）。与此同时，中国应考虑让所有企业，包括跨国企业，获得其研发项目的成果和优势。

关键点3：加强知识产权保护，提高标准国际化，实现卓越的创新生态系统治理。

对发展中国家知识产权保护所做的调研结果显示：知识产权保护对经济发展会产生非常积极的影响[②]。相反，若知识产权保护不力，则会限制国家的长远竞争力[③]。另外，各项标准在信息通信技术产品和服务贸易中无处不在，直接影响全球80%的贸易，变得越来越重要[④]。创新生态系统内的各个参与者也相应加强了对知识产权政策执行的关注和评估。

我们建议：①建立清晰、强制性的监管框架。②确保此框架的稳定性及可预见性，对私人投资有益，并与国际规则保持一致。③加快对知识产权及商业秘密的保护。确保对国内和国外企业知识产权一视同仁，处理开放的创新项目时，这一点尤为重要。④进一步加强不同执法部门间合作，可在质量监督检验检疫局（AQSIQ）、工商局（AIC）以及公安局（PSB）之间建立联合执法机制。⑤在生态系统各参与方间设计较为平衡的监管政策。⑥避免中国企业在其境内运用已在境外受到外资企业诉讼的“垃圾专利”。⑦取消放慢或阻碍境外产品进入中国市场的强制性认证和标准要求。⑧取消要求技术秘密或其他专有信息公开的非必要规定，这样的规定将一些境外产品阻拦在中国主要市场外。⑨设定一个共同的全球性“赛场”和创新合作平台。⑩让中国的管理规则和商业环境与国际最佳做法保持一致，并重新考虑中国

---

① 施瓦格·色尔格尔（Schwaag Serger）（2006年，244~245页）反复核对来源后发现约有30家跨国企业目前在华拥有60个全球性研发设备。《新兴经济体的全球创新》（“Global Innovation in Emerging Economies”），普拉萨达·勒迪·卢特莱奇（Prasada Reddy Routledge），2011年。

② 由布兰卡·卡里诺瓦（Blanka Kalinova）、安格尔·帕勒尔姆（Angel Palerm）、斯蒂芬·汤姆森（Stephen Thomsen）著：《经济合作与发展组织的外来直接投资限制指数》（OECD’s FDI Restrictivenes Index）（工作文件，经济合作与发展组织，巴黎，2010年3月）（http：//dx.doi.org/10.1787/5km91p02zj7g-en）。

③ 傅小兰（Xiolan Fu）著：《外商直接投资、吸收力及区域创新力：中国证据》（ForeignDirectInvestment，AbsorptiveCapacityandRegionalInnovationCapabilities：EvidencefromChina），牛津大学。

④ 阿特金森（Atkinson）著，《全球化、新技术及经济转型》（Globalisation，New Technology and Economic Transformation）。

企业保持竞争力所需的具体条件。⑪允许所有生态系统参与方参加技术标准委员会（TSC）。⑫通过参与全球标准化讨论，让世界了解中国立场并兼顾中国利益。⑬允许创新型参与者加入，扩大顾问委员会。⑭从行业及私有经济体中征集意见来为公共政策制度量体裁衣。⑮在新规定通过前，预估会产生的影响，并听取行业对于提议实施的新规定的技术可行性[①]的意见和建议。

关键点4：建立社会创新文化，做好基础教育工作，培养新型创新所需人才。

2010年7月，中国教育部发布了下一个10年的教育改革规划纲要。这份纲要涵盖了对从幼儿园到大学和职业教育的改革。具体的创新政策可以聚焦以下三个方面：

第一，初始教育现代化，培育全社会的创新思维。

一些国家已根据“教育促进创新”理念提出了各种教育倡议，强调发展科学、技术、工程及数学（STEM）方面的教育至关重要。在国际学生能力评估项目基准排名中（PISA）[②]，芬兰和韩国排名最高，且这两国在创新力排名中也处于领先地位。我们建议中国政府在审视其创新政策对初始教育的影响，能够考虑以下原则：①从学前教育开始。②重视沟通、创意分享、团队合作精神以及积极的企业家心态。③开发跨学科项目并促进发展整个价值链所需的全面素质。④提升在创新方面的学术培训：早期科技开发阶段的方法和最佳做法以及对发明和创新管理中的价值捕获[③]。⑤结合先进的教学科技设备改善学生成绩，开启新一代教育。⑥发展二元教育，让学生在实践中学习。⑦职业教育培训（比如：奥地利、德国以及丹麦）可以给年轻人提供更加广阔的职业发展前景，并能让企业适应要求更为严苛的市场要求[④]。

我们建议中国政府制定二元教育政策并考虑以下原则：①将教育与尽可能上游

① 详解请见《欧洲创新合作》（European Innovation Partnerships）就特定主题（生物经济、关键的使能技术及独立活跃生存）对企业、政府部门及使用者间如何开展合作、应对挑战的讨论。

② 芬兰、韩国、新加坡及香港在PISA的排名中分别为539、536、533和526位，在欧洲工商管理学院（INSEAD）2012年全球创新指数的排名分别为61，8、53，9、63，5及58，7。而美国在这两个机构的排名中位于500及57，7；中国的排名分别为556及45，4位。

③ 在美国，I-Corps是鼓励科学家及工程师将注意力放在实验室外的一系列活动和项目，扩大由美国国家科学基金资助的精选基础科研项目。I-Corps项目有利地方和国家层面创新生态系统的创新。http：//www.nsf.gov/

④ 《聚焦具有竞争力的工业国家——德国：巩固优势，克服弱势，保证未来》（Infocus：Germanyasa competitive industrialnation：Building on strengths-Overcoming weaknesses-Securing the future），联邦经济学及科技部，2010年10月。

的企业相链接，并使企业成为中国教育链的一部分。②让企业根据预期的行业需求来参与课程设定，反过来，这也有助于企业为迎接新一代劳动力到来做好准备。③开发师徒制和在职培训。④发展继续教育，为劳动力提供再培训选择。⑤我们认为终身学习和技能发展是应对目前工业及社会转型的关键因素[①]。

我们建议中国制定包括以下内容的继续教育政策：①制定并启动一份最新的中国成人学习计划（CAAL）。②评估主要的再培训要求，因为技能熟练的工人对经济转型至关重要。企业应实时掌控公司的技术需求，以免出现技能短缺。③增加再培训计划资源。在教育系统开展公私合作关系。

关键点5：建立多样创新融资形式，充分利用海外资金和市场，增进创新生态系统的融资活力。

创新融资是一项挑战：首先企业规模与类型各有不同，其次创新发展的不同阶段会诱发多样风险[②]。大企业有“雄厚的财力”来吸收消化风险并为其创新提供资金支持，而中小企业在这方面却处于较为弱势的地位。中小企业从一个资金源“跳”到另一个，来为每个发展阶段提供资金支，并存活下去。

建立多层次的资本市场制度至关重要。为此，我们提出如下建议：

①继续为本地银行提供更好的监管支持。规模较小的银行能更好地为企业家和中小企业提供服务，此类银行应予以支持和鼓励。德国的中小企业很早就形成了从当地储蓄银行及信贷合作社获得周转资金的传统，而且这类银行的资本占到德国整个金融业的2/3。

②向国外风险投资及银行开放资本市场，为全球创新合作伙伴关系的建立及市场准入提供支持。

③扶持性地监管如阿里巴巴旗下小额贷款公司这样的新崛起的创新型中小企业贷款公司，促进其健康发展。

---

① 请见《欧洲经济共同体终生学习政策》（EEC Lifelong Learning Policy）（http：//ec.europa.eu/education/lifelong-learning-policy）；日本21世纪教育改革方案——日本政府教育、文化、体育、科技政策2001年（Educational Reform for the 21st Century—Japanese Government Policies in Education，Culture，Sports，Scienceand Technology 2001）（http：//www.mext.go.jp/b_menu/hakusho/html/hpac200101/index.html）；美国教育委员会（http：//www.acenet.edu/higher-education/Pages/Lifelong-Learning.aspx）。

② 简·库比斯（Jan Kubis），执行秘书著：《融资创新政策选择及方法》（Policy Optionsand Instruments for Financing Innovation），联合国欧洲经济委员会（UNECE），2009年。

促进创新不仅仅需要在融资层面制定正确的金融政策，还需加强其他几个方面：如交易透明度、灵活度与速度以及破产情况下终结业务活动的能力。美国小企业管理局（SBA）调查表明，有53%遭遇过首次失败的小企业主，会再次创立中小企业，而且往往会取得成功[①]。除了观念上的因素外，一个有利的金融环境对这种重生也是具有重要意义。金融供应链严重缺乏效率（尤其是在采购支付流程），会导致周转资金和经营成本的增加。这是中小企业另一大竞争弱势。为此，我们建议：

①为企业上市提供便利，满足中小企业需求，加速建立场外交易市场，并建立综合性的融资机制。

②运用已建立的支付解决方案的优势，扩大商业卡平台，进一步为放开中小企业贷款打好基础。利用国际跨境支付网络的效率及其跨境风险管理和经验。

③继续改革利率体制。如果银行能在中小企业业务上相比其核心大企业业务获得更高回报，那么自然会更加关注中小企业贷款。

④开展公私合作，不仅促进研发融资，而且可通过下游使用和学习推动创新[②]。最后，我们建议中国从世界最佳的融资模式和开放的资本市场运作中吸取经验来发展自身创新生态系统。同时，中国也应建立一个独特的中国模式来保持其包括跨国企业在内的生态系统的平衡。

2. 对实际应用“试验田”的建议

对所有国家而言，这些转变都不可能一蹴而就。基于可行性及可操作性，我们建议中国政府在指定的区域范围内进行创新生态系统的试点。中国政府可利用这些创新生态系统“试验田”对一些社会和民生特别相关的应用领域的政策进行评估和调整。这可使中国在全球层面发挥创新作用，并获得新的发展动力。

当然这些协作需要统一的游戏和“赛场”规则。由于我们随时都会面临各种不确定性，处理各类复杂问题，我们建议以“试验加学习”的方式进行试点。中国可汲取跨国企业在设计创新项目方面的经验，利用和发挥生态系统中所有参与者的

---

① 鲁斯·塔普林教授（Ruth Taplin）著：《欧盟、美国及日本的融资创新活动对比》（Financing Innovation activity in the EU，US and Japan：a comparison），2012的7月1日周三。

② 融资创新：印度包容性创新基金，由国家创新委员会2011年创立（http：//www.iii.gov.in/images/stories/reportpeople/Financing_Innovation_ch1.pdf.）

聪明才智，以及充分利用政府方面所提供的支持。

跨国企业、国有企业及政府部门应提供众多的应用选择。通过调动创新生态系统，每个选择方案都应成为解决一个关键的实际社会问题的机会。

这样的机会组合将根据预先协商一致的一套评估标准进行联合评估：①社会范围及所需的创新突破。②利用或创造中国区域性、全国性规模的创新生态系统。③政府及参与企业实现生态系统的关键成功因素。

以下是关于未来可进行试点领域的项目建议：①清洁—未来城市。②无现金社会—电子化支付。③节能、替代能源、低排。④汽车新生代内燃机（ICE）。⑤绿色制造。⑥中小企业融资及供应链创新。⑦技术工人技能再培训。⑧与高校有效的合作。⑨包括公众、政府及各行业在内的创新监测平台/标准体系。

我们，米其林、卡特彼勒、陶氏化学、菲亚特、日立及万事达卡六家跨国企业，都热切地希望帮助中国发展其全球创新生态系统。我们深信，通过采取开放的态度、开展竞争前的合作，加强社会责任、进行公平竞争，我们定能克服前方的巨大挑战。“中国发展高层论坛专题报告系列”为我们提供了参与对话的宝贵机会，我们在此谨致谢意。

中国产业状况与调整方向

中信证券研究部

一、中国内外需求变化

1. 全球经济再平衡与中国外需增长下降

2008年全球金融危机之后，全球经济开始了再平衡过程。发达经济体在降低过度消费的同时，加强国内供给，着力提升制造业竞争力。新兴经济体普遍经受严峻的经济结构调整与增长方式转型的压力。

在全球经济再平衡过程中，未来5年全球经济增长难以回复至危机前水平，因此中国的外需增长将有所下降。

表1　　全球增长与中国出口（%）

	2002	2003	2004	2005	2006	2007	2008	2009	2010	2011	2012
全球经济增长	2.9	3.7	4.9	4.6	5.3	5.4	2.8	–0.6	5.1	3.8	3.3
全球贸易增长	4.3	6.2	11.3	8.0	8.9	7.5	2.7	–11.8	14.1	6.6	3.7
中国出口增长	22.4	34.6	35.4	28.4	27.2	26.0	17.2	–16.0	31.3	20.3	7.5

资料来源：IMF，WorldBank，OECD，中信证券研究部

2. 中国旧的需求动力衰减

出口、住房和汽车三大需求减弱。2001年以来，中国经济进入了一轮上升周期，拉动经济增长的动力是：加入WTO后所释放的强大的外部需求、1998年房改后所释放的巨大的住房需求以及收入增加后所释放的汽车等耐用品需求。然而，目前这三大动力都出现了不同程度的衰减。首先，出口在经历了过去10年平均20%以上的增长以后，可能回到个位数增长的“新常态”，出口对经济增长的拉动由过去的正贡献转变为负贡献，顺差占GDP的比重持续降低（由2007年占GDP8.8%下降至目前的3%以内）。第二，房地产的拉动作用将明显下降，2001至2010年商

品房销售面积年均增长20%以上，而2011年以来，其增速已经回落至5%以内，房地产投资增速也将相应回落。第三，汽车增速明显下降，2010年以前，汽车产销量年均增长26%以上，而2011年以来，汽车产销量增速回到个位数。

表2 拉动中国经济增长的主要动力 单位：%

年份	出口	商品房销售面积	汽车产量
2000	27.8	26.9	12.9
2001	6.8	22.3	13.2
2002	22.4	20.2	39.0
2003	34.6	29.1	36.6
2004	35.4	18.6	14.1
2005	28.4	45.1	12.6
2006	27.2	11.5	27.5
2007	26.0	25.1	22.0
2008	17.2	-14.7	5.2
2009	-16.0	43.6	47.6
2010	31.3	10.6	32.4
2011	20.3	4.9	8.0

资料来源：CEIC，中信证券研究部

二、中国制造业产能过剩显现

过去10年制造业是拉动中国经济增长的主要力量。但是，当前随着出口、住房和汽车等国内外需求下降，制造业产能过剩的问题日益突出，钢铁、有色、化纤等行业过剩严重。行业产能利用率低，产品价格出现明显下降（PPI已经出现了负增长）。未来制造业产能面临调整，其对经济的拉动作用将会下降。

1. 产能过剩的判定标准

产能过剩问题，可以从微观、宏观以及行业三个层面去理解：从宏观的角度来说，产能过剩主要是指由于受到社会总需求的限制，经济活动没有达到正常限度的产出水平，从而使资源未得到充分的利用，生产能力出现一定程度的闲置；从微观的角度来说，产能过剩是指实际产出低于生产能力达到一定程度时形成的生产能力过剩；从行业的层面上来说，产能过剩是指一定时期内，某行业的实际产出在一定程度上低于该行业的生产能力。

产能过剩往往是和盲目投资、低水平重复建设联系在一起，由此导致的不良后果主要表现为产品价格下跌，库存上升，企业利润增幅下降，亏损增长，加大金融风险，使资源环境约束的矛盾更加突出等。可见，产能过剩是一个关于生产效率的概念，即在目前的投入水平之下，实际产出并未达到可能的最大化的产出。同时，产能过剩也是一个相对于需求的概念，因为当前的实际产出水平是由需求决定的。

产能过剩一般使用产能利用率来衡量，产能利用率是实际产出与产能产出的比值。根据国际经验，产能利用率的正常值在79%~83%之间，若产能利用率低于79%，则可能存在产能过剩现象。

2. 七大行业产能出现过剩

产能过剩是一个结构性的问题，产能过剩主要集中于哪些行业，对于正确评估产能过剩对经济的影响、产能过剩持续的时间都有着重要的实践指导意义。那么，中国究竟哪些行业出现了明显的产能过剩呢？我们对中国制造业28个子行业的产能利用率进行了定量测算。一般认为产能利用率低于79%的行业存在产能过剩，我们测算发现：重工业的石化炼焦、化学原料、矿物制品、黑色金属、有色金属以及轻工业中的化学纤维、造纸制品行业存在明显的产能过剩问题。

七大产能过剩行业经营状况不佳。2012年12月各行业亏损企业占比都在12%以上，化学纤维以及石化炼焦行业亏损企业占比已经超过20%；而2012年11月各行业的毛利率都在17%以下，化纤、有色金属和黑色金属的毛利率均低于8%。

三、优化产业结构的政策措施

首先，强化资源环境约束，限制“双高”行业产能过剩。我们发现，制造业产能过剩最严重的行业是石化炼焦、化学原料、矿物制品、黑色金属、有色金属、化学纤维、造纸制品等行业。这些行业是典型的高耗能和高污染行业，这些行业之所以出现产能过剩，其很大程度是我们对资源和环境的节约与保护力度不够，产品的成本没有包含环境成本，即企业的生产成本低于社会成本，因此造成产能过剩。为了限制这些行业产能过剩，需要加强环境保护以及对资源价格合理定价。

其次，加速制造业结构调整，促使要素从制造业转向服务业，优化要素的优化配置。一是加快服务业领域改革，完善服务业的定价机制和税收体系；二是渐进式推进产权制度改革，未来应当积极培育产权多元化市场，国家有必要出让、转售一部分国有股权，完善企业激励机制；三是推动过剩行业的破产、重组和清算，对于竞争性行业严格按照优胜劣汰原则进行资源配置，消除对国有企业的保护。

第三，综合使用财政和税收政策，促进经济转型。继续推动结构性减税，进一步扩大减税范围。减税是促使中国经济转型的重要政策工具，要加大对新兴产业和服务业的减税。出台采用带有杠杆性质的政策，对符合经济转型的行业投资采用财政贴息、财政补贴等政策。

四、未来中国产业发展方向

“十二五”规划纲要勾勒了未来5至10年中国产业结构调整的发展大方向：“促进制造业由大变强”，到2015年，战略新兴产业占GDP比重由目前4%上升至8%。结合中国经济发展阶段和发达国家转型经验，未来5年中国产业调整将更多地体现为产业结构的再平衡，包括工业与服务业、新兴产业与传统产业之间的再平衡。

工业和服务业的再平衡。工业和服务业之间具有相辅相成的关系，工业发展到一定阶段会内生性地增加对生产性服务业的需求；反过来，生产性服务业发展也有助于提升工业附加值。发达国家历史经验表明，人均GDP为4000美元是服务业加速发展的重要转折期。目前，我国人均GDP接近拐点，而服务业增加值占GDP比重仅为43%，远低于发达国家70%的水平。预计未来我国服务业将进入一个加速发展时期。

新兴产业和传统产业同时兼顾。工业转型升级需要同时兼顾传统产业和战略性新兴产业，要注重运用先进技术改造传统产业。结合国外产业结构调整经验和目前我国发展阶段和经济发展战略，未来5年内中国制造业发展会呈现如下特点：①受益于城市化和战略性新兴产业推进，机械装备行业呈现较高景气。②受益居民收入和消费需求档次提升，短期消费品制造业会相对景气。③受制于行业产能过剩的限制以及节能环保的政策要求，部分传统行业增速下降。

1. 服务业崛起

从产业结构演进理论和世界发达国家发展经验看，一个大国的经济发展基本上是按照从农业经济大国（农业大国）到工业经济大国（工业大国）、从工业经济大国到工业经济强国（工业强国）、从工业经济强国到服务业经济大国（服务业大国）。相比，当前我国工业化已基本实现，并成为世界工业大国之一。但是，受中国独特的工业化战略和道路制约影响，中国三次产业结构调整明显的失衡。突出表现就是，劳动力转移滞后于生产结构变化，大量劳动力沉淀在第二产业，严重制约了居民消费需求和经济增长（见图1）。经验显示，历次生产结构和就业结构的快速调整伴随着经济的高速增长，其中2000年后就业结构变化速度开始超过生产结构变化，对经济增长影响变得更加突出。这意味着未来三次产业调整要更大程度上依托劳动力转移来推动，即如十八大报告所指出，通过城市化和工业化良性互动带动服务业加速发展。

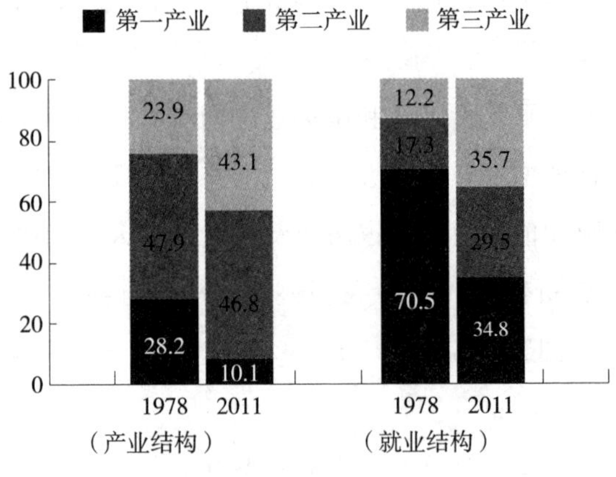

图1　中国三次产业产出和就业结构变化（%）

资料来源：CEIC，中信证券研究部

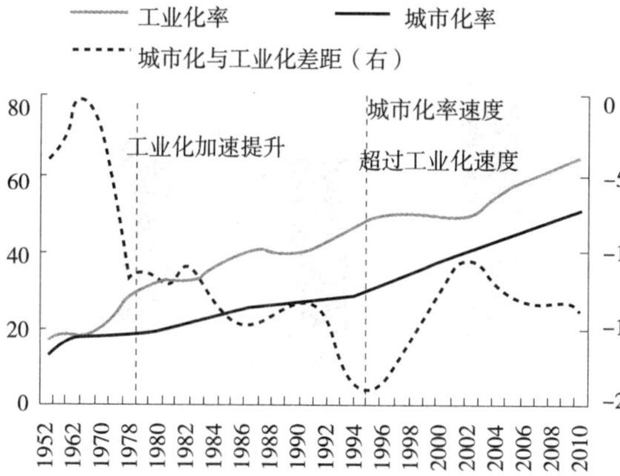

图2　中国工业化与城镇化演进（%）

资料来源：CEIC，中信证券研究部

从目前经济发展阶段看，中国处在服务业加速发展的重要时期。驱动因素来自如下几个方面：第一，消费需求端。人均GDP接近4000美元，居民消费结构将逐步从生存需求主导转向发展需求主导，服务消费需求增长超过商品消费需求增长。第二，生产需求端。工业分工内生性增加对生产性服务业需求。第三，供给端。制造业就业人数已经接近上限，其劳动生产率增速低于服务业生产率改善程度，这将促使劳动力流向服务业领域。

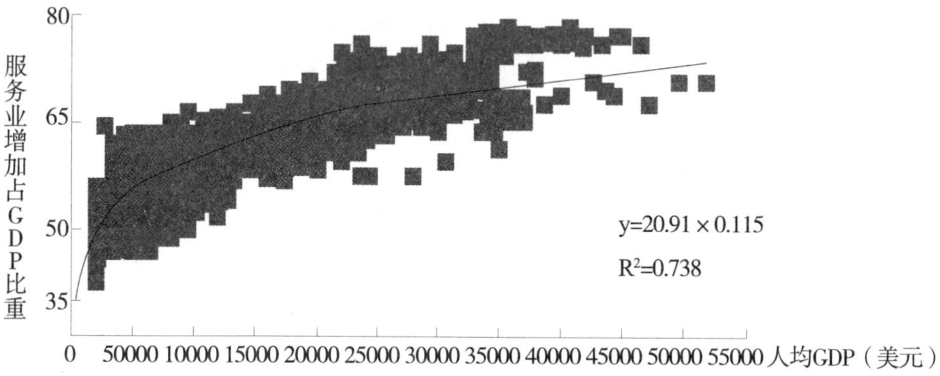

图3　国别经验：经济发展和服务业/GDP比重关系（%）

资料来源：WDI，中信证券研究部

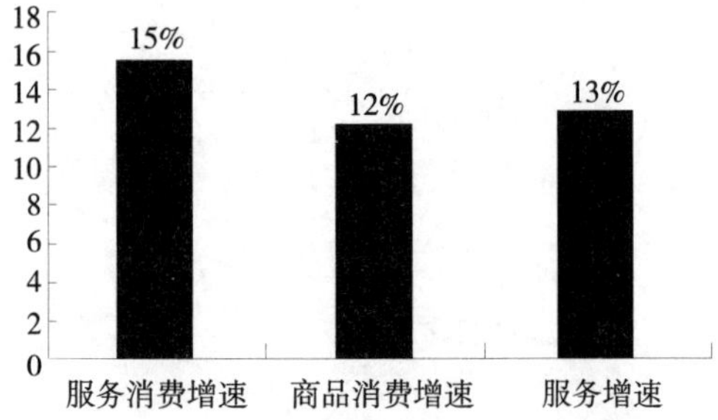

图4　2001年以来中国居民服务消费增速超过商品消费（%）

资料来源：CEIC，中信证券研究部

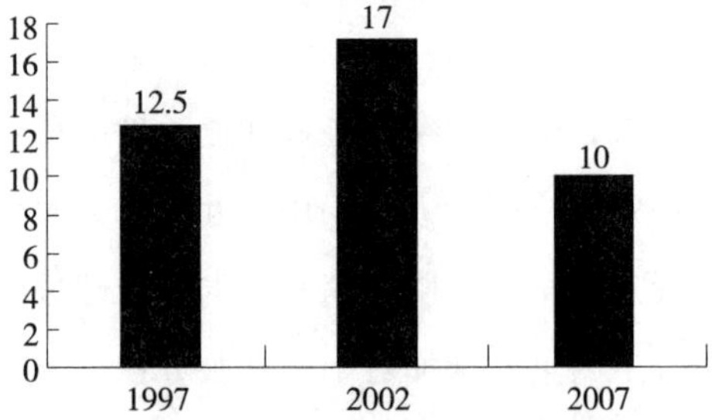

图5　产业升级需求提升对生产性服务业需求（%）

资料来源：CEIC，中信证券研究部

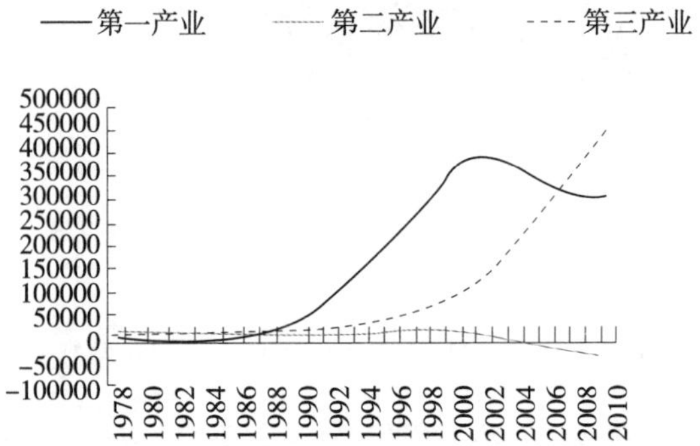

图6　中国服务业劳动生产率超过工业劳动生产率（%）

资料来源：CEIC，中信证券研究部

四大服务业景气程度有所上升。我国服务业发展水平显著滞后，不仅反映在服务业总量规模上，而且也反映在内部结构上。在垄断管制放开、城市化和产业升级等多重因素影响下，预计未来四大服务业景气程度将呈现上升趋势。

①金融服务业。1978~2010年，我国金融业增加值年均名义增速约19.6%，超过第三产业年均增速17%，行业增速居第三产业之首。跨国比较中，我国金融业增加值占第三产业增加值比重较高（12.1%），略高于日本（9.5%）、韩国（11.4%）、美国（10.5%）。但由于行业比较中盈利潜力较大，金融行业ROS（息税前利润/销售收入比率）居行业前列。故预期在金融改革推动下，金融服务业仍将保持快速增长。

②租赁和商务服务业。商务服务业属于现代服务业的范畴，它具有较大的“乘数效应”。它不仅能够引导生产、促成消费，而且能够为商业活动中的各种交易活动提供服务，直接促进商品流通与服务交换。也正因为此，商务服务业在发达国家正快速成长，超过金融地产等第三产业增速。相比较，2010年我国商务服务业增加值占第三产业增加值比重仅7.7%，远低于发达国家（如美国17%）。“十二五”期间，在产业升级、加大服务贸易和外包服务业发展政策影响下，商务服务业有望成为发展最快的行业。

③卫生社保服务业。随着人口老龄化和消费结构升级，居民对卫生和社会保障服务业需求将会显著提升。但从目前我国卫生社保服务业发展水平看，2009年我国卫生社保服务业增加值占第三产业增加值比重仅为3.5%，明显低于美国（9.4%）、日本（8.4%）、韩国（7.4%）、德国（8.0%）。预计“十二五”期间受益于收入分配和惠及民生的社保医疗改革政策，卫生社保服务业发展将会提速，好于“十一五”时期。

④文化娱乐和体育行业。文化娱乐和体育行业是居民消费结构由生存需求转向发展需求的一个重要组成内容。2009年，我国文化娱乐和体育行业增加值占第三产业增加值约为1.5%，明显低于日本（2007年2.5%）、韩国（2009年3.0%）。十八大报告指出，要推动文化产业快速发展，2020年全面建成小康社会，文化产业成为国民经济支柱性产业。这将推动文化行业的健康快速发展。

对于我国批发零售服务、交通运输仓储和邮政业，随着服务业总体规模的扩大，其总量也会有所增长，但未来其发展空间更大程度上是进行存量调整。

表3　分行业增加值/第三产业增加值比重国际比较（%）

		中国（2010）	日本（2007）	韩国（2009）	美国（2009）	瑞典（2009）	德国（2008）
	服务业增加值/GDP	**43.2**	**69.1**	**60.3**	**79.4**	**70.3**	**69.5**
	服务业内部结构						
	生活类服务业	**30.3**	**31**	**35.4**	**32.5**	**34.2**	**34.2**
	住宿餐饮	4.6	4.3	4	3.4	1.9	2.4
	社会服务业	25.7	26.6	35.5	32.5	32.5	31.9
	教育	7.1	4.6	6.62	6.98		4.7
	卫生和社保	3.4	8.4	7.5	9.44		7.23
	文化娱乐体育	1.5	2.54	3.02	1.67		1.73
	生产性服务业	**69.7**	**69**	**64.6**	**67.5**	**65.8**	**65.8**
	交运设备仓储运输	16.1	9.3	10.6	7.2	11.2	8.3
	金融地产和商务服务业	33	39.1	35.3	42.6	37.6	42.4
	金融	12.1	9.4	11.4	10.5	6.9	5.2
	房地产	13.1	16.7	12.8	15.1		17.8
	租赁和商务服务	7.7	13	11	17.1		13.6
	批发零售	20.6	20.7	18.7	17.7	17	15

资料来源：CEIC，中信证券研究部

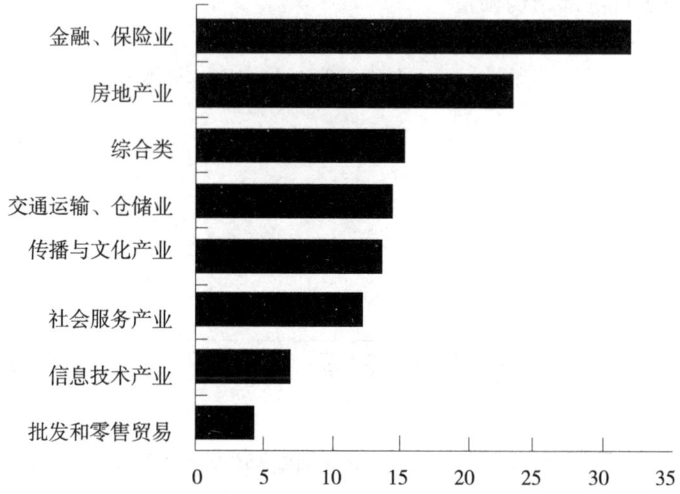

图7　中国第三产业上市企业ROS比较（%）

资料来源：Wind，中信证券研究部
注：ROS为行业息税前利润/收入的比率

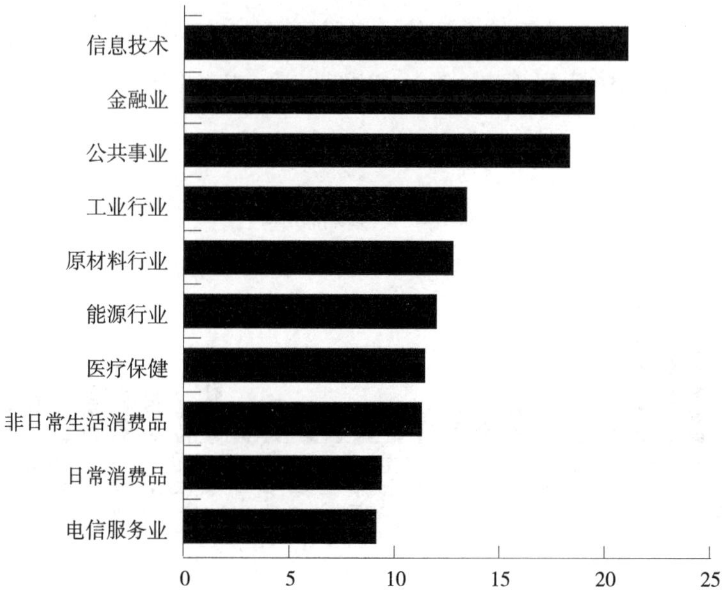

图8　美国标普500上市企业分行业ROS比较（%）

资料来源：Datastream，中信证券研究部
注：ROS为行业息税前利润/收入的比率

2. 制造业进行内部结构调整

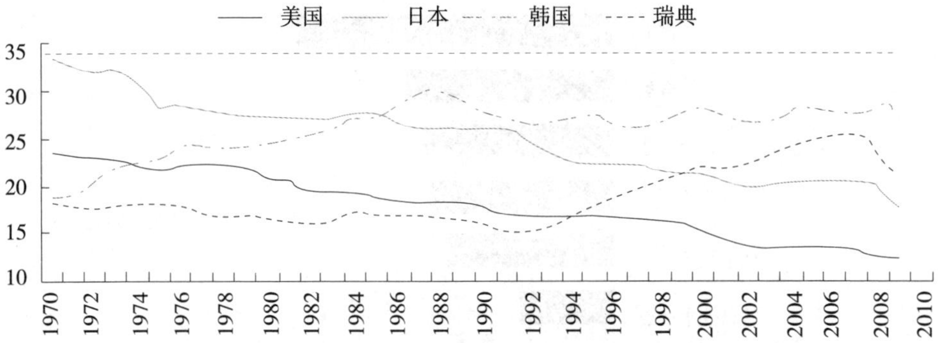

图9　制造业产出占GDP比重面临35%历史上限（%）

资料来源：OECD，中信证券研究部

制造业快速发展是工业化推进早期阶段的一个主要特征。随着工业化程度提高，制造业占GDP比重将达到一个上限。根据钱纳里等人的研究，制造业占GDP比重上升到35%是一个自然上线。OECD等多国经验均证实了这一规律。从我国人均GDP水平和工业产值、就业比重综合评估，当前我国处于工业化后期阶段，制造业占GDP比重已经接近35%上限（2011年）。这意味着，未来中国制造业发展将从总量快速扩张转向内部调整。

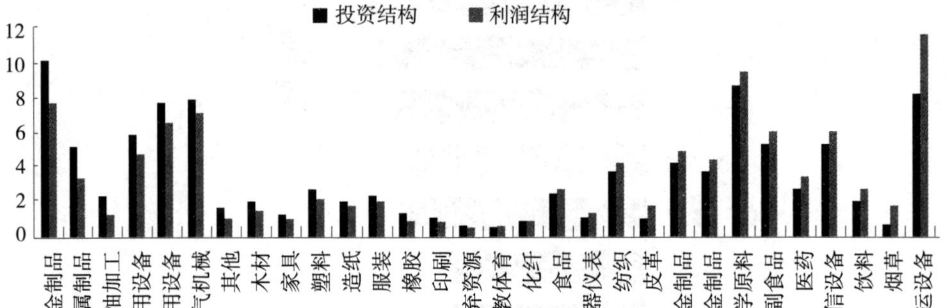

图10　中国制造业内部盈利和投资结构失衡（%）

资料来源：国家统计局，中信证券研究部

过去10年伴随工业的快速增长，制造业暴露出严重的内部失衡问题。主要表现在以下几个方面。

（1）盈利和投资结构失衡。我国投融资体制、收入分配体制的不合理导致制造业内部盈利结构和投资结构之间显著背离，以及部分行业产能严重过剩，尤其在国有资本占主导的资源性行业。

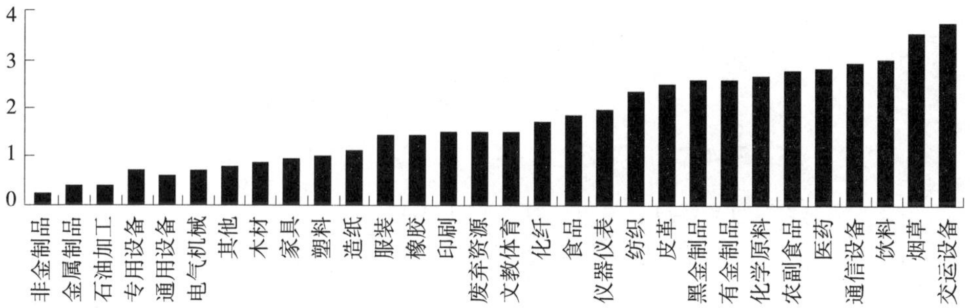

图11 行业产能相对过剩指数

资料来源：国家统计局，中信证券研究部
注：行业产能指数低于1，表明产能过剩的程度越严重

（2）技术结构失衡。按照OECD划分标准，我国制造业内部技术结构呈现“橄榄型”，即高技术和低技术水平行业均相对较低（韩国除外），处于中间技术水平行业的比重则显著较高。2011年我国高技术水平行业产出占GDP比重仅为11.8%，远低于日本（15%）、美国（21%）、韩国（23%），尤其是2005年后我国高技术产业产出占GDP比重呈现了下降趋势。

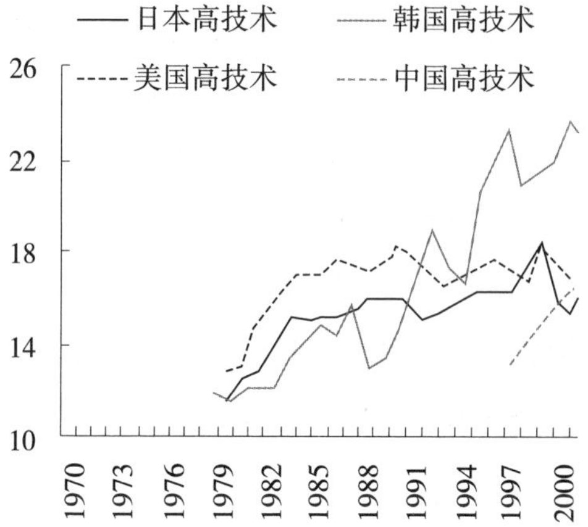

图12 制造业高技术产业发展国际比较（%）

资料来源：OECD，中信证券研究部

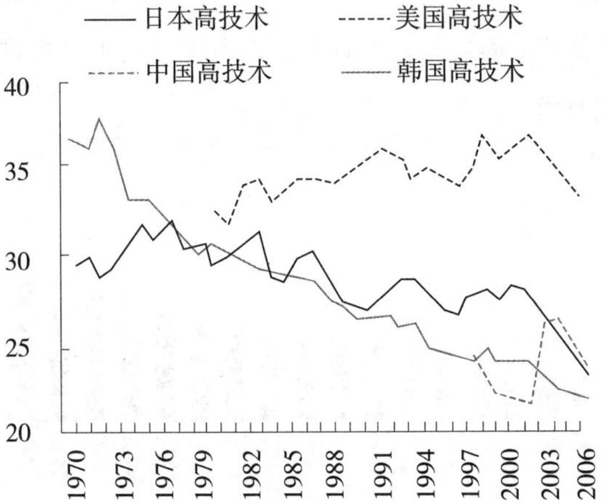

图13　制造业低技术产业发展国际比较（%）

资料来源：OECD，中信证券研究部

未来10年在新一轮产业调整中，我国制造业内部将呈现出显著分化。主要体现在如下几个方面：

第一，高技术产业和装备类产业景气度显著提升。首先，高技术行业和装备类制造业发展是大国经济的重要战略。由于高技术行业具有较强的市场控制力，能够较好地规避对外贸易中的贸易摩擦，更具有持续增长的动力，故发达国家在制造业结构调整中更倾向于将资源配置到高技术行业。通过考察行业产值/制造业产值、行业出口/制造业出口，以及行业出口/产值等指标变化，不难发现，以医药、信息技术和先进装备等为代表的高技术行业，其上述指标均呈现出持续上升的态势。其次，高技术行业具有相对较高盈利能力，这将有助于企业获得更多外部融资，形成高收益—高投资—高生产率的良性循环。目前，我国已将装备制造业、信息技术等行业确定为“十二五”战略性新兴产业，根据规划我国装备制造业等新兴产业增加值增速将显著超过同期工业增速。高技术和装备类产业能否成功实现技术升级，直接关系着中国转型的成功与否，决定着中国长期发展的后劲。

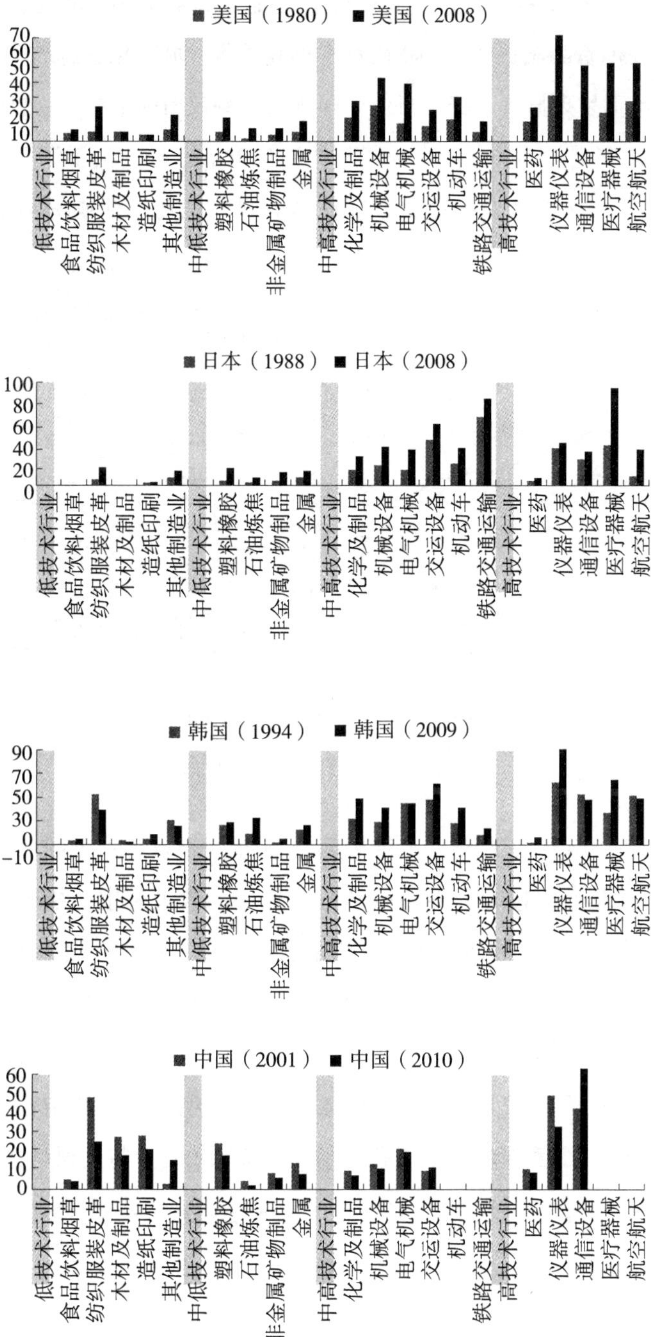

图14　美日韩和中国行业产品用于出口的比重及其变化（%）

资料来源：CEIC，中信证券研究部

第二，中期消费类制造业景气度相对小幅提升。美日韩经验显示，随着居民消费需求的满足，消费品制造业占GDP比重将小幅回落；城市化超过约60%，消费相关制造业占GDP比重呈现显著下降。目前中国城市化率仅51%左右，故短期受益居民收入提升和城市化推进，消费品制造业景气相对提升。此外，由于消费类制造业具有较高的盈利能力，这也是支撑短期看好食品饮料、医药、印刷等消费类制造业的原因。

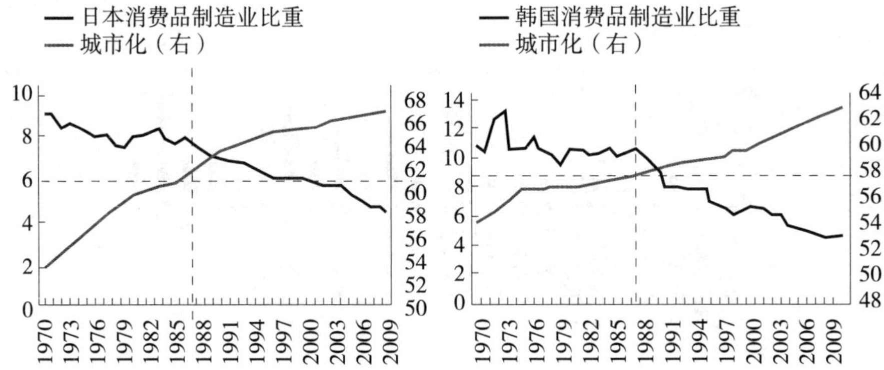

图15　日韩经验：城市化接近60%，消费类制造业占GDP比重趋于显著下降（%）

资料来源：WDI，中信证券研究部

第三，钢铁、有色、纺织、造纸等部分传统行业景气趋于回落。主要原因：第一，受制于行业产能过剩的限制以及节能环保的政策要求，橡胶、塑料以及石油炼焦等行业增长将相对放缓。第二，当前我国在重工业的石化炼焦、化学原料、矿物制品、黑色金属、有色金属、化学纤维等行业都存在明显的产能过剩问题，从发达国家经验看，随着一国工业化和城市化进程的结束，这些传统工业增速可能呈现趋势性的放缓，而不单是周期性放缓。结合美日韩产业结构演变规律及中国产业政策，预计未来我国钢铁、有色、纺织、造纸等行业将呈现趋势性下降。

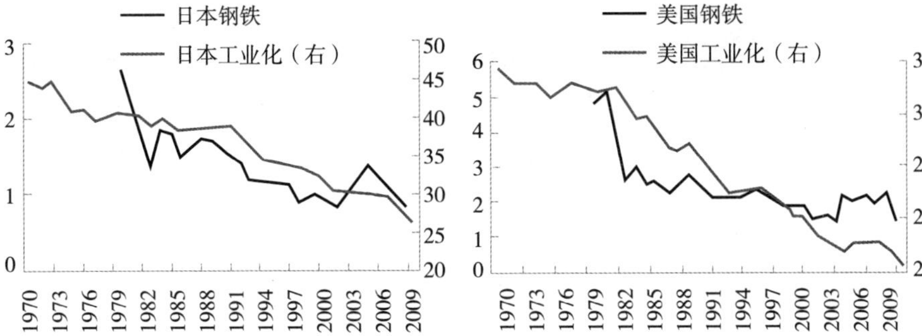

图16 美日钢铁行业增加值占制造业增加值比重随工业化结束逐步下降（%）

资料来源：CEIC，中信证券研究部

第8章

第三次科技革命和移动互联新机遇

中国航空工业集团公司董事长
林左鸣

第三次工业革命将人类带进自工业化时代

目前，关于第三次工业革命的讨论很多，但国外主要有两种论述。

第一种是美国的杰里米·里夫金（Jeremy Rifkin）提出的以再生能源互联网为核心的工业革命。里夫金的主要观点认为新的通信技术与新型能源结合是导致工业革命发生的主要原因，因此第三次工业革命是互联网与再生能源相结合，形成能源互联网，导致人类生产、生活、经济和社会的重大变革。他认为第三次工业革命已经开始，而且迫在眉睫，欧洲从2000年就在开始推进，而且走在世界的前面。

第二种是英国《经济学人》杂志的编辑保罗·麦吉里（Paul Markillie）提出的以数字化制造为核心的工业革命。他认为第三次工业革命是以互联网、新材料和新能源为基础，以“数字化智能制造”为核心的一场革命，将带来制造模式的重大变革，大规模流水线制造将终结，人们完全可以按照自己的意愿来设计制造产品。第三次工业革命甚至会带来反城市化浪潮，取代城市化生活的将是一种分散、自给自足的生活方式。

两种论述虽有共同点，但显然还是有差异的。目前对什么是第三次工业革命也没有统一的定义，还有的认为这只是一种猜想。第三次工业革命到底是否到来？其主要标志是什么呢？这的确是值得人们认真研究的。

一、判断工业革命的标志：是否引起生产方式巨变

目前认为人类历史上发生了5次科技革命，正在发生的是第6次。人类历史上的工业革命只有2次。让我们比较一下第一次工业革命和第二次工业革命。第一次工业革命开始于18世纪晚期的英国，以纺织工业机械化为起点，随后的几十年实现了

机器生产取代手工制作的变革。第一次工业革命发生于蒸汽机发明和应用的第二次科技革命时期。第二次工业革命始于20世纪早期的美国，以流水作业线的发明为标志，从此开创了规模化生产的时代。第二次工业革命发生于电气技术的发明和广泛应用之际，重大技术和产品的发明包括了电话、电报、电视、内燃机、汽车、飞机等。

有人说，第一次工业革命开启了蒸汽时代，第二次工业革命使得人类进入了电气时代，第三次工业革命将是数字化革命、能源革命等等。这种想用某项技术来标志某次工业革命的特征的做法，我认为没有抓住工业革命的本质特征。其实，判断是否开始或者进行了工业革命，其主要标志是看技术变革是否引起生产方式的革命性变化。每次工业革命都是由一项或多项技术的发明引起整个生产方式的革命性变化，才能称之为工业革命。第一次工业革命，实现了从手工生产到机器生产的巨变，生产方式是革命性的，所以被称之为工业革命。第二次工业革命实现了从“单件作业”到“流水线作业”的大规模生产方式的巨变，因而也被称之为工业革命。

我们再来仔细分析美国人杰里米·里夫金、英国人保罗·麦吉里的论述，就可以发现，虽然一个说的主要是再生能源的制造，一个主要说的是产品的数字化制造，但他们的论述都有一个共同点，那就是技术进步可能引起生产方式的巨变，即以互联网为基础，以数字化为核心，实现了由“大规模生产”向“自生产”的转变，我们把这称之为人类进入“自工业化”时代的第三次工业革命。

生产方式革命性的变化，必然引起生活方式、社会和生产关系、商业模式，以及政治、经济、军事等多方面的巨大变革。

我认为，第三次工业革命主要有以下生产方式变化的特征：一是自工业化。数字化设计和制造、先进的网络化环境、相应的管理变革和法律制度，如适应互联网应用的专利保护制度等等，这些将使社会进入一个自工业化时代。二是基于自工业化条件下的再制造化，这也是一个绿色社会的题中应有之义。

二、自工业化时代：摧毁原有价值创造的链条

工业化以后，人类生产的方式发生了巨变，分工细化了。在农业社会，通常是几乎所有的人都拥有进行农业生产的权利和能力，只要你拥有土地你就可以生产。尽管在农业社会也有工业，但几乎都是具有自生产文化属性的手工业，所以在农业经济主导的时代，是自生产时代。而在工业化时代，产品必须标准化，必须大规模

生产，必须有组织、有系统地生产，而且带来了不同的社会分工；甚至很多人被剥夺了参与工业生产的权利和能力，也就是自己想为自己制造一个复杂的工业产品几乎是不可能的。这样的情况随着第三次工业革命，随着云计算等数字化技术的进步，包括电子商务（以下简称“电商”）平台加上3D打印这样新型制造技术的出现，就发生了根本性的变化。

比如说我们要生产某一个产品，就可以按照自己的喜好进行设计，其中比较专业、比较技术性的设计细节可以通过电商的形式委托别人代工，最后再集成具有自己创新理念的产品的完整设计。这种产品设计完成以后，又可以通过具有云计算功能的电商平台委托专门的供应商制造。供应商最后发给我们零部件，我们进行集成组装后就形成了一个我们需要的产品。这个产品既可以满足自己使用，同时这个产品的这套设计理念还可以申请专利进行知识产权保护，并且通过电商平台供他人购买。这套设计方案甚至可以将包括利用云计算的电商平台的所有供应商关系进行打包，卖给任何一个愿意用这个产品的人，那么这个人也可以用同样的办法在电商网络上下订单，制造出他所需要的东西。这就是所谓的自工业化时代。

这样的自工业化将带来已有工业模式的巨大变革。这意味着今后要大力发展基于云计算的超级电商平台。这个平台不仅仅限于电子商务，甚至会融入整个智能化的工业系统，从而使电商演化成“电子工业”。现在的自动化、数字化制造的一些内容，由巨数据量的云计算平台所支撑，形成一个自工业化的公共平台，谁都可以在那里进行设计和制造。比如，有的人擅长艺术性的概念创意设计，仅仅有此一技之长，就可以利用这个“电子工业”的自工业化平台，进行符合自己创意设计的产品制造。比如说要设计一辆自行车，我们可能只进行这个自行车艺术概念或工业造型的设计，或者只做适应人体工程的设计。但在完整的工程设计中，往往有些方面我们并不专业。假如强度设计我们并不是很专业，我们就可以委托其他人帮我们做强度校核或设计。返回来给我们以后，我们把这个经过强度校核的图纸，按照3D打印的技术进行工艺编制后，发给3D打印制造商“打印”出来。零部件寄给我们以后，再自己动手组装出自行车来。这就是所谓的自工业化的生产方式。

在自工业化时代，可以把整个设计理念、方案申请专利保护，还可以把利用配套供应链的整个管理方案，即利用自工业化平台的组织管理和生产制造的方案通过电商平台兜售，谁想要谁来买，谁买了以后都可以按照同样的流程走一遍，来获得自己需要的产品。但是那时就简单了，设计程序已经节省了，买家只要承接上已有的供应链就行。也就是下单给供应链，供应链就按照设计进行制作，做完就交给买家，然后由买家组装就行了。

这样的自工业化需要发展几种技术。一是基于云计算的电子业务平台。这个平台不仅仅局限于商务，还要超越商务，加上设计、工艺编制等数字化设计和制造的业务，而且这个平台必须与3D打印制造联系到一起。二是要有一个非常好的专利保护体系。三是要有非常好的物流系统，包括零件运输、快递传送等等。这是我们面临着通过新工业革命，实现自工业化时代所必须要做到的。这些革命性的变化将极大地拓展人们的生活和发展空间，而且使人们的生活更加个性化，也使现有的工业制造从专业化的、标准化的，并且是排斥每个人拥有工业生产权利的异己状态，恢复到每个人都拥有从事生产的权利的时代。当然这需要具有相应的社会体系。如果说农业社会每个人都拥有生产的权利，是基于人们拥有一块土地可以耕种，那自工业化时代则是基于人们拥有这样一个全新的网络化工业平台。这个平台无疑是摧毁了原有的价值创造体系和链条。历史总是螺旋式发展的。农业社会的自生产文化属性被两次工业革命摧毁了，然而第三次工业革命则有可能使社会的自生产属性在新的生产力平台上再现。

三、再制造——第三次工业革命的应有内涵

再制造是绿色社会的题中应有之义。由于自工业化时代的到来，使得工业产品的再制造成为可能。未来可能出现像超市一样的再制造“超级工厂”，这样的“超级工厂”里不仅仅卖原材料和服务，主要是还可以自助式地进行产品的再制造。这种自助式的再制造或许需要智能机器人和其他信息化的服务。

随着时代的发展，比如一个看上去还很新、很漂亮的汽车眼看着到了报废期，如已经行驶了60万公里了，或者已经用了20多年了，已经到了使用寿命期末期。如果非要把它砸掉不可，这是极大的浪费。我们现在有那么多的手机，这些手机按照摩尔定律在不断地更新换代；我们家里还有很多其他的“电子垃圾”，这么多电子垃圾实际上都是可用的，因为功能的变化，由于人们心理需求的变化，才变为不可用。那么怎么把这些经过工业化制造出来的芯片、元器件、部件、电器整机通过再制造来恢复和注入新的功能，来满足我们不断与时俱进的生理、心理

需求，这就是第三次工业革命的第二个重要内涵。实际上再制造同样导致发生了生产方式的巨变。

再制造将会极大地改变工业的运行模式。当人们的汽车寿命到期了后，需要再制造时，就可以把车开进“超级工厂”，对旧车进行自助式的再制造。再比如说，汽车规定的寿命期是60万小时，往往不过是少数部件该报废了，随着材料技术的发展，我们有可能把现有的已到寿命的汽车零部件，经过例如离子注入等先进技术处理以后，对材料进行改性，使它恢复原来的可靠性和强度，从而继续使用。比如说把一部老爷车进行现代化的再制造，可对它进行新的装饰，或者进行电子系统的升级，整车制造不再经历从锻压、铸造、冲压、成型、焊接、油漆晾干，再到装配成一辆汽车的全过程。原有的汽车还很好，我们只是进行电子的改造，或者利用新技术的材料改性，或者只进行一些装饰性的改造，就可以把这部汽车改装为适合现代人们使用的一辆新的汽车，它不仅可作为古董收藏，而是确实可以派上用场。所以，如果我们不是再制造一辆汽车，而是再制造一件机织毛衣或者一件时装，那么今天要实现这个目的，应该已经没有技术障碍了。这样的基于自工业化的再制造时代，可能也是第三次工业革命必然带来的形式。当然再制造的出现，也必然会引发人们审美观念等价值观的变化，新型或新款式不再是最好的，老型或老款式改造成实用产品才是最好的。

根据自工业化和再制造，我们觉得第三次工业革命中，工业制造技术要发展的主要方向有两个方面：一是要发展自动化、个性化、快捷化的制造能力，这种能力还必须是基于云计算的信息化技术。二是要发展新材料技术，利用新材料技术和新的制造工艺技术，既可以对已有的旧材料进行改进和再生利用，还可以适应自动化、个性化和敏捷化的制造。而这两方面的技术是形成自工业化和基于此的再制造得以实现的重要条件。

四、价值创造：劳动对象化变成了生活对象化

第三次工业革命会给人们带来一种什么样的变化？那就是人们不仅仅是为了生活而工作，更多地是为了工作而生活。

首先回到马克思关于生活对象化的概念。过去实体经济创造价值依靠着劳动对象化，而今天大量的经济价值，已经不仅仅是满足生理需求的实体经济的价值，还

有很多满足心理需求的虚拟价值，那么就需要通过生活对象化来创造虚拟价值。

第三次工业革命引发的这样一场重大的工业变革，实际也推动了生活对象化不仅仅局限于虚拟经济领域，而且还渗透到实体经济领域，这就导致了无论从经济学的基本理论到工业管理的理论，还是人们的消费和生产的方式，都发生了颠覆性的革命巨变，从而使基于商品价值属性，不仅具有生理需求更具有心理需求的广义虚拟经济成为经济的基本特征。在自工业化时代，每一个人都可能是产销一体的，对所有自己想要的每一种产品，都可能成为产销一体的践行者。这是一场完全颠覆性的革命，从根本上改变了现有的生产关系，将给人类社会带来巨大的进步。现在已经很普遍的电子传媒或出版物，已为书籍出版自工业化奠定了良好的基础。比如有时候人们还习惯要有一本纸质的书，可以通过电子传媒或出版物所连带的自工业化出版平台来拥有一本书。这本书可以有多种编辑方式，只要这个人愿意拥有一本个性化的书，就可以在网络上按照自己喜欢的形式，通过自己编辑或者委托别人编辑，用3D打印的方式，很快就把它做成一本精美的纸质书，送到你家去。这就是自工业化时代的真实写照。而以自工业化的形式产销一本自己喜欢的书，今天在技术上已毫无障碍。

在自工业化时代，就航空工业领域而言，以后可能不是飞机制造公司造飞机，而是飞机的用户——航空公司采取自工业化方式生产飞机，由它们组织全世界气动力学专家、结构力学专家通过互联网平台一起来研究飞机怎么设计。原来是制造商和消费者分离，现在是制造商和消费者合为一体，开展自工业化。

在自工业化时代，人们可以进行体验式消费，边生产边消费边享受，使生活与工作的界限很难分清。这种变化实际上是从劳动对象化创造价值，变成了生活对象化创造价值。生产关系的这种变化，会逐步逼近“各尽所能，按需分配”的新型社会形态，这已经使一个“幽灵”真正是不仅仅在欧洲的上空徘徊了。无疑，第三次工业革命孕育着人类社会的一场巨大变革。

五、第三次工业革命：眼下我们该做什么？

第三次工业革命不是一个技术问题，也不仅仅是某些技术的突破，而是一个新的复杂系统的诞生，是一个全新的社会生活平台构建的问题。面对第三次工业革命，我们必须主动应对，还要力争主导，目前要做的主要有三件事：

第一是推进信息化技术和自动化技术的快速发展，要大力发展机器人技术，加速智能化制造技术的发展。

第二是推进新材料技术的快速发展。新材料技术还有很大的发展空间，材料的革命才是真正带来完整的第三次工业革命最重要的基础。今天所有的高新科技产业发展，都和材料技术有着极大的关系，所以新材料技术的发展非常重要。实际上新材料包括原有材料的新的制造方法，比如我们过去加工塑料，需要制作模具，在3D打印的情况下就不一定需要模具了，过渡方式可能是用3D打印的工艺，来制造一种快速成型的模具，使用完后把模具重熔循环再利用。当然最好是不需要模具，直接对塑料进行改性，变成一种新形态的塑料，按照给出的三维数学模型用3D打印出来，再通过简单的加工，就是一个非常漂亮的零件或者产品。

第三是着手准备适应自工业化和再制造化的相应商业模式和法律法规。

总之，在农业时代，人们进行的是农业、手工业，其生产的方式是自生产。进入工业化时代，人们越来越远离自生产。要么被工业化的流程绑架了，不得不进入大规模的流水线生产中，使人们的个性受尽了同一性、标准化的煎熬；要么很多人被抛弃在生产之外。虽然人们都在使用工业产品，但很多人一生当中从来没有参加过任何生产，生活的物质基础几乎没有任何个性的痕迹。到了第三次工业革命，人们又可以回到自生产，这是基于云计算、3D打印、新的材料技术等诸多新技术的发展才获得的个性解放。而且在这样的新时代里，现有的商业模式、企业组织和价值观都将成为必然灭绝的“恐龙”。因此，我们必须把握住当前螺旋式上升的关键历史时期，展开双臂，激情拥抱第三次工业革命带来的历史性巨变，努力实现“弯道超越”。

爱立信公司董事长

雷夫·约翰森

我们所有人都身处第三次工业化革命当中，这是当前发生在我们周围最好的一件事情。考虑到已经和即将涌现出的种种机遇，这是一个令人兴奋的时代，也是令人高兴的时代，可以算是开心时刻。驱动这一局面出现的重要因素包括能源供应和能源可及性，并且在一定程度上得益于我们能够获取和汇集分散式能源。当然主要的驱动因素是我们现在能够搜集现实数据信息，并且管理我们对能源的利用，例如通过ICT网络管控能源的使用。我们有机会通过真正智能的方式，利用我们所获取的能源。爱立信在这方面就是一个很好的范例。它在山东省提供并运用了智能电网。

我们可以假想一下第三次工业革命能够带来什么样的变化，这非常有意思。就以城市为例。当今的城市是实体的会面地点。城市是人们聚集在一起的理由。我们可以看到财富和附加值汇集于城市。在许多方面，城市以最具成效、节能和环保的方式将各种资源聚集在一起。城市还是智能的会面地点。在城市，我们和其他人会面，他们理解我们所做的一切，并且能够帮助拓展我们的思维。从这方面而言，城市代表着智能的会面地点。

这一切通常发展演变为集群。我们爱立信在集群领域开展了大量的工作。集群是一种汇集重要资源的方式，而这些资源对特定产业、活动或国家而言非常重要。目前我们对活动的分类过多，将它们归类至非常低效的集群当中。我们倾向于将第三产业与制造业或加工产业区分开。对我而言，这些产业是一种共生相处的关系。在这方面，爱立信是很好的典范。我们公司由服务部和产品部组成，各占公司的50%。这两个部门共生相处，并且和顾客亦共生相处。

同样，通常人们将中小企业和大型企业进行区分，我觉得这没有必要。在现实生活中，在成功的集群内，具有进取精神的中小企业能够和大型企业携手合作，研发出具有全球竞争力的产品。生命科学就是一个很好的例子。我们需要推动学术界与企业开展高效合作，迅速将创新产品推向市场，并且吸引人才。

我还有一个关于集群的有趣想法。当我们掌握新的ICT使能技术时，这是否意味着我们不仅可以发展遍及城市、大学或公司的实体集群，还能发展全球性集群，将世界各地连接在一起成为高效的社区。我个人认为这是第三次工业革命非常令人兴奋的一面，即它能够汇集分布在全球各地的人们的才智。

这一切能发展演变成所谓的网络社会。正如我们所常说的，所有人和所有事物都将连接在一起。到了2020年，约有500亿事物将被连接在一起。这将意味着什么呢？你可以想象下将实际数据连接在一起，用于规划公共交通、记录库存情况以及开展电子商务、电子贸易或电子交付活动。我们将发现非常令人兴奋的商业机遇，并且有机会减少环境污染对我们发展方式的冲击。

最后一点，我认为第三次工业革命有希望让世界和我们开展业务的所在国家变成更为绿色、环保的社会。实际数据和技术为我们提供机会来规划各种活动，例如废物处理和管理、加速再循环利用来减少我们社会对能源的消耗、加速淘汰和再循环有害于环境的技术和产品，并且推出更环保的技术和产品。第三次工业化革命将为我们所有人提供机遇。

中国电子科技集团公司总经理
熊群力

以超凡的勇气和智慧迎接第三次工业革命

第三次工业革命的核心问题是能源再造和信息技术融合。如何应对第三次工业革命？很多人认为靠技术，这当然是对的，但我认为更重要的还是观念。世界上最容易落伍的东西是观念和意识。回想中国30多年的改革开放，最关键的问题是观念和意识的变化，最需要总结的一句话是观念必须改变，必须创新。正是我们对中国革命的认识，对中国社会发展的认识，对中国如何建设社会主义的认识有了大的创新和改革，才有了30多年中国经济社会的快速发展。现在，面对第三次工业革命的浪潮，我们站在历史新的起点上，首先要对第三次工业革命有准确的认识，对第三次工业革命对世界和中国的影响有准确的把握，对迎接第三次工业革命有全新的思路和方案，对进入、推动乃至引领第三次工业革命有正确的措施和方法，只有这样，我们才能后来居上，成为新一轮工业革命的赢家。所以，我们需要有超凡的勇气和智慧迎接第三次工业革命。

第三次工业革命本质上是科学的进步。通过科学进步和技术创新带动新的产业，并用革命性的技术管理经济和市场，推动全球工业生产方式和全球社会方式的变革，才可以说进入了新一轮工业革命。这是新的工业化的渐变过程，也是社会经济结构乃至管理结构变迁的过程。对中国企业来讲，我们必须清醒地看到，通过吸收外国投资获取高科技跨国公司技术机会越来越难，如果说中国前30年更多是靠承接高技术跨国公司的技术转移和产业转移形成现在的工业化，那对现在第三次工业革命的中国工业来讲，再靠这样的方式获得工业发展我认为几乎不再可能。现在，不仅有跨国公司的引领，还有其他新兴发展中国家的追赶。因此，中国如果不能在第三次工业革命到来之前，取得先导性的工业突破，并将其产业化，就可能再一次被边缘化。

战略性新兴电子信息技术与产业已经成为世界主要发达国家抢占“后危机时代”科技与经济发展的制高点。信息技术及其网络再加上分布式的再生能源技术，以及新材料等高新技术的交叉融合，将成为第三次工业革命的产业基础，影响工业革命的走向和进程。所以，开发风能、太阳能等等自然再生能源，促进云计算、大数据、移动互联网络、下一代网络等新技术及其产业化的研究、探索，推进信息技术及网络与分布式能源的融合，应该成为我国可持续发展非常重要的方面。

分布式的、网络化的能源结构，必然推动分散型的企业组织架构崛起，传统自上而下的组织架构将逐步被边缘化，让位于社会化、扁平化的分布模式。这也是未来社会经济改革中值得注意的关键点。随着生产方式的转变，社会组织结构更多是扁平式、网络化的，每个个体，不管是个人还是企业，乃至其他社会组织，一方面个性化会更加突出、更加张扬，另一方面，因为是网络化的，相互的联系也会更加紧密，更加难以保持独立性，所以经济活动乃至社会活动的规则性要求就更多，尤其是法律的要求会更加严格、更加完善。

新型的通信和新的能源机制，是第三次工业革命最为重要的两个环节。作为中国的国有企业、中央企业，我们在第三次工业革命的过程中，要充分发挥企业的主体作用，并以此形成高技术产业群。同时要看到专业型、各种中小企业、区县组织更具创造性，大的国有企业和大的跨国公司与广大中小企业合作、融合，将是第三次工业革命一个重要的特点。

再一个，加强技术的积累和前瞻性部署是把握第三次工业革命历史机遇的重要前提，也是后发国家成功实现“赶超”可打开的“机会窗口”。当务之急是梳理出有关这次革命的基础性、关键性、支撑性技术，然后有所为，有所不为。

第三次工业革命中，要关注的不仅仅是技术问题，更重要的是科学问题。我多次在一些场合说过这样的观点，中国这30多年的改革开放，我们讲的科技创新更多是技术创新，缺少真正的科学探索。第三次工业革命中，中国可能有很重要的一件事情，就是必须把科学理念、科学行动作为迎接第三次工业革命重要的前提。没有科学创造和科学的发展，就没有真正持续的技术创新，也没有真正第三次工业革命中，中国自己的发展和地位。

中国电子科技集团公司是电子信息领域一个重要的企业，我们也准备在科技创新、技术引领，尤其是针对第三次工业革命中的前沿性、基础性技术和信息技术与其他如工业化的融合方面，做出一些新的探索和新的成就。我们正在技术体系架构、技术方向选择和技术项目的确定方面做一些新的探索。我们愿意和所有同行一起，包括国际同行，一起在科学研究、在技术创新方面，在第三次工业革命中做出新的贡献。

英国剑桥大学教授

彼得·诺兰

中国在推行产业政策25年之后，达成了既定目标，培育出一批具有全球竞争力的国有企业，且其成功程度超出大多数人的预期。到2012年，“财富500强”中有70家中国企业，“金融时报全球500强”中有22家中国企业。中国似乎证明了：在全球化时代，推行关键战略行业国有化的行业政策是能够取得成功的。

不过，中国的国有企业还未赶上世界领先企业。中国国企的销售收入大部分来自于国内市场，它们的经营领域受到保护，没有来自国际企业的直接竞争。在世界竞争最激烈的高收入国家市场中，中国企业所占的份额微不足道。中国的国企在出口市场上的成功主要是在发展中国家兴建基础设施，为这些国家的经济发展做出了重大积极的贡献。中国出口至发展中国家的制成品主要来自于低技术和低附加值行业的企业。此外，在相对开放的领域中，全球高科技生产商和品牌商品生产商迅速扩大在华的投资和市场份额。全球企业在中国市场中拥有高市场份额，如商用飞机、汽车及零部件、IT硬件和软件、IT日常消费品、升降机、摄影器材和奢侈品等等。中国自身出口的高科技产品几乎都是由跨国公司在华的子公司生产制造。中国作为世界第二大经济体和第一大出口大国，具有全球竞争力的企业却屈指可数，这一现象非同寻常。发达国家企业对华的直接投资总额是中国企业对发达国家投资额的10倍以上。用一句中文来形容，就是我中有你，你中缺我。

在努力推行产业政策25年之后，中国的大型企业仍未能追赶上世界领先企业。这说明要在资本主义全球化的时代制定产业政策极为困难，因为资本主义全球化已导致全球产业在全球价值链上高度固化、集中。

在“转变”中央计划经济体系期间，华盛顿共识体系一直宣称国有企业天生低效。资本主义全球化时代开始之初，西欧国有企业主宰着大部分的经济，而这些企业主要依赖于相互销售商品。在过去30年中，它们中的大部分转型成领先的全球企业，在各自领域中处于创新前沿。人们普遍认为这一转型的必要先行手段是全面私有化。事实上，所有权转变的过程以及它与欧洲前国有企业转型的关系要复杂得多。现在我想向大家介绍四个案例，来阐述这个过程。

第一个案例是西班牙电信：上个世纪90年代末全面私有化。在私有化之后，这家公司主要通过收购私有化电信资产，迅速将业务拓展到拉丁美洲，并且发展成为该地区最大的电信公司。2006年，西班牙电信收购了总部位于英国的移动运营商O2公司，O2公司本身就是英国电信公司进行私有化时拆分出来的。

第二个案例是德国大众汽车：国家始终持有主要少数股权。大众汽车成立于1937年，当时是一家国家全资拥有的公司。大众的私有化开始于1961年，60%的股权被当作“人民股”出售。1988年，德国联邦政府卖掉了它的权益股。不过，下萨克森州政府至今仍保留了20%的权益股，这样大众在面临诸多困难时，仍然能够专注于长期战略，且不会被别的汽车公司收购。大众畅销市场上的两大汽车品牌都来自对私有化国企的收购，一家是西班牙的西亚特，另一家是捷克的斯柯达。此外，大众在中国扩张的核心建立在与中国国企成立合资企业的基础上。

第三个案例是法国燃气苏伊士集团：全国性国有企业与大型全国性私有企业合并。直到2005年，法国燃气公司仍是一家垄断燃气行业的国家全资公司。在2005年私有化之前，它大力发展国际业务，购买天然气供应给国内市场。2005年，法国政府出售了法国燃气20%的权益股，但保留了80%的股份。苏伊士则情况不同。它是一家老字号私有企业。到2005年，它已经是世界最大的独立发电商，在世界各地经营200多家电站。它的发展主要基于收购私有化资产，特别是在发展中国家。2006年，法国政府策划了法国燃气和苏伊士的合并，将两家公司并成一家纵向整合的能源巨头公司——“法国燃气苏伊士集团”。合并后，法国政府保留了新实体35.7%的权益股。2010/2011年，法国燃气苏伊士集团收购了总部位于英国的“国际电力”，国际电力是从私有化的母公司“国家电力”中拆分出来的。

第四个案例是欧洲宇航防务集团：政府策划的跨境产业政策。20世纪70年代，英国、法国、德国和西班牙都有自己的“全国冠军”航天公司。就英国、法国和西班牙来说，这些公司是国有的，它们分别是英国飞机股份有限公司（后来的英国宇航系统）、法国宇航和西班牙航空建设公司。它们的规模不足以和波音竞争。这些国家的政府商定将各自航天业的主体部分并入一家单一实体——“空中客车”，空客成了欧宇航的核心。英国宇航私有化后从欧宇航中撤出，专注于军用设备。到

2012年，法国政府及其战略伙伴拉加代尔公司共同拥有欧宇航的22.2%的股份。2012年，欧宇航和英国宇航同意合并，这本来可以创建出一个商用和军用部分均衡各半的巨头公司，而且如果合并，法国和德国政府在新公司中的所有权份额将降到20%以下。不过，德国政府阻止了这一合并。

上述四个案例表明西欧所有权转变的道路与人们对私有化和全球化之间关系的流行看法相差甚远。西欧国有大型企业在转型为具有全球竞争力的企业过程中，所有权转变的道路并不是单一的。欧洲私有化进程是渐进式推进的，而且进行得并不是非常彻底。欧洲企业通过广泛收购发展中国家的私有化资产，推动企业的全面或部分私有化。总而言之，发展中国家产业政策的经验比一般所描绘的要更为复杂。

腾讯控股有限公司董事会主席、首席执行官
马化腾

进入互联网新时代

我们有很多用户潜在互联网和移动互联网上，但是我们很多内容是通过像凤凰网和湖南电视台这样的媒体提供，然后我们通过奥美广告，最后通过银行收到钱，所以非常有意思，今天看起来有点混搭，但是反映了我们不断演变的生态链。我可能更关心在这个生态环境里，随着移动互联网对历史不是很长的冲击变化，我们有哪些思考。

互联网的历史其实并不是很长，也就是20年左右时间，但是我们过去所有的全球互联网包括中国互联网公司商业模式，还是建立在PC互联网上。也就是说现在比较成熟的广告、搜索引擎的广告，包括增值服务，现在的网络游戏，还有很多音乐、影视等等，也包括其他的电子商务的商业模式。当然在最近这两年应该说极大地受到移动互联网高速发展的很大的冲击。那这个结果怎么来的？可能要追溯到2007年的时候，从苹果推出了第一款的iphone开始。虽然当时已经有很多智能机了，但是感觉和现在移动互联网的概念很不一样，直到那个时候开始逐渐演变。再加上谷歌收购了安卓，大力地进行了智能机的研发，直到现在进入了井喷期。尤其在去年的时候，我们看到几乎一夜之间所有的手机升级换代。以前可能是28或者是37，只有少数是智能机，在一年之间新增机器销量基本以智能机为主。尤其最近半年，在中国安卓智能机降到一千块以下，这又是很标志性的事件，极大地推动了在中国数亿还没有升级换代的用户转向智能机。我觉得这是它的基础，离开这个基础我们很难谈后面的发展。

我们作为一线的做互联网业务的公司，看到最大的冲击就是，第一我们原有的

注：根据会议发言整理，未经本人审定。

模式是受到很大的冲击了。比如从我们内部的组织架构来说，我们原来做PC的和做moblie的两个团队是分开的，后来发现不行，做一个产品必须要从PC到手机一体，才有可能形成很连贯的体验。第二是商业模式我们很发愁。用户在2012年（不仅是腾讯，其他的互联网公司也如此）在PC上的流量和使用时间与在手机上已经是持平，甚至可能略低一点，但是与此同时，在手机上的使用量和使用时间是高速增长。虽然我们是网民最多的国家，网民数已经到5亿多了，最新的是5.8亿，手机网民是4点多亿，但我们感觉到它的增长已经进入到一个瓶颈期，也就是说它的增长，或者说中国享受互联网人口红利时代已经过去了，同时面临往移动互联网方向增长的现状。但令我们很恐惧的是，没有发现太好的商业模式，我们在手机上的商业模式还不清晰。这个问题全球都遇到，包括谷歌。而最好的效果，在韩国也测试了，在手机上的变现率和PC上比差3~7倍，也就是说只有PC的1/7到1/3。过去网站上很多很大的广告，但是在手机上这很难容忍，因为手机流量很贵，而且屏幕太小，又很耗电，所以很难接受。我们都很发愁广告怎么做。这种新的格局让我们感觉到未来有很大的压力。

我们现在有一个最新的机遇，就是我们拿到了第一张门牌，即微信。这个可以说是完全基于移动互联网制作的产品，有很大的潜力。它集合了即时通讯、流媒体的方式，而且有很强大的生命力。这是一个中国最有机会走向国际的产品，所以我们今年也会花比较大的成本在全球做推广。我们应该和奥美也有合作。大概的情况就是这样。

湖南广播电视台党委书记、台长
吕焕斌

你中有我，共生发展

没有互联网，就没有芒果台。湖南卫视的台标，原本取意于湖南作为“鱼米之乡”，是互联网赋予了它新的意义，在那里，观众亲切地叫它“芒果”。现在，大家都这么叫，湖南广电人也就顺其自然地接受了这个互动的礼物，以致于很多人现在都忘了这个LOGO的来源。事实上，这一过程也见证了传统广电与新媒体、移动新媒体的关系问题。

1. 互为观众，互为用户

作为中国首档顶级歌手音乐对决真人秀，《我是歌手》第一季在湖南卫视持续热播，让许多人又度过了一个个音乐的饕餮之夜。现在人们看电视，用“眼观六路、耳听八方”这个成语会比较恰当：耳朵听着音乐，眼睛盯着大屏，手里拿着小屏，在微博、微信上发表着什么，也在分享着什么。据腾讯的一位高管说，《我是歌手》一播出，他们的工作和生活节奏就会乱，出于个人的兴趣讨论，休息的时间晚了；微信话题和流量激增，他们的工作量也加大了。

今年以来，湖南卫视的节目和内容都具有极高的关注度，在不断刷新的百度搜索七日关注榜中，第一是遥遥领先的《我是歌手》，另外，《快乐大本营》《天天向上》还有现在正在录制马上就要推出的《中国最强音》，在这个搜索榜里也都是排在前十位的。

无论过去或是现在，传统广电与新媒体的关系是，我影响到了你，你也在影响我，互为观众、互为用户，彼此间的距离并不遥远。传统广电媒体所创意和生产的优秀节目内容，为新媒体特别是移动新媒体带来持续的话题积聚，是他们所乐见的。当然，通过他们所掌控的平台，传统广电的优秀内容得以更广更深地发酵，这也是传统的广电媒体人所乐见的。

2. 相互借力，共生发展

作为全球拥有年轻观众最多的媒体，湖南卫视在全国35岁以下的年轻观众群超过2.7亿，日均年轻观众1.54亿，与新媒体特别是移动新媒体的用户群天然吻合。我们持续的内容创新，无论在微信、微博里，还是在搜索里都是非常活跃的；同时，这些短信、微博以及微信也已让我们与新媒体紧密相连，把手持小屏与客厅大屏一次次地对接起来。

从发展趋势看，今后的媒体平台无疑更加分散，越来越对象化、细分化，既有客厅、书房、床上模式还有各种移动模式，观众找到各自喜欢的内容。那么，既要有满足上亿人需求的大众化内容，也有可满足少数人需求的个性化定制产品。对传统广电媒体而言，最大的优势是做客厅的“内容商”，但书房、卧室和移动端的“战场”也不能丢，应着手针对不同终端设计和提供好的内容。

湖南卫视正在尝试对移动互联网的运用，在屏幕上开了一个小的窗口，取名作为二维码的“呼啦”，希望以此探索切入到移动互联网，找到和影响手机、PAD等移动终端的用户群，真正实现变观众为用户。只要观众用手机对二维码进行扫描，就会成为我们的在册用户，他们的行为、爱好、习惯、情感、思想、生活、社交等海量数据就会得以涌现，也就有了精细分析的基础。这是一个尝试，现已推出两个多月，成功突破了三百万用户，计划到千万级用户时再考虑下一步的发展。

不过，我们仍然处在一个对彼此的试探过程，大量事实既能说明我们的“同”，也在不断提醒我们之间的“异”，最起码，两者的逻辑不同，一个广播式、一个交互式。在社交化的媒体生态里，我们现在是一种“异体共生”的关系，互为观众也互为用户，相互借力，共同发展。当然，在未来的移动互联世界，也许有另外一种可能，就是传统媒体与新媒体“共生”在一个体内，叫“一体共生”（同音不同字），或许大家都在怀揣着各自的梦想，也可能是商业竞争的规律使然。这一切，只有未来能告诉我们。

在今年的全国两会上，习近平总书记对“中国梦”作了深刻诠释，强调它是一个梦的集合体，离不开改革创新的时代精神。我们有理由相信，从现代传播规律出发，不论传统的还是新的媒体，只要突破彼此逻辑的宿命，移动互联的新时代就一定不会远！

凤凰网首席执行官
刘　爽

我想从媒体角度切入移动互联网的话题。对我们来说移动互联网提供了一个巨大的机会，使我们的受众用户能够在任何时间、任何地点、任何屏幕，可以看他任何想看的内容，我觉得这是对用户的解放。相对于电视来说，我觉得电视不是确立一个盒子，是确立一个制度，要把人“双规”了，规定的时间规定的地点，晚上七点半你们家卧室。而移动互联网是任何时间任何地点都可畅享冲浪。尤其这两三年，客户端，微信、微博，改变了我个人生活的时间和空间的概念。

举个例子，每天早晨起床，我怕影响家里人，从枕边把手机拿来打开凤凰客户端。我发现标题有点松动，比如我们标题写中俄两国互相支持各自的领土主张，我觉得猛了，可以立刻开会。我可以到洗手间打开群组，我说这个要注意，这个会就开完了。这彻底改变了我的生活，坐在马桶就可以开会。上班路上开着车，借助凤凰广播的客户端，我可以看昨天晚上我们评论员评论习总书记和夫人走下梯子的文章。所以移动互联网深刻地改变了我的时间、空间。其实它带来的变化还有非常多，我再举两个方面的例子。

第一，给移动用户带来了浅阅读、浅文字、浅交友，甚至浅思考。为什么叫浅阅读？我们很多小白领用140字节的微博就把重大新闻看完了，所以阅读非常浅。浅文字，是因为大家时间碎片化，尤其是微信的出现，大家不写文字了，都惜字如金了。用表情，这也是微信的贡献，很有意思的表情这也是汉语的一种发展。浅交友，由于移动互联网的出现，大家交友不是深了反而更浅，一大堆粉丝，每天关注几百人，你粉我我粉你，本来醇厚的关系变得肤浅了。马化腾的微信签名叫没有陌生人的世界，我觉得这个非常好。在微信里大家交往很踏实，所以我是微信的用户，我觉得它不肤浅。微博可能会带来几百万的粉丝，而微信是给大家带来很平和真实的世界。

注：根据会议发言整理，未经本人审定。

第二个变化是自媒体的出现，就是人人都可以在微信、微博开一个专栏，办一个自办的媒体。以前是渠道为王，现在在微信、微博开一个专栏就可以当作渠道了。也可叫全民出版，人人都可以成为出版商，都可以办一个媒体。

对我们凤凰网，在传统媒体和新媒体之间怎么办？我想第一是拥抱，第二是坚守。拥抱是什么？必须应对这种变化，这种浅阅读、浅思考、浅交友的变化，大量的报道要简明，大量运用图片，大量运用互动，那种非常长的没有图片支持的东西，我觉得肯定没有市场。这就好比古典音乐肯定非常优美，但是古典音乐的受众一定没有二人转的受众多，你要是一个生意人的话必须得面对这一点。第二点，我要有所坚持。在这个信息爆炸、观点纷杂、众生喧哗的时代，由于信息太多，我觉得精英去编辑筛选观点、整合内容，依然有非常大的价值，这就是严肃的新闻主义的永远的价值。

在移动互联网领域，我们对它的认知中，有知远远小于无知。连马化腾那样的互联网大腕都有那么多的恐惧，更不用说我们这些小兄弟了。所以我们还需要用一种开放的心态跟业界合作，继续把这个世界做得更精彩。

关于把握互联网发展新趋势、推动信息通信产业协同发展的政策建议

腾讯控股有限公司

互联网作为国民经济和社会发展的重要信息网络设施，其发展水平已成为衡量国家综合实力的重要标志之一。各国围绕互联网的全球战略布局正在加速，国际竞争日益加剧。党的十八大报告明确提出“推动战略性新兴产业健康发展”，发展好作为知识技术密集、资源能耗少、成长潜力大、综合效益好的战略性新兴产业，是我国实现创新型国家的必然选择。大力发展现代信息通信产业体系，推进互联网技术的广泛应用，对我国转变经济发展方式，推进经济结构战略性调整，具有十分重要的现实意义。

一、我国信息通信产业链初具规模，业已成为全球竞争格局的重要组成部分

当前，全球互联网正处在快速变革时期，这为我国信息通信产业的发展提供了难得的历史机遇。目前，国内涌现了腾讯、百度等一批具有国际影响力的互联网企业，其市值在全球互联网行业中位居前列。华为、中兴设备厂商10年里不断发展壮大，已跻身全球设备厂商前五强。与此同时，中国移动、中国电信等运营企业在我国信息网络基础设施建设中发挥了重要的作用，它们也在不断尝试“走出去”发展途径。因此，我国互联网企业、设备厂商和运营商已成为全球信息通信产业的重要组成部分，并为我国加快转变发展方式、迈入信息社会奠定了坚实基础。

二、移动互联网变革带动了产业链的变革，推动了行业应用大发展

近年来，随着全球移动互联网的高速发展，移动上网用户比例已经超过了台式电脑用户，并且继续保持向移动端迁移的趋势，成为了互联网发展的新引擎。移动

互联网的发展带来了OTT[①]业务的繁荣，OTT业务种类多样，且应用数量庞大。截止到2012年6月，苹果公司应用商店（AppStore）的产品已经达到65万个，而安卓市场应用数量也已经突破67万个。迅速增长的OTT应用推动了移动互联网的发展，同时也对移动互联网产业链带来了深远的影响。

在互联网领域应用为王，谁拥有更吸引人、更切合用户需求的应用，谁就拥有更大的市场。腾讯移动互联网产品——微信，在国际上一经推出，就获得了多个国家和地区用户的推崇，普及范围迅速扩大。微信自2011年1月诞生至今，用户规模已超过3亿，并为140个国家和地区的用户提供了16种语言版本。微信在东南亚、中东等市场增长速度位居第一，在欧美等发达国家和地区也增长强劲，是我国目前移动互联网应用中有潜力超越海外同类业务、成为全球化网络平台的战略级产品。微信平台不仅拥有巨大的用户基础，同时也在不断地探索行业应用。例如南航微信值机、出租司机的微信叫车服务、微信政务平台警务平台应用，以及微信支付等业务，实现了互联网线上和线下的打通。这些创新应用是基于微信开放平台来实现的，受到了用户的广泛赞许。

三、协同共赢是现代信息通信产业发展的必然趋势

当前，通信运营商从“话务经营”向“流量经营”转型已成为不可逆转的趋势。身处这个科技发展变革的必经阶段，寻求通信运营商和互联网服务提供商的共赢合作模式成为当务之急。

1. 通信运营商通过为互联网企业提供优质的网络接入服务从而提高数据业务收入

网络接入是通信运营商具有绝对竞争优势的领域。通过不断提高对应用平台和用户的网络接入水平，提升用户体验和移动互联网产品的使用活跃度，运营商将可以成功地从“话务经营”转向“流量经营”。

目前，通信运营商普遍从移动数据业务中受益。欧洲三大运营商沃达丰、德国电信和西班牙电信2010年移动数据业务收入增幅均超过18%。从1999年起便大力发展移动互联网的日本运营商NTTDoCoMo已经证明了这条道路的成功，其2011年的移动数据业务收入已占移动服务业务收入的49.75%。同时，智能手机及创新

① OTT：英文over the top，指通过互联网向用户提供各种应用服务。

应用不仅能够吸引新用户，还能提升通信运营商的ARPU[①]值。美国运营商在引入iPhone后的平均ARPU值为原来的1.63倍，西欧为原来的2.45倍。另一方面，移动互联网的繁荣也对通信运营商的网络能力提出了更高的要求。通信运营商只有不断对网络进行升级改造，才能让用户持续享受高速低价的网络服务。加快运营商向智能管道的转变，才能满足用户更快捷、更方便、更高效的移动互联网需求。

2. 互联网企业通过加强与通信运营商的合作实现互惠共赢

互联网企业通过与通信运营商的合作来共同向用户提供创新的个性化服务，运营商通过增值服务提高用户满意度，从而双方共同提高增值业务收入。此类合作模式在国外已获得普遍推广。如在线音乐提供商Spotify与德国电信合作，让用户可以在套餐中享受无限量的音乐下载服务；谷歌（Google）、脸谱（Facebook）、微软以及RIM（黑莓）与西班牙电信合作开展运营商计费业务，用户能够使用其移动积分在OTT商店购买应用以及其他虚拟商品等。

中国香港也做了初步尝试。2013年2月，腾讯与香港电讯盈科（PCCW Mobile）合作推出了流量套餐模式，用户每月支付8元港币，就可以无限量地传送文字、语音、图片和视频。得到了各方的良好反响，实现了通信运营商、服务提供商的互惠共赢。这一商业模式的创新，不仅将用户、流量、收入保留在各自的平台中，还大大促进了内地和香港的沟通合作，使得通信更加高效和多样化。

3. 依托于信息通信产业生态系统的中小微企业在移动互联网大发展中受益匪浅

目前，市场竞争已经从传统的产品竞争、企业竞争发展到了产业链的竞争。互联网领军企业通过不断创新和转型来提升自我的核心竞争力。与此同时，互联网领军企业也引领着产业链相关企业实现共赢发展。如腾讯公司自2011年6月实施开放平台战略至今，吸引了70万应用开发者，提供了超过30万创新应用产品，为应用开发者提供的收益分成超过30亿元，并培育了3家月收入超过2000万元的中小企业。互联网领军企业在带动产业链健康发展中责无旁贷，中小微企业的持续创新也已经成为生态系统的重要一环，呈现出勃勃生机，为整个信息通信产业生态体系增添了活力。

② ARPU：英文Average Revenue Per User，即每个用户的平均收入。

四、推动信息通信产业协同发展的政策建议

（1）建议政府主导，多方协作，加快互联网基础设施建设，尤其是移动互联网网络建设。互联网基础设施建设是未来国际互联网竞争的核心，建议以政府为主导，联合通信运营商、互联网企业、设备厂商广泛参与到信息通信产业生态体系的建设中来。通信运营商肩负着普遍服务和网络改造升级的使命，责任重大。我们建议在网络建设方面，国家应从战略高度对运营商给予重视，在资金投入和税收上给予倾斜。最新报道称，法国政府在未来10年内投入200亿欧元，加速宽带网络建设，以提升国家的商业竞争力，提高公共服务质量。建议政府可根据我国东西部存在差异的发展现状，在网络建设上给予运营商资金扶持和税收减免政策措施，以实现互联网普遍服务的目标。另外，政府应加大网络设备、芯片、智能终端研发的投入力度，促进产业链进一步完善。

（2）提倡网络中立性规则，构建健康有序的产业业态。移动互联网领域的竞争才刚刚拉开序幕，产业链中相关企业正通过整合各方资源进行业务创新和转型从而争夺用户。建议政府监管机构应依据战略性新兴产业健康发展的要求制定网络中立规则；互联网企业和运营企业在政府监督下，通过正当的手段、技术、资源、合作达到市场目标，这些将成为下一阶段信息通信产业所面临的重要课题。网络中立规则要求平等对待所有互联网内容和访问，当通信运营商推出差异化处理不同数据流做法的时候，监管机构应联合互联网企业和运营商公共磋商与协作，以确保网络服务的质量，合理的实现资源调度。2010年7月，智利成为全球第一个颁布网络中立法的国家；2012年5月，荷兰通过了《电信法修正案》，美国的《网络中立条例》也正在讨论之中，这些为我国建立网络中立规则提供了一定的借鉴和参考。

（3）借鉴成功经验，逐步推广增值业务合作模式。在互联网企业与通信运营商的合作上，可以借鉴腾讯公司与香港电讯盈科成功经验，选择成熟的省份开展互联网企业与通信运营商合作试点，从而将互惠共赢的目标逐步实现。在此过程中，政府监督和政策指导将会进一步确保消费者利益和产业的和谐发展。

（4）国家应扶持移动互联网新产品的应用推广，鼓励创新，尽快实现互联网企业“走出去”发展战略。在保障国家网络与信息安全的前提下，鼓励移动互联网新产品的发展壮大，为其成长创造一个宽松发展的政策环境，这将更加有利于激发企业创新能力，有利于促进互联网企业国际化进程。目前，我们在移动互联网领域与

国际互联网巨头处于同步发展时期，我们应抓住千载难逢的机遇，推动移动互联网产品走向国际市场。建议国家应从财税、投融资、技术创新、知识产权、人才、市场环境培育等方面对互联网企业“走出去”给予一定的政策扶持，培养具有国际竞争力的互联网拳头企业和拳头产品。

（5）建议推出鼓励互联网中小微企业创新发展的政策和措施。政府在鼓励信息通信产业发展的同时，应利用在政策、资金和投融资上的扶持来保障中小微企业创新活力，鼓励和帮助中小微企业申请专利，增强中小微企业在知识产权方面的保护意识。建议政府通过优化服务业税制改革等措施来减轻中小微企业的负担；通过缩减或加快审批流程来促进中小微企业的快速发展；通过给予中小微企业行政收费、社会保险缴费、办公场所租购优惠等措施解决其后顾之忧，从而保障产业生态体系健康可持续发展。

总之，信息通信产业生态体系的构建不仅可以催生跨领域、融合性的新兴产业形态，还可以引发商业模式的创新和管理模式的创新，只有互惠共赢的产业发展模式才能缔造中国信息通信产业的光明未来。

第9章

全球化背景下的中国开放新格局

时任商务部副部长
王 超

我就中国对外开放问题谈点看法。

上个世纪70年代末，中国政府顺应经济全球化深入发展的历史潮流，做出了改革开放的重大决策。30多年来，中国始终坚持对外开放的基本国策不动摇，不断地扩大开放的领域和空间，形成了全方位、多层次、宽领域的对外开放格局和具有中国特色的开放型经济体，不仅促进了自身的经济发展和社会进步，也为世界经济的发展和繁荣做出了贡献。

2001年，中国加入了世贸组织，标志着中国对外开放进入了一个新的历史阶段。中国全面履行入世承诺，关税总水平从原来的15.3%降到了目前的9.8%。取消了所有不符合世贸规则的非关税措施，外贸经营权全部放开，外资准入门槛大大降低。在世贸组织分类的160个服务贸易部门当中，中国已经开放了100多个，开放的范围接近发达国家的平均水平。开展了大规模的法律法规清理和修订，其中中央政府清理和修订的法律法规和部门规章就达到了2300多件，地方政府所清理的地方法规和相关的政策文件达到1.9万件。

中国对外开放政策的稳定性、透明性和可预见性不断提高。这一次国际金融危机发生以后，中国更加重视开放与合作，与主要经济体加强宏观经济政策协调，在稳定出口的同时，积极扩大进口，引导企业开展境外投资合作，对促进世界经济复苏发挥了非常重要的作用。

5年来，中国累计进口7万亿美元，年均增长12.6%。目前中国已经成为日本、韩国、东盟、澳大利亚、巴西等国家和地区的第一大出口市场，已经成为欧盟的第二大出口市场、美国的第三大出口市场。

改革开放是中国现代化建设的成功经验，也是全面建成小康社会的内在要求。在新的历史条件下，中国将实行更加积极主动的开放战略，努力构建互利共赢、多

注：根据会议发言整理，未经本人审定。

元平衡、安全高效的开放型经济体系，不断提高对外开放水平，更好地以开放促改革、促发展、促创新。

我理解的互利共赢就是要在对外开放中坚持共同发展，在着眼于自身利益的同时，尊重和兼顾经贸伙伴的利益，最大限度地扩大利益的交汇点。“多元平衡”就是要在对外开放中坚持统筹协调，注重良性互动，在开放领域、开放市场、开放模式等方面实现多元发展、平衡发展。“安全高效”就是要在对外开放中坚持转变对外经济发展的方式，培育开放型经济发展的新优势，提高开放型经济的综合效应，增强抵御外部风险的能力。为构建全面开放的新格局，我们将重点做好以下几个方面的工作。

一是坚持沿海、内陆和沿边开放相结合。创新开放模式，协同推进沿海、内陆、沿边开放，打造优势互补、分工合作、均衡协调的区域开放新格局。深化沿海开放，巩固沿海地区的开放先导地位，推动沿海开放型经济率先转型升级，加快从全球加工装配基地向研发、先进制造和现代服务业基地转化。扩大内陆开放，有序引导外向型加工制造业向内陆地区转移，培育国际加工制造基地和外向型产业集群。加快沿边开放，推动基础设施与周边国家互联互通。加快重点口岸、边境城市建设，发展面向周边市场的优势特色产业。

二是坚持出口与进口、货物贸易与服务贸易相结合。在巩固提升传统比较优势的同时，加快培育以技术、质量、品牌、服务为核心的竞争新优势，促进加工贸易转型升级，努力保持出口稳定增长，不断优化出口结构。同时进一步完善进口促进政策，搭建更多的进口促进平台，扩大国内短缺或急需的产品进口，促进对外贸易基本平衡。大力发展服务贸易和服务外包，促进文化、技术、软件和信息服务以及金融等服务业产品的出口，扩大研发、管理咨询、节能环保等服务的进口，推动服务贸易与货物贸易协调发展。

三是坚持“引进来”与“走出去”相结合。完善外商投资法律法规，深化外商投资管理体制的改革，加强知识产权保护，不断优化投资环境，稳步扩大金融、物流、节能环保等服务领域的对外开放。为外商提供更加广泛的市场准入，加快实施“走出去”战略，加强对“走出去”的宏观指导和公共服务，提升企业跨国经营的能力和水平。引导和督促“走出去”的企业开展属地化经营，履行社会责任，与东道国共同发展，推进与有关国家和地区的投资协定谈判，为扩大双向投资营造良好的制度环境。

四是坚持对发达国家、发展中国家开放相结合。对发达国家要完善经济高层对话等合作机制，拓展合作领域，增进开放互信；对发展中国家要坚持优势互补、错位竞争，推动双边市场开放，扩大相互投资规模，探索更多、更有效的合作方式。继续向发展中国家提供力所能及的援助，向最不发达国家提供减免关税待遇，帮助受援国完善产业体系，提升技术水平，增强自主发展的能力。

五是坚持多边区域和次区域开放合作相结合。积极参与全球经济治理，推动20国集团发挥全球经济治理主要平台的作用，推动国际金融体系改革，推动世界贸易组织多哈回合谈判，积极参与气候变化、能源资源安全、粮食安全等全球性问题的国际合作。适应区域经济合作加快发展的趋势，加快实施自贸区战略，推动东亚经济一体化进程，稳步发展与其他国家和地区的自贸关系，积极推动上合组织、中亚泛北部湾、大湄公河等区域和次区域合作。

当今世界是开放的世界，世界各国在相互开放中才能寻找到更多更好的合作机会，在国际金融危机的深层次影响远未结束的大背景下，加强各国之间的开放合作意义尤其重大。借此机会，我想提四点建议。

第一，切实加强宏观经济政策协调。在开放的条件下，世界各国的融合程度大大加深，一个国家和地区的宏观经济政策必然产生一定的外溢效应，这种外溢效应有的是正面的，有的是负面的，我们应尽量放大正面效应，管控负面效应。当前和未来一段时间，尤其要关注全球流动性过剩可能引发的通货膨胀风险，防止货币竞相贬值，为世界经济复苏创造良好的宏观环境。

第二，务实推进多哈回合谈判。多哈回合谈判是多边贸易体制建立以来议题最多、范围最广的一轮谈判，但是自2001年启动以来一直步履维艰。我们希望各成员国共同努力，以今年世贸组织第九次部长级会议为契机，就多哈回合早期收获达成共识，维护世界贸易组织推动全球贸易投资自由化、便利化的主渠道地位。要坚持多哈回合的发展主题，充分考虑发展中国家关切的问题，促进多边贸易体制朝着更加开放、公平、公正的方向发展。

第三，推动构建多边投资规则。“二战”以来形成的多边贸易体制确立了国际贸易的基本规则，有力地促进了国际贸易的发展，使国际贸易成为世界经济发展的引擎和发动机。在全球跨国投资不断发展的今天，世界各国应共同努力，构建统一的多边投资规则，打破不合理的投资壁垒，保障投资者的合法权益，降低不必要的投资风险，为跨国投资发展提供坚实的制度保障。

第四，共同反对各种形式的保护主义。国际金融危机发生以来，20国集团领导人多次强调不再出台新的保护主义措施，但是非常遗憾的是这一共识并没有得到很好的落实。全球范围内的贸易和投资保护主义没有根本好转，特别是高端产业的贸易投资限制还在增多。根据世界贸易组织发布的报告，主要经济体新近出台的贸易限制措施60%集中在机械设备、节能环保等资本、技术密集型产业。一些国家还加强了对高新技术行业外资流入的审查。我们希望各国能够继续发扬同舟共济、共克时艰的精神，摒弃以邻为壑的做法，促进世界经济稳定复苏。

国务院研究室副主任
韩文秀

中国经济调查是OECD对非成员国开展的为数不多、但非常重要的一项国别经济调查。在过去的八年中，OECD已经完成并出版了三个中国经济调查报告。在2004~2005年OECD开展第一次中国经济调查的时候，我在国家发展改革委国民经济综合司工作，是中方的合作伙伴。今天由我来对新一期中国经济调查报告和古利亚先生、赫德先生的演讲做一点评论，很有感触。

中国有一句古话叫“外来的和尚会念经”。OECD是一个国际著名的思想库、智囊团，是一个能够引领潮流、制定规则的重要国际组织，我感到古利亚秘书长的演讲和OECD这次中国经济调查报告，对于中国经济发展确实提出了不少很有价值的意见和建议，可以用三个重要来加以概括。

第一，重要的课题。OECD历次的中国经济调查报告都涉及了中国经济发展中的重大现实问题、前沿问题。最新的这期中国经济调查报告，虽然只有两个大的章节，也就是关于城市化和关于绿色增长，但这都是中国经济发展面临的重大课题，也是最近人大代表和社会各界关心的热点问题。当然进一步来讲，还包括像土地、人口迁移、户籍制度改革、能源资源政策等一些重要的问题。

第二，重要的结论。报告认为，中国经济再平衡取得了较大进展，这个结论应该说是比较客观、公正的。中国经济在中期内还可以持续较快的增长，财政、货币政策还有运用的空间，增强创新能力和竞争能力是实现可持续发展的关键。日益激烈的竞争提高了效率，应该继续推进利率市场化的改革，继续增强汇率的弹性。城市外来务工人员应该和户籍人口享受平等的基本公共服务，实现包容性城市化。要注重运用价格杠杆、市场机制、法律手段来推进节能减排，实现绿色增长等。这些结论可以说是很有针对性的。

第三，重要的启示。OECD中国经济调查报告所提出的政策建议，通常都吸收、借鉴了发达国家和发展中国家的一些经验、教训，眼界是相当开阔的，并尽可能地结合中国实际，所以对于中国的政策完善和理论创新有很好的参考价值。

大家也许注意到，这份中国经济调查报告在附录[1]中还列出了OECD在结构性改革上提出的政策建议和前不久召开的中共十八大相关内容之间的对应。这些表明，我们的OECD朋友很有见地，我们对OECD所做的建言献策的工作表示感谢。

借此机会我对OECD中国经济调查工作也提几点建议。

第一，可以对以往已经完成的调查报告进行一些后评估，以检验过去的工作和结论哪些是具有预见性和可靠性的，哪些方面可能还存在一些不足，需要改进。

第二，希望国别经济调查报告分析方法不断更新、不断创新，让人感到OECD的调查报告耳目一新、别具一格，每次发表的时候都令大家非常期待。当然这样也会有助于中国经济学界加以借鉴，提高我们的分析能力和水平。

第三，可以对新兴市场国家的同一个主题做一些比较分析，比如关于城市化、绿色增长，很多新兴国家都面临同样的课题，可以做一些比较分析。

最后，当前和今后一个时期，中国经济发展确实面临新的环境、新的挑战和新的任务。特别是新一届政府已经提出来要打造中国经济的“升级版”，我们希望进一步加强和OECD之间的交流和合作，为中国全面建成小康社会、跨越中等收入阶段、向更高发展水平迈进做出新的贡献。

① 本书未收录报告的附录。

国务院发展研究中心副主任
刘世锦

我们DRC曾和世界银行一起开展了“2030年的中国建设现代和谐高收入的社会”这么一个研究项目的成果，现在已经发布了。后来我们又做了另外一本书：《中国经济增长十年展望》。这本书和之前那个成果是有关系的。当我们做完那个研究以后，感到中国经济增长今后10年非常重要，会发生很多新的事情，而且它的增长规律和过去30年不一样，我们需要做一个更加深入、更加定量化、更加能够反映规律的研究，所以这本书经过我们一年多的努力出来了，实际上是我们研究成果的重要内容。下面给大家做一个简要的介绍。

我们这个研究有一个特点，即以10年作为一个基本的单位进行研究。我们这本书研究的是从2013~2022年这10年间中国经济发展的前景。在这样一个长期分析的框架下，我们进行了短期的分析。我们回顾了2012年中国经济发展情况，同时对2013年给出了预测。我们做这个研究时大量运用国际经验，并从中国的实际出发。我们有一个很好的数据库，可能是国内最好的，它包括了几十个工业化经济体，上百个指标，都是从不同的来源进行收集的，以此作为这项研究的支撑。我们用了一个麦蒂森购买力评价的指标对数据进行处理。

我们这项研究希望回答以下问题：第一是未来10年中国经济增长的趋势。中国增长速度发生了什么变化？总量规模是怎么变动的？这样的增长伴随着剧烈的结构变动，那么这些变化最重要的因素是什么？中国人喜欢用一个词叫作基本面，这些基本面的因素会发生什么变化？由这些基本面决定的增长变动有什么规律性？再下来就是在这样一个基础上探讨中国的制度变迁，即改革应该朝什么方向改，为什么要改，改成什么样，政策应进行哪些必要的调整等等。

我想介绍一下这本书的结构。第一部分是导言，这是我本人写的，讲中国经济增长新的动力和平衡。我解释一下什么叫新的动力和平衡。下面我们有一个综合

注：根据会议发言整理，未经本人审定。

部分，这里讲了中国现代化进程的前景展望和三大转型。中国经济和社会需要进行三大转型。再一个对未来10年经济增长过程进行了预测。下面是分析中国需求的变化，其中包括住宅的变化，基础设施、汽车、出口等。把需求进行分析以后，我们讨论供给面的变化，这个包括人力资本、创新、全要素生产率、汇率，中国真实汇率变动的趋势。再下来我们分析了中国各个产业的变化，包括农业的变化，特别是中国制造业的变化。中国制造业是要升级的，而中国服务业将会有比较大的发展。再下来是金融体系的变革。再下来我们讨论了城市和区域的问题，包括中国区域经济现在事实上在发生很大的变化。城镇化，是现在中国讨论最热门的话题，我们有个标题叫作质量重于速度。最后我们讨论资源环境的问题，包括能源变化、水、土地、碳排放。这就是本书的基本结构。

这本书的特点是我们既探讨规律，同时给出定量的指标。书中有一些比较重要的观点，因为时间关系很难展开说，我只能点到为止。首先最重要的观点是我们提出了中国经济增长阶段转换的问题。中国经济经过30多年的高速增长以后将会转入中速增长区，如果最后速度稳定下来，我们估计应该是在6%和7%之间。最近两年实际上正是由高速增长到中速增长的转换期，转换期应该是7%~8%。我们的判断理由基于三年前做的一个研究，就是研究中等收入陷阱问题。我们发现，跨越了中等收入陷阱成功实现了追赶的经济体，包括像日本、韩国、中国台湾、德国，它们有个共同规律，即经历了20~30年的高速增长，当人均收入达到11000国际元的时候，都出现了增长速度的自然回落。中国在2012年这个数据已经达到了9000国际元，今年下来应该接近10000国际元了。另外我们从供给侧进行了分析，发现都在发生一些重要的变化。

我们预测GDP的增长率应该在2015年左右开始明显地下降，到2019年的时候会低于7%。在2015~2019年间会在7%左右，以后就会降低，这是一个基本的估计。

今后几年，中国的资本形成，也就是投资速度会明显地下降。消费会高于投资的增长，但是消费的速度本身也会有一定幅度下降，最后整个经济增长率会下降。这个转折点大概在2015年左右，实际上从2012年就已经开始了。即使中国GDP增长速度降低了，但是每年新增量还是在上升的，只是有这么两三年的时间有点例外，像2012年和2013年比较起来，去年GDP新增量和2011年比较起来有所收缩，但是这种情况只是一个例外，以后正常情况下，每年新增量还是在增长的。大家对中国经济增长的前景应该感到乐观，因为新增量始终是在上升的。

另外，经济增长如果从供给侧来看，越往后全要素生产率，即TFP的相对比重越上升，劳动力的贡献在逐步下降，主要通过劳动者参与提高全要素的生产率。总需求的变化方面，资本对经济增长的贡献，也是逐步下降的。2008年以前，净出口对中国经济增长的贡献还是比较明显的，但是金融危机以后是负贡献了，而消费对GDP增长贡献扮演越来越重要的角色。

另外一个观点，就是在中国经济增长的转换期有个特点，不稳定性和不确定性是会增加的。为什么？因为大家对前景看法不一样。有的人相当乐观，四季度经济回升以后更是相当乐观。但是我们的判断是中国经济中长期还是向下的趋势，短期是在向上。所以在这种情况下，政府的政策是非常重要的。很容易发生的问题是，大家还想把速度按照过去的思维方式把它往高推，但是推到一定程度是要出问题的，包括价格问题、金融风险的问题，最后可能要下来，下的速度就会非常猛，所以我们感觉到这段时间宏观政策主要的基调是要托底，就是增长速度大幅度下滑的时候政府还是要干预的，但是千万不能人为地往高推了，特别是不能推到过去10%左右的增长轨道上了。另外我们提出，中国即使增长速度降到7%甚至6%，但是从全球范围来看还是相当高的；另外绝对量每年还是上升的，也可以实现中国政府提出的2020年全面建成小康社会的目标，也可以经济总量到2020年赶上美国甚至超过美国，人均收入水平会进入高收入国家行列。但是要达到这样的目标关键是在新的增长阶段有一系列新的、有增长潜力的领域，就是把增长点的潜力充分发挥出来。所以要推动改革，这里我们提出一些思路。比如放宽准入、引入外部投资者。比如最近中国铁道部撤销了，其实铁路领域，特别是高铁建设中国还有很大潜力，问题是铁道部负债率已经很高了，没有继续融资的能力了，所以需要通过改革体制以后，能够有一些有盈利、前景有吸引力的项目让外部投资进入。另外户籍改革、以开放促改革、推动创新等等方面，我们都提出了一些建议。

除了2020年的目标之外，我们还对中国今后50年甚至更长一个时期——如果发展比较正常，如果搞得还好的话——发展前景做了预测。大概有三步，我们叫作新三步的发展目标。首先2020年中国经济总量接近或者达到世界首位，人均收入接近高收入国家的门槛，中国的词儿叫做全面建成小康社会。到建国100周年，即本世纪中叶中国有望达到发达国家水平。中国经济总量超过美国的时间点大概是在2021

年、2022年。中国人均GDP始终和美国等发达国家有相当大的差距。为了实现现代化发展的前景，我们认为中国需要推动三大转型。第一是经济发展方式要转变，形成依托结构优化、效率提高、创新驱动的经济增长新动力。第二是积极创新社会治理方式，形成公正透明、有序参与、权责对等的社会和谐新机制。第三要主动调整全球化的参与方式，形成优势升级、内外协调、互利共赢的对外开放新格局。

胡舒立也对我们这项研究很关心，今天的介绍也是对你过去承诺的一个兑现吧。这个研究进行了一年多，但实际上我们前两年进行的，世界银行报告、中等收入陷阱项目等都和这个相关。

另外，我们这项研究并不是到今年为止，而是10年为期的滚动研究。我希望明年这个时候我们还有同样一本书出来，也叫《中国经济增长十年展望》，但是时间是2014~2023年。我们会对其中一些结论进行验证和校正，如果预测错了是要修正的。同时我们会对2013年的经济增长进行回顾总结，对2014年经济增长进行预测。我们搞短期预测和其他类似出版物的一个重要区别，就是我们是在长期增长框架下来做这种分析。希望大家能够提出意见和建议，以便我们进行调整、修正，使我们的研究质量得到不断提升。

最后我想特别讲一下，我们这项研究得到了力拓集团的大力支持。因为力拓集团跟我们DRC有很长时间的合作，我们双方搞了一个合作研究基金，这个基金为我们这项研究提供了有力的支持，我们再次表示诚挚的谢意。

时任世界贸易组织总干事
帕斯卡尔·拉米

中国和全球经济治理

中国或许是过去30年里，我访问次数最多的国家。我还清晰地记得20世纪80年代第一次见到邓小平先生时的情景。我想如果把中国自1979年起开始的第一轮改革开放称作奇迹，没有人会反对这个说法。中国从人均收入200美元的贫穷国家发展成为中等收入国家，人均收入增长到6000美元，没有任何一个国家能够在漫长的30年内保持年均10%的高速增长。我认为，全球各国都受益于中国的高速增长，当然中国的全球影响力也日益上升。中国是在面对重重挑战的情况下取得这些卓越成就的。在宏观经济方面，中国存在着失衡，如过度投资、部分行业产能过剩、波动性过剩等。中国需要长期高速增长来创造出足够多的就业机会，以维持社会稳定和社会和谐。私营部门的发展不尽如人意，创造就业机会的重任落在了政府肩上。中国惊人的高速增长与其未来将面对的挑战，再加上中国的规模，这些迫使领导人将国内问题作为重中之重。确保政治稳定，实现艰难的经济转型，继续推进改革，毫无疑问仍然是中国政府的头号任务。

如今，国内事务和国际事务之间的界线逐渐被打破。在全球化的世界里，各国的联系日益加深，中国无法独自解决本国问题。中国的问题不再是它自身的问题。特别是在全球链不断扩张的影响下，中国的经济活动和生产中有不少都与其他国家相互交织。中国房地产降温导致全球钢材价格波动。中粮集团的决策影响了巴西的大豆种植者的行为。如果没有中国的参与，WTO就无法推广具有商业可行性的《信息技术产品协议》，因为中国的IT产品贸易已经占到全球总量的25%。所以在瞬息万变的世界，像中国和美国这样的经济超级大国无法在缺少全球政策协调的背景下解决自己的经济问题，它们也无法在忽略自身全球影响力的情况下制订本国政策。

这种新形势也对20世纪成型的全球政府治理结构和原则提出了挑战。譬如，过去提出的南北之分和发达国家和发展中国家之分。中国算发达国家吗？部分人认为答案是肯定的。中国算发展中国家吗？也有部分人认为是的。中国会在10年后取代美国成为超级经济强国？有些人认为如果这成为现实，那么会产生积极影响，而其他人则不这么认为。中国是穷人比例较高的富裕国家，还是富人比例较高的贫穷国家？我认为这些问题都无法找到简单的答案。中国是一个非常特殊的个体。在历史上从来没有一个国家像中国这样，虽然是全球第二大经济体，但人均收入在全球仅排到100位左右。

在WTO的多哈贸易谈判回合中，中国的谈判者一再强调自己的人均GDP仍然很低，所以中国应该按照发展中国家的标准享受一定的贸易灵活性。而从另一方面来说，发达国家认为中国产品的全球竞争力非常突出，所以中国的开放程度应该超过其他贫穷国家，而且中国正在不公平地利用其发展中国家地位，以避免承担更多国际责任。发达国家和中国等新兴国家在国际责任和义务之间的平衡问题导致双方之间关系紧张，从而使多哈谈判停滞不前。但是这种谈判并非是WTO所特有的。气候变化磋商同样如此，因为它不仅是经济问题，而且涉及到政治决定。各方不改变基本原则就很难相互妥协。如果这些问题能妥善解决，那么未来中国应该能在这个领域里发挥重大作用，为全球治理制定工作日程。

然而，我认为中国领导人已经认识到困难所在。最近习总书记说过，中国会承担更多国际责任，为世界和平和发展做出更多贡献。这激励了我们所有人。随着中国的全球化程度日益加深，确保双边体系有效发挥作用对中国至关重要。迄今为止，中国已经参与了全球经济治理的各种体系，但是坦白地说，它还没有扮演任何积极的角色。尽管中国是联合国安理会成员和20国集团成员，但从很多角度来说，中国仍然是全球治理的部分利益相关者。

在结束之前，我想举三个例子来阐述我的观点，即如果中国能够在国际事务中发挥更积极的作用，那么中国和世界将受益颇多。这三个例子都来自于我最熟悉的贸易领域。第一个例子是投资。目前中国是全球主要的投资接收国，而且未来将成为对外投资的主要国家。我相信积极参与构建WTO双边投资框架将体现中国的战略利益。中国的海外投资并非一帆风顺，而且将来也依然会困难重重。制订新的国际投资协议有助于为中国的对外投资构建一个可预测性更强、更安全的投资框架。第二个例子是对外国竞标者开放政府采购。中国承诺参与WTO的政府采购协议磋商，但经过数年的努力，该磋商尚未圆满结束。我相信现在应该是尽快完成整个磋商进程的时机。对外国竞争者开放政府采购，不仅能够使采购款钱尽其用，而且有助于防止腐败。另外一个重要领域是中国积极参与技术标准的多边协调。工业标准、卫生标准、食品安全法规等在中国国内都很重要。由于幅员辽阔，所以中国对于全球规则制订的影响力对于它解决这些问题大有裨益。第三个例子稍微偏离了贸易领域。鉴于人民币在全球商品、资本和服务交换中的作用，中国可以对构建更加均衡稳定的国际货币体系做出贡献。

最后，我想强调四点。第一，中国的持续增长以及其转变经济增长方式的进展对于全球经济繁荣至关重要。所有人都真诚地祝愿中国能成功实现既定目标。第二，中国是在一个稳定的外部经济环境中实现了经济腾飞。其可持续性在很大程度上取决于运转正常的全球贸易体系。中国应该以核心利益相关者的身份，在全球经济治理中发挥更加积极的作用，其中也包括在短期内推动多哈回合尽快于今年12月的WTO部长会议上圆满结束。当然，中国正在向这个方向努力。第三，没有和谐世界，中国就很难建立起和谐社会。中国必须在全球事务中扮演“融合剂”的作用。最后，关于如何在利益和对经济治理做出贡献之间实现平衡，各方观点深深地植根于自身的价值观中。这是一个非常敏感的政治问题。从我自身的经验来看，互相理解彼此的价值观体系是解决问题的先决条件。不同的政治体系来源于不同的理解，而不同的理解来源于不同的价值观。我认为中国在推动不同文化坦诚交流观点和价值观方面占据了一定优势。中国在这方面的努力将有助于加深相互理解，以寻找全球化世界中迫切需要的共同价值观，从而对未来完善全球政治治理做出贡献。

经济合作与发展组织秘书长
古利亚

我首先回顾一下中国经济的情况。中国经济仍保持着强劲的增长势头，这令人羡慕。有人说2012年中国经济增长速度下跌至7.8%，情况不妙。但我不会为此感到失落，毕竟7.8%的增速其实没有那么糟糕，特别是考虑到世界其他国家经济仍然处于不景气中或者增长缓慢。譬如经合组织成员国的经济增长乏力，甚至为负增长。

昨天我和杨伟民先生正式发布了《2013经济调查报告》。调查报告显示中国经济活动开始反弹。最新的经济指数显示中国经济将继续以既定的目标保持增长。我知道中国制定了7.5%的经济增长目标，但我们认为中国的经济增长速度将会达到8.5%。中国是唯一一个低报经济预测增长速度的国家。我觉得这样做非常明智。我们经合组织通常高报经济增长速度。当预测结果不正确时，我们要花几个月的时间来调查经济增长为什么没有达到预期。

在过去数年，特别是过去的两三年当中，中国一直致力于实现经济再平衡。中国经济增长过去主要依赖于出口，之后转型为投资拉动型，而现在通过刺激国内消费来拉动经济增长。中国通过这种方式平衡经济增长的速度和质量，从而确保实现中长期可持续发展，不再完全依赖于主要贸易伙伴来推动经济增长。家庭收入占GDP的比例停止下滑，家庭对房地产的投资以及社会支出保持增长。这让人们对未来保持信心，同时有助于政府减少顺差。在过去两年当中，个人消费增长速度要快于GDP增长，这是一个可喜的现象。出口在中国产出所占的份额大幅下降，中国经常账户顺差占GDP的比重减少至3%以下。这是很好的现象，因为这意味着中国可以为世界经济发展做出更大的贡献。此外，中国贸易顺差问题不再是焦点问题或者争议性问题。我想这是一件好事。

中国参与全球价值链的过程呈现出一个颇有意思的特征，即它在附加值链的高端发挥着日益重要的作用。全球价值链是一种新型的世界生产活动组织方式。这意味着各个国家无须在各个方面均保持竞争力。它们可以在价值链的不同环节找到自己的位置，并在自己所处环节形成极强的竞争力。中国在产业发展方面取得了巨大成功。中国开放允许外国直接投资，并且成为全球价值链的一部分，得以获取、利用先进的技术和知识。中国将所学习到的技术和知识转化为自身创新能力，在全球市场与发达国家企业进行平等竞争。尽管中国仍被视为世界工厂，但它不再只从事劳动密集型的组装活动。中国稳扎稳打，一步步成为全球知识中心。在过去10年里，中国企业部门的研发支出每年以超过20%的速度保持增长。中国现在是世界最大的专利申请国。不过中国在经历20年的经济高速增长之后，生产成本不断攀升，劳动密集型产业竞争力因此下降。中国工业生产迅速扩张，导致环境恶化，从而危及中国民众的健康。显然，中国的批量组装产品活动只能创造有限的附加值。

鉴于上述理由，中国产业有必要进行升级，开展高效、环保和高附加值的生产活动。如何实现这一目标呢？首先应考虑全球价值链的组织形式，以及当今全球贸易的连通性，这一点非常重要。我们的新型附加值衡量标准显示，一个国家向世界销售产品的能力取决于它向世界购买产品的意愿。以中国的出口电子产品为例，其中有40%的价值来自于进口产品。我要指出的是，如果采用附加值贸易测算法，而不是名义测算法来判断贸易流向，那么中美贸易顺差要缩水1/4。这一点非常重要，它显示贸易带来的好处最终流向拥有知识产权的国家。进口对于一个国家而言非常重要，能够推动本国企业从世界国际经济中分一杯羹，提升生产力，并取得成功。由于中国身处价值链的底层，中国的供应商和出口商面临着贸易壁垒，这些因素都影响着中国的竞争力。我们希望通过公布这些附加值数据向世界证明，限制进口半成品或者提高产品价格的行为是搬起石头砸自己的脚。因为这样当你进行再出口时，你的竞争力会有所下降。那样做只会影响到自己。当今世界全球价值链呈现新的组织方式，而不再是原有的完整价值链。我们因此有充分理由反对保护主义和进口限制政策。

第二点是重新重视服务业。具有活力的服务业日益成为创造国际贸易价值的一个关键因素。按照新的附加值贸易测算法进行计算，美国、英国、法国、德国和意大利等成熟市场的出口制成品有超过50%的附加值来自于服务业；而按照名义测算法计算则只有25%来自于服务业。因此我们在这里要认真分析下服务业的情况。2009年，中国出口产品创造的附加值仅有35%来自于服务业。中国如果希望服务业为出口做出更大贡献，应提升服务业的表现，其中包括提升它的生产力。中国制造业的生产效率通常比较高，而服务业的生产率则相形见绌。许多大型出口国家的情况亦是如此。当一个国家在价值链和知识链上的位置不断提升时，它能否提升自身经济竞争力，关键在于其服务业能否提高生产效率。中国亦是如此，不能例外。

第三点与国际竞争力有关，即对知识型资本进行投入的重要性。对无形资本的投资是新型商业模式的重要组成部分。设计和营销等特定技能取决于人类的聪明才智，此类生产要素不是在一朝一夕就能形成的。在全球价值链中，最高层次的价值创造通常依赖于智力资产。中国已经对知识资本进行大量投入，主要是在软件和研发领域。此外，中国的“十二五”规划和中共十八大均着重强调指出，应加大研发并鼓励创新。不过中国在品牌和设计等领域落后于其他国家。中国如果希望致力于发展知识资本，则需要超越“研发是最重要因素”这一传统思维，拓宽创新的概念。对有些人而言，这听起来可能有点奇怪。不过许多成功的创新公司并没有对研发进行大量投入，而是对无形资产进行投入，其中包括设计、计算机化信息等。为了支持推动此类活动，我们需要重新制定长期创新方案。我们还应改善小型创新公司的融资渠道，强化促进合作的框架。随着知识资本不断增加，我们应更重视知识产权领域，这对于知识经济发展而言是一个重要框架。在保护知识产权的同时，各国应制定政策鼓励竞争，毕竟竞争是推动创新的关键所在。

第四个挑战是国企角色的调整。2009年，中国的研发支出有45%来自于国有企业。国有企业的支出中有44%用于新产品开发，70%用于技术创新。国家联营企业主导了中国的对外直接投资。这些企业在引进世界先进技术方面发挥着重要的作用。这一局面有着深刻的历史根源。在这种形势下，知识经济投资活动无法商业化，导致中国产业升级效率低下。中国应更加重视创新的公司和企业家。这些公司和企业家是变革性创新的源泉，有助于强化中国面向商业的投资。

最后，中国有必要让它的产业变得更加绿色。中共十八大提出建设生态文明社会的目标，国际社会应对此加以称赞。经合组织在2013年中国经济调查报告中谈到了这一挑战。为了实现经济绿色增长，有必要实施市场改革，并且执行严格的标准作为补充手段。这有助于防止环境进一步恶化，并且创造更多的市场机遇，推动经济进一步增长。这将形成激励机制，鼓励绿色经济的发展，并有助于发展环保产品和服务业。中国可以加大征税力度，建立污染征税机制，这将推动其采用国际碳定价机制。中国可以考虑征收碳排放税。我们走访了七个城市，在这七个城市试行了排放交易机制。我们觉得最好的措施是进行征税，这样做更容易为人所理解，并且更容易进行全面管理。这种机制不需要配备太多的基础设施或者进行试点，因此更容易推广，所以我们建议征收污染税。我要指出，就美国和欧洲的经验而言，排放交易机制在实施过程中会产生许多复杂的问题。我们可以简单地进行征税，这样做也许更可取。还有一种补充措施就是建立高标准的机动车污染标准。

我们经合组织《2013年经济调查报告》中涉及到中国中期可持续发展的一些重要议题，并且就推动包容性的城镇化进程和实现绿色经济提出一系列建议。正如我们将听到的，城镇化议题对于中国下一阶段的发展而言至关重要。我们认为，中国的农用地向城市居住用地转化的进程将会得到巩固或者加速。我们认为这是一个值得关注的问题，毕竟农业用地问题非常敏感。不过我想理查德·赫德先生可能会谈到，中国可以拿出少量农业用地投入市场用于建房，这不会影响农业。中国可以通过提高农业生产力来抵消出售农业用地产生的影响，因此不会危及中国的粮食安全。我们还就中国的发展提出建言，其中包括加速改革步伐，培育更具包容性和更绿色的经济增长。我们的建议还涉及到创新、能效、人口老龄化和粮食安全等议题。大家可以看到我们的建议和中国政府政策文件提出的改革总方针以及李克强总理十八大报告有着相似之处。通过这些案例可以看到，我们可以与中国政府进一步开展合作。

剑桥大学
彼得·诺兰、张瑾

全球化、产业政策与体制转变

引言

中共十八大报告中指出，要“加快走出去步伐，增强企业国际化经营能力，培育一批世界水平的跨国公司”。

中国产业政策的中心内容一直是力图将国有巨头企业转型成具有全球竞争力的企业。自20世纪80年代以来，国有企业的结构和运营机制发生了根本转变。中国现在已有一大批国有企业位列“财富500强”和“金融时报全球500强”中。不过，这些国有企业的大额收入和高额市值掩盖了它们在全球竞争中的弱点。中国国有企业的成功基础主要是在快速增长的国内市场关键领域中占据特权地位。中国“国家冠军”企业的国际业务规模很小，在国际市场上的份额也很少。全球性公司将高科技和品牌商品的生产基地设在中国，生产所涉领域十分广泛。中国的产业政策推行25年后，国有巨头企业还未成为具有全球竞争力的企业。

一、中国产业政策的成功

自20世纪80年代中国经济改革初期以来，中国领导层一直在致力培育一批具有全球竞争力的巨头企业，以匹配高收入国家的巨头企业。早在1987年，中央政策制定者就指出“培育企业集团对发展生产力和深化经济体制改革具有长期深远的意义”。这些政策看来非常成功：到2012年，“财富500强”中有70家中国企业；“金融时报全球500强”中有22家中国企业。在“金融时报全球500强”的榜单上，中国企业的市值总额仅次于美国和英国，位居第三。

与20世纪50年代之后的日、韩等其他后发国家相比，中国在产业政策构建上面临特殊挑战。当时中国正力图改革一个封闭的、私有领域微不足道的中央计划经济。日本和韩国当时都是西方对抗共产主义的堡垒，有大规模美国驻军。对那些在前线对抗共产主义的东亚伙伴，西方愿意接受它们稳健的国家主义产业政策，而中国过去和现在都被西方认作是一个意识形态和军事上的威胁。此外，中国力图构建产业政策之时，正是资本主义全球化的时代，这个时代造成了商业力量前所未有地集中到全球产业中，集中程度比日、韩在相似的发展阶段所面临的要高得多。日、韩采取的产业政策过去无法轻易转移到中国，现在也无法轻易转移到发展中国家。

中国自20世纪70年代以来的经济改革一直小心谨慎，具有实验性。到90年代后期，大部分中小企业领域已经不再由国家所有，但经济制高点还是由国家把持。政府实施了一长串实验性改革，力图创建一批有全球竞争力的大型企业，领导层将创建这些企业看作是中国发展战略的中心焦点。20世纪80年代的最初谨慎实验给了企业更多自主权，让它们有更大的权利自留利润、与市场直接打交道。自90年代早期以来，改革深化，大型企业转型成混合所有制公司实体，少数权益股在国内和国际股市中上市。在这一过程中，大型国有企业受到公众监督，包括国际会计公司和投资银行对上市公司的详尽检查。与领先国际公司合办的合资企业建立起来；训练有素的新一代职业经理人晋升到高级职务；通过并购，公司结构广泛重组；“国家冠军”企业的数目逐渐减少到约80家超大企业；中国巨头企业的公司结构越来越像其国际竞争对手。就体制转型来说，这是一项了不起的成就。

中国的国家冠军企业大部分处于“战略行业”；“二战”后，高收入国家也在大致相同的行业中成立了自己的国有制“国家冠军”企业。中国在关键领域培育了一大批巨头公司，包括电信、石油化工、航天、军用及相关设备、汽车卡车、电力设备、金属采矿、发电配电、建筑、航空和银行业。在这些领域中，国家拥有大部分所有权，使得国际企业很难通过并购在中国扩张。国家冠军企业可以取得来自政府项目的采购合同，因此获益。由于这些企业都是国家所有，因此能够做出长远考虑。它们可以作为一个团队进行合作，分享知识、相互支持、相互购买产品。它们可以在开发新技术上进行合作，以满足中国持续发展的需要。中国政府已经成功推动全球性公司将技术转移给中国的国有企业来换取市场准入。中国蓬勃发展的经济一直建立在极高的投资率上，由此创造出对战略行业主体部分产出的强烈需求，这种需求主要是在资本商品领域，使得国家冠军企业的收入和利润快速增长。在像航天和银行业这样的关键战略行业，由于迅猛增长的国内需求的支持，中国最大的国有企业取得了重大技术和管理进步。

二、全球商业革命的挑战[①]

20世纪70年代后，世界经济进入资本主义全球化的新阶段，经历了信息技术革命、私有化、国际贸易和投资流的自由化、前共产主义“计划”经济体的开放、前“内向型”非共产主义发展中国家的全面政策转变。“华盛顿共识”在全世界宣扬的政策使大型公司的本质发生了深刻变化。

全球产出大量增加。与此同时，大部分产业的领先“系统集成商”企业的数量缩减，全球产业集中程度大幅提高，最明显的部分由拥有优越技术和强大品牌的著名企业组成。它们构成了延伸的价值链顶点的“系统集成商”或者“组织大脑”。全球市场中高附加值、高科技、品牌效应强大的部分主要服务于控制世界大部分购买力的中高收入人群，到21世纪第一个10年的初期，在这个市场部分中，一个真正的“法则”开始发挥作用：少数巨头企业（“系统集成商”）占据整个全球市场的50%以上。

2007/2008年，世界1400强企业（G1400）在研发中的投资总额为5450亿美元（英国商企监管改革部，2008年）[②]，这构成了全球技术进步投资的主体。前100强全部来自高收入国家，占G1400研发支出总额的60%，最后100强的研发支出占总额不到1%。换句话说，少数高科技行业中约100家左右的公司在全球化时代处于技术进步的中心。

系统集成商企业在用大量采购支出巩固领先地位时，为了将成本减到最小、刺激技术进步，给供应链施加了强大压力。符合系统集成商的严格要求是其他企业加入供应链的条件，由于这些企业即使努力也很难满足要求，产业集中程度迅速提高。一个领域接着又一个领域，供应链的每一部分都由少数企业占据了市场大部分份额。这种“瀑布效应”对竞争本质和技术进步有着深刻意义，意味着新进企业面临的挑战比第一眼看起来要深刻得多。新进企业不仅立即面临追赶领先系统集成商的困难（这些集成商构成了产业结构“冰山”看得见的部分），还面临追赶现在占

① 本节的实证证据在以下索引文献中有更全面的陈述：Nolan（2001a和2001b）、Nolan与Zhang和Liu（2007和2008）、Nolan（2012）。

② 英国政府于2010年停止发布这份有价值的报告。

据全球供应链几乎每一部分制高点的强大企业的巨大困难（这些企业位于“冰山”藏在水下看不见的部分）。发展中国家的企业正在加入“全球公平竞争的赛场”，此时此刻，商业力量的集中程度前所未有地高。在根据华盛顿公约政策实施了商业体系自由化的发展中国家中，世界领先的系统集成商建立了寡头垄断，不仅如此，在这些国家中，寡头垄断也在供应链的上游建立起来了。

如果我们不以实体（即法定所有人）来定义企业，而是以有意识协调资源分配所发生的领域作为标准，那么可以看到在全球商业革命中，大型企业的规模有了巨幅增长。价值链的组织已经发展成为一种得到全面规划和协调的活动。处于价值链核心的系统集成商拥有为大型新项目筹资的能力和资助高级研发支出必需的资源，用来保持技术领先地位、开发全球品牌、投资最先进的信息技术、吸引最好的人力资源。系统集成商企业与价值链上下游的主要部分进行最深最紧密的互动，构成了一种新型的“所有权与控制权分离”，企业的界线在其中变得模糊了。“外在企业”的雇员人数通常远远超过核心系统集成商企业自身的雇员人数。

三、中国产业政策的挑战

1. 跨国公司“进入”中国

中国政府通过让本土国有企业保持所有权来强力保护经济中约1/3的部分，不让全球性公司渗透。尽管这令跨国企业极为沮丧，但中国经济的一大块还是对跨国企业开放的，它们可以相对自由地在其中运营。

夸大中国与世界其他地区相比的重要性会严重误解跨国企业的本质。例如：中国的外来FDI（外国直接投资）存量只有拉美和加勒比海的1/3（联合国贸发会议，2012年）。中国的大型企业“走出去”时，面对的是高收入国家和发展中国家中拥有完善生产系统的全球巨头企业。高收入国家的领先企业在整个现代资本主义全球化时代一直在“走出去”。中国是大部分跨国公司增长战略中的关键部分。中国一向都是所有发展中国家中接收外来FDI最多的国家。自全球金融危机爆发以来，中国持续快速发展，极大帮助了总部位于高收入国家的全球公司维持前景。

2011年，美国公司在中国的FDI约为一千亿美元（美中贸易全国委员会）。2008年，这些公司的在华销售收入总额为1470亿美元，出口收入为720亿美元，利润将近80亿美元。在由美国众多领域顶尖国际公司的一大块所组建的全球商业体系中，中国构成了一个关键部分。领先的美国全球公司深“入”中国，拥有数十亿美元的资产、几十亿美元的销售、数万名直接雇用的员工，在其供应链上还有更大数量的间接雇员。例如：2011年，通用汽车的在华销售收入为310亿美元，雇员有3.5万人；苹果来自大中华的收入为120亿美元，雇用约50万人在中国组装它的产品；江森自控（Johnson Controls）的在华收入为30亿美元，雇员有1.8万人；百胜餐饮（Yum Brands）的在华收入为40亿美元，雇员有23万人。

2011年，德国在中国的FDI存量约为330亿美元（《金融时报》，2012年8月），一些德国的巨头公司在各自领域都占据了中心地位。例如，2011年，大众汽车的在华收入为420亿美元，雇员有5.3万千人；博世（Bosch）的收入为58亿美元，雇员有2.6万人；西门子的收入为81亿美元，雇员有3.6万人。2011年，日本在中国的FDI存量约为830亿美元（香港研究，2012年）。在华的日本公司超过2.2万家，雇员有约300万人。日本最大的企业几乎所有都在中国拥有广泛的业务体系。例如：2011年，丰田在华生产了81.5万台汽车，雇员有2.8万人；日立的收入为160亿美元，雇员有6万人；尼桑在华生产了125万台车，雇员有7.1万人；东芝的收入约为80亿美元，雇员有约3万人；松下的在华收入为135亿美元。

跨国企业对中国的增长和现代化做出了极其重要的贡献。中国能获益于“后发优势”，皆因在几乎每一领域，包括国有领域，应用世界的前沿技术，跨国企业对此至关重要。外资企业占中国产业附加总值的约28%，它们在有色金属、金属制品、含铁金属、非金属矿产品和纺织品产出中的比重为1/5或更少。不过，它们在其他众多行业产出中的比重增加到1/4到1/3之间，包括食品加工（23%）、原材料（24%）、电力机械（24%）、塑料（25%）、医药（26%）、服饰鞋袜（31%）、皮毛相关产品（34%）。它们在运输设备中的比重为44%，在通信设备中的比重达到了57%。

外国企业的贡献在高科技领域尤为重要。外资企业占高科技行业附加总值的约2/3，电子通信设备领域附加总值的71%，计算机办公设备领域的91%。据估计，外资企业雇用了中国37%的高科技人员，41%的科学家和工程师。

中国的大型商用飞机全部购自波音和空中客车。在努力打造全球成功的大型商用飞机行业时，中国面临巨大挑战。中国的飞机配件业在全球行业的供应链中只起到很小的作用，本土组装的商用飞机是以ARJ21支线喷气机和C919大型商用机为原型的，这两类飞机都还没有投入商用服务，面临巨大的需求不确定性。它们的关键子系统主要由美国企业提供，包括美国通用电气（GE）、联合技术、霍尼韦尔（Honeywell）、罗克韦尔柯林斯（Rockwell Collins）、派克汉尼汾（Parker Hannifin）和伊顿（Eaton）。

在汽车行业，中国产业政策的目标是通过合资企业机制打造有全球竞争力的公司。不过，中国的汽车市场被全球公司主宰，就销量来说，这些全球公司拥有3/4的中国国内市场；就销售收入来说，拥有近90%的市场。财富500强中三家中国公司的汽车销售几乎完全依赖由全球汽车巨头公司控制的合资企业。全球两大汽车组装巨头——通用汽车和大众汽车加起来占中国汽车市场超过30%的份额。国内汽车公司的生产仅限于低附加值、低技术含量的车辆。

来自全球企业的IT软硬件系统在众多领域中处于中国现代化的核心。例如：领先的国际企业——主要是来自美国的企业，是中国主要银行IT系统高速现代化的关键。中国几家最大银行的大型主机来自IBM，服务器来自IBM和惠普，软件包来自甲骨文（Oracle）和赛普（SAP），自动柜员机来自迪堡（Diebold）、NCR和德利多富（Wincor-Nixdorf）。

中国的高附加值IT消费品市场被全球巨头主宰。2012年，在中国的个人“平板”电脑设备市场中，苹果的ipad占有73%的市场份额。在“智能手机”市场，安卓（谷歌）设备约占80%，苹果约占12%（《卫报》，2012年8月14日）[①]。中国本土个人电脑组装商联想的核心微处理器技术依赖英特尔，主要软件平台则依赖微软。佳能、索尼和尼康拥有中国照相机市场的3/5。大部分专利药物由全球企业供应，例如辉瑞（Pfizer）、诺华（Novartis）、拜耳（Bayer）、强生（Johnson）、葛兰素史克（GSK）和阿斯利康（Astra-Zeneca）。中国有大量本土制药公司，但主要生产低利润的仿制药。全球公司主宰中国的品牌商品市场，包括饮料、糖果、化妆品、行李箱、手表、珠宝和服饰（Bain，2010年）。本土企业的品牌消费品生产主要限于低附加值的领域。

在较不显眼的高科技领域，世界领先企业也占据了一大块市场。中国的汽车配件业大部分由博世、日本电装（Denso）、法雷奥（Valeo）、伟世通（Visteon）、

① 虽然包括联想、中兴和华为在内的几家本土公司在中国的智能手机市场上建立了重要的市场份额，它们的核心技术还是安卓（谷歌）的。

德尔福（Delphi）、大陆（Continental）和江森自控这样的全球巨头控制，它们在中国大量投资生产设施，以满足全球客户对“准时制生产”的需求。建筑的供暖、通风和冷却关键装置大部分由全球企业供应，包括Carrier（联合技术）、三菱电机、美国通用电气（GE）和西门子。大部分升降电梯和自动扶梯由全球企业供应。奥的斯（Otis）、三菱和日立估计占中国升降电梯市场的70%（《中国日报》，2011年7月8日）。

跨国企业在中国的出口领域中极为重要。中国国内企业占中国工业产出总值的74%，但只占工业出口值的31%（SSB，2011：51）。外国企业占中国工业产出总值的26%，但占工业出口值的69%，高科技产品出口的90%。在高科技领域中，通信设备、计算机办公设备领域是最重要的，占中国工业出口总值的38%（SSB，2011：51）。国内资本在这个领域几乎不存在，只占总额的3%（SSB，2011：53）。这一领域与全球经济深入相连，占出口产出值的74%（SSB，2011：82–83）。中国在该领域的出口有97%来自外国公司在中国运营的子公司。

在后发大国中，就外国企业在现代化和国民经济追赶中的重要程度而言，中国是独特的。在中国，在外国企业价值链中工作的人数极多，简直无法轻易算出。这样不同寻常的高度开放发生在共产党的统治下，与几乎所有国际专家对中央计划“转变”的预计相悖，真是了不起。

2. 中国企业“走出”中国，走进高收入经济体：“我中有你，你中缺我”

渣打银行首席经济师杰拉德·莱昂斯（Gerard Lyons）表达了一个广泛持有的观点：中国“正在购买世界”，由此掌握西方技术。2007年，他说：“令人深为担忧的是，（主权财富基金）看到在全球关键行业中购买战略股的机会……像中国这样新兴经济体的低成本制造专长可以通过收购海外高科技企业被快速添加进来。”（Lyons，2007年）。2012年，莱昂斯说：“过去十年中三个最重要的英文单词不是‘war on terror’（反恐战争），而是‘made in China’（中国制造）。照目前趋势，这个十年中三个最重要的英文单词将是‘owned by China’（中国所有）”（《金融时报》引述，2011年9月6日）。现实与“中国‘正在购买世界’”这一广泛持有的流行看法迥然不同。

中国对外FDI的存量从2000年的280亿美元增加到2011年的3660亿美元（联合国贸发会议，2012年）。中国让国有巨头企业“走出去”的政策似乎已经非常成功。

这种看法促成了“发展中国家国有企业正在普遍赶超高收入国家的国有企业”这一观点。

事实上，中国的企业正处在打造全球生产体系的最初阶段。2011年，中国的对外FDI存量（包括香港、澳门、开曼群岛和维京群岛）比澳大利亚的少，是荷兰的39%，法国的27%，德国的25%，英国的21%，美国的10%，总额不到高收入国家总和的1/50。

中国的对外FDI约有一半在“租赁、商业服务和金融中介”中（国家统计局，2012：262）。很多投资活动发生在中国香港、开曼群岛和维京群岛，中国香港占中国对外FDI存量总额的61%，开曼群岛和维京群岛加起来占中国对外FDI存量总额的12%。2011年，中国在开采业的对外FDI总额为670亿美元，还不到荷兰皇家壳牌这家全球巨头公司国际资产的1/4，也不到埃克森美孚国际资产的1/3。中国在制造业的对外FDI存量总额仅为270亿美元，只有通用（GE）国外资产的1/20和丰田国外资产的13%。

2011年，中国在高收入国家的对外FDI存量为620亿美元，相比之下，中国的外来FDI存量为7120亿美元，大部分来自高收入国家。换句话说，高收入国家在中国的FDI存量是中国在高收入国家FDI存量的11倍多。中国在美国的对外FDI存量为90亿美元，在德国为24亿美元，在日本为14亿美元。美国在中国的FDI存量约为1000亿美元，是中国在美国FDI存量的11倍（美中贸易全国委员会）。日本在中国的FDI存量约为850亿美元，是中国在日本FDI存量的60倍多（香港研究，2012年）。德国在中国的FDI存量约为330亿美元，是中国在德国FDI存量的14倍（《金融时报》，2012年8月29日）。

中国企业明显缺席大型国际并购。中国的巨头企业在全球金融危机期间的大规模一轮并购中没有起到什么作用。2011年，有41笔国际并购交易的价值超过40亿美元，其中由中国企业达成的一笔都没有。（联合国贸发会议，2012年）

中国能通过购买西方高科技企业在技术上“赶上”的想法到目前被证明是不正确的。中国企业收购的主要是非战略行业的亏损公司，国有和私有企业在更敏感领域做出更重大收购的尝试大部分都失败了。中国公司做出的重大国际收购屈指可数。此外，除了一个显著的例外，以世界最大规模的并购为标准来看，这些重大收购的规模都不大。

2005年，联想以17.5亿美元收购IBM的个人电脑部分，帮助联想成为了个人电脑市场中的一支全球力量。不过，IBM愿意出售的原因是该部分获利偏低，而且个人电脑领域的竞争激烈，微软和英特尔又把持着个人电脑的核心技术。此外，由于包括“平板电脑”和“I-phone”在内的新一类通信设备的火爆崛起，个人电脑业的未来着实堪虞。手机业的世界超级巨头诺基亚已被苹果和谷歌“安卓”系统领导的新一代通信设备盖过了风头；世界最大的个人电脑生产商惠普由于个人电脑部分获利缓慢正在计划拆分该部分。直到2010年，中国公司才再次做出重大国际收购，中国汽车制造商吉利以18亿美元收购沃尔沃汽车（Volvo）。沃尔沃汽车是福特内部亏损的部分。到2012年后期，沃尔沃汽车损失巨大，前途黯淡。它的欧洲经理承认沃尔沃规模太小，无法与全球豪华车巨头梅赛德斯和宝马竞争。

中国大型企业收购高收入国家重大企业的努力多以失败告终。2005年，中国第三大石油公司中海油提出以185亿美元的出价收购美国中型石油公司优尼科（Unocal）。7月初，美国众议院以398票对15票的结果要求美国政府审查这一出价，理由是它构成了“对美国国家安全的威胁”。中海油撤回出价，随后雪佛龙（Chevron）收购了优尼科。2005年，也有传言说华为在谈判收购英国亏损的电信设备制造商马可尼（Marconi），这引发了英国大众媒体的激烈讨论，还催生出传言，说这笔交易将被提交到美国政府的“美国外国投资委员会”（CFIUS）。华为没有正式提出收购马可尼，最终马可尼以21亿美元被卖给爱立信。2010年，华为出价2000万美元收购一家小小的美国软件公司三叶（3 Leaf），美国外国投资委员会以国家安全为由阻止了收购。

除了完全收购，另一种方式是中国公司收购领先西方公司中重大少数股。2007/2008年，有人提议华为与美国私募股权公司贝恩资本（BainCapital）联合收购美国电信设备公司3Com。尽管华为将只拥有一小部分少数股，这一提议还是引发了美国媒体聚焦华为“威胁美国国家安全”的狂热，这一案件被提交到美国外国投资委员会。在决议正式达成前，贝恩和华为撤回了收购要约；2010年，惠普以22亿美元收购了3Com。2009年，总部位于澳大利亚的全球矿业巨头力拓（RioTinto）同意中国领先的矿业公司中铝投资195亿美元收购力拓18%的权益股。澳大利亚的政界要员极力反对，理由是对国家安全造成威胁，力拓放弃了这笔交易。

2012年7月，中海油提出以151亿美元收购加拿大石油燃气公司尼克森（Nexen）。

12月初，加拿大政府做出了一个标志性的决定，批准了这一收购，这是迄今为止中国公司最大规模的收购。加拿大政府同时还批准了马来西亚国家石油公司（Petronas）收购“进步能源资源”公司（Progress Energy Resources）。不过，加拿大政府同期宣布出台更严格的国有企业收购加拿大公司的规则。加拿大总理斯蒂芬·哈珀（Stephen Harper）说：“我们说加拿大对企业开放时，不是要将加拿大卖给外国政府……加拿大人，特别是投资者应当理解：这些决定并非开启一种趋势，而是结束一种趋势。”

直到此时，中国企业在国际并购和国际“绿地”（指自建开发）投资中都极为谨慎。中国的“走出去”战略在能源领域进一步推进。不过，即使在这个领域，中国的领先企业在发展中和高收入国家的国际扩张也走得小心翼翼。它们要赶上石油巨头、领先石油服务公司[①]或者化工公司的全球运营还有很长的路要走。中国不同行业大型企业收购国际公司的几次努力都失败了，主要是因为政治阻碍——阻止“他们的”企业收购“我们的”企业。除了中海油收购尼克森以外，中国公司的收购与世界领先公司持续采取的例行并购相比规模较小。世界领先企业在30年的现代全球化期间建立起了全球生产体系，中国的大型企业与这一体系还差得很远。

四、欧洲国有企业的体制转变和全球化

今天处在各自领域创新和技术进步前沿的世界领先企业，有很多在不远的过去还是国有企业。这类企业最大的群体来自西欧，涵盖广泛系列的行业。在距今较短的过去，欧洲的很多领先全球企业都是国家所有，主要注重受到保护、没有国际竞争的国内市场。从国有企业变成有全球竞争力的企业、处于以客户为重心的创新前沿，这些企业所走的历程各不相同。

1. 电信：西班牙电信（Telefonica）的案例

直到20世纪90年代，大部分欧洲国家的电信系统由国家所有，通常是邮电部的组成部分。国有的国家电信系统一般主要从国内公司购买电信设备[②]。20世纪90

① 例如，在油田服务领域，按收入排名的前20强企业中有13家来自美国，其他来自法国、英国、意大利、挪威和澳大利亚。20强企业中没有一家来自发展中国家。该领域的前10强企业收入全都超过100亿美元，包括美国巨头斯伦贝谢（Schlumberger，272亿美元）、哈利伯顿（Halliburton，183亿美元）、国民油井（National Oilwell，134亿美元）和泛洋（Transocean，127亿美元），另外还有意大利巨头塞班（Saipem，148亿美元）。

② 例如，西门子是德意志电信的主要供应商，阿尔卡特是法国电信的主要供应商，英国通用电气公司

年代，欧洲国有电信领域的主体部分私有化。就英国电信（BT）来说，该公司在1984～1991年间完全私有化，1999年，英国电信拆分出手机业务，冠以O2品牌。就德国和法国来说，国家在“国家冠军”电信公司中保留了重大少数股权和重大影响[①]，这些公司仍然是从事固定电话、宽带和手机综合业务的电信公司。

1945年，西班牙政府成立了国有垄断的“西班牙电信公司”（Telefonica，当时叫作CTNE）。1995年，该公司部分私有化，1999年完全私有化。它的收入和大部分欧洲国有电信公司一样主要来自国内市场。私有化之前，西班牙电信开始在拉美扩张，1989年收购了前智利国有电信公司CTC43.5%的股权，CTC在智利的电信市场中拥有超过90%的份额；同年收购前阿根廷国有电信公司的南部业务。在拉美收购两家前国有电信公司的经验帮助指引了西班牙电信其后采行的战略。在自身私有化后，西班牙电信启动了一个雄心勃勃的国际扩张战略，重点放在拉美，利用该地区电信公司的私有化和该地区市场的快速增长机会，包括移动电话市场的快速增长。除了智利和阿根廷的企业外，它还收购了秘鲁电信（Telefonico del Peru）、巴西的圣保罗电信（Telesp）和东南电信（Tele Sudeste）。自身私有化后几年间，西班牙电信在拉美打造了大规模电信业务，大多依靠收购该地区的私有化电信公司。

到2002年，西班牙电信的国际收入已经占到总收入的43%，相比之下，德意志电信的国际收入只占总收入的13%，法国电信的占17%。西班牙电信当时是拉美领先的电信供应商，占该地区固定电话市场的26%，最接近的对手占18%。到2002年，它西班牙母国市场所占比重按客户数来算缩减到不及50%，按收入来算缩减到58%。拉美则占到其客户数的49%，收入的38%。

接下来的10年中，西班牙电信加速了国际扩张：2003年成立合资企业“巴西Vivo移动公司”；2010年以75亿欧元收购合作伙伴葡萄牙电信的股份；2008年收购巴西的区域移动公司Telemeg；2004年收购南方贝尔（Bell South）的拉美资产，包括在危地马拉、巴拿马和委内瑞拉的资产；2006年取得哥伦比亚电信51%的股权；2008年巩固在智利的地位，将在TelefonicaCTC的持股份额提高到98%；2011年取得哥斯达

（GEC）是英国电信的主要供应商。

① 德国政府通过直接持股和由政府控制的德国复兴信贷银行（KfW）持股，保留了在德意志电信中32%的股权。法国政府通过直接持股和由政府控股的“石油研究与经营企业”（ERAP）持股，保留了在法国电信中27%的股权。法国政府保留了任命法国电信CEO的权利。

黎加的移动牌照。到2012年，西班牙电信已是巴西、阿根廷、智利和秘鲁的市场领导者，它的拉美业务远远超过了国内业务。到2012年，西班牙电信在拉美拥有2400万固定电话客户和1.6亿手机客户，相比之下，它在欧洲（包括西班牙）的固定电话客户数是1600万，手机客户数是7000万。仅在巴西，西班牙电信就有7700万手机客户。从1997到2012年，西班牙电信的收入总额从142亿欧元扩大到465亿欧元，西班牙以外收入所占比重增加到75%，拉美在总收入中的比重上升到49%。

在拉美建立了雄厚的基础后，西班牙电信于2006年做出果断战略决策，收购总部位于英国的手机公司O2，O2是前国有的英国电信公司在1999年拆分成立的公司。西班牙电信支付了177亿英镑（约合290亿美元）收购O2，这是电信业史上最大的收购之一。通过收购O2，西班牙电信增加了2200万英国手机用户和1900万德国手机用户，现在它在欧洲的国际手机客户数是在西班牙的两倍。

2. 汽车：大众汽车的案例

欧洲有几家大型汽车公司曾经由国家所有，包括雷诺（Renault，法国）①和英国利兰（British Leyland，英国）②。欧洲现今最大的汽车制造商是大众汽车。大众成立于1937年，当时是一家国家全资拥有的汽车制造商。1945年至1949年，它处于英国军队的托管下，1949年被交回，由德国联邦政府和下萨克森州当地政府共同拥有。1961年，该公司部分私有化，公司的60%被当作“人民股”出售，联邦政府和下萨克森州政府仍各持有20%的股份，这在欧洲的私有化历史上是一个里程碑。1988年，联邦政府卖掉了它的股份，不过，下萨克森州保留了20%的股份，这降低了竞争对手收购大众的可能性，使大众能够专注长期战略。

直到20世纪70年代，大众严重依赖一个单一车型：大众“甲壳虫”。自1938

① 雷诺于1945年被收归国有，虽然1996年私有化，但法国政府保留了该公司15%的股权和任命两位公司董事的权利。雷诺私有化后，启动了一项雄心勃勃的国际扩张计划，包括与尼桑结盟，雷诺据此拥有尼桑44.4%的股份，而尼桑则拥有雷诺15%的股份。不过，雷诺面临严峻挑战。它每年生产的车辆超过3百万台，但这也意味着它缺乏像丰田、通用汽车、福特和大众这些最大的全球汽车公司的规模。此外，雷诺还将卡车部分卖给了沃尔沃（2001年）；它也没有一个具有全球竞争力的豪华车品牌。

② 英国利兰于1975年被收归国有，当时它将英国汽车行业的大部分合并到了一家单一的国有企业中，包括很多享有国际声誉的品牌。尽管旗下公司富有经验和技术实力，英国利兰自身没能转变成一家具有全球竞争力的公司。它的不同品牌要么停产，要么卖给了国际汽车公司。今天英国的乘用车生产几乎全部由全球企业组成，其中日本公司处在前沿。1998年，利兰的卡车部分卖给了美国帕卡（Paccar），帕卡现在生产几乎所有在英国制造的卡车。

年推出以来，甲壳虫车就没有得到过根本改动。到1973年，大众已经卖出了超过1600万台“甲壳虫”[①]。1961年大众部分私有化后，收购了德国汽车生产商“汽车联盟”（Auto Union，1964年）和NSU（1969年），并将两家公司合并成一个新的“奥迪”分部。1982年，大众和上海汽车工业股份有限公司（上汽集团）成立了合资企业，作为在中国扩张的平台。1986~1990年，大众收购私有化的西班牙汽车业国家冠军企业西亚特（SEAT）[②]；1991年收购私有化的捷克国家冠军汽车公司斯柯达（Skoda）。20世纪90年代后期，它收购了一群小型豪华车制造商，包括宾利（Bentley）、布加迪（Bughatti）和兰博基尼（Lamborghini）。近年来，大众在全球卡车制造商斯堪尼亚（Scania，瑞典）和曼恩（MAN，德国）中慢慢累积多数股控制权，现在这两家公司构成了大众商用车部分的基础。2012年，经过了一场持久复杂的战略斗争，大众收购了保时捷，强化了豪华车部分。

20世纪80年代后期，大众每年生产不到300万台车。到2012年，它每年生产800万台车，与丰田角逐世界最大汽车生产商的地位。从1991年到2012年，大众的收入从420亿美元增加到2220亿美元，研发支出从15亿美元增加到83亿美元。今天，大众在全球拥有94家制造厂，其中25家在德国，24家在欧洲其他地区，15家在亚洲，包括在中国的11家。据估计，它拥有中欧和东欧（包括俄罗斯）乘用车市场的14%，中国的18%，南美的19%，西欧的23%。大众与博世、大陆、江森自控和米其林等主要全球供应商保持着紧密关系，以开发增强安全和舒适感的新技术、提高燃油效率、改进车辆操作的便利程度。大众还与它的领先供应商紧密合作，以协调全球“准时制生产”供应链的建设。

直到20世纪70年代，大众严重依赖一个主要在德国组装的单一畅销车型。今天，它拥有一组涵盖所有车辆类型的全球品牌。2012年，大众卖出110万台斯柯达和西亚特的乘用车，收入为160亿欧元，每台车的利润为490欧元；卖出450万台“大众”品牌车，收入为950亿欧元，每台车的利润为850欧元；卖出150万台“奥迪”品牌车，收入为440亿欧元，每台车的利润为3500欧元。奥迪品牌提供大众总利润的46%。大众商用车部分的收入为220亿欧元，利润为20亿欧元。收购曼恩和斯堪尼亚后，商用车部分就有资格与领先的全球商用车制造商梅赛德斯、帕卡（Paccar）和沃

① 大众最终生产了2100万台“甲壳虫”，其中1500万台是在德国制造的。

② 西亚特成立于1950年，国有控股51%，一群大型西班牙银行控股42%。

尔沃展开激烈竞争。大型卡车一般根据每位客户的订单制造。大众“斯堪尼亚”牌卡车的平均售价为12万欧元，每台车的利润为1.6万欧元。

3. 电力和燃气：法国燃气苏伊士集团（GDF-Suez）的案例

法国燃气（GDF）及其姊妹公司法国电力（EDF）于1946年作为法国的国有垄断企业成立。法国燃气是燃气行业的传统公用事业公司，主要为包括家庭和企业在内的法国国内客户提供燃气，燃气产自国内煤炭。天然气逐渐取代煤炭成为燃气业能源的主要来源。天然气进口的来源国包括阿尔及利亚（1965年）、荷兰（1967年）、俄罗斯（1975年）和挪威（1977年），这拓宽了法国燃气的国际业务。不过，它仍然主要注重它在法国国内的供气垄断。2005年，法国燃气的收入总额为220亿欧元，64%来自国内销售，这一年法国政府将法国燃气20%的股权卖给了公众，但保留了80%的股权。

苏伊士（Suez）是一家完全不同类型的公司。它由两家法国非国有企业于1997年合并而成，一家是里昂水务公司（Lyonnaisdes Eaux，1880年成立），另一家是苏伊士公司（Compagniede Suez，1858年成立，目的是修建苏伊士运河）。里昂水务公司发展成为废物处理领域的领先国际公司；苏伊士则将自身打造成发电配电领域的领先国际公司，它利用国际电力私有化的趋势，成为世界最大的国际独立发电商（IPP），经营电站并将电力卖给公用事业公司或者高消耗客户。到2005年，苏伊士的总发电容量为54.6千兆瓦，在30多个国家经营200多个电站，其中58%在欧洲，大部分在法国以外，20%在南美，10%在北美，12%在世界其他地区。它的总收入为415亿欧元，其中约3/4（318亿欧元）来自法国以外。

2006年，法国政府宣布进一步私有化法国燃气公司的决定，同意它与苏伊士合并。经过法国国内激烈的政治辩论，合并于2008年完成。这次合并将法国政府所持的“法国燃气”80%的股权转成了新实体“法国燃气苏伊士集团”35.7%的股权。法国政府有权在新实体中任命四位董事。新公司的CEO是杰拉德·梅斯，他在合并前担任苏伊士的CEO。人们认为苏伊士会将私营领域的文化注入新实体的运营机制中。通过合并，法国燃气苏伊士集团成为一家巨头企业，综合经营多项公用事业，包括燃气传输配送和发电配电。2011年，法国燃气苏伊士集团是世界最大的非核能发电商，拥有118.2千兆瓦的容量，其中美洲26千兆瓦，欧洲55.3千兆瓦，亚洲、中东和亚太37千兆瓦。集团将近60%的能源来自天然气，主要用于供应联合循环电站。

集团与西门子等领先供应商保持紧密合作。水力和煤炭各占能源供应的14%。只有5%的电力来自核能，这与法国巨头法国电力公司形成了鲜明对比。2011年集团总收入中只有36%来自法国，相比之下，有25%来自欧洲其他地区，39%来自欧洲以外。

英国能源私有化走的是一条与法国不同的道路。1990年，英国政府将电力行业分给三家私有化的发电公司：国家电力（National Power）、Powergen和核能集团（Nuclear Energy）；此外还有国家电网（National Grid），这是一家单独的输电公司。1992年，国家电力成立了“国际电力（International Power），该部分作为一个独立运营的单位，开始在海外快速扩张，利用电力行业的国际私有化打造国际实力。2000年，国家电力一分为二，英国国内的业务被总部位于德国的能源公用事业公司莱茵集团（RWE）收购。到2010年，“国际电力”拥有11.9千兆瓦的容量，包括美国、地中海、澳大利亚和亚洲的业务。2011年，法国燃气苏伊士集团收购了国际电力70%的股权，2012年完成了对剩下30%的收购，收购总额合计361亿美元。到2012年，法国燃气苏伊士集团已成为世界最大最国际化的非核能发电商[①]。集团现在的结构中既包括法国前国有燃气公用事业公司——法国燃气，又包括英国前国有发电公司的重大部分。法国政府仍然持有该集团将近36%的股权。

5. 航天：欧洲宇航防务集团（EADS）的案例

只有结合波音来看，才能充分理解欧洲宇航防务集团的出现。波音飞机（B-17和B-29）在“二战”中对盟军的胜利至关重要。波音在战后研制出B-47喷气引擎轰炸机并制造了2000多架这种飞机；波音还研制出B-52八引擎巨型轰炸机并制造了700多架这种飞机。这些飞机帮助波音奠定了喷气引擎商用飞机的基础。到20世纪70年代，波音已经拥有一系列用密切相关的技术制造出的商用飞机，包括B-707、B-727、B-737和B-747。波音当时是世界最大的商用飞机制造商，在全球市场中有超过70%的份额。到20世纪90年代中期，波音已经制造出8000多架大型喷气引擎商用飞机和几千架大型喷气引擎军用飞机。1997年，波音走出了极为重要的一步，与麦

① 法国电力（EDF）是世界最大的发电商，2011年的总容量为120千兆瓦，其中约75%来自核能。2005年，法国政府将其15%的股权卖给公众，但保留了85%的股权。直到2005年法国电力还是100%国有，之后也是85%国有，甚至在1999年后也只有20%的国内市场开放竞争。尽管如此，随着能源私有化和市场自由化在世界范围内的推进，法国电力在国际扩张中极为活跃。它最重要的收购之一是收购私有化的英国发电商“英国能源集团”（前“核能集团”），该集团供应英国约1/5的电力。到2011年，虽然法国电力85%由法国政府所有，但超过3/4的收入来自法国以外，业务遍及全世界。

道（McDonnell Douglas）合并。合并后的波音占全球商用机群市场总额的80%以上。此外，通过合并，波音还成了世界最大的军用设备制造商之一，军用收入占总收入的几乎一半。

20世纪60年代，法国、德国和英国都有自己的国家航天公司。不过，这些公司每家规模都太小了，无法与波音竞争。直到20世纪70年代，没有哪家欧洲飞机制造商的任何商用喷气机产量超过300架，每种飞机的产量与波音相比都相去甚远①。1969年，德国和法国政府商定在一家单一实体——“空中客车”（简称空客）中合并它们最重要的商用飞机实力。随后，西班牙（1971年）和英国（1979年）加入了它们。空客制造的第一架飞机于1974年交付；到1999年，空客总共制造了超过2000架飞机。大型商用飞机市场成了波音和空客激烈竞争的双头垄断市场。

空客最初采取的公司结构反映了各合作国希望在维持本国航天业“国家冠军”企业的同时将各国的规模和范围效益合并起来。空客起初的形式并不是通常意义上的公司，而是一个“商业利益开发协会”，它既不公布详细账目，也不单独核算损益。全部利润都直接按照四家合作伙伴的持股比例分配。法国宇航公司（Aerospatiale）和德意志宇航公司（DASA）分别拥有37.9%的股份，西班牙航空建设公司（Casa）拥有4.2%，英国宇航公司（BAe）拥有20%。2000年，一个统一的公司实体——欧洲宇航防务集团（简称欧宇航，即EADS）成立了，但英国宇航公司没有参与。到2012年，经过长期重组“宇航防务管理公司（Sogeade）拥有欧宇航22.16%的股权（法国政府通过其控股14.97%）；德意志宇航公司（DASA）控股14.77%；西班牙国有的国家工业控股公司（SEPI）控股5.4%；一家德国国有的开发银行“德国复兴信贷银行”（KfW，这家银行80%由德联邦政府所有，20%归德国各州所有）控股2.75%。在其余54.92%的自由流通股份中，法国政府控制0.06%。欧宇航董事会的四名董事代表法国政府、拉加代尔（Lagardere）和戴姆勒（德意志宇航公司，即DASA），拥有广泛权力，包括有权任命欧宇航的董事长和首席执行官，并且有权否决5亿欧元以上的投资。

① 法国南方航空（SudAviation）制造了282架卡拉维尔（Caravelle）轻型运输机；德意志宇航公司（Dasa）制造了不到20架VFW614型飞机；英国的德哈维兰（DeHavilland）制造了114架彗星型飞机；英国飞机股份有限公司（BAC）制造了244架BAC111型飞机；霍克-希德利（Hawker-Siddley）制造了117架三叉戟飞机；维克斯（Vickers）制造了54架VC10型飞机。

20世纪50年代，法国成立了两家国有公司——南方航空（Sud Aviation）和北方航空（Nord Aviation），这两家公司包括了法国航天资产的主体部分。1957年，政府将两家公司并作一家实体“法国宇航公司”（Aerospatiale）。1999年，法国宇航公司部分私有化，法国政府将自己持有的股权减少到44%，将33%的股权卖给了战略伙伴法国媒体营销公司拉加代尔，将23%买给了私人股东，3%卖给了员工。欧宇航成立时，一家新的公司实体“宇航防务管理公司”（Sogeade）也成立了，目的是管理法国在欧宇航中的国家利益。法国政府拥有宇航防务管理公司66.67%的股份，拉加代尔拥有33.33%。

1989年，德国航天资产的主体部分被合并划归戴姆勒-奔驰公司（Daimler-Benz）所有，以成立德意志宇航公司（DASA）。这些资产包括戴姆勒-奔驰自己的航天资产以及MTU Munchen和Dornier Flugzeurwerke的航天资产。德意志宇航公司拥有欧宇航14.77%的所有权，此外，德国政府的国有开发银行“德国复兴信贷银行”（KfW）拥有欧宇航2.75%的股本，这代表了德国的国家权益。

1998年以前，西班牙的航天资产大部分在国有企业“西班牙航空建设公司”（CASA）中。1995年，该公司由西班牙国有的“国家工业控股公司”（SEPI）控制。1998年，国家工业控股公司卖掉了西班牙航空建设公司30%的股份。欧宇航成立后，国家工业控股公司控制了西班牙航空建设公司在欧宇航的权益股。

到2011年，欧宇航的收入为491亿欧元，约占全球大型商用飞机市场的一半。不过，空客飞机的销售占了欧宇航总收入的67%以上，而军用设备的销售只占总收入的24%，相比之下，波音的军用设备销售占总收入的将近一半。

2011年，欧宇航的军用设备销售收入为163亿美元，波音则有309亿美元。除了民用和军用两个领域之间强大的技术协同效应外，波音还受益于这两部分航天业务的不同周期。此外，在国防战略方面，有人强烈主张将民用和军用的航天实力合并到一家单一的国家冠军公司中，不管这家公司是国有的还是私有的。

20世纪50年代，英国有超过20家航天公司。1960年，英国政府策划将这些公司合并成两家新公司实体——英国飞机股份有限公司（BAC）和霍克-希德利。20世纪60年代，两家公司都制造大型商用飞机和军用飞机[①]。不过，它们的规模太小，无法与波音竞争。1977年，英国政府将这两家公司收归国有，合并成一家新的国有

① 两家公司都制造大型喷气引擎商用飞机。英国飞机股份有限公司制造VC10和BAC111，霍克-希德利制造彗星型飞机和三叉戟机。

实体——英国宇航公司（后来叫做英国宇航系统公司）。1979年，英国宇航收购了空客的20%。1981~1985年，英国宇航完全私有化。私有化之后，它涉足了多种不同的非航天业务，包括房地产开发和汽车，到1991年时几乎倒闭。在新领导层的管理下，英国宇航出售了非航天业务，不再制造大型商用飞机，转而将重心放在发展军用业务上。1998年，英国宇航、德意志宇航公司和法国宇航宣布合并成一家公司的意向——“欧洲航天防务公司”（后来的欧宇航）。英国宇航的参与本可以使创建的公司在军用和商用业务之间取得平衡，但是，法国政府拒绝减持在“宇航防务管理公司”（Sogeade）中的股份。英国宇航和德意志宇航公司都明确表示它们希望参与合并的公司没有任何国有控股成分（《金融时报》，1998年9月3日）。1999年，英国宇航终止谈判，宣布与总部位于英国的通用电气-马可尼公司（GEC-Marconi）合并，这一合并大幅增强了英国宇航的军用设备实力。2006年，英国宇航出售了持有的20%空客股份。

到2011年，在进一步收购航天领域的公司后，英国宇航系统成为世界第二大军用设备制造商，超过40%的产品卖给美国政府。2012年，英国宇航系统和欧宇航宣布合并意向。新实体将有超过700亿欧元的收入，相比之下，波音的收入是500亿欧元；新公司的军用和商用业务将大致各占一半；法国和德国政府对新的欧宇航的控股加起来将降到20%以下；新公司将能更强力地进入美国军用设备市场。2012年10月，德国总理安吉拉·默克尔宣布德国政府反对这一合并，交易于是失败。

五、小结

中国的产业政策推行25年后，培育一批具有全球竞争力的国有企业这一目标看来已经达成，成功程度超出大多数人的预期。中国的国有企业发展迅猛，利润丰厚。2011年，中国四家最大银行的净收入总额为991亿美元，相比之下，四家最大的全球银行的净收入总额为612亿美元。中国移动的净收入达到196亿美元，而英国电信企业沃达丰（Vodafone）的净收入为128亿美元，西班牙电信为70亿美元，沃达丰和西班牙电信按净收入算都是世界最大的全球电信服务公司之一。中石油的净收入达到211亿美元，荷兰皇家壳牌的净收入为298亿美元，BP（前英国石油）的为248亿美元。中国似乎已经证明：在全球化时代，以国家拥有关键战略行业为基础的产业政策可以取得成功。

不过，中国的国有企业还未赶上世界领先企业，中国国企的销售收入大部分来自国内市场，经营所在的领域受到保护，没有来自国际企业的直接竞争。在世界竞争最激烈的高收入国家市场中，中国企业所占的份额微不足道。中国的国企在出口市场上的成功主要是在发展中国家兴建基础设施，为这些国家的经济发展做出了重大贡献。中国对发展中国家的产成品出口主要来自非国有领域的企业。它们出口的大部分是技术含量低、附加价值低、没有品牌的产品或是仿冒全球品牌的廉价低质品，包括鞋袜、服饰、日用品和消费电子产品。在对国际竞争相对开放的很多领域中，全球高科技和品牌商品生产商迅速扩大在中国的投资和市场份额。全球企业在大片中国市场中拥有高市场份额。中国出口的高科技商品大多由全球企业在中国的子公司生产。世界第二大经济体兼第一大出口国几乎没几家具有全球竞争力的企业，这一点不同寻常，说明要在资本主义全球化的时代构建产业政策有多困难，资本主义全球化造成了全球产业横跨大片全球价值链的高度集中。

在“转变”中央计划经济体的整个期间，华盛顿共识体系不断声称国有企业天生低效①。事实上，所有权转变和全球化之间的关系比通常描绘的要复杂得多。在资本主义全球化的现代初期，西欧大片经济被国有企业主宰，这些企业主要在本国市场上销售，销售对象通常是其他国有企业。近30年来，它们中的很大一部分被转型成领先的全球企业，处于各自领域的创新前沿。人们普遍认为这一转型的必要先行手段是全面私有化。事实上，所有权转变的过程及其与欧洲前国有企业转型的关系要复杂得多。本文探讨了四个案例，阐述了西欧所有权改革所走的各种道路及其与世界其他地区所有权改革的复杂关系，以及与建设具有全球竞争力企业的关系。

（1）西班牙电信：全面私有化。直到20世纪90年代，西班牙的电信系统与其他西欧国家的做法一样，由一家单一企业控制。这就是国有老牌企业“西班牙电信”。20世纪90年代后期，该企业完全私有化，此前它已利用拉美的电信私有化收购前国有资产，开始了国际扩张。私有化后，它大量依靠收购私有化电信资产加速在拉美的扩张，将自身打造成拉美最大的电信公司。2006年，西班牙电信收购了总部位于英国的移动运营商O2，O2本身就是从私有化的英国电信公司中拆分出来的。今天，西班牙电信75%的收入来自国际业务。

（2）大众汽车：国家拥有重大少数股权。大众汽车今天可说是世界领先的汽车

① 经典材料是世界银行出版的《商业中的官僚》（“Bureaucrats in Business”，世界银行，1995年）。

制造商[1]。它成立于1937年，当时是一家国家全资拥有的公司。大众的私有化开始于1961年，60%的股权被当作“人民股”出售。1988年，德国联邦政府卖掉了它的权益股。不过，下萨克森州政府保留了20%的权益股，这样大众就不可能被别的汽车公司收购，从而能够专注长期战略。大众畅销市场上的两大汽车品牌都来自对私有化的国有企业的收购，一家是西班牙的西亚特，另一家是捷克的斯柯达。此外，大众在中国扩张的核心建立在与中国国有企业成立合资企业的基础上。直到20世纪70年代，大众依赖一个主要在德国生产的单一车型——“甲壳虫”。今天，大众生产全系列商用车和乘用车，3/4的组装厂位于中国境外。

（3）法国燃气苏伊士集团：全国性国有企业与大型全国性私有企业合并。直到2005年，法国燃气公司还是国家全资所有，但它开发了相当多的国际业务，以保障法国国内业务的天然气供应渠道。2005年，法国政府出售了法国燃气20%的权益股，但保留了80%的股份。苏伊士是一家老字号私有企业。到2005年，它已将自身打造成世界最大的独立发电商，在世界各地经营200多家电站。它的发展主要基于收购私有化资产，特别是在发展中国家。2006年，法国政府策划了法国燃气和苏伊士的合并，将两家公司并成一家纵向整合的能源巨头公司——“法国燃气苏伊士集团”。合并后，法国政府保留了新实体35.7%的权益股。2010/2011年，法国燃气苏伊士集团收购了总部位于英国的“国际电力”，国际电力是从私有化的母公司“国家电力”中拆分出来的。

（4）欧洲宇航防务集团：政府策划的跨境产业政策。20世纪70年代，英国、法国、德国和西班牙都有自己的“国家冠军”航天公司。就英国、法国和西班牙来说，这些公司是国有的，它们分别是英国飞机股份有限公司（后来的英国宇航系统）、法国宇航和西班牙航空建设公司。它们的规模不足以和波音竞争。这些国家的政府商定将各自航天业的主体部分并入一家单一实体——“空中客车”，空客成了欧宇航的核心。英国宇航私有化后从欧宇航中撤出，专注于军用设备。到2012年，法国政府及其战略伙伴拉加代尔公司共同拥有欧宇航的22.2%；德国国家利益机构和戴姆勒奔驰共同拥有17.5%，西班牙政府拥有5.4%，公众股为54.9%。2012年，欧宇航和英国宇航同意合并，这本来可以创建出一个商用和军用部分均衡各半的巨头公司，而且如果合并，法国和德国政府在新公司中的所有权份额将降到20%以下。

① 与之最接近的对手丰田不生产商用车。

不过，德国政府阻止了这一合并。

这四个例子表明西欧所有权转变的道路与人们对私有化和全球化之间关系的流行看法差得很远。西班牙电信是其中唯一一个完全私有化的。此外，西班牙电信极大受益于其他国家的私有化，不仅受益于拉美的，还受益于欧洲的。就大众汽车来说，政府保持重大股权对其很重要，公司得以专注长期战略，不必担心被别的公司收购。大众还极大受益于其他经济体的国有企业私有化。就法国燃气来说，政府保留了重大股权。政府策划法国燃气与苏伊士合并，转型了法国燃气；而苏伊士极大受益于其他地区特别是发展中国家的私有化。法国燃气苏伊士集团也受益于收购英国私有化电力领域中的重大部分。就欧宇航来说，打造与波音竞争的全球对手关键靠政府行动。法国和西班牙政府仍直接持有欧宇航的重大股权。法国和德国政府也对欧宇航拥有重大的间接控制，它们的控制机制一是通过控股欧宇航的国家战略伙伴来控制，二是否决包括并购在内的重大决定，例如否决与英国宇航系统合并的提议。

附表

Table 1. Foreign-investedenterprises (includingfirmsfromTaiwan, Hong Kongand Macao) in the Chinese economy, 2007.10

Sector	Share of foreign-invested enterprises（%）
Industrial value-added（2009）	28
of which:	
-output from high technology industries（2007）	66
of which:	
-medical, precision and optical instruments（2007）	43
-electronic and telecoms equipment（2007）	71
-computers and office equipment（2007）	91
Industrial exports（2010）	69
of which:	
-new and high technology products（2008）	90
-communication equipment, computers and electronic equipment（2010）	97

Source: GaoYuning, 2011; State Statistical Bureau, 2010 and 2011.

Table 2. Market share of foreign-invest edenterprises (including firms from Taiwan, HongKong and Macao) in the Chinese economy, 2010.

	Market share（%）
Communications equipment（computers and other electronic）	57.1
Transport equipment	44.1
Leather，furandrelatedproducts	33.9
Clothing and foot wear	31.0
Medicines	26.1
Plastics	25.3
Electrical machinery and equipment	24.3
Raw chemical materials and chemical products	24.1
Food processing	22.8
Special purpose machinery	20.8
Metal products	20.1
General purpose machinery	19.5
Textiles	16.4
Non–ferrous metals	13.6
Ferrous metals	13.4
Non–metallic metal products	12.9

Source：OECD，2012：86

Table 3. Globalisation and FDI: Outward stock of FDI, 1990and2011 (US$bn.)

	1990	2011	Increase，1990~2011（$bn）	%totalincrease
World	2093	21168	19075	100
Developed economies	1947	17056	15109	79.2
Of which：				
–USA	732	4500	3768	19.8
–UK	229	1731	1502	7.9
–Germany	152	1442	1290	6.8
–France	112	1373	1261	6.6
–Netherlands	106	943	837	4.4
–Australia	38	385	347	1.8

	1990	2011	Increase, 1990~2011（$bn）	%totalincrease
Developing economies	146	3705	3559	18.7
Of which:				
–Singapore*	8	339	331	1.7
–Taiwan*	31	213	182	1.0
–Brazil	41	203	162	0.8
–China	4	366（230）**	364	1.9
–India	negl.	111	111	0.6
Other***	negl.	408	408（2）	2.1

Source：UNCTAD，2012，Annex，table 1.2

Note：*The World Bank categorises both Singapore and Taiwan as high in come economies.

**Excluding HongKong and Macao.Sixty–two percent of China’ s outward stock of FDI is in HongKong and Macao（State Statistical Bureau，2012：261）.

***Mainly ‘transition’ economies of Russia and Eastern Europe.

Table 4. International as sets compared: China and individual global firms (2011)

	$bn	China’s total OFDI as% individual firms’foreign assets
1.Extractive industries		
China’s total stock of outward FDI	67	–
Foreign assets of：–		
–Royal Dutch Shell（UK–Netherlands）	296	23
–BP（UK）	264	25
–Exxon Mobil（US）	214	31
–Chevron（US）	140	48
2.Manufacturing		
China’s total stock of outward FDI	27	–
Foreignassetsof：–		
–GE（US）	503	5
–Toyota（Japan）	214	13
–VW（Germany）	115	23
–Pfizer（US）	100	27

Source：UNCTAD，2012：Annex；State Statistical Bureau，2012：262

Table 5. Distribution of China's stock of overseas directinvestment by country and region, 2011 (US$bn)

Region/country	US$billion	%
Total	424.8	100
of which: Hong Kong	 261.5	 61.4
Africa	**16.2**	**3.8**
of which:		
–Sudan	1.5	0.4
–Nigeria	1.4	0.4
–South Africa	4.1	1.0
Latin America	**55.2**	**13.0**
Of which: Cayman Islands Virgin Islands	 21.7 29.3	 5.1 6.9
High Income Countries*	62.0	14.6
of which:		
Europe	**24.5**	**5.8**
–France	3.7	0.9
–Germany	2.4	0.6
–UK	2.5	0.6
North America	**13.5**	**3.2**
–USA	9.0	2.1
Japan	1.4	0.3
Singapore	10.6	2.5
Indonesia	1.7	0.4
Korea	1.6	0.4
Thailand	1.3	0.3
Vietnam	1.3	0.3
Oceania	**12.0**	**2.8**

Source: State Statistical Bureau, 2012: 261

Note: *excluding HongKong

参考文献

Bain，2010，China’s luxury market，Bain and Co，NewYork

BERR (Department for Business Enterprise and Regulatory Reform)，2008，The 2008 R&D scoreboard，London：BERR

BIS(Department for Business Innovation and Skills)，2010，The 2010 R&D Scoreboard，London，Department for Business Innovation and Skills

BP，2011，Statistical Review of World Energy，BP，London

ChenQingtai，2012，‘Turning from state-owned enterprisere form towards state-owned assets reform’，Caijing，May，No 322

BIS，2009，The 2009 R&D Scoreboard，London，Department for Business Innovation and Skills

BIS，2010，The 2010 R&D Scoreboard，London，Department for Business Innovation and Skills

BCG (Boston Consulting Group)，2009，Wealth markets in China，Beijing，Boston Consulting Group

DTI (Department of Tradeand Industry)，2007，The 2007 R&D Scoreboard, London，DTI

Gao Yuning，2011，China as the Workshop of the World，London，Routledge

Goldman，M.，2003，The Piratisation of Russia，London，Routledge

HongKong Research，2012，‘Sino-Japanese tensions and why the economic smatter to HongKong’，5 October，HongKong Trade Development Council

Interbrand，2011，Best Global Brands 2010

International Energy Association (IEA)，2011，Overseas Investment by China’s National Oil Companies，Paris，OECD

Kotz，D.M.，andF.Weir，2007，Russia’s path from Gorbachev to Putin，London，Routledge

Lyons，G.，2007，State Capitalism：The rise of sove reign wealth funds，London，Standard Chartered

Ministry of Commerce (MOFCOM)，2010，China Industry Statistical Yearbook，

Beijing，Statistical Publishing House

OECD，2012，China in Focus：Lessons and challenges，Paris，OECD

Nolan，P.，China’s Rise，Russia’s Fall，Houndmills，Macmillan，1995

Nolan，P.，2001 (a)，China and the Global Business Revolution，Basingstoke，Palgrave

Nolan，P.，2001 (b)，China and the Global Economy，Basingstoke，Palgrave

Nolan，P.，2004，China at the Crossroads，Cambridge，Polity Press

Nolan，P.，2012，Is China Buying the World?，Cambridge，Polity Press

Nolan，P.，2009，Crossroads：The End of Wild Capitalism and the Future of Humanity，London，Marshal Cavendish

Nolan，P.，Jin Zhang and Chun hang Liu，2007，The Global Business Revolution and the Cascade Effect，Basingstoke，Palgrave

Nolan，P.，Jin Zhang and Chunhang Liu，2008，The global business revolution and the cascade effect，and the challenge for firms from developing countries，Cambridge Journal of Economics，Vol 32，Number 1，January

Ruigrok，R.，and R.van Tulder，1995，The Logic of international restructuring，London，Routledge

State Statistical Bureau (SSB), 2000, Chinese Statistical Yearbook, Beijing, Chinese Statistical Publishing House

State Statistical Bureau (SSB), 2010, Chinese Statistical Yearbook, Beijing, Chinese Statistical Publishing House

State Statistical Bureau (SSB), 2011, Chinese Industry Economy Statistical Yearbook, Beijing, Chinese Statistical Publishing House

State Statistical Bureau (SSB), 2012, Chinese Statistical Yearbook, Beijing, Chinese Statistical Publishing House

Steinfeld, E., 2010, Playing our game, Oxford, Oxford University Press

UNCTAD，1994，World Investment Report，Geneva，UNCTAD

UNCTAD，2010，World Investment Report，Geneva，UNCTAD

UNCTAD，2012，World Investment Report，Geneva，UNCTAD

Towers Watson，2010，The world's 500 largest asset managers

Wen，Jiabao，2010，Remarks by PRC Premier Wen Jiabao，at a dinner in his honour hosted by the National Committee on US-China Relations and the US-China Business Council

World Bank，1995，Bureau crats in Business：The Economics and Politics of Government Ownership，Washington DC World Bank

World Bank，2006，World Development Indicators (WDI)，Washington DC，World Bank

World Bank，2010，World Development Indicators (WDI)，Washington DC，World Bank

World Bank，2011，World Development Indicators (WDI)，Washington DC，World Bank

美国哥伦比亚大学教授

约瑟夫·斯蒂格利茨

2020年曾经是未来的代名词，但现在它距离我们只有7年之遥，所以要预测2020年的情况实际上相当于中期预测而已。

我今天的演讲是围绕中国展开的，但首先，我想介绍一下全球的大背景和不确定性，因为在未来的7年里，中国的政策和增长框架都将以此为基础。我想探讨的大背景包括：欧洲危机，美国的政治僵局，绝大多数国家里日益严重的不平等现象等。在过去数年里，我们一直在讨论如何重建全球经济的平衡，这并不仅仅指全球顺差和逆差的再平衡，还包括如何根据经济力量平衡的变化、全球资源限制和人口过渡做出相应的调整。制造业的生产率大幅提高，已经超出了需求的增长，这意味着全球各国都在从制造经济向服务经济转型。以上这些提到的巨变可能会造成多种情景。我认为如果展望一下未来7年，最可能出现的情景是勉强度日。欧洲和美国的经济未完全复苏，特别是完全就业率仍然低迷。欧元框架的不足之处尚未得到矫正，还可能再起风波。全球治理的改革进程也举步维艰。

中国的发展也可能面对多种情景。过去的两个“五年计划”已经提出了许多重大改革，但部分领域的改革进程仍然比较缓慢，没有达到人们的预期，如储蓄率居高不下。尽管政府采取了很多举措，但不平等情况不仅没有下降，反而有所恶化。中国的基尼指数在0.49~0.62之间高位运行。环境问题和治理问题依然严峻。鉴于全球经济疲软不振，全球经济体系改革止步不前，中国必须加快改革步伐。继续依赖出口拉动型增长是不可行的，所以我们必须克服那些阻挡前进步伐的特殊利益或既得利益群体，提高决策的透明度。

中国对于未来有何愿景？中国希望在2020年前建成怎样的社会？或至少向哪个方向努力？它希望建立一个更加和谐、有更多发展机会、相互信任还是更加分化的社会？考量生活质量时不仅要考虑GDP的增长速度，还要考虑生活环境和可持续增长等等。那些与此相关的一个重要愿景就是新型政府治理，提高公民参与度和决策透明度。

中国已经经历了巨变，而且不少领域里的变化还将加快速度，或者说有望实现加速发展。譬如，中国的生产率已经显著提升，但继续缩小生产率差距有助于经济保持强势增长。中国正在向“学习型”社会和创新经济靠拢。它与别国的知识缺口在不断缩小，但仍然有很大的提高空间。中国在从农村经济向城市经济转型的道路上已经走了很久，但前方依然长路漫漫。由于全球制造的就业机会很可能下降，所以中国在这方面的岗位也会减少，而且它向服务经济过渡的步伐还需进一步加快。

在这些转变中，政府都需要发挥重要作用，但其本质不会发生改变。这个问题的关键不仅仅是政府的规模 ，还包括它的职能和工作方式。然而，要想管好向市场经济的过渡，管好如此庞大的一个经济体的发展，需要的远远不止“小”政府。和其他所有成功的经济体一样，政府仍然要发挥积极作用，努力在公私部门之间、私营部门内部以及赢利性部门和非营利性部门之间建立起平衡。

政府扮演着多重角色，由于时间关系，我就不一一赘述，但我想重点谈谈其中的几个。政府的监管职责有助于维持经济稳定。世行在过去几年里一直强调政府与产业政策之间的关系。它们之间的良性关系有助于改变经济结构，摆脱对出口和制造业的过度依赖，进一步向服务经济过渡；利于建设宜居城市，打造环境友好型经济和创新型经济。政府还能够提高经济的活力，打造和谐社会，主导机会均等，并且理清各发展要素之间的联系。

全球各国探讨中国即将经历的变化时，往往聚焦于中国的内需驱动型增长以及它努力摆脱的投资驱动型增长和出口拉动型增长。这意味着需要提高民众所分享的GDP比重。中国的家庭收入在GDP中的比重较低，这一点和其他国家差别很大。此外，中国还需要提高卫生、教育、创造宜居城市等方面的公共支出。中国必须谨慎地参考西方发展模式。如果中国沿袭西方的发展模式，那么地球的资源很快就会枯竭。如果中国的经济依赖于排放，那么这种模式愚蠢之极。此外，西方国家的贫富差距非常惊人，这也不利于中国建设和谐社会。

我相信中国有能力保持6%或7%的高增长率，但速度并不是第一位的，更重要的是增长的质量。我们必须意识到，增长的质量不能用GDP来衡量。GDP不能合理地评估生活水平，因为它忽略了分配、可持续性和环境等要素。过去的增长模式成效显著，但是无法给中国继续前进提供动力，因为它不能用基建拉动型增长来代替出口拉动型增长。新的经济模式强调了生活质量的重要性，如环境、城市宜居性、教育和卫生等服务行业。从很多方面来说，经济结构将发生根本性改变，而不仅仅是抛弃了出口拉动型增长模式。中小企业的作用将进一步加强，并且得到金融行业等相关部门的体制性支持。

接下来，我想谈谈中国经济融入全球经济的问题。中国必须在重新定义全球治理和全球经济的努力中发挥更加积极的作用。10年前，中国还是全球第五大经济体，到2020年，它将成为全球最大的经济体。但是曾经发挥主导作用的国家不会将自己的地位拱手相让。中国应该带领其他国家建立新的体制，如金砖四国银行，但需要注意的是不要将成熟的多边体系碎片化，譬如跨太平洋伙伴关系协议（TPP）。

作为经济学家，我在过去30多年里一直饶有兴趣地观察中国的发展。中国已经建立起了具有中国特色的市场经济，但其市场经济地位仍未得到确认。市场经济有多种变形，而有些市场经济在广泛提高人民福祉方面的表现远远优于其他形式的市场经济。所以最重要的是采用合理的衡量手段。尽管中国在过去30年里的成就无可匹敌，但过去的成功并不代表着未来的成功。中国需要依据自身的经济发展水平和全球经济的大背景来明确它的发展方向。

我希望此次演讲能够为此提供一些愿景，以及实现这些愿景的具体可行的方法。

英国《金融时报》首席经济评论员

马丁·沃尔夫

我想重点谈谈中国作为全球超级经济大国的角色。

到2020年，即使按照市场价格计算，中国也将成为全球最大的经济体。当然按照购买力平价计算，中国的经济总量现在应该已经在全球居首了。到2020年，中国将拥有世界上最大的储蓄流和储蓄池，成为全球最大的贸易国。它的外汇储备领先于其他国家，当然我希望不要比现在的规模高太多。不过，它的人均GDP仍远远低于高收入国家。

在这种背景下，我们不禁要提出一个问题：中国的利益在哪里？我认为中国必须成为全球经济秩序的制订者，而不仅仅是个遵循者，这也是经济超级大国的职责所在。中国的利益在于维护一个以多边原则为依托，基于市场但是有合理监管的开放型国际经济秩序。鉴于中国的对外贸易占比高企，且严重依赖原材料进口，所以这种秩序本身就可以帮助中国以超级大国的身份参与全球事务，获得它所需要的稳定、可预测的全球环境。

我想谈的第一个关键性问题是贸易。中国是全球最大的进口国，其庞大的经济非常依赖贸易，所以市场准入对其至关重要。中国作为一个市场对全球的重要性也逐日提升，由此自身的影响力也不断提升。我认为中国没有积极促使多哈贸易谈判圆满结束并不是明智之举。由于特惠贸易协定对于新兴世界至关重要，所以我认为中国应该尽全力推进开放的特惠贸易协定，而不是竞争性的贸易集团，允许所有达到标准的贸易伙伴加入特惠贸易协定。所有主要的贸易参与方都应该为此做出努力。

我想谈的第二个问题是收支平衡。在本轮危机之前，外需强烈刺激了中国的产出，其贸易顺差不断暴涨。而危机爆发后，外需严重拖累了中国经济，贸易顺差一落千丈。随后政府出台的大规模投资计划才弥补了其落差。我之所以提到这些，是因为我认为中国在以恶化国内平衡的代价来解决外部失衡的问题。这是一个重大的战略选择，但是给中国遗留下严峻的问题。未来外需可能不会再影响中国产出，或者说至多对其产出需求扮演中性角色。这是因为中国经济的速度很可能会远高于其他国家，所以它的出口增长速度将大大逊于进口增长，由此产生对外赤字。

第三个问题是全球金融。中国如何在全球背景下推进金融自由化？我认为作为一个发展中国家，中国现有的金融体系还很脆弱，它将会审慎地推进金融自由化，特别是银行业自由化，而且它也应该采取这种态度。世界金融体系也并非固若金汤。我认为中国不会在2020年前彻底融入全球金融体系，在之后的几十年里可能也不会完全这个任务。这保护了中国和全世界，但是会对全球货币机制带来深远的影响。

假如中国不会完全实现金融自由化，那么中国有哪些政策选择？海外投资将在中国经济中扮演什么角色？其重要性会超出还是逊于过去20年？目前海外感觉中国政府有意削弱外商投资的作用，这将对全球产生重大影响。

中国的对外投资将发挥什么作用？毫无疑问它将会出现爆炸性增长。为此我想阐述其中的两个重要问题。对外私人投资组合的资本流动是否可实现自由化？我认为这个问题的答案应该是肯定的，因为比起外汇储备，这是一种更加有益的财富累积途径。中国目前的外汇储备很可能会亏损。另一个问题是，在非洲等脆弱的发展中国家里，哪些国际性投资协议能够被中国所接受？这个问题也至关重要。

最后一个问题是全球货币体系。我的假设是中国不希望人民币在2020年前成为美元的竞争对手，因为这需要中国彻底放开金融体系，而这并非中国的本意。此外，我认为中国不希望继续扩大外汇储备的规模。一旦3万亿美元巨额储备遇到亏损，那么亏损额会相当惊人。如果我的假设属实，那么中国会被迫调整收支平衡，进一步放开资本流出，提高人民币的汇率灵活性。巨额外汇储备正在破坏中国和全球的经济稳定，所以这种调整有百利而无一害。由此引出的一个重要问题是，中国是否会采取另一种方案——基于本币的储备体系。在此我就不赘述了。

总之，中国是一个不断崛起的经济超级大国，是国际经济秩序的制订者。未来，它将对全球体系发挥决定性作用。世界繁荣以及经济和政治稳定有赖于中国发挥自己的新角色。目前在贸易、经济管理、金融和货币体系方面出现了许多重大问题，中国在进行相关决策时必须考虑到国际社会对此的反应，否则将产生严重后果。

第10章

寻找新的增长动力，应对全球性挑战

国务院发展研究中心副主任

刘世锦

关于中国经济增长阶段转换的问题，我想这既是一个短期问题，也是一个长期问题。2008年中国在应对国际金融危机冲击时采取了一系列的措施，到2010年经济达到了高点，以后开始回落，持续时间超过了10个季度，到去年四季度才开始反弹。如何看待中国经济最近两年的变化？如何看待当前和今后相当长一段时间中国经济的走势？意见不一。分歧的背后是如何看待中国所处的经济增长阶段的问题。

三年以前，国务院发展研究中心开展了一项关于中国经济增长前景的国际比较研究。在这项研究中间，我们一个基本的判断或者结论是中国经济在经历30多年10%左右高增长以后，潜在增长率将会下降，进入一个中速增长阶段。中速增长是多少，还要再说。

提出这个判断的理由首先是国际经验。“二战”以后，成功转型的经济体，如日本、韩国等等，它们在经历二三十年的高速增长以后，人均GDP达到11000国际元，这是购买力评价的指标，我们用的是麦蒂森方法计算的。它们无一例外出现了增长速度的回落，降幅是30%~40%。中国经济增长的路径跟这些经济体相当类似，用上述口径计算的人均收入，中国在2013年也会达到10000国际元左右。如果刚才讲的规律在中国也是有效的话，则中国在逻辑上已经非常接近这样一个增长速度转折的时点。

最近两年，一些学者从人口、劳动力要素供给的角度对这些问题进行了分析，也得出了类似的判断。我们认为更值得重视的是需求面的变化。我们最近进行的一项研究表明，住宅、基础设施中的高速公路等等，以及钢铁、建材等重化工业产品的历史需求峰值已经或者接近出现，时间关系，我这儿就不具体说了。这些领域和产品过去一些年是中国高速增长的主要拉动力量，它们的长期需求峰值的出现预示着中国经济高速增长将触摸到需求增长的天花板。

注：本文根据会议发言整理，未经本人审订。

从实际情况来看，近两年来，包括广东、浙江、上海、江苏、山东、北京等在内的东南沿海一些省市的增长速度低于全国的平均增速。刚才讲的这六个省市占到了中国GDP的接近一半。实际上关于它们的增速有一些讨论，这是合乎逻辑的。这些省区的人均GDP已经超过了上面说到的11000国际元。这也说明增速回落的规律在中国是有效的。

从中国总体上来看，我们认为增长阶段的转换已经开始。最近两年是增长阶段的转换期，潜在增长率大概是在7%~8%之间，之后将会稳定在一个中速的水平上。这个中速究竟是多少？我想可能有一个寻找均衡点的过程，可能会有一些波动，但是最终可能会稳定在6%~7%之间。当然进入这样一个中速阶段以后，并不能由此引入对中国经济增长悲观的看法，这样的回落是合乎规律的。

中国已经设定2020年全面建成小康社会这样的目标，应该说这样的目标还是可以实现的。另外到2020年，中国经济总量的规模还是有很大可能性接近或者超过美国的经济规模的。人均收入的水平也会接近或者达到高收入国家的门槛。当然到那个时候，中国人均收入水平还只是相当于美国的1/4左右。

进入增长转换期以后，中国也会面临两个方面的挑战。一个是如何保持宏观经济的稳定，防止出现大的起落。要做到这一点其实并不容易。目前来看，高增长的这样一种想法或者思维定式还是相当普遍。比如最近一段时间有人认为中国经济已经触底反弹，将会进入新的高增长周期。这种判断在过去可能是对的，但如果放在经济增长阶段转换的背景下来看，我们认为去年四季度后的回升只是一个由存货调整而引发的短周期的回升。中长期周期向下调整的过程其实还在持续，并没有结束。所以有人估计今明两年中国经济增长速度将达到9%，有人认为又要回到10%左右的增长轨道，我个人认为这是过于乐观了。

这种预期加上地方政府换届以后固有的增长冲动，很可能引发物价水平的上升，资产价格特别是房地产价格过快上涨，产能过剩加剧和财政金融风险加大，甚至可能引爆多方面的问题。如果这种情况出现，政府将不得不进行调控。而在这种情况之下，很可能出现短周期和中长周期同时向下，从而使经济大幅度快速回落的情况出现。这就是所谓的“前高后低”，大起后大落的局面。

警惕并避免这种局面的出现，宏观决策和各级地方政府的决策比以往任何时候都要更加重视增长的稳定性。首先是不能够把这个速度人为地推高，同时把政策的重点要放到防止和应对可能出现的快速回落上，政策重点是要托底，而不是推高，并有必要的政策储备。

第二个挑战，如何发掘和用好新的增长点。刚才我讲了增长阶段的转换，增长速度的变化背后是经济结构的变化、增长方式的转型。如果这种转型能够成功，中国经济下一步仍然具有重大的增长潜力，这个将会具体体现在一系列新的增长点上。

这里我想简单地讲几个数据。一个是城镇化。对中国来讲，至少还有20个百分点以上的增长空间，涉及到两亿多人。现在城镇常住人口中仍然有近20个百分点的非户籍人口，有些研究估计这部分人如果解决户籍以后，他们的消费将会增长30%左右，相当于6个百分点的农民进城。

另一个是产业升级。2010年，中国的工业增加值率是23%，而同期日本是31.4%，美国是38.5%。如果通过产业的升级，达到日本和美国目前的水平，中国工业增加值率就有30%~70%的提升空间。

再就是消费升级。城市中等收入阶层，就是我们讲的中产阶级，是拉动消费增长的主要力量。我们估计目前这个群体的比重在中国大体上是20%左右，到2020年的时候，将有可能上升到45%左右。除此之外，基础设施建设、对外开放的潜力也还是相当大。至于说到创新，这个潜力更是不可限量，只要看看过去一年多中国网上购物爆发式的增长就很清楚了，潜力非常大。

我们面临的问题就是如何把这些新增长点的大门打开，把其中的潜力用好，这就涉及到对新增长阶段特性的理解。如果说过去30多年主要是通过资源从低生产率的农业部门向高生产率的非农部门——主要是工业部门转移，从而推动经济的高速增长，那今后将主要通过部门内部和部门之间转型升级、优胜劣汰、全产业链管理而实现更高速的增长。通俗地讲，过去主要是铺摊子，今后主要是上台阶。过去很大程度上是粗放经营，今后重点将是精耕细作。

显然与铺摊子相比，上台阶、精耕细作对体制、机制和政策环境的要求有很大的不同。我们需要聪明的政府加上有效的市场，需要更加重视权利公平、机会公平、规则公平，这是中共十八大提出来的；需要比以往更加注重调动个人、企业和社会的积极性、创造性，而这些正是中国下一步改革所要解决的核心问题。

国务院发展研究中心
刘世锦、陈昌盛、何建武

未来10年展望：潜在增长率下降，新增长阶段开启

1978年实施的改革开放战略，开启了现代意义上中国经济“起飞”的进程。过去30多年，中国经济保持了年均9.8%的高速增长。从1978到2012年，一个世界人口最多的大国，在不到两代人的时间里，人均GDP由154美元上升到6060美元，按照购买力平价计由220国际元①上升到9100国际元；由一个低收入国家跨入了上中等收入国家行列；由货物贸易占世界份额不足1%到成为第一货物出口大国；制造业增加值超过美国，成为全球第一制造大国；GDP总量达到8.2万亿美元，成为仅次于美国的世界第二大经济体。即便放在整个人类历史的进程看，这都是一串耀眼的数据，堪称“中国奇迹”。然而，常识告诉我们，高速增长终究还是一种阶段性现象。受发展阶段和国际经济格局变化影响，中国经济增长已经呈现出不同以往的特征，经济潜在增长率开始逐步下降，同时经济运行的脆弱性有所增加。如果能够成功实现增长阶段转换和发展方式转型，中国将会进入一个增长速度虽然有所降低，但依然充满机遇，更具活力、创造力和可持续性，更加接近全面建成小康社会目标的新增长阶段。

一、追赶型经济体经历高速增长期后，增速会呈现出两类不同性质的回落

纵观工业革命以来各国（经济体）增长史，经济有起飞，就有降落，没有一个国家可以永续保持高速增长。增长的速度分布和路径形态大致分为如下几类（刘世

① 1990年“G-K国际元”，采用吉尔瑞-开米斯法（Geary-Khamis法）计算的购买力平价，本文所用G-K国际元均以1990为基年。

锦等，2011）。

第一类，增长的先行国家。例如英国、美国，它们在较长时期内处于全球技术前沿开拓者的地位，是技术革命的主要策源地，它们的增长往往靠供给（技术）突破带动需求升级增长和新产业的形成，增长形态的典型特点是在较长时期内保持一个较低的且较稳定的速度（见图1中虚线）。

第二类，增长无法起飞的国家。如撒哈拉沙漠以南的部分国家，这些国家长期没有摆脱“马尔萨斯循环”，没有启动现代意义的工业化进程，经济总体保持一个低水平、低增长状态。

第三类，追赶—挤压式增长国家。这类国家往往以先行国家为标杆，利用技术、管理、市场和制度等方面的已有经验，充分发挥后发优势和自身资源禀赋优势追赶先行国家，但达到一定发展水平所用的时间却明显缩短。例如人均GDP从1800国际元到11000国际元，先行经济体用了上百年的时间，英国是141年，美国是109年。而后发经济体用时明显缩短，如日本是54年，新加坡是37年，中国香港是31年，韩国和中国台湾仅用了27年。这些经济体起飞时人均GDP水平越低，随后其追赶进程中经济增速就越高；起飞的时间越靠后，达到特定发展水平所用时间就越短。“二战”以后实现快速增长的经济体中，大多数都属于此类。中国也属于其中一员。

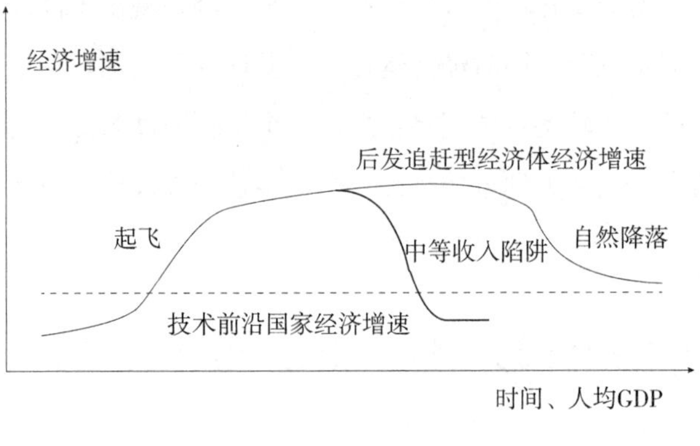

图1　经济增长的路径类型

以上三类划分，主要关注的是“经济起飞”和“增长速度”两个特征，但没有关注起飞后的降落问题。在传统主流经济学中，认为经济增长一旦起飞，经济增长将会自我实现。但历史经验表明，不是每个曾经起飞的经济体，都能顺利完成工业化的全部进程，并实现平稳降落。1960年以来，全球有101个经济体进入中等收入行列，到2008年，其中只有13个成功迈入高收入行列，完成了基本追赶任务，且在高收入水平上实现成功降落（其经济增速型态如图中黑色实线右端部分所示），例如日本、韩国、中国台湾、中国香港、波多黎各、毛里求斯、新加坡和以色列等；而绝大多数国家并没有顺利完成这一个过程，在追赶的中途就因种种原因导致经济增长停滞甚至倒退，跌入“中等收入陷阱”[①]（见图1），典型的如拉美国家。

可见，经济追赶进程中高速增长期的结束，存在两种完全不同性质的情况。一种是成功实现工业化，基本完成追赶任务后的增长减速，基础设施、住宅、钢铁、水泥等工业化时期代表性产品产量（或增速）的历史峰值也大致出现在同一时期，属于自然回落。回落一般出现在人均GDP达到11000国际元的时点上。例如，德国、日本和韩国等“二战”后实现成功追赶的国家，基本上都符合这一规律[②]。另一种则是追赶任务并没有完成，却因经济体制、发展战略、社会分化或其他原因，追赶进程中断，经济长期陷入停滞或倒退，属于非自然回落。回落往往发生在人均GDP4000~6500国际元区间，工业化尚未完成，且经济增速回落幅度更大，多数超过50%[③]，经济发展长期落入中等收入陷阱。

2008年国际金融危机后，特别是2011年以来，中国经济表现出来的一些新特点，使人们越来越关心中国经济追赶过程的回落状态，是自然回落，还是会落入中等收入陷阱？

---

① 什么是“中等收入陷阱”，并没有确切和公认的界定。它描述的大致是这样一种现象：当一国经济摆脱“马尔萨斯循环”之后，以工业化为特征，启动了现代意义上经济增长。一段时期内人均收入水平得到相当程度的发展并跻身中等收入国家，但在由中等收入向高收入迈进过程中，由于受特定内外原因的影响或冲击，经济增长在较长时期内出现停滞甚至倒退，长时期不能真正成为高收入国家。

② 德国1947~1969 年，GDP年均增速为7.9%，在1969年人均GDP达到10440元后，GDP增速开始明显下降，1970~1979年均增长3.1%。日本1946~1973年期间GDP年均增速为9.4%，在1973年人均GDP达到11434国际元后，经济增速逐步下降，1973~1983年期间，GDP年均增速降至3.2%。韩国1953~1995年GDP增长速度年均为7.9%，在1995年人均GDP达到11850元后，经济增速也明显下降，1996~2008 年经济增长率年均为4.6%。

③ 例如巴西、阿根廷和墨西哥在1981-2000年间经济长期陷入相对停滞期，比其高速增长期（1950~1980年），GDP年均增速分别降低了67.6%、50%和58.5%。又如，苏联、匈牙利、罗马尼亚、波兰在1950 ~ 1975年期间，GDP年均增速分别为4.8%、4.1%、6.5%和4.6%，而1976~2000年期间，上述国家的年均增速分别降至-0.6%（苏联解体后的数据为各成员国加总数）、0.7%、-0.6%和1.5%。

二、当前中国经济回落具有混合特征，增长阶段转换已经开启

如图2所示，从2010年2季度以来，中国GDP增速总体呈现出回调态势，季度GDP累计同比增速已经连续下降10个季度；即便考虑2011年一季度的小幅反弹，当季GDP增速回调也持续了6个季度。虽然2012年三季度以来，短期内出现了一些积极因素，四季度增长止跌且小幅回升，但缺乏支撑回升的强劲动力，未来经济走势仍有较大不确定性。为什么回调期如此之长，增长如此乏力？这轮经济回调的性质是什么？这些都是判断中国未来经济增长必须思考并给出回答的问题。

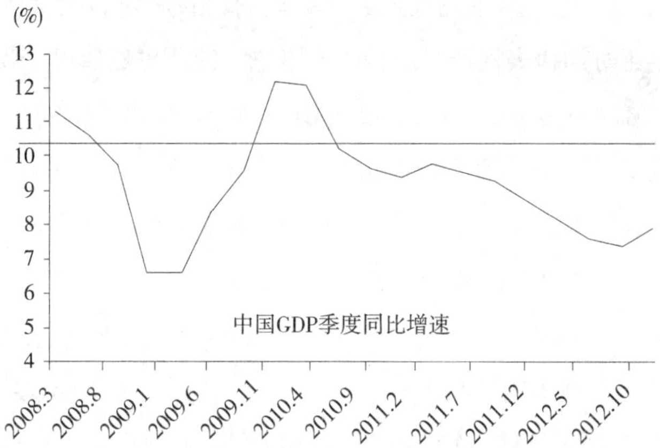

图2　中国本轮经济增速回调的性质

从国内短期需求看，当前中国正处在商业去库存周期和危机刺激政策效应减退期；从国际需求看，国际经济进入了危机后的低增长周期，中国已不具备过去那种有利的外部环境，出口导向作用下降。但这些仍不足以令人信服地解释本轮中国经济回调。本轮经济持续回调，已经超越了通常意义上的商业周期，可能是多重周期因素叠加和中长期增长潜力下降共同作用的结果。

近两年经济运行出现的一些新变化，表明中国经济由高速增长阶段向中速增长阶段的转换有很大可能性已经开始。一是基础设施投资的潜力和空间明显缩小。2010年以来，基础设施投资增长明显回落，占固定资产投资比重从近10年来的接近30%下降到目前的20%左右。二是东部发达地区经济增长明显回落。广东江苏、山东、浙江、北京、上海等省市，2011年以来工业生产、投资增速均低于全国平均水平，而这些地区经济总量接近全国经济总量的一半。这些地区的人均GDP已经达到成功追赶型经济体增速下降时的人均GDP11000国际元的时间窗口，增长阶段转换是

符合追赶型经济体的经验规律的。三是地方融资平台、房地产市场风险明显增加。人们对这些领域投资回报率的担忧，实质上是对其增长潜力的担忧。四是总体资产回报率有所下降，产能过剩问题相当突出。我国的增量资本产出率（ICOR）自2008年后持续快速上升，2011年达到4.6，为1992年以来最高纪录。五是经济持续下行，但就业状况没有明显恶化，劳动力供求结构出现明显变化。另外，虽然城市化尚有较大空间，但由于中国经济规模大幅提升的基数效应，即便城市化率每年提高1个百分点左右，对经济增长的拉动作用也在明显降低。这些都预示着中国经济增长阶段的转换可能已经开始，也预示着本轮经济调整不同于以往的短周期调整。

但从更广泛的角度看，中国经济整体发展似乎与国际历史经验并不完全吻合。首先，中国2012年人均GDP为9100国际元，与11000~12000国际元仍有一定距离；其次，根据国际经验和中国现实推算，中国的钢铁、水泥的峰值产量估计应该在2014年后才会出现，汽车峰值则更会往后。另外，即便中国劳动力成本明显上升，未来三至五年总劳动力依然成正增长态势，储蓄率也不会很快下降；而且中国人力资本存量（不包含土地）与发达国家还有很大差距，供给侧并不支持潜在增长率快速下降。至少不应该在2011年和2012年就表现出来。所以，中国当前经济回调不属于典型意义的“自然回落”。

那么中国目前的增速回调会是“中等收入陷阱”式的回调吗？发展战略或体制长期僵化，适应能力下降；没有使更多人参与到现代产业的发展；收入分配恶化且缺乏有效调节机制；社会分化使达成社会共识难度增加等，是那些落入中等收入陷阱经济体的共性原因。我国目前也存在这方面的风险因素。首先，改革进入深水区和攻坚期，利益结构对改革产生了多方面的复杂的影响，部分体制僵化问题依然突出。虽然这些问题的具体表现与拉美国家落入中等收入陷阱前的情形差别较大，但也不能不引起高度警觉。其次，中国当前社会收入分配不公的问题有所恶化，基尼系数持续高位（2012年为0.474），社会纵向流动性有所下降，腐败和司法不公问题比较突出。再次，虽然中国没有形成拉美、南非式的贫民窟，但城市新二元问题日渐突出，大量农业转移人口进城后并没有真正融入城市，且城市原居民收入水平也有所分化。这些问题若处理不好，再与经济持续下行叠加，则落入中等收入陷阱也不完全是杞人忧天。

同时也应看到，从发展阶段看，当前人均GDP水平已经超越了落入中等收入陷阱的危险期（4000~6500国际元）；更重要的是中国发展战略总体仍保持灵活，并具备做出适应性调整的能力。虽然存在不满情绪，但对国民整体福利得到明显改善的事实有广泛认同，深化体制改革的共识仍在，改革的总体方向并没有出现严重分歧，社会主流期盼改革、支持改革，拥护全球化、支持深化开放。这就决定了改革有条件达成共识，而且新一届领导也展现了改革的更大勇气和决心。我国落入中等收入陷阱的可能性总体依然比较小，至少具备迈过这一关口的基础条件。所以，当前的回落也很难定性为掉入陷阱式的回落。

另外，值得注意的是，与很多成功追赶国家不断深化市场化改革的历程相比，中国市场化改革同样有待继续深化，部分基础行业和要素领域价格不顺、放开不够、竞争不足的问题依然突出，市场机制难以发挥基础性作用。例如有的地方发电能力利用不足，有的地方却严重缺电；有的行业债务负担沉重，投融资能力下降，而大量行业外资金难以进入；土地价格偏离均衡水平，城市商业性地价被一再推高，成为部分地区房价暴涨的主因，同时优惠地价甚至实质上的零地价，成为地方招商引资、争夺投资项目的重要手段。这些问题的存在，在微观上导致资源错配和低效利用，在宏观上则出现了产品或能力供给不足与投资需求不足并存，能源资源和要素价格不合理上涨等现象，严重抑制了规模依然可观的增长空间的释放，从而使中国经济显示出增长提前下台阶的一些特征。

需要指出的是，对于那些历史上“自然回落”的经济体，作为拐点的11000国际元只是一个平均值，不同国家存在一定的波动区间。即使按照相对较低的增长和汇率升值速度，今后两三年时间我国经济增长将会进入这一区间。近期我国经济增长速度明显放缓，表明导致经济增长“自然回落”的中长期因素已经开始起作用，同时也有需求周期波动的短期因素和落入中等收入陷阱的风险因素的共同影响，具有某种混合特征。

这种混合特征也意味着我国有更多的潜力和可能性，只要应对得当，这个转换的过程就会渐进推进、比较平稳，有条件建立新动力和新优势，顺利完成工业化进程。一是“改革红利”空间依然较大。市场、政府和社会领域的改革任务繁重，阻碍经济发展的问题比较突出，只要能有效凝聚共识、加快推进改革，就能释放出新的活力和动力，资本存量仍有上升空间，TFP有望在相对高速延续更长时间。二是城镇化潜力依然不小。我国城市化率偏低，特别是质量偏低，大量已经进程农业转移人口并没有市民化，城乡之间和城市内部的二元结构仍蕴藏着巨大需求潜力。而且城市化与信息化、绿色低碳等新趋势结合，还能释放出产业升级的新动力。三是新竞争优势可能形成。低成本本非中国竞争优势的全部，产业配套、基础设施、高素质人才队伍、内部市场规模等优势仍在，我国人力资本优势正在由低技能工人，向大学生和工程师转变，高复杂度的人力资本密集行业可能孕育着我国新的优势。四是居民消费升级方兴未艾。伴随城市化、信息化进程，住、行主导的居民消费升级将持续推进，信息、金融、教育、健康、培训等服务消费升级潜力巨大。五是全球化的新机遇。与那些已实现成功追赶的国家不同，我国处在一个全球化程度明显深化，而且趋势不可逆转的时代，全球需求的增长空间和分工的密切程度都大为提升，一批人口众多的国家（印度、印尼、巴西等）正在积极推进工业化，可以为我们提供新的机会。如果说中国经济增长最快的阶段已经过去，那么中国经济真正“上台阶”，着力提升增长质量和效益的阶段正在开启。

三、未来10年展望：转向中速增长阶段

展望未来，中国经济面临的机遇和挑战既表现在经历了30多年的发展，过去许多促进中国经济高速发展的有利内部条件正在发生变化，又表现在刚刚经历了金融危机的世界经济可能会给中国未来的发展展现一个与过去不同的外部环境；既表现为供给面将出现的一些转折性变化，如劳动力供给将出现拐点，又表现为需求面将出现的一些重要变化，如居民住房、汽车消费需求的增长速度可能逐步趋缓，人口老龄化带来消费结构的转型，国际环境的恶化将降低出口增长速度等。综合考虑这些影响经济增长的供给面和需求面因素，分析未来10年中国经济增长前景，正是本研究的主要内容。

（一）研究的框架及模型

目前广泛采用的长期经济增长预测分析模型绝大多数都是基于总量生产函数的宏观模型。这些模型基本都是从供给面出发构建总量生产函数，考虑了影响经济增长的各种要素，如劳动力、资本和技术进步。一部分是基于新古典增长理论，采用简单的增长核算框架，通过外生设定技术进步（TFP）的速度来预测经济体的长期增长率，如Conference Board、CEPII、World Bank等；还有一部分是基于新凯恩

斯主义框架，综合考虑财政政策、货币政策对经济增长的影响，如OECD的NIGEM Global Model、IMF的GEM模型等；另外还有部分是基于内生增长理论，采用计量回归的方法内生确定技术进步的速度，从而来预测长期经济增长速度，如UNFAO、The Economist Intelligence Unit等。

本研究采用的是可计算一般均衡模型，与简单的基于总量生产函数的宏观模型不同，本研究采用的模型可以更好地模拟结构变化。同时与其他模型不同的是，这里除了考虑供给面因素外，还着重考虑需求面因素，并将这两方面的因素综合在一个完整的框架之中。图3从三个层面展示了本研究所考虑的经济增长的影响因素。首先可以将影响经济增长的因素划分成两大类，即供给方面和需求方面。供给方面的因素主要包括各种生产投入要素以及生产技术的变化，具体来讲即劳动力、资本和技术进步；需求方面的因素既包括国内需求，也包括国际需求，具体来讲包括消费、投资和出口。而从更加具体或者更加微观的角度来看，影响需求和供给因素变化的原因很多，包括人口总量及人口结构的变化、储蓄率的变化、城市化发展的速度、房地产需求、汽车需求以及基础设施需求的变化等。

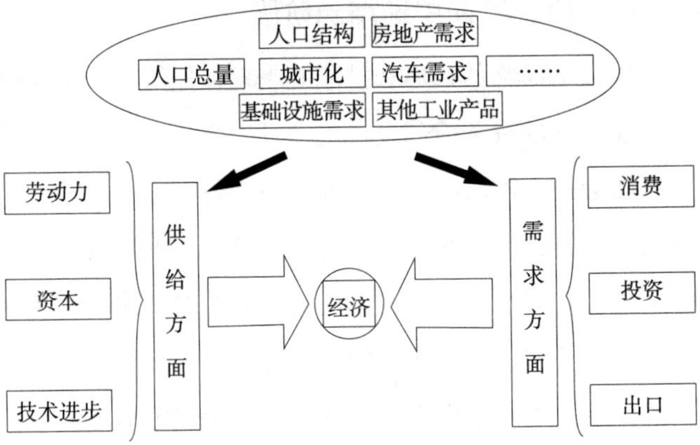

图3　经济增长的影响因素

（二）未来十年经济展望的主要参数设定

下面将分别从供给和需求角度介绍模型重要参数的设定。需要指出的是，若干关键参数的设定主要依据来源本研究的其他分报告的详细分析，这里只作简单介绍。

1. 需求侧的影响因素

从需求侧来讲，影响经济未来发展的主要因素包括消费、投资和出口，也就是通常所说的拉动经济增长的“三驾马车”。

（1）消费需求变化的相关假设和设定

首先从消费需求的变化来看，不仅消费需求的增长速度影响未来10年中国经济发展，消费结构的变化更是影响中国未来经济结构变化的重要渠道。收入的增长是决定消费需求增长的最主要因素，而收入的增长直接取决于经济增长的速度。同时消费需求的增长还与居民储蓄倾向的变化①、人口年龄结构、收入差距等因素的变化直接相关。

收入增长、城市化速度、人口结构变化等因素直接影响未来10年中国消费结构的变化。模型中收入增长对消费结构的影响直接通过不同商品和服务的支出弹性的差异及其变化影响着消费结构的变化②。图4给出了目前不同种类商品和服务的支出弹性。从图中可以看出食品和衣着的支出弹性都小于1，说明食品和衣着消费需求的增长速度要慢于收入增长速度，这正是恩格尔定律的反映。同时可以看出医疗保健等服务支出弹性非常高，说明随着收入增长，这些服务的需求将增长得更快。同时模型中还根据收入变化、人口年龄结构对支出弹性影响的实证研究③的结果对模型中支出弹性和边际消费倾向进行了修正。

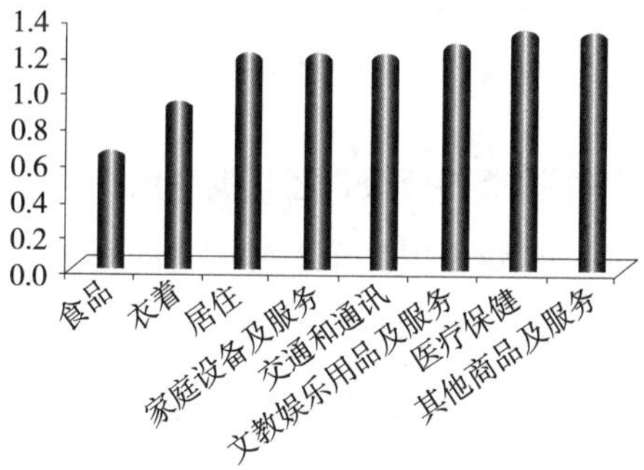

图4 不同商品和劳务的支出弹性

另外城市化的发展对消费结构的影响也是非常重要的。图5给出目前农村

① 这是因为模型采用投资驱动性的闭合模式，即居民的储蓄内生于投资的增长。

② 具体来讲模型采用的是AIDADS支出系统，该系统在线性支出系统（LES）的基础上进行了改进，改进之处在于将线性支出系统中固定不变的边际消费倾向修改为随着收入变化而变化。这样可以更好地反映收入对消费结构的影响。

③ 实证研究表明老年人相对于年轻人，其医疗卫生、老年护理等服务需求占比更大，而对衣着、居住、交通通讯等支出占比更小。

居民和城市居民消费结构的差异，从图中可以看出对农产品而言农村居民的消费比重要城市居民高10个百分点以上；而对于服务消费而言，城市居民要比农村居民高近10个百分点。因此随着未来城市化的发展，越来越多的居民生活在城市，其消费结构会随之改变。根据城市化分报告的研究，国际比较的经验表明随着城市化率越来越接近饱和值，城市化发展的速度将不断放缓，同时结合中国城市化历史发展趋势，假设未来10年城市化率年均增长0.8~0.9个百分点，2020年达到60%左右。

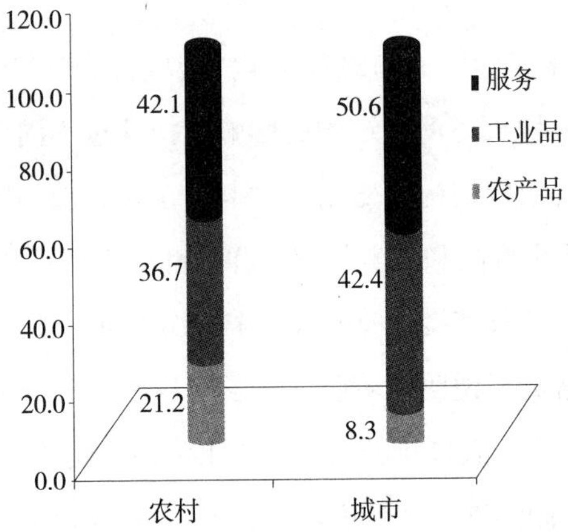

图5　农村居民和城市居民消费结构的差异

数据来源：2007年中国投入产出表

另外，本研究关于汽车消费的分报告还根据各国汽车消费的一般规律以及中国目前所处发展阶段，对未来10年中国汽车消费需求的变化进行了估计。研究结果表明未来10年中国的汽车保有量仍将保持较快增长，但是将逐渐由过去10年年均20%的增长率过渡到10%左右的增长率。模型根据这一推算的结果对模型中居民汽车相关消费的参数进行了修正。

（2）出口需求变化的相关假设和设定

从出口需求的变化来看，一方面，发达国家试图通过结构性改革解决金融危机暴露的问题的努力并未取得实质性进展，主要经济体却纷纷采取宽松的货币政策和“以邻为壑”的贸易保护主义政策。虽然目前在若干领域新技术革命已现端倪，但是在5~10年内，能否形成带动全球经济重回快速增长通道的重大技术突破并大范围普及应用，还需要进一步观察。这些意味着慢增长将可能成为今后一段时期全球经济的常态。

另一方面，国际经验预示着，随着经济发展水平提升，国内要素成本将不断上升（包括汇率的升值），出口的国际竞争力也将不断下降。综合这两方面的因素，未来10年中国出口需求的增长速度将有所下滑。这一点从图6中可以得到印证。图中的数据显示，不论是更早崛起的日本，还是后来追赶的韩国，在与中国处于相同发展阶段时都经历了出口增长速度的不断下滑。日本由上个世纪60年代年均15%的增长速度下降到过去20年5%以下；而韩国更是从30%下滑到10%以下。综合当前的国际形势以及历史经验，我们预期未来10年中国出口的增长速度将比过去10年下滑5~10个百分点。

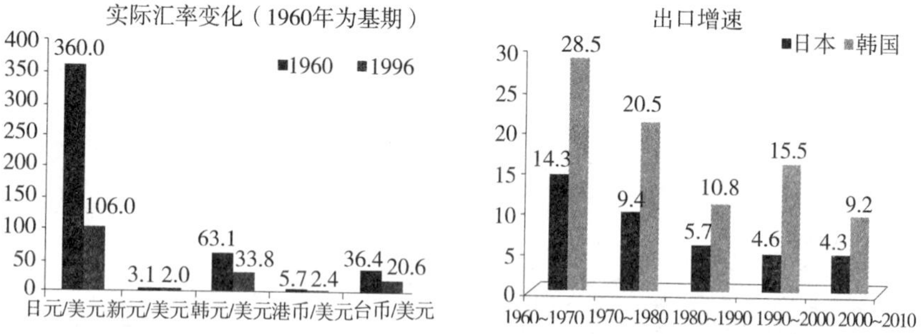

图6 亚洲新兴经济体实际汇率及出口增长率的变化

数据来源：左图：许宪春（2002）；右图：WorldBank：WDI

（3）投资需求变化的相关假设和设定

高投资一直是中国经济高速增长的主要依托。而从过去几十年的发展历程来看，高投资需求主要来自房地产投资需求、基础设施投资需求以及扩大再生产而带来设备投资需求。根据经验研究，上述三项可以解释全部投资需求的80%~85%。其中房地产投资需求主要取决于居民住房需求的增长；基础设施投资需求很大程度上来源于城市发展与跨区域的交通设施；而设备投资需求则更多地取决于耐用消费品、出口等最终产品需求的增长。从国际经验来看，这些影响投资需求的主要因素与投资增长率之间都呈现出明显的阶段性变化规律。为了更好地分析未来10年中国投资的变化趋势，这里选取城镇居民新建住房的增速、城市人口总量增速、出口增速、汽车保有量增速以及人均GDP等五个指标分别作为影响投资需求的主要因素，同时利用后发追赶国家（日本、韩国和中国）的面板数据将这些指标与投资的增速进行回归，以发现相应的变化规律。具体的方程如下：

$$I_{i,t}=c_i+aH_{i,t}+bU_{i,t}+dEX_{i,t}+eCAR_{i,t}+fPerGDP_{i,t}+u_{i,t}$$

–13.05 0.24 3.06 0.25 0.27 0.0005

（–2.38）（5.35）（3.32）（3.32）（3.09）（1.94）

图7给出日本和韩国的拟和图，可以看出回归结果显示了较好地拟合结果。从拟合参数可以看出当城市人口总量每增长1个百分点，与之相应的基础设施等投资需求将增长3百分点；而出口每增长1个百分点，拉动的投资需求将增长0.25个百分点。

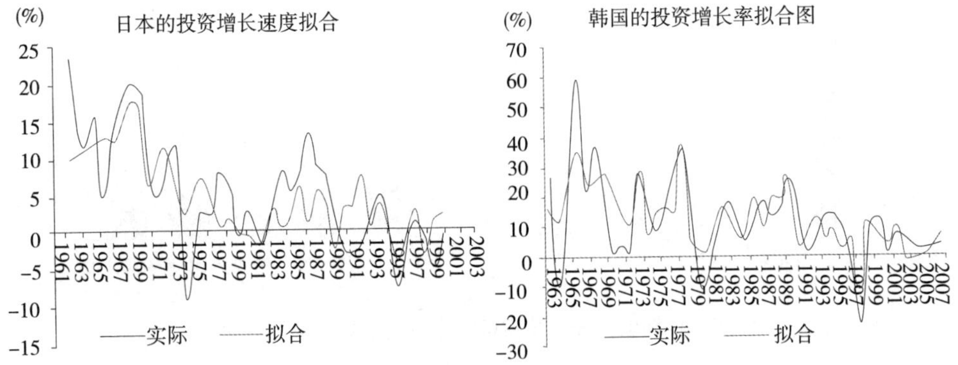

图7 日本（1961~2003）和韩国（1963~2007）投资增长率拟合图

数据来源：WorldBank：WDI，作者模拟

图8给出了影响投资需求增长的四个主要因素的变化趋势。根据城市化分报告的研究，假设未来10年城市化率年均增长0.8~0.9个百分点。随着城市人口基数的不断扩大，未来10年城市人口增长速度将不断放缓，由当前的3.5%左右下降至1.5%~2.5%。由此将导致投资需求下降3个百分点以上。

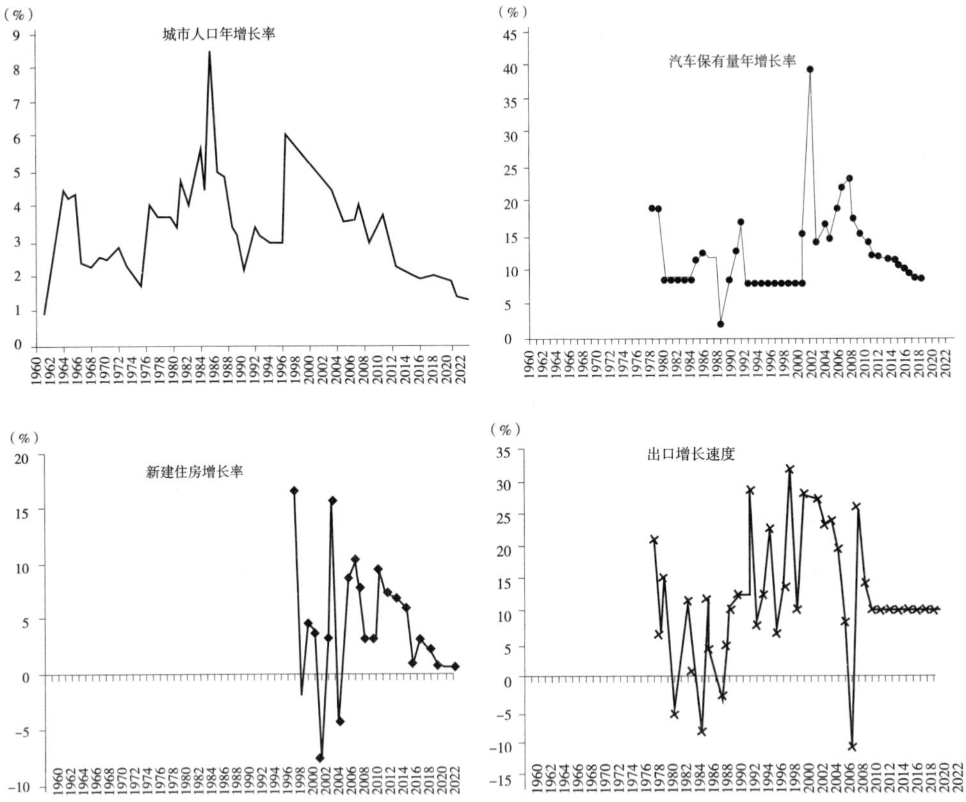

图8 影响投资增长速度的各因素的变化趋势

数据来源：其他章节，作者模拟

另外，如同消费需求部分所介绍的那样，未来10年中国汽车保有量仍将保持较快增长，但是将逐渐由过去10年年均20%的增长率过渡到10%左右的增长率。根据前面的计量方程可以推算由于汽车保有量增速下滑将导致投资增长下滑1~2个百分点。

与汽车保有量变化不同的是，居民新建住房需求的增长率仍将在3年左右时间内保持7%上下的高水平，而后随着人口年龄结构以及城市化率放缓等因素的影响下降至2%~3%左右的较低水平。根据前面的计量方程可以推算，未来10年由于居民新建住房需求增速的下降，将导致投资需求增速下滑1个百分点左右。

根据前面对于出口需求变化的分析，可以看出由于国际经济可能长期保持慢增长状态以及国内要素成本上升带来出口竞争力下滑等因素的影响，未来10年中国出口增长速度将由过去10年15%~20%的水平下滑到10%左右的水平，由此带来的投资需求也将下降1个百分点左右。

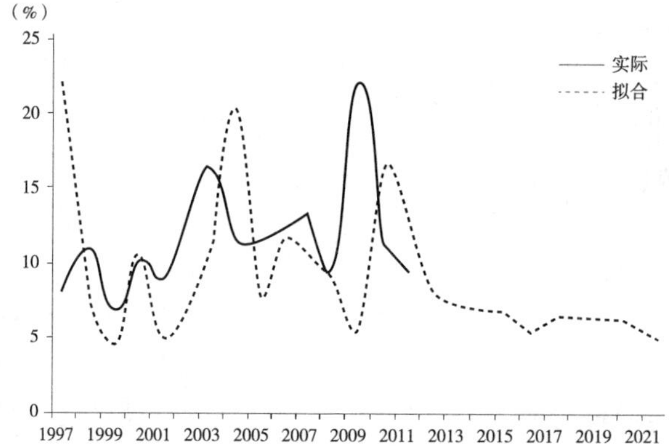

图9　中国的投资增长率拟合与预测

综合前面城市化、居民住房需求和汽车消费需求以及出口需求等因素对投资的影响，可以推断未来10年投资需求将会由过去10年13%左右的增长速度下降6个百分点左右（见图9）。为了进一步进行对比，图10给出了日本和韩国历史上处于同一发展时期前后十年投资增长速度的变化。图中数据显示日本投资增长速度在上个世纪60年代高达15%，而经济增速下台阶后的10年内投资增速下降了10个百分点左右；韩国出现了类似的下滑趋势，经济下台阶前后10年投资增速变化了近8个百分点。可以看出前面综合不同因素推算的中国未来10年投资增速的变化与日韩这些成功追赶的国家在同一时期表现出来的规律比较吻合。

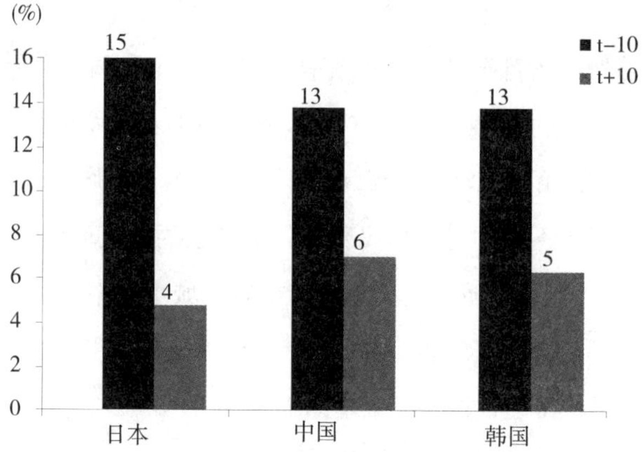

图10　中日韩经济下台阶前后10年投资增长情况

注：日本选取的基准年为1970年，韩国为1990年，中国为2012年；t+10和t−10分别表示基准年的前10年和后10年。

数据来源：World Bank：WDI

2．供给面的影响因素

从供给面来看，影响未来10年中国经济增长前景的主要因素包括人口和劳动力的变化、技术进步和资本积累的速度。

（1）人口总量和劳动力供给的变化

人口总量和年龄结构的变化决定了未来中国劳动力供给总量的变化。这里采用国家人口信息中心根据最新的人口普查资料所做的预测。按照这一预测，未来10年中国人口总量仍将不断增长，预计到2020年将超过14亿，到2027年达到峰值14.15亿；与人口总量变化趋势不同是，劳动年龄人口（15~64岁）将在2015年达到峰值[①]，到2020年基本持平，稍有下降；另外，老龄人口将快速增长，人口总抚养比将一改过去不断下降的趋势而逐步上升，预计到2022年老龄人口抚养比和总人口抚养比将分别从2010年11.8%和36.9%上升到19.3%和43.6%。模型中未来10年劳动力供给量依据劳动年龄人口的变化推算，也就说未来10年中国劳动力供给将较快达到峰值，然后稍有下降。

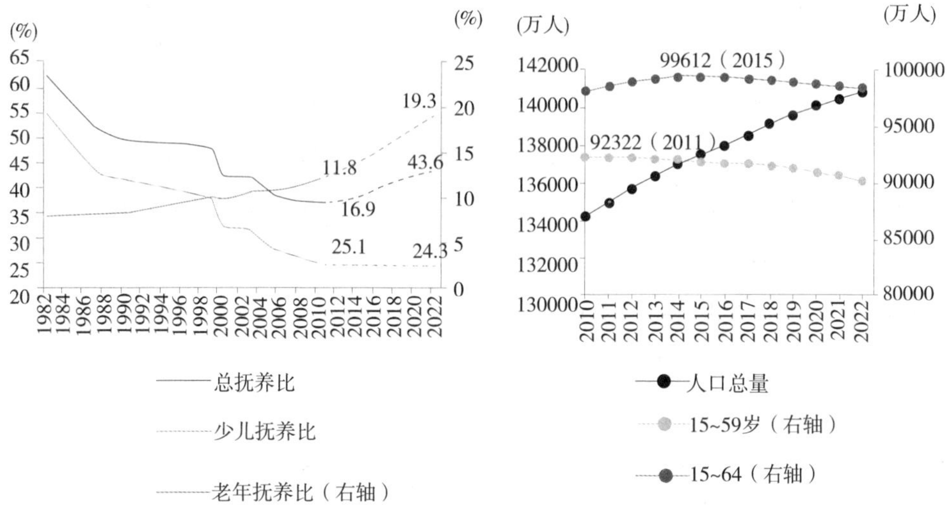

图11 中国人口总量及结构变化情况

数据来源：人口信息中心（2011）

① 国家统计局1月份发布2012年的统计数据显示，15~60岁的劳动年龄人口规模已经开始下降。而国际上通常将15~64岁设定为劳动年龄。

（2）技术进步的速度

从美国追赶英国，到德国、日本追赶美国，再到“亚洲四小龙”追赶欧美国家，后发国家在不断地利用技术进步的后发优势加快自身经济发展；中国同样利用这种技术的快速追赶实现了经济的挤压式增长。然而从后发追赶国家技术进步的历史经验来看，随着追赶型国家技术水平距离前沿国家越来越近，这种通过技术引进和模仿而实现的技术进步的速度也会越来越慢。作为后发追赶国家，中国同样将面临着技术进步速度不断放慢的趋势。

从中国过去30多年TFP的变化来看，对TFP增长贡献较大两个国内因素是要素的重新配置和改革开放带来的制度红利。而从未来10年看，随着市场化体制不断完善、城市化率不断提高等，要素重新配置带来效率改进和改革带来制度红利将越来越弱。这些也从另外一个侧面反映未来10年中国的TFP增长速度将会出现下降的趋势。

另外，长期来看仍然存在促进中国TFP增长的因素，如随着教育数量和质量的提高，人力资本积累带来的累积效应将越来越大；仍然存在着许多可以通过改革来激发活力和提高效率的领域（如能源和环境领域、服务业等）等。综合这些因素，我们推测未来10年中国TFP增长率将由过去3%左右下滑至2%左右。

（3）资本的积累

资本的积累取决于投资增长的速度和设备折旧的速度。模型假设折旧率保持不变，因此投资增长的速度直接决定着资本积累的快慢。从前面需求部分的分析可以看出未来10年投资的增长速度将不断下滑，加之资本存量不断提高的基数效应，未来10年资本积累速度也将会不断下降。

（三）未来10年经济的展望

为了综合考虑这些影响未来10年中国经济的供给和需求侧因素，本研究采用中国经济可计算一般均衡模型来将这些供给和需求面的因素一同进行模拟。下面将从经济增长的速度和结构两方面对模型模拟的结果予以分析。

1. 未来10年中国经济将迎来中速增长阶段

图12给出了模型模拟的GDP、消费和投资的增长速度。从中可见，未来10年中国经济增长速度将比过去10年明显放缓。整体来看，中国经济将由过去年均10%左右的高速增长阶段转而进入平均6%~8%的中速增长阶段。从具体的时间分布来看，未来将维持3年左右8%上下的增长速度，然后过渡到6%~7%的增长速度。这一增速要

比过去10年的平均水平下降2~3个百分点。

图12同时还给出了消费需求和投资需求增长速度。从模拟结果看，未来10年消费需求增长因经济增长速度下滑引致的收入增长放慢而下降，其中前5年消费需求增速虽然有所下滑，但仍将继续保持8%左右的较高增长速度；后5年消费需求增速将随经济增长速度进一步下滑下降至7%左右。不过与投资需求和出口需求相比，而且无论是从历史数据，还是从未来10 年模拟结果来看，消费需求变化要明显平稳得多。

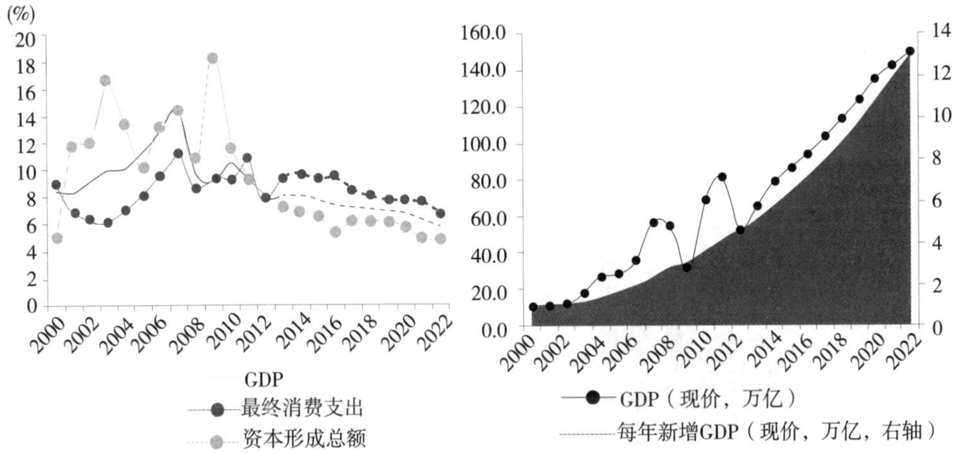

图12　GDP、消费和投资的增长速度

正如前面分析指出的那样，未来10年全球经济增长前景不容乐观，慢增长将可能成为常态，同时考虑国内要素成本不断攀升、“入世”红利的消减以及发展阶段转化带来的出口竞争力下降，未来10年出口需求将回落到年均10%左右的相对较低的增长阶段。随着城市人口增长速度放缓，城市基础设施投资空间将日趋变窄；随着过去10来年居民住房投资快速增长和人口年龄结构转变，城镇居民新建住房投资需求增长也将有所放缓；随着汽车保有量的增长，新增汽车需求的增速将逐步放缓；另外考虑出口需求增速的回落，未来10年投资需求的增长速度将出现较大幅度的下降。对比三大需求增长速度的变化，不难发现从需求角度来看，投资需求和出口需求增长速度趋势性下滑是导致未来经济增长速度由高速增长转入中速增长的主要原因。这也在一定程度说明过去几十年依靠“高投资、高出口”的高速增长模式正在经济增长速度转换过程中不断地改变。

为了更好地反映不同需求对经济增长的拉动贡献，图13给出消费、投资和净出口对GDP增长率的贡献度。过去10年投资一直是经济增长最主要的拉动力量，平均每年拉动GDP增长5个百分点以上，对经济增长的贡献率超过50%；而未来10年由于投资需求增长速度下降，投资需求增长对经济增长的拉动作用明显减弱，对GDP的拉动作用由5个百分点左右逐渐下降至3个百分点以下。与投资不同的是消费对经济增长的拉动作用较为稳定，而且在未来10年中将超过投资成为GDP增长的最主要的拉动力。尽管其每年拉动GDP增长将由5个百分点左右下降至4个百分点左右，但其对经济增长的贡献率却由目前的50%左右不断上升至2020年的60%以上。从净出口角度来看，模型假设随着国内市场要素市场扭曲的逐步消除以及汇率制度的改革等，对外贸易将不断趋于平衡。

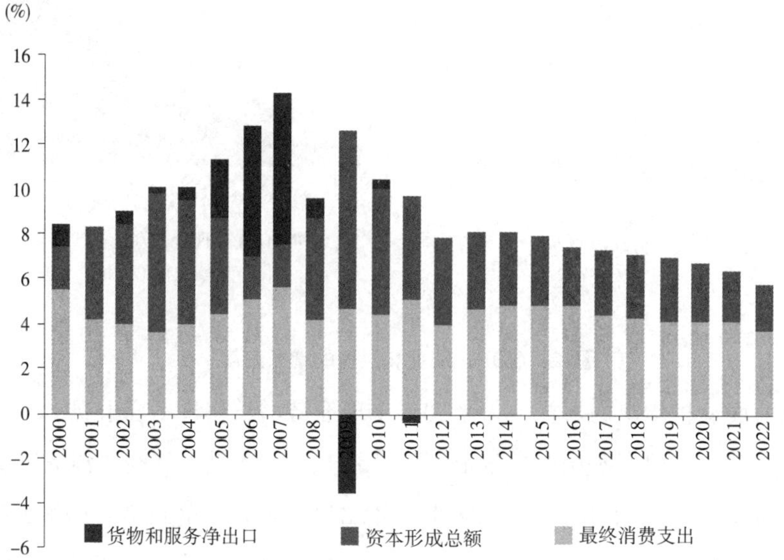

图13　不同需求对经济增长的贡献度

除了需求角度的经济增长动力机制将发生变化外，未来10年供给角度经济增长的动力源泉也在发生变化。从表1给出的模拟结果看，随着人口年龄结构的变化，劳动力供给将在未来10年内出现转折性变化，即在2015年左右劳动力供给量将达到峰值，之后将稍有下降。因此劳动力数量变化对经济增长的贡献也将逐渐减弱，进而转变为负的贡献。对资本来说，资本积累仍将是经济增长最主要的动力。不过随着投资增长速度的下降，资本积累速度也将逐步回落，其对经济长的贡献率也有所下降。而对技术进步（TFP增长）而言，尽管随着挤压式增长空间的缩小技术进步的速度将有所下降，但由于其他要素增速下降幅度更大，其对经济增长的贡献率也将不断上升。对比实现成功追赶的后发国家以及处于发展前沿的发达国家可见，长期保持较高的技术进步速度，提高技术进步对经济增长的贡献，是成功实现经济转型和迈向高收入国家行列的关键。

表1 中国经济增长的供给侧动力及其预测（%）

	2000 ~ 2010	2011 ~ 2012	2013 ~ 2017	2018 ~ 2022
GDP增长率	10.5	8.6	7.7	6.5
就业增长率	0.5	0.5	0.1	–0.2
资本增长率	13.1	11.5	9.8	7.8
TFP增长率	2.4	1.4	1.8	1.9

2. 未来10年中国经济将迎来重大结构转折

从成功追赶的后发国家（如日本和韩国）的历史经验来看，一国经济增长台阶的转换通常伴随着经济结构的转折性变化。前面的分析已经显示未来10年中国经济增长速度将由高速增长阶段过渡到中速增长阶段，那么中国经济结构是否也会出现较大转折性变化呢?下面将根据模拟的结果从不同角度分析未来中国经济结构的变化。

（1）投资率将触顶回落，消费率不断攀升

从前面的分析中可以看到未来10年尽管受不同因素的影响，消费和投资的增长速度都有会所下滑，但是两者下滑的态势不同。其中消费需求变化相对更加平衡平稳，下降幅度明显低于投资需求，未来10年其增长速度将超过投资需求的增长速度。因此表现出来的结果就是未来10年总需求结构会出现转折性变化。图14给出了支出法GDP的构成。从图中显示的模拟结果来看，未来10年投资率将一改过去30年不断上升的趋势，转而开始不断下降。近两年投资率将稳定在接近50%的峰值水平，然后开始不断下降，到2022年投资率将下降至40%左右，比2011年的48%下降7个百分点左右。与之相对的是消费率也将改变过去不断下降的趋势，由2011年的低于50%不断上升到55%以上。

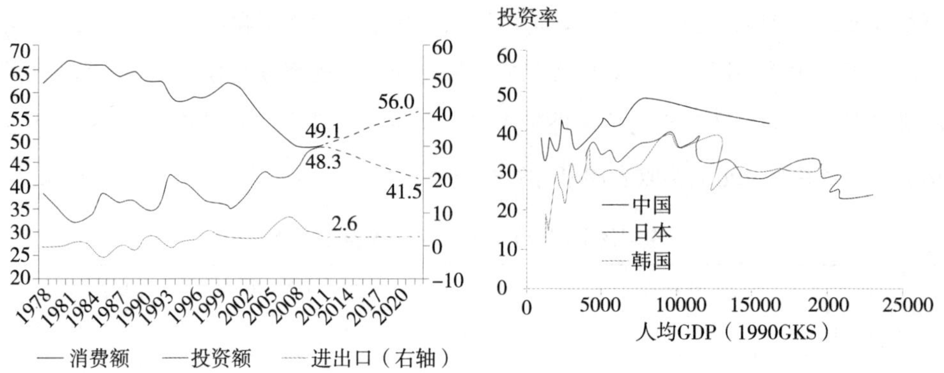

图14　支出法GDP的结构（%）

数据来源：历史数据来自国务院发展研究中心“工业化与经济增长”课题组数据库；预测数据来自DRCCGE模型模拟结果

具体来讲消费率和投资率这种趋势性变化是多方面因素综合作用的结果。其一，前面介绍的多种因素促使投资需求增长速度较大幅度下降。其二，从供给和收入角度来看，随着劳动力供给总量很快达到峰值并转为不断下降、人口抚养比由下降过渡到上升趋势以及农业可转移劳动力逐渐减少，也就是随着人口红利逐渐式微，劳动力工资将较快上升，因此与资本回报相比，劳动者报酬和居民可支配收入增长速度将快于资本回报，从模型模拟的结果来看劳动者报酬上涨的速度要比资本回报年均高1个百分点以上。其三，随着人口老龄化程度的加剧以及收入水平的提高，政府社会保障等公共服务支出增长速度也在加快。根据模拟的结果，政府消费占GDP的比重也有所提升。其四，随着劳动力成本快速上升①，服务价格上涨要明显快于资本品和一般消费品，这使得消费价格上涨要明显快于投资价格②。

另外，从图14给出的日本和韩国投资率的历史变化趋势来看，其投资率都在人均GDP接近10000国际元时达到峰值，而后不断下降。对比模型模拟的结果，可以发现中国经济模拟的结果也表现出类似的特征。

（2）农业比重继续下降，服务业比重将逐步超过第二产业

从供给侧来看，经济结构的变化表现为产业结构的变化。图15给出了模型

① 在一定程度上表现为Balassa—Samuelson效应。

② 由于制造业生产率的快速提高，部分资本的价格甚至是在不断下降的。

模拟得到的未来10年三次产业构成的变化趋势。模拟结果显示，未来10年中国产业结构变化表现出来的主要特征是，农业比重将延续过去30多年不断下降的趋势，由2012年的10%左右不断下降至2022年的5%以下；第二产业比重将在近年来的高位水平上继续维持2~3年，然后不断下滑，由2012年的45%左右下降至2022年的40%上下；服务业比重与农业和第二产业的变化趋势正好相反，未来10年继续过去30多年不断上升的趋势，由2012年的45%左右不断上升至2022年的55%左右，而且未来10年服务业比重将超过第二产业，服务业将占据中国经济半壁以上江山。

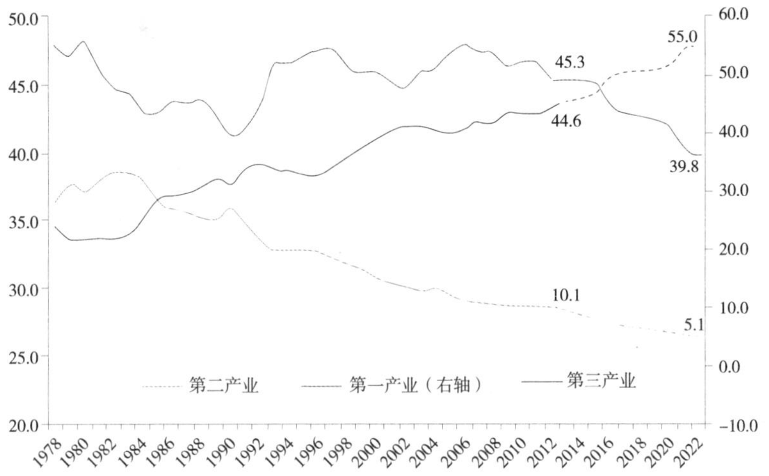

图15 三次产业结构的变化（%）

农业比重下降从需求角度来看主要是恩格尔定律[①]的作用。图16给出了模型模拟的未来10年居民消费的恩格尔系数的变化。从图中可以看出未来10年居民消费的恩格尔系数将下降8个百分点左右，同时还给出日本、韩国历史上与中国处于同一发展阶段时恩格尔系数的变化，可以发现不同国家之间表现出类似的变化特征。恩格尔系数下降表明了对食品需求的增长要明显慢于其他消费需求的增长，进而对农产品消费需求的增长也慢于其他产品和服务。另外还有一个因素也是导致农业比重下降的重要原因，即随着劳动力成本上升[②]，国内农产品生产的竞争力将有所下降，进而会加大农产品的进口，这也是国内农产品生产增长相对较慢的一个原因。

① 即随着收入水平的提高，居民用于食品支出的比重不断下降。

② 更准确的表述是，农业劳动力回报的上涨速度超过农业劳动生产率的上涨速度。

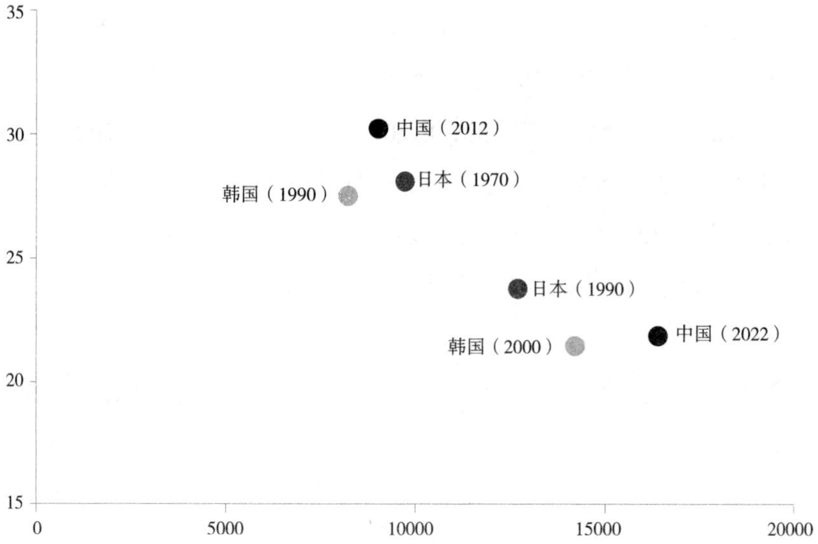

图16　中日韩不同发展阶段恩格尔系数的变化[①]（%）

数据来源：历史数据来自中日韩的投入产出表

对于第二产业和服务业比重的变化，由于其影响因素相互交织在一起，因此这里一并予以分析。以下三方面因素是第二产业和服务业比重变化“此消彼长”的主要原因。

其一，投资需求增长速度下滑导致了投资品和中间投入品生产部门增速放缓，出口需求持续低迷将抑制贸易部门[②]的持续高速增长。图17给出了投资品的构成，从图中可见投资品的主要来源各种建筑以及机器设备和交通运输设备。因此当投资需求增长速度下滑时，这些投资品生产部门以及相应建材等中间投入品生产部门必将首当其冲成为波及的对象。根据模型的测算，在其他条件不变的情况下，投资需求增长速度下滑1个百分点，第二产业增加值增速将下降0.3～0.4个百分点。由于国民经济部门之间存在相互的联系，投资需求的下降也对农业和服务业造成影响，但测算结果显示这两个部门所受影响要明显小于第二产业。根

① 这里的含义是投入产出表中的食品（含餐饮）支出占总消费的比重，因而要比统计年鉴公布的恩格尔系数低一些，这是因为投入产出表中食品支出不含相应的流通费用，而统计年鉴中居民收支调查中的食品支出是包含流通费用的食品支出。

② 这里的贸易部门是相对于非贸易部门而言的，一般来说贸易部门主要指制造业部门，而非贸易部门主要指服务业部门。

据前面的分析未来10年投资需求增长速度将比过去10年下降7百分点左右，由此带来的第二产业增加值增速将下滑2~3个百分点。从需求角度来看导致第二产业增速下滑的另外一个重要原因就是出口需求增长速度将可能长期低迷。根据模型的测算，出口需求增长速度下滑1个百分点，第二产业增加值增速将下降0.3个百分点左右。与投资有所不同，出口需求下降对不同部门之间的影响差异更小，但是贸易部门仍然是受影响最大的部门。综合不同需求之间的交互作用，根据模型的模拟，未来10年尽管三次产业增加值增速都有所下降，但受投资和出口需求下降的影响，第二产业增速下滑得更多。

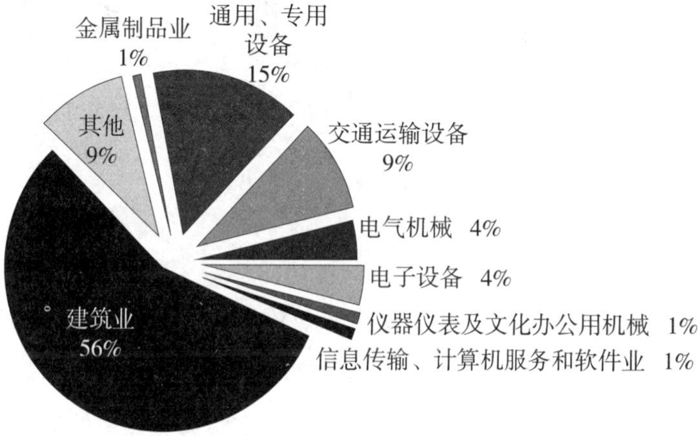

图17　投资品的构成

其二，消费结构升级将促使服务需求继续保持较快增长。正如前面在模型设定部分介绍的，未来收入增长、城市化水平提高以及人口老龄化将共同推动消费结构变化，尤其是服务需求将增长得更快。图18给出了中国未来10年消费结构的变化。从图中来看，模型模拟的结果显示未来十年居民消费中农产品和工业品消费比重都将下降。具体来讲，农产品和工业品消费的比重将分别下降4个百分点和6个百分点左右。与之相对，服务消费比重增长较快，年均增长1个百分点左右。可以看出随着收入水平提高、城镇人口增多、人口老龄化加剧，居民消费中服务需求比重将越来越高，将拉动服务业的较快发展，这也在一定程度上削弱了投资和出口需求下滑对服务业的不利影响。另外图18给出的日韩历史数据，从另一侧面印证中国未来消费结构的变化的规律性。

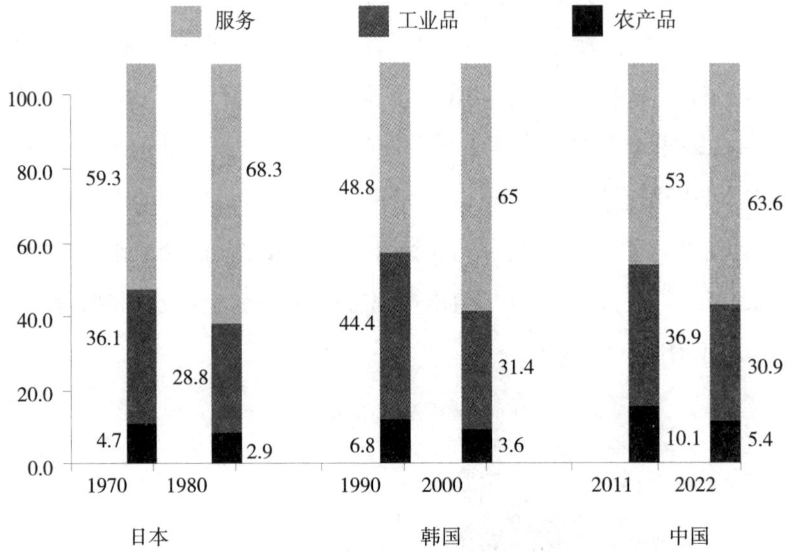

图18　中日韩消费结构的变化（%）

数据来源：历史数据来自中日韩的投入产出表

其三，内部实际汇率①升值将推动服务业价格快速上涨。过去10年中，对比贸易部门和非贸易部门之间价格变化，即内部实际汇率的变化，可以发现明显的Balassa-Samuelson效应。贸易部门生产率相对于非贸易部门的更快增长带动内部实际汇率不断升值。图19给出本世纪以来贸易部门和非贸易部门价格指数②的变化。从图中可以看出本世纪以来贸易部门的价格累计上涨了46%，而同期非贸易部门的价格累计上涨了67%。非贸易部门的价格年均上涨幅度要比贸易部门高1.3个百分点。同时还可以发现2006之前贸易部门和非贸易部门价格上涨的幅度差异不大，而之后非贸易部门的价格上涨幅度明显要快于贸易部门。未来10年尽管贸易部门和非贸易部门技术进步的速度都有所下降，但贸易部门生产率提高的速度仍将快与非贸易部门，也将进一步推动非贸易部门即服务业部门价格相对其他部门更快的上涨。根据模型的模拟未来10年内部实际汇率年均升值1%~2%。

① 内部实际汇率指非贸易部门价格与可贸易部门价格之比。

② 这里采用部门的GDP平减指数来反映部门产出价格指数变化，由于各部门增加值率的差异，部门GDP平减指数可能会与部门产出价格指数存在一定差异。

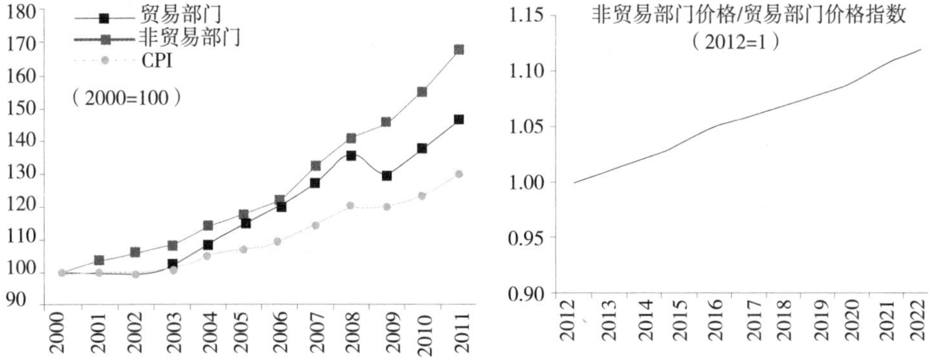

图19 中国的贸易部门和非贸易部门价格指数①

数据来源：中国统计年鉴（2012），DRCCGE模型模拟结果

（3）农业劳动力将继续向非农业产业转移，一半左右的劳动力将从事服务业伴随产业结构调整以及城市化进程的不断推进，就业结构也相应出现很大变化，主要表现为未来10年农业劳动力将继续向非农产业转移，越来越多的人将从事服务业。具体从模型模拟的结果来看，未来10年农业劳动力所占比重将从目前的35%左右下降至10年后的20%左右；由于技术的快速进步和资本的深化，同时由于增长速度放缓，第二产业吸纳新增就业的能力将十分有限，未来10年第二产业就业所占比重将保持相对稳定；受需求的拉动，服务业仍将保持相对较快的增长速度，加之许多服务业属于劳动力密集型的行业，如生活服务业等，未来10年新增就业岗位绝大多数将来自服务业，10年后接近50%的劳动力将从事服务业。

（四）主要结论

本研究从需求和供给侧分析未来10年影响中国经济一些关键因素的变化，在此基础上利用中国经济可计算一般均衡模型对未来10年中国经济增长前景进行了模拟。根据前面对于模拟的结果的分析可以总结出如下的主要结论。

（1）未来10年中国经济将由过去年均10%左右的高速增长阶段转而进入年均6%~8%的中速增长阶段。全球经济的常态慢增长以及出口竞争力的减弱将导致未来10年出口需求回落到年均10%左右的相对较低的增长阶段；随着城市人口规模、城镇居民新建住房投资需求、新增汽车需求和出口需求等增长速度的回落，未来10年投

① 这里将制造业部门视为贸易部门，而将服务业部门视为非贸易部门。

资需求的增长速度将出现较大幅度的下降。投资需求和出口需求增长速度趋势性下滑将导致中国经济将迎来中速增长阶段。过去依靠“高投资、高出口”的高速增长模式将在经济增长速度转换的过程中不断地改变。

（2）投资率将触顶回落，消费率逐步上升并超过投资率。随着投资需求的大幅下降，未来10年投资率将由接近50%的峰值水平很快下降至40%左右；随着劳动者报酬和居民可支配收入的较快增长，人口老龄化和收入水平提高带来公共服务支出的快速增长以及消费价格的快速上升，消费比重将快速上升并超过投资率，逐步达到55%以上。

（3）中国经济将过渡到以服务经济为主的阶段。恩格尔定律的作用促使农业比重继续下降；投资需求和出口需求增长速度的下滑将导致未来10年第二产业和服务业的增长速度都有所下降，但第二产业下降幅度更大；消费结构升级促进服务业较快发展，也削弱了投资和出口需求增速下滑对服务业发展的不利影响；随着农业可转移劳动力日趋减少，贸易部门和非贸易部门生产率的差异将促使内部实际汇率的升值，服务业价格将以更快速的速度上涨。未来10年服务业比重将不断上升并超过第二产业，逐步达到56%左右。

（4）服务业吸纳了绝大部分新增农业转移劳动力，一半左右的劳动力将从事服务业。未来10年农业劳动力将继续向非农产业转移，越来越多的人将从事服务业，服务业就业比重将接近50%。

四、2013年中国经济增长展望：短期经济出现弱复苏

2013年，全球经济仍处危机后的调整期，国际环境充满复杂性和不确定性。中国经济呈现企稳回升态势，需求增长动力并不强劲，新的短周期已开启但仍处在寻求新平衡的过程中。

（一）全球经济仍处于危机后的调整期，较2012年略有好转

2013年，世界经济仍处在调整期，结构改革不到位和需求增长乏力等问题难以根本改观，金融危机的影响呈现长期化趋势。同时也应看到，发达国家实施再制造业化战略，以互联网、新能源、3D打印等为代表的第三次工业革命正在兴起，全球产业结构调整出现新动向。美国QE3、QE4推出，跌入“财政悬崖”的避免，欧盟直接货币交易（OMT）计划、欧洲银行联盟协议达成，短期内对稳定国际金融市场、

降低市场避险情绪、提振需求预期都有积极作用，但由此引发的新一轮为防止本币升值的全球性货币宽松竞赛，对短期资本流动和物价上涨都将产生影响。在货币宽松的同时，发达经济体财政状况依然捉襟见肘，被迫实施紧缩性财政政策以应对主权债务压力，不利于结构改革的推进，也限制了政府支持需求扩张的能力。另外，地区冲突、宗教矛盾和主权争议等问题加剧，对大宗商品供给、资本流动和经贸往来可能形成负面冲击。

首先，美国经济保持温和增长。美国中位数房价同比持续上涨，新开工房屋保持较快增长，房地产市场持续回升。商业零售保持平稳增长，消费者信心指数处于危机后的较高水平。制造业产能利用率平均超过78%，接近危机前水平。8月份后失业率下降到8%以下，为危机后的较低水平。现阶段美国潜在增长率仍保持为2.5%左右，创新活力使其保持了较强的弹性和竞争力。桑迪飓风对短期需求和产出会有负面影响，但灾后重建对2013年整体增长有拉动作用。2012年底以来最大的悬念“财政悬崖”问题，在最后期限达成妥协协议，美国两党的政策行动能力经受住了考验。两党都不愿承担因政策协调不力、引发经济衰退的责任，预计债务上限也应会如期再次突破。美国政策上的最大不确定性已经基本消除，为美国保持经济温和增长和稳定全球金融市场创造了积极条件。

其次，欧盟状况略有改善，能争取零增长状况。因利益冲突和决策机制的问题，欧债危机处置进程缓慢，但总体仍沿着预期方向发展。随着欧洲稳定机制（ESM）和OMT的实际运转，特别是近期欧盟银行业联盟协议的达成，使问题的缓解又迈出关键一步。下一步财政一体化问题也有望渐进推进，欧洲金融市场有进一步趋稳的可能。但如何摆脱高失业率、高通胀与零甚至负增长状态，仍然是一个巨大挑战。金融市场稳定只是第一步，会使流动性风险问题有所缓解，但欧元区边缘国家的信用风险问题依然突出。实体经济活力和竞争力不足、劳动市场缺乏灵活性、内部发展不平衡等问题的调整，短期内难见明显成效。

再次，日本经济将有所放缓。2013年，灾后重建和电力供应恢复对经济增长的拉动作用明显减弱。提高消费税的政策预期，可能在短期刺激一些居民消费，但从中长期看不利于国内消费增长。钓鱼岛争端对中日贸易和全球分工链的冲击，将持续一段时间。针对经济下行态势，再次上台的安倍政府释放出了进一步放松政策的信号，短期对市场预期有积极影响。但受公共债务占GDP比例持续攀升制约，日本财政政策操作空间已经不大。为刺激经济、促进出口，阻止日元升值并试图走出通缩，安倍政府有望采取积极措施（包括非常规措施），向市场投放巨量货币，并力促日本银行干预汇率市场等措施，力争将日元对美元汇率维持在85以上，并上调CPI调控目标。这些举措对实体经济影响仍有较大不确定性，从以往经验看对此不宜高估，预计日本GDP增速将比2012年下降0.5至1个百分点。

最后，新兴市场回升动力不足。通过贸易和资金流动渠道，发达经济体的低增长和政策不确定性，对原本具有内在脆弱性的新兴市场将产生明显冲击和影响。随着新一轮货币宽松，及潜在的汇率贬值竞争，大宗商品价格会逐步走高并维持在相对高位，这将有利于资源出口国投资和消费的恢复。在金砖国家增速放缓的同时，随着资金向发展中国家回流并寻找新机会，土耳其、印尼、尼日利亚等国可能会有一些新亮点。但持续的通胀压力会限制新兴市场国家的宏观政策空间，而且由于对外部市场依赖性高和内部结构性问题，新兴市场并不能与发达经济体真正实现“脱钩”，回升动力仍显不足。

（二）中国总需求增长将基本稳定

（1）出口略好于2012年，预计增长10%左右。近10年来，中国对外贸易年均增长21.7%，比同期全球贸易年均10%的增幅高出1倍。其中，出口年均增长21.6%，在全球出口中的份额由2002年的5%上升到2012年的11%。但2012年以来全球贸易明显偏离了历史趋势。结合2013年总体国际形势和以往经验推算，并考虑到劳动力成本上升、低成本优势逐步削弱以及结构调整升级等因素，预计2013年出口增长为10%左右，虽略好于2012年，但不可能回到20%以上的高增长时代。

（2）消费增长有望保持基本稳定。在本轮经济持续下行中，就业总体稳定，城乡居民收入保持较快增长，为消费稳定增长奠定了基础。房地产销量持续回暖，与住宅相关的装修、建材、家电、家具等消费将有所回升；信息和数字产品消费升级，对家电更新换代会有一定带动作用。根据汽车购置周期和原油价格走势，汽车及石油制品消费将保持稳定增长；受通胀预期影响，珠宝和贵金属消费因保值需求可能出现恢复性增长。预计2013年消费名义增长15%左右，实际增幅略高于2012年。

（3）投资增长缺乏足够力量支撑。首先，房地产投资回升力量不足。随着品房销售回暖，且销售增速超过新开工面积增速，以及土地购置面积增速降幅收窄，市场主导的房地产投资将出现小幅回升。但与2012年相比，2013年保障房施工套数、施工面积和新开工面积均有所下降，保障房投资增速将明显减缓。其次，出口不振和产能过剩、利润偏低，影响制造业投资增长。中国制造业投资与出口增长密切相关，2013年出口增长仍然相对低迷，出口拉动的投资动力不足。虽然目前企业盈利已经开始好转，但由于2012年整体盈利水平偏低，不少企业出现亏损，自有资金不足，2013年投资扩张动力不会太强。再次，根据“十二五”规划部署，公路、铁路、地铁、水利等基建投资仍有一定增长潜力。但地方负债率较高，税收增收困难而民生类支出压力较大，局部地区风险约束明显增加，基建投资扩张能力受到限制。预计2013年固定资产投资增长20%左右，保持基本稳定，回升动力不足。

(4) 物价上涨压力有所上升。受新一轮全球性宽松货币政策影响，大宗商品价格相对走高和短期资本回流，都可能推高2013年的CPI。但考虑欧债危机的不确定性，美元可能因避险因素出现一定升值，加上全球需求并不旺盛，预计大宗商品不会出现明显高涨。国内食品供求总体处于紧平衡格局，国际、国内供给冲击都容易引发物价波动，随着PPI逐步回升，将部分传导到CPI，2013年物价综合压力将略有上升。

综合判断，2013年世界经济仍处在深度调整期，但总体将略好于2012年；国内需求稳定有余、回升动力不足，综合物价水平上涨压力有所上升。我们预计2013年GDP增长8.1%，CPI涨幅为3.4%，M2增速为14%，人民币兑美元汇率升值空间在2%以下。

表2　　2013年中国核心指标展望

主要指标	DRC预测
GDP增长率	8.1%
CPI同比增速	3.4%
M2同比增速	14%
新增信贷规模	9万亿
全社会融资规模	17.5万亿
财政赤字规模	1.2万亿
出口同比增速	10%
人民币汇率（兑美元中间价）	6.19
城镇新增就业	1000万

数据来源：根据DRC_QM模型计算。

2013年的中国经济，一个新的经济周期正在开启，同时经济运行机制、经济结构都在发生一些不同以往的深刻变化，经济趋势增长率正在逐步下移，经济增长阶段转换也在静悄悄地开始。增长阶段转换实质是增长动力的转换，是原有竞争优势逐渐削弱、新竞争优势逐渐形成的过程，是企业、政府和居民重新调整适应新环境的过程，也是原有平衡被打破，需要寻找并建立新平衡的过程。转换就会有“阵痛”，经济运行总体会比较脆弱，不少风险点容易被激发。

未来一段时间，7%左右的增长将是一个新的常态。就宏观政策与增长阶段转换的关系而言，宏观政策要顺应增长阶段的转换，特别要防止过度放宽宏观政策而使经济重回以往高增长轨道的倾向。同时要看到，增长阶段转换也需要一个相对稳定的宏观环境，宏观政策也要防止在多重因素作用下短期内增长速度过快下滑。防止上述两种可能性，使经济在与增长阶段转换相适应的轨道上平稳运行，并促进经济发展方式取得实质性转变，应当成为今后较长一个时期宏观政策的重要取向。不少陷入中等收入陷阱的国家，往往就是因为在这个过程没有处理好稳定与转换之间的关系。

在应对亚洲金融危机和国际金融危机时，之所以将8%作为中国经济增速的目标底线，一个重要的依据是保障每年800万以上的新增就业。保增长、保就业、保稳定，成为当时宏观调控的基本逻辑。随着中国人口结构和劳动力供求关系的转变，以及经济结构调整尤其是服务业的快速发展，就业对经济增长的约束有所缓解。在本轮持续较长的回调过程中，失业率有所上升，但就业状况保持了基本平稳，“保八”不再是硬的就业约束。

但与此同时，由于速度效益型模式没有根本改变，经济增速短期过快下滑，中央、地方财政收入大幅下降，企业赢利能力和水平下滑，亏损面不断扩大，财政金融风险则可能集中爆发。因此，需要确立稳增长、稳效益、防风险的宏观调控基本思路。通过积极需求管理，以防止短期内经济增长大幅度滑坡为重点，为微观主体进行调整并适应新增长阶段争取必要的时间和空间，把矛盾和问题控制在社会可承受的范围内，有效防范和化解各种风险，并积极培育新的竞争优势。

美国兰德公司总裁、首席执行官

迈克尔·里奇

我今天要讲的主题是激励创新。对于任何一个国家，无论它处于哪个发展阶段，创新对其经济增长都至关重要。对中国这样一个高速发展的国家来说尤为如此。所以我想谈谈如何激励中国的创新。首先是劳动力市场。在过去的十多年，中国一直保持着两位数的增长速度。在过去的30多年里，这几乎成了常态，但是现在增长公式（growth formula）已经发生变化。过去农村人口大规模向城市转移，提供了大量廉价劳动力，然而其速度在减慢，甚至出现回流。在未来10年里，中国的劳动力市场将会缩小，从而推高劳动力成本。譬如在广东等依靠低薪和出口发展经济的省份，劳动力成本将在未来几年里翻番，所以它们必须向创新型产业转型。由技术创新驱动的产业工资水平较高，能够源源不断地创造经济活力和乘数效应。因此，技术创新应该被纳入中国的增长公式。

这种转型还会带来其它益处。譬如水污染日益引起人们的担忧，中国人民和经济发展每年为此付出巨大代价。中国的人口老龄化速度在全球居于前列，依靠家庭养老的模式可行性日益下降。在很多情况下，四位老人需要一个孙子/孙女来养老。我们可以利用技术进步提供居家护理服务，帮助老年人独立生活并提高他们的生活质量。

2011年，广东官员曾邀请兰德公司为其进行发展咨询，希望打造一个全新的环境友好型和技术先进型城市。在这个城市里，倚重知识工人的创新型产业将发挥主导作用，我们把它称作“知识型城市”。按照规划，它将成为广东创新产业集群的核心，坐落在广州郊区且最终将拥有50万居民。所以现在的问题是，如何使知识型城市或类似的标志性区域吸引各类创新企业以及世界级的科技人才和企业家？我们可以从其他成功的创新产业集群那里学到不少经验，如加利福尼亚硅谷、马里兰州的生命科学产业集群和以色列的技术中心等。我想简要总结一下我们从这些成功的范例上学到的经验教训，因为廉价土地和低税率不足以吸引高新技术企业。

首先，要想培育创新，建立知识型城市，要先吸引大型创新公司或有助于创新集群成型的研究机构，如高技术公司、研究机构和大学。可以说，使这些机构和公司扎根知识型城市是第一个要素。

第二，地方政府必须保障企业家的权益，如知识产权。

第三，知识型产业需要有训练有素的企业家。显然，中国政府已经出台了人才引进项目，特别是在海外深造的中国人。这个项目利用经济激励已经成功地将数以万计的人才吸引回国。

第四，前面提到的人才在新城市开始新生活时，往往希望有较高的生活质量。生活质量成为吸引海外人才回国效力的重要因素，知识型城市就应该具备干净空气、绿地、快速交通连接、优质学校、购物和娱乐场所等。这些都有助于提高生活质量。

第五，建设知识型城市需要打造以创新为导向的投资网络和有竞争力的商业银行，以确保企业家和创业者有足够的融资机会。

第六，企业家需要具备充足流动性的资本市场，这样创业者才有空间做大做强。

最后，从长远来看，中国要成为成功的创新者就必须学会容忍失败，在失败之后重头再来。在激励创新方面，没有放之四海而皆准的方法。前面只是列出了我们认为普遍适用的要素。中国面对的挑战是改变利用产业技术园来推动经济的传统模式，采用一种完全不同的模式，以商业、监管和金融环境为基础，吸引具有创造性、创新性和可商业化的观点。

总的来说，如果我们能打造出这样一个知识型城市，那么创新会成为人们的本能，而且人们趋之若鹜。但当今的全球经济环境对它提出很多挑战。要想取得成功，需要审慎的政策和策略组合，而且需要跨越多个领域，如教育、交通和监管。

北京大学国家发展研究院名誉院长、教授
林毅夫

建立应对全球性挑战的长期能力

许多专家认为，到2020年的时候中国会变成全世界最大的经济体。马丁·沃尔夫特别强调中国应该参加国际规则的制订，我个人非常同意这个看法。尤其在面对一些全球挑战的问题时，中国作为最大的经济体应该是一个积极的参与分子，提出应该设立什么样的规则，这对世界是有利的。当然，对中国也是有利的。我想说，未来10年、20年，全球的挑战将非常多。大家谈的比较多的有全球气候变暖；此外，中国变成全世界最大的经济体，造成国际经济板块跟政治板块的重新平衡，这也是对全球的挑战；第三个全球挑战就是怎么避免爆发像2008年一样的国际金融经济危机。我是经济学家，所以我想侧重谈谈怎样在未来避免类似2008年的全球金融经济危机。

要想避免它，我们当然要知道2008年这场突然爆发的全球金融经济危机背后的原因是什么。我个人的看法是国际货币体系的问题。表面上看起来是美国的房地产市场泡沫的破灭触发了这场危机。但是，为什么美国的房地产泡沫可以支撑得这么久？而且它的贸易不均衡能够延续这么长的时间？背后的主要原因是我们现在是以美元为主的国际货币体系，它是全球的储备货币。今天早上我特地问了马丁·沃尔夫，到2020年的时候，我们可能面对的是全球三个主要储备货币，一个是美元，一个是欧元，一个是人民币。这样一个多元的国际储备货币，到底对国际经济体系来讲是比较稳定，还是比较不稳定？一种说法是，由于多元储备货币之间的相互竞争，每个储备货币国为了保持它作为储备货币的地位，那么它在自己的货币政策、宏观政策上就要考虑自己国内的利益和国际利益。如果每个主要的储备货币都这么做的话，那国际货币体系跟国际经济体系会比较稳定。但是这个说法的前提是什么？主要货币储备国自己的经济是非常健康的。但是如果说展望未来10年或20年，我个人有点担心美国和欧元区，它们提高自己国内竞争力必要的这些结构性改革可能很难推行到底，所以作为欧元区和美国，它们的经济可能是相对疲软的，也就是我们现在常说的很可能是一种新常态，或是像日本那样的10年、20年的疲软。在这个过程中，为了解决国内的问题，欧元区跟美国可能都会采取很宽松的货币政策。

中国到2020年虽然会拥有最大的经济规模，但是中国还是一个发展中国家，国内的金融市场、金融体系的深化程度还是不能达到发达国家那样的水平，这种状况很可能给国际的金融投机家很多炒作的机会。当一个主要经济体有一些体制性的问题，或是国内的问题，就会造成这些投机家的投资流向从一种货币逃到另外一种货币。像2011年的时候，突然间大部分钱都跑到日元去了，或跑到瑞士法郎去了。这样一个投机的炒作可能会造成整个国际货币体系相当不稳定，也会造成整个国际经济体系相当不稳定。那么到底怎么样来克服这个问题？我想就要讨论有没有什么替代的国际货币体系。而中国作为一个最大的经济体，应该积极参与讨论，怎么样建立一个新的国际货币体系才有利于整个国际经济体系的稳定。

前一段时间周小川行长提出加强特别提款权。人民币作为特别提款权的一个组成部分，并且用国际特别提款权作为各国的储备货币，我想这是一个可能方案。但是这个可能方案也有问题，因为它还是以国别货币做基础的。如果国别货币是不稳定的，那建立在这个基础之上的特别提款权也是不稳定的。那么到底建立什么样的国际货币体系是比较好的？我想这是需要所有作为国际主要经济体的货币当局跟学术界共同讨论的。当然，今天并不是一个很好的让我提出自己想法的场合，但我可以预告五月份的时候，剑桥大学会出一本我的新书，在那上面有答案。这本新书叫《从西潮到东风：我在世行四年对世界重大经济问题的思考和见解》（Against the Consensus： Reflections on the Great Recession），欢迎到时候大家来买这本书，我们可以再进行讨论。

德国国际合作机构董事会联合主席
克里斯多夫·拜尔

今天讨论的主题是“建立应对全球性挑战的长期能力”。根据我们的经验，我认为能力建设最重要的一点就是“投资于人、以人为本”。我会简单阐述并解释一下我们所说的“投资于人”是什么意思。

我们已经了解到新兴市场国家在过去几十年中所取得的经济成就。我们看到很多国家都取得了卓越的经济发展，帮助数百万人摆脱贫困，特别是中国。这些国家的实际收入也实现了快速增长。现在的问题是：我们如何确保这样的经济增长不仅仅体现在GDP增长速度上，同时也体现在人的能力培养方面，体现在小康社会的建成方面，这才是关键所在。

我想分三点来阐述。

第一点，任何一个新兴经济体的增长速度都不是固定不变的，光凭GDP增长这一项无法确保新兴经济体建成小康社会，它不会通过涓滴效应惠及所有人并确保小康社会的建成。

第二点，根据我们的经验，能力建设，尤其是人力资源的能力建设，对建成小康社会来说至关重要，这不仅仅是我们德国的经验，其他很多国家也是如此。

第三点，真正的能力建设不仅仅是培训，还需要系统性的、全面性的方法。它要从平等机会着手并为之创造条件，这一点非常关键。

我首先来说说第一点。据国际货币基金组织和《世界经济展望》报告预计，全球经济增长速度在2013年将达到3.5%，而发达经济体的增长率是2%，新兴经济体的增长率是5.5%。乍一看，新兴经济体比发达经济体的表现要好得多，但实际上很多新兴经济体的经济增长也在放慢，甚至陷入低迷。今天早上我们已经听到了中国的相关数据，而且我们知道巴西、印度、俄罗斯也是这样。这仅仅是当前全球经济状况所导致的结果呢，还是说有一些结构性的因素开始显现出来？或者是中等收入陷阱开始产生影响？历史并不一定会重演，但是哈佛大学经济学家丹尼·罗德里克认为，自上世纪50年代以来，在任何一个10年期间，平均只有1/3的新兴经济体设法保持了年均5%或更高的增长率。大家可以回顾一下，并想一想其他例子，比如说著名的亚洲四小龙和四小虎，它们真的做到持续保持高增长率了吗？我想新加坡和韩国是做到了，但是马来西亚呢？泰国呢？它们已经成为发达经济体了吗？还是说它们永远都将是新兴经济体？新兴经济体的机构能力如何？它们长期的创新能力又如何？还有，老龄化社会会造成什么样的影响？这些国家创造就业的能力是怎样的呢？此外还有日益加剧的不平等问题。我们正面临很多挑战。据我们观察，别无他法，只有以人为本，通过能力建设充分发挥它们的能力。这是我要说的第二点。

人的能力是新兴经济体过去几十年里进行经济转型的一个核心，在今后也是如此，因此必须要把劳动力密集型经济增长升级为知识密集型经济增长，避免中等收入陷阱。对于所有这些挑战来说，我们需要加大投资来开发人的创新力和创造力。

要想开发这样的能力，教育体系也是核心之一，但是有效的教育制度不仅仅是投资于大学毕业生。在一个创新社会，熟练工人和工程师是一样重要的。要想避免中等收入陷阱，我们不能够只有大学毕业生，我们也需要装配线上的熟练工，也需要职业训练。因此，据我们观察，我们迫切需要投资于教育制度，让所有人都能享受到教育等基本服务。

如果我们不能为大多数人提供最基本的公共服务，那就无法释放这些能力并使之推动新兴经济体的经济发展，所以我的建议就是让人们获得更多教育机会，投资教育体系，调动人力资源能力，以应对中等收入陷阱和其他挑战。

中投国际（香港）有限公司董事长
刘遵义

我想讲讲如何管理网络空间。

我们都知道，网络攻击以及网络战可能会给我们带来很大的损失，因为每个国家对网络的依存度都很高，不管是政府还是企业都很依赖信息与通信网络。我们几天前刚刚看到消息称韩国六大机构的网络受到了攻击。在那之前，沙特阿拉伯国家石油公司也曾遭到网络攻击，导致大量计算机停止了工作。更早的时候，伊朗的核设施也遭到了网络攻击。我想我们很多人都看过007系列电影，在一些场景中，一些非主权机构可以发动某种形式的网络战争，这在现实中是有可能发生的。

网络战本身应该被避免，如果无法避免的话，那就应该设定行为准则，也就是说，我们应该设立网络战争方面的行为准则。应当有一个针对网络空间犯罪行为的国际公约，明确所有侵入他人电脑的黑客行为都是非法的，不管是进入到个人的电脑，还是公司的电脑。但问题在于，很多这样的行为并不限于本国，而是跨境发生的，很多时候想要追溯到攻击发起方是很难的。所以我认为主要大国，如中国、美国、欧共体等应当达成一个共识，确定在网络空间上什么样的行为是可接受的，主权国家应当遵守什么规则，个体公民应该遵守什么规则。我们必须设定行为准则，否则是行不通的，一些国家的电网可能会遭到攻击，一些国家的空管系统可能遭到攻击，后果将会非常严重；或是一些国家的银行系统陷入瘫痪，这些都是有可能的。所以我认为这是一个最急迫的问题。

关于长期能力的建设，我想我们需要一些“可分离性”。我们并不希望系统在同一时间出现崩溃，因此系统需要具备“可分离性”。因为系统一旦崩溃，那就完了。也许我们需要准备两个而非一个系统，这样能给我们一些安全保证。

第二，我觉得很重要的一点就是各国之间必须进行协商、合作和对话，因为哪个国家都无法靠单独行动来解决这个问题。我们必须做出共同努力，比如说通过联合国或世贸组织。总之我们必须采取行动。还是那句话，我们必须有一系列规则，规定哪些行为是可接受的，哪些行为是违法的，哪些行为会遭到司法制裁，比如说哪些犯罪行为是可引渡的，也就是说将罪犯遣送回去接受审判和处罚。

此外还有应急准备的问题，我们是否已经做好准备？我认为我们还没有做好准备。还有相互保障的问题，也就是说在出现崩溃情况的时候，我们能做些什么。我想相互之间的保障和协助是很有必要的。

普华永道全球主席
戴瑞利

全球跨境投资：新机遇与新挑战

首先，我简单介绍一项由普华永道和中国发展研究基金会合作开展的调查的结果。这项调查叫作“选择中国：跨国公司对中国投资环境的见解”。

这项研究展示了226名跨国公司首席执行官的观点，反映了他们对中国的投资环境的看法，以及他们对中国政府改善投资环境的建议。我们还对全球多家龙头企业的高管进行了深入采访，我想感谢所有接受调查的人。我知道他们中有些就在现场。他们慷慨地贡献了时间和宝贵见解。

这项研究显示，中国仍然是全球投资的首要目的地。超过半数的受访者表示愿意在华投资。来自北美地区的高管最看好中国的前景，该地区超过80%的受访者将中国列为排名前三的投资目的地。已经在中国开展业务的外企中，有70%计划在未来5年内追加投资。这显然是一个非常积极的信号。尽管跨国企业的投资重点依然在富裕、高度发达的沿海地区，但它们开始逐步认识到中国中部和西部欠发达地区的发展潜力。跨国投资者列出了很多有助于中国提升投资吸引力的因素，包括扩大内需，营造相对于本土企业的公平竞争环境，提供技术水平高超的专业人才，政府出台激励措施，降低劳动力成本和提供优惠的税收政策等等。

让我们感到意外的是，尽管受访者对中国依然具有浓厚兴趣，但中国也开始逐渐面临其他发展中国家的竞争。在被要求选择三个重要投资目标市场的时候，56%的受访者选择中国，紧随其后的是巴西，有高达52%的受访者选择了这个拉美国家。值得深思的是，中国在吸引外资时遇到竞争最大的领域恰恰是那些中国打算在未来几年着力吸引外资的领域。这也是我认为此次调查得出的一个最有趣的结论。例如，消费工业产品生产企业依然认为中国的发展前景最好，但是技术企业和金融服务机构则更青睐巴西。事实上，这些企业更倾向于选择巴西进行投资。中国市场对外商投资最大的吸引力是不断扩大的国内需求，有30%的受访者认为这是他们考虑在华投资的原因。但是巴西在这个问题上的表现大大好于中国，有81%的受访者认为这是他们考虑在巴西投资的原因。这是一个显著的差异。但更值得注意的是，在中国寻求平衡消费拉动经济增长和出口驱动经济发展这两种模式之际，巴西却选择了相反的策略。

这项研究还考察了跨国企业在中国投资遇到的障碍。在被问及中国政府应当如何改善投资环境时，高管们给出最多的答案是提高透明度和加强反腐力度，因为这样做有助于他们克服竞争障碍，做好投资规划，坚定投资意向，同时还可以营造一个可以放手做生意的公平竞争的环境。他们第二个旨在改善投资环境的建议是减少政府对市场运行的直接干预，鼓励私营企业参与竞争。在所有企业中，技术、信息、通讯和娱乐企业面临的竞争障碍是最为严重的。中共十八大提出了多项改革措施。外国投资者认为对他们的生意影响最大的三项措施是：通过扩大内需，尤其是国内消费来拉动经济增长；深化金融改革，稳步推进利率和汇率市场化改革；努力实现2020年城乡居民人均收入翻一番。有趣的是，这些举措与本月初出台的政府工作报告提出的相应目标完全一致。

总结一下吧，中国正处于吸引外商投资的关键时刻。近些年中国的发展步伐之快令世界叹为观止。事实上，未来4年，普华永道预计中国将会取代美国成为世界上最大的市场和最具购买力的国家。吸引外商直接投资是推动中国经济增长主要因素之一。然而，随着跨国企业越来越多地开始重新审视全球资源配置，以寻求最佳投资机会，很显然中国如今在吸引外商直接投资方面的领先地位面临日益激烈的竞争。跨国企业投资目标市场选择也在不断增加，吸引外商直接投资领域的竞争正在加剧。印度、巴西、土耳其，以及一些非洲国家都成为了备选。为增加外商直接投资，中国必须解决提高透明度和减少政府市场干预等问题。中国政府已经清楚地认识到了这些挑战，也开始与各方开展合作。最重要的一点是，我们的研究表明，跨国企业已经做好准备，而且愿意与本土企业和政策制定者合作，确保其在华投资能够为自己、也为中国创造更多价值。

在这个争夺外商直接投资日益加剧的世界里，中国的未来依然是非常光明的！

时任世界贸易组织总干事

帕斯卡尔·拉米

我们大家都很清楚我们需要应对的挑战范围：从环境恶化到网络安全问题，还有非传染性疾病问题、日益加剧的不平等问题、货币的波动性问题、能源总量问题等等。中国的制度是如何应对这些问题的呢？我个人的看法是：在很多方面，中国能比其他制度更好地应对这些问题。我想这主要出于三个原因，请大家参考。

第一，中国有一种特有的时间文化。这个国家、这个制度有这样一种倾向，那就是从长远角度去考虑问题。

第二，对权威的特有容忍，其他国家很少出现这种情况，其根源可能是儒教传统。

第三，与其他制度相比，中国有大量的集体资源仍由政府所掌控。

这三点也许可以解释为什么就未来20至30年而言，中国能比其他国家更好地应对一系列长期挑战，它所犯的错误与其他制度相比也会很少。

这是否表示中国的哲学、政治制度和方法就一定可以为我们所参考呢？我并不想这么说，因为很显然这种应对方式也有消极的一面。我们可以看到某些领域存在着明显的产能过剩，比如说基础设施；而且其制度显然缺少透明度，这也许可以解释为什么现在腐败猖獗。此外，中国幅员辽阔，所以它倾向于关注国内问题。这样的话，中国在全球治理问题上仍然只是一个部分利益相关者。这些就是我的想法，供大家参考。

当然了，今天早上我们很好地了解了中国制度在解决长期挑战方面所具备的优势和劣势，我们现在知道这些不只是国家的挑战，而是全球性挑战。我们所了解到的这些将会对我们委员会的工作做出很大的贡献。我们会洗耳恭听各位的发言，像蜜蜂采蜜一样尽可能地从今天的对话中受益。

第11章

中国的发展与世界的关系

中国公共外交协会会长；原外交部部长
李肇星

感谢主持人刘鹤先生给我这样一个难得的机会说话。我发现你没有像一般的主持人或者记者那样问一些套话式的问题。十八大之后，中央提倡大家不要说套话，但有的主持人和记者提问题的时候仍愿意提那些套话式的问题。比如说老问“你幸福吗？”我今天倒是希望刘鹤先生能问我这个问题，可是你又没有问，如果问的话，我会答，我现在，特别是此时此刻，特别幸福，因为我能够坐在我特别敬仰多年的老朋友——基辛格博士的旁边。尽管我们经常见面，他现在也是中国人民的朋友，是我们今天这个论坛的朋友，也是中国人民外交协会的朋友，但是我每次见到他都特别高兴。现在好了，我已经不在政府部门工作，五天之前也离开了全国人大常委会和外事委员会，现在和大家一样，作为朋友进行交流，所以更加幸福。我想讲讲以前在记者招待会上，想说又没有时间说，特别有意思的事。

比如说基辛格博士。我为什么特别敬仰他？我觉得他提前贯彻了我的山东老乡孟子的思想，“民为贵，社稷次之，君为轻”。去年见到基辛格博士，聊起来，我一个朋友问，基辛格博士你怎么那么聪明？1971年你第一次访华，要为第二年尼克松总统访华做准备的时候，就台湾问题双方怎么谈也谈不拢，从北京谈到杭州，又谈到上海，最后还是你出了一个主意，让美方这样表达对台湾问题的立场，大体意思是台湾海峡两岸的中国人都认为实际上只有一个中国，台湾是中国的一部分，美国政府对这一立场不持异议。基辛格博士告诉我们，这个主意最初是他到中国之前，美国国务院一个年轻的、级别不高的官员提出来的。当时他的领导不赞成，说这个不行。基辛格博士跟中国领导人谈，谈不拢，中国领导不接受，最后才想到这个年轻人的提法，最后和中方达成了共识，这才有了第二年尼克松总统的访华。大家都把这个功劳归功于他，但是其实应感谢一个年轻的、低级别的官员。当时我听了以后感觉基辛格博士真是好。孟子几千年前说的话，他现在落实了，太好了。而

注：根据会议发言整理，未经本人审定

且他这么注意向群众学习，向他的部下、小干部学习，也正是落实了现在中央领导提倡的，群众才是真正的英雄。

还有我们两个个人的友谊，使我在美国工作得特别快乐。中国的医学和哲学家们都认为，快乐也是硬道理，有了快乐才能学得好，有了快乐才能健康。我在美国工作期间，1993年，1994年，任中国驻常任理事国代表，在基辛格面前是一个小干部。有一次，他热情地招待我吃饭。那次吃饭非同寻常，到现在为止，美国历史上哪个官员用那么丰盛的午餐招待过外国大使级的官员？美国菜，中国吃法，叫作“美餐中吃”，12道菜，地点是纽约最好的饭店——沃尔戴夫饭店。饭店经理看在基辛格博士的面子上亲自接待，问我喜欢喝什么酒。我不大会喝酒，但又不愿意说不会，就想给他出个难题，开个玩笑。我就说基辛格博士带了中国茅台，可是度数太高我不喝，我要喝的话只喝青岛啤酒。结果没有，第二年有了，我也不要了。就这样我还给我家乡的企业做了一次广告。那一次我很难忘，我很少为吃饭写诗，但是那次基辛格宴请我以后，我很激动，写了首诗，诗里有这样的句子：基辛格先生宴请，那么多菜，多数中国人都没有一顿饭吃那么多菜。这反映了他政商的一面。他作为政治家、外交家有远见，如果是下棋的话，他总能比别人多看一步，这就是为什么他早在1971年就认识到中美关系的重要性，而且为打开中美关系大门做出了杰出的贡献。

在苏联解体之后，我曾问过基辛格先生，你怎么那么优秀、那么富有远见呢？因为你说过，不管有没有苏联存在，中美关系都是重要的，你怎么这么早就预见到苏联解体？很多事情说不完。基辛格先生有很多东西值得我学习，值得在座的中国和美国的年轻朋友学习。

至于中美关系在新的时代怎么向前发展，历史是最好的老师，我们只要按照中美关系发展历史上的一些好的东西，发扬一些好的传统，避免一些不好的传统和做法，我们两国的关系一定会更加向前发展，更多地造福两国人民，也造福全人类。

我这里想到一个例子。我的一个美国老师，加利福尼亚人，他教过我美国文学史。他提到美国有一个优秀的作家，马克·吐温，在100多年前，美国国会通过排斥华人、歧视华人的法案之后，曾经写过文章，强烈批评美国社会对在美国打工的中国人的歧视和不公正待遇。大家都知道1853年之前，中国到美国打工的只有40多个人，美国为了修建连接大西洋和太平洋的两条铁路，招去的中国工人越来越多，每年都增加超过10000人。但是这些中国工人在美国受到了歧视，而且美国国会还通过了歧视性的法案。

由于美国朋友的努力，由于美国华人团体的不懈斗争，到去年，美国众议院才正式通过法案，对这件事表示了道歉。我想马克·吐温先生作为一个文学家，在这个问题上比美国国会至少先进了120多年。所以我们应该更多地看到中国人当中，美国人当中，有那么多重视中美友谊的人，要向他们学习，这样我们就会对未来的工作充满干劲。

另一个例子。坐在这儿的基辛格博士，我们之间从1971年基辛格先生访华以来已经有了三个重要的公报。第一个，1972年2月发表的上海公报，上海公报的重要内容就是刚才我提到的基辛格先生说过的那句话。第二个就是1978年发表的中美建交公报，一句核心的话就是美国承认中华人民共和国政府是代表全中国的唯一合法政府，第二年1月1号，在联合国就正式建交了。再就是1982年8月17日公报，美国在公报中承诺，要逐步减少对中国台湾地区的武器出售，当时邓小平先生就提出，要逐步建设好，一直到最后解决，意思是减少到零。小平同志说，这好，但是也不能每年减少10美元、20美元这样没完没了地卖。总而言之，我们只要按照三个联合公报的政策去做，我认为中美之间的友好关系一定会健康发展。

现在又面临一些新的问题，那就是与时俱进，多想，多赋予两国人民共同的利益，多学习对方的长处，而不是相反。昨天我有幸和另一个朋友，美国前国防部长在一块儿聊天，他说的很有意思。我突然发现他不仅是好的国防部长，还是好的小说家。他的小说写得可好了，但是内容有些吓人，他夫人看了以后有时候都睡不着觉。昨天晚上我又发现，他还是一位诗人，特别注意强调人和大自然的和谐。所以人真是要活到老，学到老。

两个国家和两个人一样，不可能没有分歧，要按照平等互利、相互尊重的原则，可以通过友好谈话、友好会谈，磋商解决这些问题。要不是这样，要外交官干什么？要是有了问题就冲突，就打仗，外交官不就都失业了吗？都不需要了。所以该外交官干的事，就得让外交官去干，通过会谈去解决问题。

再说说半岛的事情。就在钓鱼台国宾馆解决朝鲜核问题的六方会谈，曾经在2005年9月19号取得重大进展。我当时特别感谢钓鱼台国宾馆的服务人员，尽管他们当年对与会人员喝的咖啡、喝的茶，向外交部要的价钱特别高。当时我是外交部部长，他们跟外交部要7美元一杯，我们的年轻同志有意见。我说不要有意见，7美元一杯我们也报销，花100美元、10000美元也顶不上半个导弹，怕什么？和平最重要，和平最可贵，这就是我的理念。

最后，让我用我喜欢的另外一个美国诗人的一句话，来表达对中美关系的看法，那就是："让我们共同努力，使每一个明天比今天更美好。"我的意思是，让我们共同努力，让中美关系的明天，每一个明天都比今天更美好。

基辛格协会主席；美国前国务卿

亨利·基辛格

我将从两国关系不断演进的大背景下评价中美关系。

我经历过五代中国领导人，每一代领导都面对着不同的挑战，而每一代领导人都使中国更深刻地融入国际体系。我们必须记住一点：无论在哪个时间点评价中美关系，我们探讨的都不是一个固定状态，而是一个不断演进的过程。我们必须根据不断出现的新条件来调整这种演进过程。

在中美关系的第一阶段，美国的对华贸易还不如美国与洪都拉斯的贸易量大。当然，现在两国的贸易额已经相当惊人。中国通过不懈的努力再次成为经济强国而且增长的步伐没有半点放缓。它史无前例地参与了全球经济。与此同时，美国也在不断向前发展，只是步伐要比中国缓慢得多。有人认为既有力量和崛起力量相遇时，冲突在所难免。但我认为，这种观点不适用于现在的状况，或者说不应该适用于当前。中国和美国之间会存在冲突，但是重要的是了解真正的问题是什么，并寻求解决方法。

首先我们要谈一些老问题，其中不少与岛屿有关。过去我们怎么处理岛屿问题呢？首先是避免走向冲突，寻找双方都能接受的解决方案，而不是拘泥于历史框架。我们第一次访华实际上改变了之前的美方立场。我们承认“一个中国”的原则，但是这个原则本身也是根据维护和平和改善中美关系的整体需求而不断演进的。其他类似问题还有不少。我认为在解决这些问题时要对它们有所区分，看看它们到底是基本的原则性问题，还是以实现原则为目标且不断演进的问题。

其次，有些问题不是由美方或者中方单方挑起的，但是却能够影响中美关系。譬如，有些问题存在于南亚和中国的东北边境。朝鲜半岛的问题有其历史渊源，而且也在不断演进。中美双方都不希望出现这些问题，但它们的确影响了我们的双边关系。是否能解决好这些问题取决于我们的沟通能力。

第三，经济发展和互动会带来一些问题。一方的决策可能会使对方处于不利地位。

第四，环境、能源和核扩散等全新的问题需要全球性解决方案。

中美双方的领导人一再强调了两国关系的重要性。在去年发表的联合公报里，奥巴马总统重申了中国在亚洲至关重要的角色，胡锦涛主席也谈到了美国在亚洲发挥的作用。这是一个前所未有的表态。双方领导人的意愿是不容置疑的，但问题是细节方面出了很多问题。

第一个问题是中美的心理和文化差异。美国人认为每一个问题都可以迅速解决，所以经常发生的状况是，一出现问题，美国人就马上提出具体的解决建议。而中国人认为，任何问题都没有最终解决方案，而每个解决方案都会带来另一个问题。中国用概念式的方法接触美国，美国用务实的方式接触中国。所以有的时候，我们无法理解对方。

另外一个问题是，随着中国经济实力的增长，它会不断培育其军事实力。而各国评估其他国家的军事实力时，往往会采用戏剧性的解读方式。中国是这样的，美国亦是如此。总有些研究在预测两国发生冲突的可能性，总有些集团在关注两国关系的短期走向。领导人希望从长期视角来考虑问题，而现在的挑战是如何将其变成现实。

几十年前我第一次访华时，目标并不是解决具体问题，而是确定基本原则。这样周总理和我就可以专注在中美关系的未来走向等宏观问题上，而不会被技术细节上的冲突转移注意力。中美双方需要找到有效的沟通方式，这样就可以集中注意力展望未来5到10年的愿景，而不是纠缠于细节。如果我们能这么做，而且我们也应该这么做，那么中美关系就会成为实现全球繁荣的钥匙。如果中美相互敌对，那么全球所有国家都得选择站队而无法做出战略性考虑。

我对中美关系非常乐观。我跟两国领导人都交谈过。我相信现在的美国政府真心希望能够与中国为未来10年的双边关系打好基础，共同改变国际政治的本质。我认为这是可行的，而且这一代中国领导人的任务是加快改革步伐，集中精力做发展。在这个层面上，中美有共同的整体目标。

美国斯坦福大学教授

迈克尔·博斯金

首先，我想谈谈在本轮严重的金融危机和经济衰退之后所发生的情况。全球经济复苏迟缓，欧元区重新陷入衰退。不少发展形势喜人的发展中国家现在经济增长速度也大幅下滑，其中最典型的就是巴西。目前就未来的发展方面有很多讨论。有人展望未来几个季度的短期前景，有人探讨到2020年的中期前景，还有人关注长期增长。未来会回归正常的增长模式？还是发达国家增长放缓，但发展中国家（如中国）仍然维持高增长率的新模式？另外一种可能性是发达国家陷入日本式经济停滞，也就是准永久性经济停滞。在过去几年里，人们关注了欧洲式社会福利国家的走向，美国正在迅速向这种社会迈进。许多国家快速累积的主权债务令人担忧。央行为了抑制未来的通胀所采取的特别措施给经济增长带来了巨大压力。

目前全球经济面对许多风险，譬如欧洲和美国的政治经济僵局。美国等许多经济体严重依赖石油进口，所以以石油为代表的能源价格也是风险因素之一。贸易货币方面的争端开始出现，但如果从积极面来看，这也发出了一个信号，即人们开始越来越认真地讨论如何扩大自由贸易。美国的经济复苏态势疲软，而这也可能是七国集团在未来几年里的常态。通胀、金融危机和债务违约可能不会出现，但所有国家都为它们做好了应对预案。譬如说为了防止通胀形势恶化，央行未能迅速调整流动性。

我和斯蒂格利茨教授的观点相同，认为在未来很长一段时间里，经济增长会相对缓慢。我们可以简单回顾一下现状。在七国集团里，只有美国和加拿大近期略有增长。失业率高企，某些欧元区国家的年轻人失业率高达50%左右。尽管发展中国家和大宗商品使用国面对着货币宽松方面的问题，但是通胀水平总体不高。根据IMF的预测，全球GDP增长在2013年和2014年将有所上升，失业率居高不下，除了印度以外，别国的通胀水平都有所下降。但是在未来三至五年里，通胀会成为美联储及其他央行采取货币宽松和退出政策时的障碍。

美国的GDP增长仍然低于其潜在增长率，现在的问题在于如何尽管弥补这个落差。在过去的四年半里，政府里的许多经济学家预测将在未来两年内迅速完成这项任务，但现在还没看到什么成果。也许目前美国经济小幅增长发出了一个积极信号，所以我们只能拭目以待。“蓝筹共识”预测美国在2013~2014年的经济增长达到2.5%~3%。鉴于劳动力增长缓慢，所以如果能实现这个增长率也算不错，但是它与潜在增长率之间仍然存在显著差距。

美国面临着诸多短期挑战和机遇。我想重点谈谈短期机遇，如住房业有所好转。鉴于之前的政策有诸多不足，人们的期望不高，所以逐步采取金融整顿的政策会给人们带来一些乐观情绪，只是其效果仍然有待观察。欧洲仍然在金融整顿和增加刺激、停止整顿之间挣扎。欧洲银行的资本金相对美国银行来说单薄得多，而信贷市场的规模超出美国。欧洲央行暂时缓解了流动性压力，但是仍然没有解决最终问题，如：谁来承担最终的损失？谁会成为最后贷款人？谁来解决超额主权债务的问题？现在人们还在辩论金融整顿和刺激孰优孰劣。

美国和英国等国存在巨大的预算赤字。况且美国近几年增长疲软，也是导致预算高企的原因之一。美国的总债务还没有达到经济学家所谓的危险线，即GDP的90%。美国包括社会福利等在内的总债务介于安全线和危险线之间，也就是所谓的警戒区。我个人认为只有在深度衰退期间，央行弹尽粮绝时，金融乘数才会变大。如果有高质量的投资项目，如马丁·费尔德斯坦先生提出的军备采购项目，或者能通过国家测试的基建项目，这些都有助于刺激经济。但问题是我们的刺激项目总是出台太晚。它们推出时乘数已经变小，即使进行大量转移支付，乘数依然低于1。

关于金融整顿的研究很多，但现有数据表明我们可以首先关注转移支付、社保等，而不是通过高征税。现在还有一些支持扩张性财政政策的呼声。以美国为例，美国的经济总量占全球的1/5，美元是全球储备货币，利率已经降到很低的水平。许多同期开展金融整顿的国家仍然在怀疑金融整顿是否有助于增加产出，但美国必须开展中期整顿。

如果能控制好银行业的债务和省级层面的房地产问题，那么中国的经济情况要好得多。这两个问题虽然比较严重，但中国有资产实力，而且有强大的政治智慧来解决它们。虽然中国目前尚未对社保有太多承诺，但未来它一定会有这方面的债务，因为现在的许多金融问题都来源于人口结构和日益严重的老龄化问题。退休人员在工作人口中的占比已经开始持续上升。所以中国必须扩大健全社保体系。因此，现在的一个重要问题是设置合理的税率，从而使政府税收有能力兼顾抚养比和抚养水平（即社会福利与工资之比）。一味提高税率不利于经济增长。

以美国为例，我们的债务大幅上升。尽管在过去这一两年里，共和党和民主党之间通过艰难的协商使形势略有变化，但人们预测美国债务仍然会高速膨胀。中国的老龄化速度更甚于美国。25年后，中国的老龄化程度就将超过美国。有研究表明这将导致政府债务上升，如果这种形势失控，那么将沉重打击中国的长期经济增长。

正如斯蒂格利茨和刘世锦主任所说，中国需要增加消费，减少储蓄。中国的消费比重远远低于许多国家。国企的垄断地位应被削弱，鼓励私营部门发展。政府应开展典型的金融改革。我想重点谈谈的是，在过去十几年里，甚至在最近几年，绝大多数发展经济学家探讨这些问题时都认为体制的质量至关重要，特别是与产权保护、法治、让所有人共享发展成果的包容性机制。中国必须在这些体制上下功夫。我很高兴地看到总理前几天已经在政府报告里谈到这些问题。

中国应该更加倚重市场而不是政府官员来消除腐败和机会不平等。此外，中国应该更加注重本国的能源来源，如采用先进技术，寻找能尽快商业化的能源来源。中国的增长速度的确会降低，但就业会从低附加值向高附加值的工作转移，人力资本不断深化。2011年，中国的家庭最终消费在GDP中的比重仅在30%左右，远远低于其他发展程度相同的国家。

最后，尽管悲观主义者声称发达经济体可能会永久性衰退，但我认为这种说法过于言重了。所有这些债务、银行业、就业和人口问题的确很难解决，特别是在政界还对金融问题和银行债务争论不休的情况下。但是如果回顾一下历史，我们能看到这并非特例。如上世纪60年代因自动化造成的结构性失业，70年代末和80年代初的经济滞胀，80年代末日本成为令美国和欧洲惴惴不安的强大竞争对手等。与此相对，在1999年和2007年的经济腾飞期，有些评论家也高唱赞歌说这种经济繁荣会无限期延续下去，新的经济模式已经成形，决策者找到了避免衰退的方法等等。但这种赞歌往往在随之而来的经济下滑面前戛然而止。

美国的人口压力小于欧洲和日本，但美国正在向欧洲的人口压力、政策和福利国家模式靠拢。美国的政治体系正在向中央集中，而且正在进行一系列测试，我们将在未来几年里静观其变。我不会低估发达经济体的发展前景，而且之前也有不少福利社会国家成功转型的例子，如加拿大就大幅削减了政府开支。中国应该向总理在政府报告中指出的那样，限制政府职能，赋权于民，赋权于企业，让人们自己做出决定。

国际金融协会总裁

安德慕

三年半前，希腊重调了其赤字预测结果，由此标志着欧洲各国加快了对资产价格和主权危机中的政策机制进行重估和重新预测的步伐。迄今为止，本轮危机仍然占据了很多报纸的头条位置，其特点表现为周期性市场动荡、勉强为之的政策反应和盲目自满。最近塞浦路斯发生的危机虽然已经通过协商暂时得到缓解，但这已经是第五个需要寻求帮助的欧元区国家。而且除了塞浦路斯以外，近期意大利选举造成的政治僵局也非常棘手。有意思的是，市场对于这些事件的反应并没有我们预期得那么强烈。

市场参与者和官方人士的主流观点认为，尾部风险就算没有完全消除，也已经大幅降低。现在欧洲进入一个新的弹性期。政府建立起一系列新的信用机制，如欧洲稳定机制（ESM）。各国已经开展了财政体系改革，并开始质疑几年前启动的财政紧缩政策。它们终于意识到如果债务的GDP占比是重中之重，那么分母很重要。最重要的是，欧央行行长德拉吉在八九个月前说过会采取任何可能的措施来应对危机。当时欧洲对此嗤之以鼻，特别是欧洲市场。随后出台的OMT（直接货币交换）项目也很糟糕，它改变了人们对于欧央行及其资产负债表的看法。现在的问题是官方人士对市场盲目自满，特别是在欧央行宣布其承诺之后。

现在仍有五大挑战在持续困扰欧洲。第一，增长乏力；第二，银行联盟尚不完善；第三，财政联盟尚未成型；第四，欧洲内部竞争问题仍很严重；第五，政治合法性问题。关于第一个问题，近期的PMI报告表明继2012年第四季度以来，本季度的增长可能继续收缩。如果事实如此，那么欧洲就连续六个季度负增长。失业率达到11.9%的历史新高，西班牙和希腊的失业率甚至高达26%~28%之间。青年失业率达到50%。西班牙深陷经济衰退。意大利同样如此，它在过去的10年里基本停止了经济增长。英国的经济规模不断萎缩，低于2008年的水平。欧洲很可能在未来4年里经受第三次经济危机。穆迪下调了欧洲的3A评级，惠誉评级也有此打算。

当然，并不是所有欧洲国家都一团糟。德国的经济增长相对突出，失业率水平不算高，但是人们都在怀疑，当周围的所有国家都处于动荡和负增长之中，德国的经济稳定还能持续多久？影响经济增长的因素可能包括：家庭和银行继续去杠杆化，银行借贷已经崩溃，监管者强迫银行调低长期存款利率并调高资本水平。财政紧缩政策严重拖累了经济增长。家庭和企业很难以有竞争力的利率获得足额贷款。工资水平未能提高，甚至有所下降，导致家庭收入没有增长。失业率居高不下。

我们自己预测欧洲今年的经济增长率是–0.5%，欧洲委员会的预测是–0.3%，和欧央行的预测一样。我们预测2014年的经济增长率是1%，这也是我今天能给大家带来的最乐观的判断。

第二个问题是财政一体化尚未完全成型。去年12月，欧洲理事会概述了实现银行联盟的步骤。第一步是统一监管，由欧央行担任唯一的监管者，负责欧洲150个最大的银行。这些银行占到欧洲银行总资产的80%。欧洲理事会希望通过这种方式改革银行主管部门和资本要求法令，即新欧盟资本要求法令（CRD IV），从而制订出符合巴塞尔协议III宗旨的规则手册。第二步是搭建银行解决方案的框架，其中包括欧洲稳定机制（ESM）直接注资银行资本重组等。不过在建立统一的全国性问题解决机制时，遗留资产方面仍存在诸多含糊不清的问题。显然这些步骤里有疏漏之处。以塞浦路斯为例，我们缺少一个统一的跨境解决机制和统一的欧洲存款保险体系。由于难以切断银行和主权之间的联系，所以这两个机制都很难在短时间内建立起来。

第三个问题是财政一体化尚不完善，虽然它已经取得一定进展。欧洲财政协定于今年1月1日生效，各国政府将于未来几年逐步落实该协定。欧洲财政协定规定预算赤字不得超过GDP的3%，债务的GDP占比不得超过60%，且未能遵守协定的国家将得到制裁。这些要求并非第一次提出，几十年前就提出了类似的稳定增长协议，现在只是要求各国再次承诺落实这些目标而已。不过我需要指出的是，这只是短期的政治体系，我们面前还有很长的路要走，譬如控制支出、完善税收、建立中央集权机制等。

第四个挑战是竞争。在2000年到2009年间，意大利的单位劳动成本的增长速度是德国的6倍，西班牙是德国的4倍甚至5倍，对周边国家（如西班牙）的投资主要进入非贸易部门，而对德国的投资则主要进入贸易部门。现在这些国家逐渐出现趋同现象，如德国的工资水平开始缓慢上涨。西班牙的单位劳动成本正在下降，尽管造成这种现象的主要原因是失业，而非工资调整。

第五个挑战是政治合法性。我们将其定义为两种针锋相对的力量。一种力量要求实现一体化和中央集权，将成员国的主权收归欧洲的核心部门。另一种力量则由各种利益集团组成，如反对债务和风险抵销的债权国、反对金融整顿和经济体系重组的逆差国家和反对让未经选举的布鲁塞尔官僚掌握权力的民主人士等。这让我想起意大利的五星运动，他们在最近大选中的表现让人大跌眼镜。

最后，我想说的是，政府在过去的三至五年里为应对危机做出了不少努力，但主要是为了应对巨大的市场压力和不确定性。现在我们正处于市场动荡的周期里，官员不愿做出反应而且盲目自满。在未来几年里，这个周期将不断重现。要想建立起稳定和可持续的货币联盟，官方人士必须关注短期增长和长期潜在增长，建立起拥有跨境解决机制的真正的银行联盟、欧洲存款保险机制、财政联盟、竞争趋同机制和政治合法性。

最后我想回答一下“欧元是否会继续存在”的问题。我认为答案是肯定的，这也是我今天的第二个乐观看法。但这个过程并不容易，需要经历许多曲折。

美国哈佛大学教授
马丁·费尔德斯坦

我重点谈谈美国政策中的两个重点经济问题：高失业率和严重的财政失衡。不过首先我们应该记住，美国的长期经济前景仍然向好。这是因为美国的人口不断增长，企业家精神非常活跃并且得到资本市场的支持，法制体系卓有成效，而且美国拥有世界领先的研究机构和大学。我还可以列出很多美国的优势所在，但是这都是长期展望。现在美国面临着严峻的经济问题，经济极其疲软，长期和短期的财政失衡都很严重。

我先从当前的经济不足说起。从2007年末美国陷入经济衰退以来，到现在已经5年多了。尽管该危机自2009年夏天已经结束，但是美国的实际人均GDP水平仍然低于衰退前，经济增长相当缓慢。近几年的增长率甚至开始下降。2010年，实际GDP的增长率略高于2%，2011年的实际增长率为2%，到了2012年下降到2%以下。如果今年的实际增长率能达到2%，那么我们的运气就算很不错了。即使实际增长率只有1%左右，也并非完全在意料之外。

尽管如此，仍然存在着三个积极因素可能让2013年的经济表现好于往年。最显著的因素是房价。自2006年房价一路走低，严重拖累经济增长后，今年房价终于有所反弹，强力推动了对住宅房地产业的投资。不过鉴于房价水平过低，所以即使反弹幅度很大，对GDP的实际影响也只有零点几个百分点。在房价上涨和股市飘红的共同作用下，家庭财富大幅上升。这也是伯南克的长期资产购买政策希望实现的目标。但我要再次说明，这对整体消费开支的影响非常有限。最后，能源开采和生产出现了新发展。

这些因素都有助于经济强劲反弹，但仍不足以压制住消极因素。我想特别讲到的两个消极因素是：疲软的家庭部门和贸易及财政政策造成的负面压力。家庭部门的基本情况如下：失业率仍然在8%左右的高水平徘徊，而且这还仅仅是官方数据，其中没有包括因为失望而停止寻找工作的人群，也没有包括每周原本可以全职工作，但现在只工作两三天的人群。如果我们把这些人加起来，那么潜在劳动力中有15%希望得到全职工作但未能如愿。对于正常工作的上班族来说，他们的收入也没有提高。实际平均周薪与几个月相比基本持平。所以有工作虽然是件好事，但收入并没有增加多少。从更广泛的角度来看，实际人均可支配收入在过去12个月里的增幅不足1%。所以去年消费支出之所以能稳定下来，并有所上升，原因就在于家庭愿意减少储蓄。现在储蓄率已经下降到2.5%以下，我认为这种势头不会再持续下去。综合以上因素，我认为今年的消费需求不会强势回升。商业可能会为了提高生产率而进行投资，但是为了扩大美国的消费能力而进行投资就没什么意义了。总的来说，今年的大趋势并不利于经济增长。

另一个消极面是：外贸拖累了经济增长，因为欧洲的GDP下降和亚洲增长放缓导致美国的出口低迷。此外，美元的实际贸易加权汇率上升也是导致净出口缩水的因素之一。与此相对，该汇率在过去10年里下降了12%左右。不过最主要的因素还是财政紧缩政策。我们看到财政紧缩政策已经将欧洲推入经济衰退。今年美国的自动减赤计划、政府削减开支、增加税收等财政紧缩政策相当于GDP的1.8%。别忘了，去年美国的GDP增长速度才是1.8%。我们需要在大背景下探讨有关消极因素。财政紧缩政策消耗的1.8%的GDP由两部分组成：自动减赤计划和税收调整。对于前者而言，政府削减的开支一半来源于国防开支，另一半来源于非国防开支。其数额相当于今年GDP的0.7%。但这是个持续性项目，除非总统和国会同意对其修改，否则它要延续10年之久。此外，去年底美国还启动了增税计划，提高所有人的工资税，同时调高高收入人群资本收入和股息的税率。这些消耗了剩下1.1%的GDP。同样，增税也是永久性措施，而非临时性举措。尽管美国的长期增长前景向好，但是我认为今年的增长情况不容乐观，即使货币政策也无助于事。

美国财政赤字的现状反映出过去几年的根本性转变。5年前，我们的财政赤字仅占GDP的1.7%，去年这一比例达到7%。政府债务的GDP占比从五年前的36%上升到现在的73%。国会预算办公室认为，假设经济复苏能实现全业，政府债务的利率相对于历史水平没有大幅上升，那么10年后年均赤字水平仍然为GDP的5%左右，政府债务为GDP的90%左右。随后，美国的“应得权益计划”（如社会保障养老金计划和老年人医疗福利计划）将导致债务和赤字大幅飙升。从长远来看，这显然是不可持续的，但在我看来，就是在眼下这10年里这也是非常危险的。

那么应该怎么解决这个问题呢？从长远来看，我们需要达成广泛的共识，来放缓老年人项目的扩张速度。但要解决的一个实际问题就是如何达成政治共识。人们对于未来10年的应对举措各持己见。共和党和民主党提出的立法解决方案大相径庭。我们要记得，民主党掌控着上院和参议院，共和党控制着下院，只有双方达成一致意见才能形成立法。民主党的计划大体上是：在今年10年提高税收，使税收增加10000亿美元；将政府开支削减6000亿美元。两者结合将少支付2500亿美元的债务利息。由此增加了约2万亿美元，相当于未来10年GDP的1%。如果政府采取了这个方案，下一个10年结束时，债务的GDP占比仍然为70%。所以民主党的计划可以稳定债务的GDP占比，但不会使其下降。总统和民主党认为，如果共和党同意增加税收，那么只用应付“应得权益计划”就可以了。

共和党提议的预算方案与此截然不同，但在政治层面上同样没有可行性。他们建议在今年10年将政府开支削减4.5万亿美元，约合GDP的2%。这比民主党提议的数字多了6倍，而且其中一半的削减来源是医疗项目。这有助于在2023年前实现预算平衡，使债务的GDP占比迅速下降。在此基础上，共和党还要求利用税收改革来增加税收，调低个人收入税和公司收入税的最高边际税率。这种方案的政治前景如何呢？简言之，并不理想。

这两党的方案南辕北辙。我不指望共和党会接受民主党的开支削减计划，民主党则认为既然已经增加税收了，那么现在就需要通过削减政府开支来减少债务。最可能出现什么情况呢？我认为当前的形势在今明两年都不会有重大变化。总统不是与共和党进行谈判，而是寄希望于民主党在2014年的选举中拿下众议院和下院。然后即使没有共和党的支持，他也可以随心所欲地采纳民主党的预算方案。这个赌注的风险很大，而且如愿的可能性并不大。即使这变成现实，我认为到2016年总统选举结束后才会取得重大进展。

我认为应该限制当前法令规定的税收补贴，即所谓的税式支出。税式支出相当于政府通过税法实现的支出。几乎所有领域里都可以见到税收补贴，如购买混合动力车、购买大额医疗保险、大额房屋贷款等。除了“应得权益计划”以外，10年后政府在国内项目上的支出仅占GDP的3%，所以削减传统的预算项目意义并不大。10年后国防开支同样占到GDP的3%，这是自“二战”结束后最低的国防开支比重。由此可见，如果一定要削减政府支出，那么应该削减税收规定中的隐性支出。我试图让民主党的朋友相信，限制税收支出相当于降低政府支出。尽管它们被视为预算收入，但实际上可用来削减政府支出。这种收入可以大幅降低赤字，为降低边际税率提供了收入保障，而且有助于为公司收入税收改革筹措资金。随着收入增加，共和党或许愿意开始改革“应得利益计划”，放缓这些项目的扩张速度。这种方案或许风险很大，但是唯一我们可能达成协议的途径。

金融时报驻伦敦首席经济评论员
马丁·沃尔夫

我们已不在堪萨斯

美国联邦储备委员会主席本·伯南克曾在2004年说："我认为，货币政策的改进措施可能已经成为'大缓和'的重要推手。当然，相关措施肯定不是唯一的驱动因素。我还得专门强调一点，我并不认为近20年宏观经济波动性有所减弱纯粹靠的是运气，这样的观点其他人也提出过的。当然，好运气在此期间肯定也发挥了一定的作用。"①

过去发生的事情似乎发生在一个陌生的国度。即使是近期我们刚刚经历的事情，也似乎发生在一个陌生的国度。2007年8月，金融危机在全球范围内爆发，导致高收入国家的经济长期低迷不振，并让欧元区国家陷入了混乱。这些国家当时的状态令足智多谋而又消息灵通的政策制定者们大跌眼镜，而本·伯南克就是政策制定者之一。他曾以经济学家们所谓的"大缓和"为题做过一次著名的演讲。在演讲中，他提出了另一个世界的设想。在这个世界中，没有经济危机和经济低迷，只有经济稳定，而这种稳定是良好的货币政策带来的。他的原话是这么说的："改进后的货币政策不仅可能大大减少通货膨胀的波动性（这一点似乎没有什么争议），还可能大大减少经济产出的波动性。"②

现在看来，上述言论实在是谬之千里。作为政策制定机构，美联储未能理解宏观经济的运行方式，因为它根本没有很好地意识到金融风险的存在；而它没有能很好地意识到金融风险的存在，也恰恰是因为它未能理解宏观经济的运行方式。然

① 本·伯南克，《大缓和》，2004年2月20日，http：//www.federalreserve.gov/boarddocs/speeches/2004/20040220/default.htm。

② 同上。

而，以上未能预见的混乱状况，不仅仅标志着几年前相关国家政策取向的彻底失败，还改变了整个世界。下面我列出了这次混乱的10大特点。

1. 经济形势转变

我们首先介绍最显而易见的特点。如今世界经济变化之大，已经超出了6年前大多数人的想象。所有重要的高收入国家的经济产出增速都大幅下降，经济增长率也比之前的预期值低了很多。意大利、日本和英国等大国的经济活动水平至今都没能达到金融危机爆发之前的峰值。人们担心类似日本曾经遭受的长期经济低迷的状况会在多个高收入国家出现，而这种担心的根据显得越来越真实。或许这些国家的境遇会比日本还惨。不过总体而言，目前的状况还没有那么糟糕。

与此同时，大多数新兴国家的经济已经复苏。它们采用的措施与以往相同，那就是通过刺激内需来弥补外需不足。毋庸置疑，此类措施在短期内是较为有效的，对中国而言更为有效。然而，此类措施也带来了难以解决的后遗症，那就是低质量投资、资产价格泡沫和坏账。因此，此类措施是不可复制的，可能也是不可持续之举。况且，新兴国家也不能像危机爆发前那样，采取出口导向型经济和积聚外汇储备等老战略了，尽管这些战略曾经大获成功。因为高收入国家的消费需求一蹶不振，所以这些老战略现在已经行不通了。总而言之，金融危机给世界各国的政策制定者提出了严峻的现实挑战。

正是这次危机加速了经济实力和经济影响的转变，而这一转变进程早已开始。根据国际货币基金组织提供的数据，2007年至2011年，高收入国家的实际国内生产总值整体增长了1.1%，其中美国的国内生产总值增长了0.8%，欧元区国家的国内生产总值降低了0.7%。与此同时，新兴国家的实际国内生产总值提升了25%，其中印度和中国分别实现了34%和45%的增幅。具有相当经济规模的国家的相对经济比重这么快就发生了转变，这可是前所未有的.现在我们有充分理由推测：以购买力平价衡量，中国的经济总量最快将在2015年左右跃居世界首位；以市场价格衡量，中国的经济总量最快将在21世纪20年代初期跃居世界首位。这场危机加速了世界经济的深刻变革。此外，大规模金融和经济危机的爆发，相对经济实力的深刻变革，这两种现象在20世纪30年代时也曾经出现。当时应对危机的措施之所以徒劳无功，与这两种现象的同时存在有很大关系。

2. 财政状况恶化

由于出现了始料未及的状况，受危机影响的国家面临着极为严峻的财政困境。美国和英国目前的财政开销与世界大战爆发期间的水平基本持平。目前在哈佛大学供职的卡门·瑞哈特和肯尼斯·罗格夫在其专著中指出，财政危机是金融危机的伴随物，这主要是因为政府税收和开销会受到商业利润下降、经济活动减少以及失业率上升的影响。启动银行救助就会带来直接的财政开销，上述问题也会接踵而至[①]。人们也会认为，在这场危机中，美国、英国、爱尔兰和西班牙等受到金融危机直接打击的国家受到财政冲击也较大，而那些通过贸易传导而受到间接打击的国家受到的财政冲击会小一些。更为糟糕的是，受危机影响的国家，其长期财政状况一般也较为困难，这是人口老龄化所导致的。目前，受经济危机影响，这些国家改善财政状况的回旋余地将非常有限。

3. 货币领域剧变

在财政状况受到冲击的同时，货币领域的动荡也甚嚣尘上。在今天的信用体系中，资金供应是私人信贷建立的副产品。中央银行负责监管货币价格，而中央银行和政府共同确保存款货币可以按照票面价值转换为政府货币，它们分别扮演最终贷款人和公开或私下负债担保人的角色。现在，由于金融危机的影响非常严重，中央银行的所作所为不得不远远超出了标准操作的范畴。它们不仅将官方干预利率降至历史最低点，还大幅拓展了自己的资产负债表，这样做必然会催生备受争议的长期影响。

4. 金融体系颠覆

以上所有变化中最显著的发生在金融体系中。此次危机期间，世界上最重要的机构是依赖政府输血而存活下来的。也即是说，目前出现了“大而不倒”的机构，其规模过于庞大，关系网错综复杂，所以不可能倒闭。金融体系是国家的看门狗，而不是市场经济的一部分这种观念获得了认可。这足以表明，金融体系是非常脆弱的。据此可知，这场危机已经对全球金融体系的信誉造成了巨大伤害，特别是给“盎格鲁–撒克逊金融资本主义”的信誉带来了难以弥补的破坏。如此一来，金融体系被迫完成了大刀阔斧的改革。人们会不可避免地开始就金融业理应扮演的角

---

① 参见 Carmen M. Reinhart and Kenneth S. Rogoff，“This Time is Different：Eight Centuries of Financial Folly”（Princeton and Oxford：Princeton University Press，2009）pp.231~232。

色及其内部结构展开辩论。新兴经济体融入全球金融体系的意愿也会有所减弱。此外，金融体系目前尚未恢复元气。因此，平缓的信贷增长可能会导致长期经济衰退。

5. 西方信誉受损

受经济危机影响，现有高收入国家的信誉受到了相当程度的损害。这些以美国为代表的国家，尽管占据世界人口份额一直不高，但在第二次世界大战过后一直占据世界主导地位。这是因为它们规模很大，并在全球金融和贸易领域具有话语权；也是因为它们控制着全球的经济机构。然而，尽管其他国家对于高收入国家享有的权利和傲慢的态度颇有微词，但是这些国家也都承认，高收入国家知道自己在做什么，它们至少在制定经济政策方面很有一套。可是，金融危机和后续的经济低迷摧毁了这些国家对高收入国家的信任。

6. 全球经济颠倒

危机爆发前的全球经济具有很多重要特色，其中之一也是导致危机的原因，那就是巨额净资本从新兴经济体流入高收入国家，购买了本应当是无风险的资产。组织这种资本流动的正是新兴国家的政府，它们基本都使用了干预货币市场的手段，造成外汇储备积聚。目前，新兴国家的外汇储备总额已经超过了10万亿美元，这还不包括4万亿美元的主权财富基金。将经常项目收支顺差和私人资本流入转换为官方资本外流——有人将这种现象称为“储蓄过剩”，还有人称之为“货币过剩”——显然是金融危机的诱因之一。从长远来看，这种做法自然是不可持续的，因为高收入国家的行为已经表明，它们不能有效利用流入的资本。金融危机也是在利用这种方式改变着世界：危机爆发前的不稳定因素，在危机爆发之后肯定也是不可持续的。①

7. 全球化受到威胁

金融全球化也受到了威胁。纳税人花钱救活了把大部分业务外包他国的金融

① Martin Wolf 的专著“Fixing Global Finance”（Baltimore and London： Johns Hopkins University Press，2008 and 2010）是以金融危机期间全球经济失衡的作用为主题的，修正版中第8章对这个问题有详尽的阐述。也可参见 òScar Jordà Moritz Schularick and Alan M. Taylor，“Financial Crises，Credit Booms and Externa Imbalances”National Bureau of Economic Research Working Paper 16567，December 2010，www.nber.org 以及Alan M. Taylor，“The Great Leveraging”，National Bureau of Economic Research Working Paper 18290，August 2012，www.nber.org。

机构。与此类似，纳税人还不得不保护金融企业免受海外局势的影响，甚至还得为监管不力和玩忽职守造成的失误买单。这在政治上是不可接受的。广义上说，似乎会出现两种可能的后果：或者金融全球化收缩，或者全球金融监管加强。英国金融管理局主席阿代尔·特纳勋爵指出，这种进退两难的局面在欧元区更为突出。这是因为金融市场一体化越来越强，而国家政策在这一领域的自治力越来越有限[①]。对于整个世界而言，以上论断也是正确的。各国都希望实现最低限度的共同监管，也都希望保留国内监管自治，这就造成了冲突[②]。这种"去全球化"的压力可能不仅仅在金融领域存在。经济缓慢增长、贫富分化加剧、高失业率、金融动荡、所谓的"货币战争"和财政违约，这些可能最终会破坏全球化在其他众多领域享有的政治合法性。

8. 全球治理调整

金融危机的影响不可避免地导致国家、地区和全球层面的众多政策领域发生的大规模制度性变化。显著的变革领域包括金融监管、货币系统运行、全球治理和全球经济机构。深刻变革正在进行之中。然而，若干重大问题依然没有得以解决，全球货币机制和汇率机制问题就是其中一例。早在金融危机爆发之前，各国就采取了颇具深意的一步，那就是把高收入国家组成的7国集团手中的非正式全球决策权移交给20国集团。这一转变提升了决策的针对性，代价却是效率的下降。而这仅仅是为考虑到比以往更多的参与者的观点和利益所催生出的众多复杂状况中的一个方面。

9. 欧洲惊诧不已

无论在全球层面发生何种状况，金融危机都已经为欧元区提出了一个生存挑战，也为欧洲的这项"工程"提出了挑战。显然，如果不进行实质性政策改变和开展长期改革措施，欧元区可能就会失去部分成员，甚至还有土崩瓦解的危险。

---

① Adair Turner，"Financial risk and regulation：do we need more Europe or less?"，27 April 2012，Financial Services Authority，http：//www.fsa.gov.uk/library/communication/speeches/2012/0427-at.shtml。

② 还有一个"去全球化"的例子是英国银行业独立委员会提出的将国内零售银行业务和国际投资银行业务绝缘处理的建议。我也是该委员会的成员。这个机构是英国即将上台的联合政府建立的，主席是约翰·维克斯爵士。参见 Independent Commission on Banking，"Final Report：Recommendations"，September 2011，London，http：//bankingcommission.s3.amazonaws.com/wp-content/uploads/2010/07/ICB-Final-Report.pdf，Chapter 3。

这种混乱状态可能会危及欧洲单一市场，甚至是欧盟本身。当然，这个欧洲工程还是首次出现倒退的状况，这使欧洲理想的信誉和可靠性受到了打击。最为糟糕的是，这种崩溃还可能会产生连锁反应，不仅会加速欧洲国家和人民之间互信机制的崩溃，还会削弱其处理共同问题、通过合作解决欧洲整体问题以及在世界范围内高效行动的能力。即使所有问题都能最终成功得以解决，欧洲也必然会变成一个只关心内部发展的大陆，并在此后的多年里无法集中精力行事，这对欧洲的影响力会产生毁灭性的打击。如果只有部分问题得以解决，那么欧洲一体化模式的崩溃，将最终瓦解这个迄今为止最有前途的和平国际一体化体制的信誉，尽管这个体制并不完美。

10. 观念受到质疑

然而，金融危机给世界带来的最为重大的改变发生在观念层面。危机表明，人们对于世界最先进的经济体和金融体制如何发挥功效（或良好功效）的根深蒂固的观点其实毫无根据。这对于众多经济体而言是一个令人不安的挑战，对于经济政策制定者——中央银行、金融监管机构、财政部官员和领导而言也是如此。毕竟，归根结底，人们的观念才是最重要的决定因素。经济学家和政策制定者必须重新考虑他们在众多重要层面上对世界的理解。伯南克先生演讲中体现的传统观点认为，经过改进的货币政策是“大缓和”局面的内在驱动力。这种观点可以说是自我感觉良好，甚至是自负的论断。这个世界的确发生了变化，而变化的结果是新观点的产生。

11. 机遇和挑战

当然，确保全球经济日益繁荣，推进全球经济一体化的机遇也是存在的。然而，与金融危机爆发之前相比，实现这一目标的面临挑战似乎更为严峻。事实上，我们似乎可以在推进全球合作或者减缓全球化二者之间做出抉择。我们不能继续放任各国自行做出调整汇率、货币政策或金融监管规定的决定，因为这样做产生的溢出效应的破坏力实在是太大了。

中国在金融危机过后可以在推动全球化方面发挥关键作用。为维护自身利益，中国将不得不做出重大贡献，帮助世界谋划未来的全球货币、汇率、金融体系以及国际货币机构的运行。我们要把精力从推动全球化中撤回，投入到管理高度集成，但极其动荡的全球经济上来，着手应对这一挑战。

正如多萝西在弗兰克·鲍姆的著作《绿野仙踪》中所说：“我们现在已经不在堪萨斯了。”我们需要采取务实和冷静的改革措施，告别以天真观念为代表的时代。如果我们不行动，还有谁会采取行动呢？如果我们现在不行动，那么什么时候才能采取行动呢？

美国普林斯顿大学教授
丹尼尔·卡内曼

选择的两大决定因素：乐观主义和损失厌恶

绝大多数人都认为自己是有理性的人。我们经常意识到需要用认真思考来代替自己的本能反应，我将这种思考称为慢思考。而作为第一反应的本能反应，我称之为快思考。我们没有凭本能做事时，快思考就被慢思考抑制住了。但是我们没有认识到另外一种更常出现的情况，即指导我们做事的慢思考实际上受到我们的本能和感性反应的引导。后者自发地出现在我们的头脑中，不需要任何理由和推理过程。所以想要了解我们如何做出决策，虽然这个过程中进行了大量慢思考，但分析快思考仍然大有裨益。我们会发现即使经过深思熟虑，我们最初的情感和本能仍然存在，且控制了我们的所思所想和最终行动。作为一个心理学家，我分析了人类个体的心理以了解他们的大脑运作。对于机构来说，无论它们是政府机构还是私营机构，我想它们的决策过程也很容易受到快思考的影响。

事实上，持有相同偏见的人聚集在一起时比个人更可怕，因为他们容易犯同样的错误，而且因为彼此观点相同而对自己的错误充满自信。在另一方面，机构比个人更容易抵制偏见，因为机构本身的特性使它们易于采纳慢思考。不过我观察到很少有机构认真规划和反思决策过程，或者投入大量精力和思考来对决策过程进行质量控制。为此，我想谈谈快思考的三个特点，它们都对决策产生了深刻影响。第一，人们在面临选择的时候往往比较短视，非常狭隘。他们更关注即时产生的结果，而不是长期后果。第二，相比于获利而言，人们对损失更加敏感。这种偏差导致他们易于厌恶风险。第三点与第二点恰好相反，即人们过于乐观和自信。这种偏好可能导致他们乐于承担非理性的风险。我会简单描述一下个人和机构通过哪些途径来规避这种可避免的风险。

首先，我想谈谈宽泛思维和狭隘思维之间的对比。我们来做个思维实验。假如你损失了1000美元。如果是用宽泛思维来思考这件事，那么得出的结论是你的财富减少了1000美元。而狭隘思维往往针对事件本身做出反应，如丢了1000美元这件事本身会影响情绪。这就是宽泛思维和狭隘思维之间的区别。快思考向狭隘思维靠拢时，就会引发这种强烈的情绪反应。

心理学和决策理论中有一个著名的赌博案例。假如输1000块钱和赢2000块钱的机率相同，你会做何选择？大多数人都拒绝做出选择，因为他们认为输掉1000块钱的痛苦程度要甚于获得2000块钱的喜悦心情。如果用宽泛思维来思考这个问题，你会发现现实生活中存在着很多这种赌注较小而概率向好的赌博。如果采用狭隘思维，那么会把这个赌博视为可能会损失1000美元从而影响情绪的个体事件。这再次展示了狭隘思维和宽泛思维之间的差异。采用狭隘思维就可能拒绝接受赌博，而采用宽泛思维则可能接受它，因为它被视为人生诸多赌博中的一个而已。

狭隘思维是非理性行为和决策的根源。鼓励人们采用宽泛思维是提高选择理性的根本途径。这既适用于个人，也适用于机构。

快思考的第二个特征是损失厌恶。人们对损失的反应比对获利的反应强烈得多。假设某人有稳定的收入，但是突然从1000上涨到1500，或者从1500下跌到1000。虽然损失和获得的绝对值相同，但是很多实验表明，前者的痛苦程度远远超出后者的喜悦程度，而且强度差别可以达到两倍以上。这也是人们对前面提到的那个赌博没兴趣的原因。损失和获利之间的情感非对称性被称为“损失厌恶”，它是行为经济学的主要研究对象。类似的例子还很多，譬如人们对于价格变化的反应。经济学理论预测价格浮动时需求会随之变化，而行为经济学对此的描述更加精确，即价格上涨时需求的变化程度超出价格下跌时的变化程度。如果价格上升，人们购买该商品时感觉蒙受了损失。而价格下降相当于人们获利。很多关于市场行为的研究将这种差异称作“弹性需求”，而且这些研究观察到前者的反应强度是后者的一倍以上，即对价格上升的反应比价格下跌的反应强得多。

另外一个例子是芝加哥大学教授John List在中国做过的一项研究。他比较了用不同的方式描述奖金时，工人产生的不同反应。第一种方式是将奖金比喻成一场比赛，即工人的业绩超过一定标准后就可以拿到奖金。第二种方式改变了奖金的性质，即告诉工人奖金是有的，但是如果业绩达不到标准就拿不到奖金。结果这使两者的生产率相差了1%，这已经具有经济学上的显著意义了。实际上你什么也没有做，只是用不同的方式描述了结果，由此引发了感性反应的差异。第二种描述方式相当于激发了人们的损失厌恶，给工人注入更多动力。美国在教师等其他行业也重复了这个研究，结果与在中国做的实验结论类似。这印证了行为经济学的基本观点：那些似乎不应该影响决策过程的因素，可能发挥相当大的影响。譬如，对价格变化和奖金的描述方式就在很大程度上影响了人们的反应。

如果用损失厌恶的理论观察各个层面的组织机构，我们会发现机构和国家的改革成本往往高于预期。改革中总有潜在的赢家和输家，输家抵制改革的努力远远超过了赢家为之奋斗的努力。这种不对称导致人们倾向于补偿输家，以顺利开展改革，而这在很多情况下会大幅提升改革成本。总的来说，人们的损失厌恶的心理使他们愿意维持现状。人们对于变化存在着系统性抵制，即无论在什么环境下，只要两个人处于不同的境况中，他们往往会拒绝交换彼此的处境，这是因为双方在评估对方环境的有利条件和不利条件时，评估结果之间存在着不对称性。

这是行为经济学的主要研究结果。事实上，也可能正是这个结论开启了行为经济学，它被称为“禀赋效应”，其成因是“安于现状偏差”。举例来说，一旦人们拥有某样东西，这样东西可能是现实存在的东西，可能是某种现状，也可能是某种预期，他们就不愿放弃这样东西。在经典实验里，研究者给实验者一个水杯，然后让一部分实验者给这个杯子定价，剩下的实验者则得到两个选择：把杯子带回家，或拿些钱离开。这两种情景实际上是一样的，即你要么把杯子带回家，要么把钱带回家。但在这两种情景下，人们对杯子的定价相差一倍以上。造成这种现象的原因非常简单：实验者没有考虑最终结果（即他们要么拿到杯子，要么拿到钱），他们考虑的是如果我们拥有了杯子再放弃它，相当于放弃了全部，这就等于损失。如果我们没有杯子，我们想的是如何得到它，这就相当于获利。放弃的痛苦超过了得到的喜悦。这种不对称性转化成了定价差异。

谈判中也常见“损失厌恶”的身影。损失厌恶是阻碍谈判取得成功的关键因素。这是因为谈判相当于双方在交换彼此的让步。我给你做出的让步相当于自己的损失和你的获利。你给我做出的让步相当于你自己的损失和我的获利。我做出的让步看起来总比你的让步大。双方的想法都是如此。从某种角度来看，这种思维很可笑，它源自人们对于改变的情绪反应，即损失厌恶，但它的确在很大程度上影响了谈判结果，甚至导致其失败。

最后，让我们回到前面的话题。损失厌恶的最显著表现就是风险厌恶。人们面对潜在损失和潜在获利需做出决定时，他们往往更重视损失，由此产生了风险厌恶。这有些可笑。譬如，如果损失1000块钱和得到2000块钱的机率相等，那么这个机会实际上相当不错，它比许多投资都要划得来。但即使如此，人们还是对它不感兴趣。从经济学的角度来看，这种思维非常可笑。而心理事实证明，这就是人们的所作所为，无论个人还是机构都不可幸免。

损失厌恶是一种生理适应性。对于动物而言，威胁比机会更可怕、更迫在眉睫。但是在我们生活的世界里，这种情绪反应并不能指导我们做出最佳决策。损失和获利之间的不对称性可能导致不良结果，而这种现象在我们的生活里俯拾皆是。

这就引出一系列问题："我们应该怎么应对损失厌恶？我们能降低这种情绪反应吗？减少损失厌恶会提高决策质量吗？"我想简单谈谈降低损失厌恶后的结果。我发现了一个非常有趣的研究结果。决策者是在为他人做出决定，其角色相当于代理，代理的损失厌恶往往要小得多。这是因为他们不会像参与者那样产生强烈的情绪反应。领导者亦是如此。领导者负责做决定，而受决定影响的人蒙受损失或者获得益处。领导者关注的是益处和损失之间的平衡，但是他们对平衡的理解与直接参与者不同，他们往往对益处和损失一视同仁。这意味着，领导者和代理可能会做出理性的决定，也有可能让人们付出代价。领导者和代理有时会因为低估了他们的决定对别人的冲击强度而犯错。

另外一个降低损失厌恶的因素是经验。在这方面，我观察到一个非常有意思的现象，即禀赋效应。人们认为他们拥有的东西比他们可以买到的东西更重要。而交换经验比较丰富的人则不会受此影响，因为他们的经验改变了他们看待事物的方式。对他们来说，放弃并不一定是损失。在日常交易里，放弃并不是损失，而是成本。他们对获得的评估方式与此相同。然而在很多情况下，我们无法凭借经验做出决定，因为我们很难获得足够多的经验，如婚姻。另外一个与此相关的情景是，我们将人生看作不断重复的游戏，这种观点在应对风险时非常有用。以金融交易商为例，他们的态度是交易总会有赚有亏，因此他们的损失厌恶并不大，决策过程也更加理性。他们的基本态度缓解了他们对偶尔亏损的情绪反应，使得他们用宽泛思维思考问题，从而做出更理性的选择。

快思考的第三个特点是过于乐观的自信。尽管人们倾向于规避风险，但我们还是看到很多人承担了过于危险的风险，其中既包括经验丰富的人，也包括新手，如创业者。我们可以将开创企业比作赌博，它可能赚钱也可能亏本。以美国为例，大概有2/3的创业型企业在开业五年内倒闭。所以创业者面临着2/3的倒闭风险。那么他们为什么还要坚持创业呢？我认为主要原因是创业者对于自己的成功机率过于乐观。许多研究已经证实了这个观点。譬如，小企业的创业者认为自己的成功机会为80%，这与实际的成功机率（即1/3）相去甚远。所以我将损失厌恶描述为偏差。从经济学的角度来说，它导致了一味规避风险的可笑思维。而过于乐观的自信是与之截然相反的一种偏差。这两种偏差针锋相对，我们也不知道它们是否能造成最理想的结果。但可以得出的一个结论是：两者必须兼顾，否则会使情况更糟。人们必须对此持谨慎态度。

和损失厌恶一样，乐观主义在决策过程中随处可见，如规划、先期估算等。在决策理论里，这被称作“规划谬误”，普遍存在于各种情景，如学生备考和大型基建项目等。过于乐观的自信会导致灾难性后果，譬如战争。几乎在所有战争初期，至少一方（或者双方）会有乐观的将军。如果他们能够理性地评估可能出现的后果，潜在的输家很可能会做出让步。

和损失厌恶一样，人们也可以遵循一定的步骤控制乐观情绪，但在这里就不赘述了。总的来说，个人很难控制决策和选择的偏差，但是机构在这方面的能力要强得多。一个普遍适用的流程是：拓宽思考方式，这可以同时缓解乐观和损失厌恶这两种偏差。此外还有很多有效的方法和步骤，但是让我惊讶的是，很少有组织真正花力气思考如何提高决策和选择的质量。

第12章

跨境投资及金融市场新趋势

中国保险监督管理委员会副主席
陈文辉

中国保险业资本监管转型

我想利用这个机会，谈谈中国保险业资本监管转型的问题。我认为，爆发于五年前的这场危机，给我们监管者的一条重要启示，就是在鼓励金融创新和风险防范之间保持平衡。金融创新的本意是促进金融资产流动和风险分散，但金融产品的设计被不断复杂化，委托代理链条被不断拉长，使风险变得难以识别，且易被忽视。资本监管是维护金融创新和风险防范之间平衡的重要力量和工具。2008年危机爆发后，多国金融监管部门和国际组织纷纷启动了对资本监管体系的改革，反证了资本监管在平衡金融创新和风险防范这一对矛盾之中所扮演的重要角色。

在危机后的国际金融市场持续动荡和国内金融业进一步推进市场化改革的背景下，我国保险业当前的资本监管制度所存在的资本要求与风险相关性不高、风险覆盖不全面、保险负债评估对实际风险不敏感等问题，变得日益突出和难以为继。2012年3月，中国保监会发布了《中国第二代偿付能力监管制度体系建设规划》，力争用三年左右时间建成中国第二代偿付能力监管体系，实现资本监管体系的全面转型。第二代资本监管体系以风险为导向，采用定量资本要求、定性监管要求和市场约束机制相结合的“三支柱”框架。

我们期望，转型后的资本监管能更好地平衡创新与风险防范。在守住风险底线的前提下，科学确定资本要求，尽量避免资本冗余，提升资本效率和效益。放开前端，还权于市场主体；管住后端，守牢风险底线，为行业创新打开新的空间。

我们期望，转型后的资本监管能成为撬动保险业市场化改革的支点和杠杆。标准科学、执行有效的资本监管体系，是保险业下一步市场化改革取得成功的必要条件。新的资本监管体系将确保管制的放松在为市场注入活力的同时，有效防范系统性风险。

我们期望，转型后的资本监管能成为新兴市场资本监管的代表模式之一。中国保险市场作为典型的新兴市场，与成熟市场有较大差异，因此，我们的第二代资本监管体系既没有照搬欧盟的模式，也没有复制美国的模式，而是选择走符合中国保险业和新兴市场实际的道路。同时，我们也积极参与国际交流与监管合作，借鉴文明成果，分享中国经验，为保险业资本监管国际规则的建立和发展贡献自己的力量。

我们期望，转型后的资本监管能让中国保险市场对全社会和全世界的资本更具吸引力。通过资本监管转型，监管部门可以放心地把本应归市场的还给市场；保险机构凭借开放的市场主体地位不断创新，获取满意收益；消费者权益在公平的市场竞争中得到尊重和保护；中国保险市场与国际市场将实现更有效的对接，优质的国内外资本将在中国保险市场找到更宽广的舞台，获得更好的回报。

时任中国投资有限责任公司监事长
金立群

世界贸易所带来的限制以及世界经济的发展，跨境投资趋势的一些变化，对于有兴趣对外投资的中国企业也是非常重要的。我们面临着哪些限制？尤其是中国企业"走出去"面临的限制？中国的企业拥有资源，大家都公认这一点。但是如何能够更好地帮助中国企业"走出去"呢？没有一个放之四海而皆准的答案。政府、企业所有的观点都是非常重要的，总体来说投资环境正在进一步改善。

我们看一下总体的环境，尤其是全球跨境投资的总体趋势。全球共1.5万亿美元投资，不管是从发展中国家流向发达国家，还是从发达国家流向新兴国家。中国不仅是外国直接投资的主要接受方，也是对外投资的主要方。我们对外投资是开放的。我们很少有案例证明中国政府阻碍或者防止外资正常流入中国。不管是为了中国市场还是中国技术的发展，它们进入中国市场都是非常容易的。但是当中国企业"走出去"的时候，比如说去美国投资，它们会遇到很多阻碍（比如说美国政府外国投资委员会会反对中国企业在新能源领域的一些投资）。我个人认为，这是非常荒谬的。如果中国企业在生产太阳能光板或者建设风力发电厂的话，这对一个国家会构成任何国家安全的威胁吗？答案当然是否定的。

当然一些国家对吸引外商投资是很开放、很公正的。我们最近对英国希思罗机场投资，收购其10%的股份。在那个时候，我通过过关手续只花15分钟就拿到直通牌，可以说该机场效率非常高。在水务、水处理方面也进行了有效合作。英国人对中国投资是非常放心和欢迎的，他们相信中国人不会把他们的水弄糟。我相信目前的一些对外投资的障碍更是由一些政治因素所驱动的。我认为政治家应该理解、帮助我们克服这些困难，你们应该在政治上更加的开放，相信外商的直接投资。

举个例子，几十年前华为想收购美国一家通讯企业时，美国政府以国家安全为由拒绝了华为的收购。而相反在中国可口可乐要收购汇源果汁的时候，中国人说这

注：根据会议发言整理，未经本人审定。

不是国家安全的问题。我们中国人认为，“国家安全”不应该是一个阻挠投资的借口。如果你认为我们投资影响你们国家安全，那么你对我们企业进行收购也可以说威胁到了我们国家的国家安全。

我们必须要认识到跨境投资是非常开放的。我参加一次国际会议，有人这样问我：“你为什么到我们国家投资，滚回去！”我接下来说：“我们带技术到你们国家。”“也不行。”如果说大家都待在家里没有任何国际贸易和跨境投资，那世界就无法迅速进步。所以说，必须要有这样的想法。并且在监管下（例如国会在通过相关法案的同时改变思想），对那些能够带来正确的理念、额外的资金到你的国家来的，不要太紧张，不要害怕得要命，不要找许许多多的理由（如投资环境不对、有可能带来欺诈性行为等等；当然如果出现这些行为就喊停）限制它们。因为一些公司是在非常专业化地来做，也遵从相关法律，我想这样的行为应该得到允许。

弘毅投资总裁；联想控股有限公司常务副总裁
赵令欢

通过金融危机预测今后的趋势，是一个很有意思但十分困难的话题，我立足于自己所处的行业谈一些体会。

对于2008年开始由次贷引发的这一轮全球金融危机，大家都有不同的体验，以往的经验是，灾难之后通过努力可以恢复元气。而这一波金融危机发展到今天，总体的感觉是灾难已经过去，但对于世界经济是不是已经从危机中恢复，各界还存在着巨大的分歧。

事实上，我们是不可能恢复到危机前的状况的——金融危机之前的世界经济和金融格局，在危机后已经一去不复返，全球需要建立起一个新的格局。在这个格局中，中国将会起到比以往我们所能想象的大得多的作用。但中国又是一个与发达国家有着不同政体、不同文化背景、不同发展阶段的国家，需要在逐渐形成的新格局中不断发展和学习。

中国改革开放的30多年中，很多时候是将西方教科书中的成熟模式直接拿到中国来实践，曾经发挥过积极作用，但大多数已不再适应今天中国的经济发展状况。西方也是如此。西方国家一度无法意识到，不能简单地用西方范例去定义中国模式。在反复的尝试和反复的失败中，西方已经开始思考中国模式到底是什么样。

我本人对此感觉比较强烈，因为我们在做研究时，要十分宏观，研究中国经济体里面最基本的要素，又要去研究具体企业的成长。在这个过程中，我们能够感觉到，实际上中国金融体系面临着很大的挑战，也具备很大的机会。其中最大的挑战是，金融体系必须跟上已经很发达的中国实体经济，用改革开放的方式赶快跟上。

改革开放30多年来，中国的实体经济已经和全世界形成了“你中有我，我中有你”的格局。举个例子，通用汽车既在中国做汽车也在美国做汽车，既在中国卖汽车也在美国卖汽车，市场融通率相当高。而金融市场却仍然有各种各样的管制，仿佛有一道“墙”和世界隔离开来，与实体经济的发展形成了巨大反差。

这个反差是个挑战，政府或者政策制定者需要在稳定和发展中找到平衡。对我们这样的从业者来说，一方面呼吁更多的开放、更大力度的改革，同时也运用开放和改革的时机，在每次变革之中寻找和推动更大的机会出现。大家知道，最近中国金融体系中资本市场这个环节推动了很多改革开放的措施，好比说QFII，一年之内增加的额度比以往总和都多；投资渠道和投资取向在前年开始有了巨大的发展，等等。这都是机会。

关于"危机后金融市场新趋势"，我的第一点预测是，中国金融体系的改革开放会加速，机会会增多。第二点，改革开放不会再以之前30年那种照搬西方的方式进行。因为中国经济的体量已经足够大，并有了自己的特性，"中国特色"会在下一步的改革开放中凸显出来。举一个资本市场的例子。最近证监会组织我们这样的私募基金从业者考虑快速进入公募市场，这是一年前我们想都不敢想的。当各界还在争论怎么管私募、怎么管公募的时候，证监会带头说：希望更多有经验的专业机构管理者进入。这件事以西方的概念和固有经验来看，好像是天方夜谭，甚至是已经被西方无数次证明是要失败的，但在中国实际上是需要我们严肃讨论的问题。

因此从我的角度来看，中国金融改革和开放会加速，但这种加速的改革开放不会简单照抄过去的模式，可能有很多中国特色的创作。所以，机会和挑战都会在一个新的层面展现给我们。

三一重工股份有限公司总裁

向文波

全球化背景下，市场的开放和资源的自由流动，对于追求利润和理想的企业家而言充满诱惑。比如，尽管对中国投资环境存在各种抱怨，但75%的跨国企业来到了中国，并且不断加大投资。三一也不例外，尽管国际化困难很多，但三一很早已开始了在境外的经营。

一、三一国际化的收获

三一成立至今只有24年的时间，而国际化经营已有12年，期间三一先后在美国、德国、印度、巴西建立了研发制造基地。去年三一又收购了全球混凝土机械第一品牌德国普茨迈斯特公司，海外业务收入也第一次超过100亿人民币。更重要的是，海外公司为三一事业网罗到了大量的优秀人才，包括管理人才和技术人才。现在三一集团副总裁以上的领导里面已有4张外国面孔，在13名集团董事成员中也有一名外籍董事。因此，三一的国际化取得了一定的成绩。

二、三一国际化的挑战

相比三一重工从零开始、19年时间成长为全球市值500强企业，三一重工12年的国际化实践可以说是，惹的事不少，赚的钱不多。

一是时间和空间的挑战。海外公司远离本土，远离核心管理层，对其管理受到时间和空间的制约，而客观上这些海外公司均是创业型公司，需要更多的关注和支持。

二是本土化的挑战。首先是经营团队本土化的挑战，如何组建一支本土的经营团队，并能与之有效沟通和合作。其次是产品本土化的挑战，如何加深理解区域市场客户需求，开发出既满足当地需求又富有竞争力的产品。再者是运营本土化的挑战。每个国家的法律、管理环境不同，从文化到经营模式、制度、流程等均需本土化。去年三一收购了德国普茨迈斯特公司，目前来看合作非常愉快，但仍需双方互相包容、互相信任。

另外，还有一些挑战难以预料。比如，去年三一将奥巴马总统告上法庭，这并非炒作。三一未预料到美国政府会以在美国投资建立风场影响美国安全为由，由总统签署法令取消我们的投资。正常投资变成威胁国家安全，难以预想。

三、中国企业的国际投资在朝正确的方面发展

对于市场经济时间尚短的中国企业而言，国际投资挑战是巨大的，这也导致中国很多海外投资并未取得预期效果。但总体来说，中国企业的国际投资在朝正确的方面发展。就三一而言，2012年国外投资已实现盈利，对普茨迈斯特的收购已产生积极影响，不少欧洲公司在合作时已经倾向于优先选择三一重工作为合作伙伴，这些均是三一国际化的收获。

经纶国际经济研究院院长

沈联涛

中国的影子银行给政策带来的启示究竟是什么？

首先我很同意影子银行这个词的内涵在国外跟国内是不同的，这是第一点。再说清楚，国际上影子银行包括共同基金、投行和银行表外的资产。在中国影子银行这个词实际上也有点类似，中国银行表外负债或者资产究竟是什么，这是第一点。总数基本是17万亿人民币，是不是这么大呢？还有一点争论。第二块就是民营企业通过不同的委托基金做的资产质量如何，这是一个关于产权的法制问题。

但是真正的问题关键在哪里？国外的影子银行跟国内的影子银行它的根源是一样的，就是产权清不清。产权清不清的意义是什么？就是最后你把钱放在银行里面，银行代表你拿去委托还是放在表外，出了问题是个人的、银行的还是政府的？这次国际危机很明显，最后处理银行危机是国家买单，所以有15.4万亿这次国际金融危机的负债转到国债，变成了欧洲的国债危机，发达国家出现国债过剩的情况。

中国也有这个问题。它是一个新兴国家，发展得快，它的利率跟全球一样偏低，老百姓希望投资回报率要高，但是回报率一高，如果透过银行体制做这个事，问题是如果有亏损谁买单，这就是银行业跟资本市场法律产权分配的问题。大家知道你放钱在银行里面应该是有保障的，但是回报率是低的，你放钱在资本市场里面，回报率应该是高的，但是风险也是高的。影子银行恰恰就在这个中间，这个问题究竟是什么？如果完全是政府买单，如果是银行买单，这不是问题，如果你要高回报率，买者自负，卖者有责，问题就是谁买单，所以这个问题关键实际上就是法律产权保护的问题。国际上有国际上的做法，我就不多说了。

但是在中国，我认为影子银行虽然有风险，但也是大机遇。先说风险是什么，风险就是产权不清晰。影子银行的出现是因为有实体经济真正的需求，这个融资需求来源于三个方面。第一，房地产是需要融资的，不管有没有意见，房地产是需要融资的。第二，平台公司，当地政府需要发展基础设施，也需要融资。第三，民营企业也需要融资。这完全是实际的情况，有需求，供应是通过银行，就是怎么处理它的问题。

所以我自己认为中国下一步的改革是不是走向市场，是不是走向民营企业，是不是走向长期投资，是不是走向资本市场，好像劳伦斯·芬克说的，大方向是完全对的，缺乏的是什么？清晰的产权保护，产权法制的问题，这就是机遇了。这几年改革需求的是什么？就是中国有一个很好的做法，用国际水平列清产权责任和负债在谁的手里。是在投资者手里吗？在银行手里吗？在存款者手里吗？在政府手里吗？还是最后在借贷人的手里？要把这个法制建设好。我认为如果法院需要一段时间去建立起来，中国可以用仲裁委员会来裁判负债是谁的，风险是谁的。这是非常关键的改革。如果把这个做好，中国就把市场和政府的关系理清了。若这个不理清，金融市场就很难发展。

野村控股株式会社常任顾问
氏家纯一

简单地比较金融中介银行或者影子银行的利与弊，这起不了太大的作用。我认为，我们有必要讨论金融中介化如何开展。我将提三点。如果做得好，可以创建非常有利的金融中介市场。

第一点是关于信贷扩张的问题。银根放松政策以及进取性投资行为推动房地产等价格激增。这导致投机性借贷和杠杆率增加。当出现这一情况时，金融活动，特别是涉及到金融中介的活动会增多。日本和美国之前的经历凸显这一点。金融服务供应商为了推动产品交易，大肆增加产品的复杂和不透明程度。当泡沫破裂时，交易量下降，贷款人要求收回贷款，去杠杆化开始，最终资产价格下跌，参与者发现自己很难偿还债务。当市场价值瞬间蒸发，会让流动性需求增加，导致资产价格剧烈波动，而金融活动出现扩张或萎缩，其中包括一些虚构和可疑的操作活动。这一切超出了金融领域的范畴，严重影响实体经济。

第二点是关于金融服务业。金融中介化涉及到流动性、信贷和到期日错置等问题。当有人曝光金融中介机构的问题，它就会变得非常紧张。

我的第三点涉及到保护问题。金融活动涉及到不对称信息，这就需要进行系统的回应。鉴于散户投资者和小额贷款人获取信息的渠道和资源有限，我们需要建立一个框架，确保金融机构完全披露信息，并做出详细的解释。此举旨在保证投资人能够进行理性投资，并且投资项目能够获得充裕的融资。

近期的金融危机没有严重影响到日本，其中一个原因可能是我们在推出非常富有想象力的金融产品方面滞后于其他国家。但主要的原因是，在上个世纪90年时代，我们全力应对解决我刚提到的三个问题。第一个问题是信贷过度。我们在上个世纪80年代末至90年代初期间经历过这一问题。尽管当时整个银行业不再受到监管，但日本财务省为了打击房地产泡沫，要求银行将房地产贷款增速控制在总贷款水平之下。不过当时部分非银行机构可以从金融机构进行贷款，以此扩大房地产放贷。更为糟糕的是，当时有许多由厚生省和财务省联合控制的农业金融机构，这些金融机构在政府取消监管之后，急不可耐地加大对非银行机构的放贷水平。当房地产出现泡沫时，非银行机构的房地产放贷和金融机构融资活动呈爆炸性增长。最后我们遭遇前所未有规模的坏账问题。

第二点关于错置的问题导致金融机构在泡沫破裂之后损失惨重。二级和三级银行面临银行挤兑或者类似的问题。这导致出现违约行为，引发市场挤兑现象，导致短期货币市场出现几乎冻结的状况。虽然加强风险管理很不错，但这只是权宜之计，我们必须对金融监管和货币政策进行全面改革。日本的主要金融监管改革措施是设立金融服务机构，来负责金融稳定和监管的方方面面。在过去，财务省负责监督银行、证券、保险和其他行业，农业金融机构等金融机构则由政府其他部门负责。现在日本对此进行了改革，实现跨行业监督，涵盖所有的金融机构。此外，日本银行在1997年进行了重大的货币政策改革。改革不再只涉及维持价格稳定，还包括了维持整个金融系统的稳定，并且强化其独立性。

第三点是关于保护投资者权益。和其他国家相似，日本也存在下列问题，即当投资活动失败时，散户投资者承担主要损失。日本有许多异常、不透明的投资活动。在许多情况下，这些投资项目生存期很短，甚至熬不过初期阶段。2000年的互联网投资热潮让这一问题变得非常普遍。2006年，我们进行立法。法案不仅仅涉及证券，还涵盖了各种投资产品交易和投资渠道。

我最后要讲的是，我们非常支持在最大程度上减少银行监管，放宽利率管制并且对借款人进行控制的努力。不过我要补充的是，根据我个人的经验，我不确定这种努力是否能带来预想的效果。

30人集团主席；摩根大通国际董事长
雅各布·弗兰克尔

首先我要谈谈影子银行定义的问题。我同意拉瑞·芬克的说法，影子银行是一个非常糟糕的名称。影子会让人联想到神秘、邪恶的东西，我们应该阻止和防范的东西。我们应该找到更好的名称。我相信中国人民有着诗人般的智慧，能够为影子银行找到更为贴切的对应名称。

影子银行活动是什么呢？影子银行活动指非银行机构所开展的活动。此类活动与银行开展的业务活动非常类似，特别是涉及到中介、到期转换、流动性以及我后面将会介绍的问题。为什么影子银行会成为一个问题？这在于银行受到监管，而非银行机构不受监管。在这里我姑且将这些非银行机构称之为影子银行，这样大家都知道我讲的是什么，但这其中没有任何负面的含义。

在正常时期，影子银行是对融资和资本市场进行的有益补充。影子银行提供其他的产品和融资，并且帮助拓展资本市场的功能。这是正常时期的情况。在非正常时期，影子银行会出现问题。它会呈现顺周期的倾向，放大市场状况。当市场出现过于乐观的情绪时，影子银行增大杠杆率，推动信贷扩张，刺激市场进一步繁荣；当市场丧失信心时，影子银行立即降低杠杆率，紧缩信贷，从而导致萧条的市场进一步恶化。在非正常时期，影子银行制造各种困难。它们容易进行挤兑。其中一个原因是影子银行就像我们所想象的，它们短借长贷。这一切听上去非常耳熟。所以我们需要将经济繁荣时期和萧条期分开，确保在寻求解决方案过程中不会做出得不偿失的事情。

我们为什么现在更为频繁地讨论这一议题呢？这是因为最近一次危机刚刚过去不久。在最近一次危机中，我们目睹了影子银行如何造成巨大的破坏，以及风险如何被放大。当然并不是近期的危机才产生此类问题。日本上个世纪90年代曾出现这些问题，瑞典上个世纪90年代也遭遇过此类状况。我们现在在中国讨论这一问题，大家显然了解到影子银行能够产生种种问题。

那我们该如何处理这一问题呢？我们如何解决顺周期和类似的问题呢？我们希望找到一种方式，能在正常时期享受影子银行带来的好处的同时，避免遭受它们在非正常时期造成的破坏。

大家都知道，开车时不可避免会遇到车祸，但如果为了避免车祸，我们禁止开车并且封路，这将是最为糟糕的解决方案。当然如果这样做，就不会再有车祸发生，但这一举措将破坏我们系统的正常运转。同样，我们应该在确保资本市场顺利运转的同时，将风险减少至最低程度。我们怎么才能实现这一目标呢？首先，我们应承认银行业务拥有影子银行业务所不具备的优点，这非常重要。银行有着存款保险机制。如果出现问题，银行可以向中央银行进行借贷。当没有中央银行作为最后贷款人时，会出现许多问题，而银行是可以解决此类问题的。这是因为人们知道银行能够向中央银行贷款，他们不会因为担心银行出现流动性短缺问题而进行挤兑。由于中央银行发挥着最后贷款人的职能，银行不会因为流动性问题而面临破产的局面，这也就是中央银行在这一背景下存在的实质意义。

各位也许会讲，在这种情况下，如果影子银行业务活动对经济而言如此重要，并且发挥着不可代替的作用，那么我们也许应确保它们不会产生我刚才谈到的问题，也许它们应能够向美联储或中央银行进行贷款。如果允许影子银行向中央银行进行窗口融资，那么影子银行应做出让步，同意加大信息披露力度，接受更多的监管。总而言之，我们也许最终将会出台监管规定，能够享受商业银行和影子银行带来的不同好处，但仅仅是解决了影子银行无法向中央银行进行融资或者没有存款保险机制等问题，实质性问题依然存在。我们应出台合理的时间表，合理地平衡成本和效益，不过说来容易做起难。

如果有人考虑允许影子银行向联邦储备体系进行窗口融资，那么就需要做出巨大调整，还要处理许多细节问题，其中包括立法、跨境流动等问题。这将带来巨大的麻烦。鱼和熊掌不可兼得，毕竟这涉及到风险管理。对于风险管理问题，我们应拥有合适的工具来管理风险，如公共政策。

国务院发展研究中心金融研究所副所长
巴曙松

从金融结构演进角度客观评估当前的“影子银行”

【摘要】影子银行的概念在不同的金融结构下具有不同的涵义。从影子银行的主要特征看，虽然中国“影子银行”体系具有流动性转换和信用风险的特征，但是总体上其已经被纳入正规的监管体系内，并不具备可能引发系统性风险的高杠杆和期限错配的典型特征，同时其规模和风险也尚未对系统性风险产生巨大的影响，当前的，“影子银行”体系更多的是金融结构发展、融资多元化进程中的一个表现。应该逐步淡化“影子银行”的概念，对这些金融创新的风险特征和功能效率分类讨论，采取不同的风险监管政策，在防范系统性风险的同时促进金融结构改进。

【关键词】金融结构 影子银行

近期，随着对国内银行理财产品的热议，影子银行的概念引发各方关注。事实上，国际金融界对于影子银行的定义、内涵及意义与各经济体的经济金融结构、金融发展阶段和金融监管环境密不可分。

一、影子银行的内涵及特征

影子银行（shadow banking）于2007年由美国太平洋投资管理公司执行董事麦卡利首次提出，目前国际金融监管组织对影子银行的定义已经基本达成一致。根据2011年4月金融稳定理事会（FSB）发布的《影子银行：范围界定》的研究报告，影子银行是指“游离于银行监管体系之外、可能引发系统性风险和监管套利等问题的信用中介体系（包括各类相关机构和业务活动）”。影子银行引发系统性风险的因素主要包括四个方面：期限错配、流动性转换、信用转换和高杠杆。

虽然金融稳定理事会（FSB）对影子银行给出了较为明确的定义和特征描述，但是由于各国金融结构、金融市场发展阶段和金融监管环境的不同，影子银行的组成形式也各不相同。美国的影子银行体系主要包括货币市场基金等投资基金、投资银行等围绕证券化进行风险分散和加大杠杆等展开的信用中介体系，欧洲的影子银行体系则主要包括对冲基金等投资基金和证券化交易活动，而这些在欧美发达国家影子银行中占据主导地位的机构在当前中国的金融体系中尚不广泛存在。

对于“影子银行”这个概念在当前中国金融市场中的对应，金融界从不同研究视角对其进行了多维度的探讨，综合起来主要包括如下四个口径。最窄口径，“影子银行”仅包括银行理财业务和信托公司两类；较窄口径，包括银行理财业务和信托公司、财务公司、汽车金融公司、金融租赁公司、消费金融公司等非银行金融机构；较宽口径，包括较窄口径、银行同业业务、委托贷款等出表业务，融资担保公司、小贷公司和典当行等非银行金融机构；最宽口径，包括较宽口径和民间借贷。不失一般性，本文选择受到关注度最高、也是目前最为流行的较窄口径，即银行理财业务和信托公司等非银行金融机构作为所谓的中国“影子银行”进行讨论。

二、中国“影子银行”与欧美“影子银行”具有本质上的不同

根据上述定义和特征的描述，结合影子银行体系在此次国际金融危机中的表现，对影子银行的界定应主要包括如下三个方面：一是是否纳入正规金融监管的体系。危机前欧美的对冲基金等影子银行并未受到充分监管，这些机构在回购业务和资产证券化等金融创新的推动下不断扩张资产负债表实现低成本、高风险的运营。二是是否具有期限错配和高杠杆经营的特征以及由此可能带来较高的单体风险。危机中欧美影子银行的负债以银行间借贷、商业票据等短期批发融资为主，却投资于期限较长、流动性较差的资产支持证券等资产，从而带来严重的期限错配问题。危机爆发前美国主要投资银行的资产负债表急剧扩张，平均杠杆倍数更是达到了40倍左右，危机期间激烈的去杠杆效应也加速了资产价格的大幅下跌。三是是否具有关联性和传染性从而带来系统性风险的可能。危机前通过业务往来和股权投资等方式，欧美影子银行体系和商业银行体系相互关联，使得危机发生时风险迅速从影子银行体系传染至传统商业银行体系，从而带来了系统性风险。根据这三类原则，虽然中国“影子银行”体系产生的基本动力是出于监管套利的目的，同样具有流动性

转换和信用风险的特征，尽管还有一些需要风险管理环节需要强化，但是总体上其已经被纳入正规的监管体系内，并不具备可能引发系统性风险的高杠杆和期限错配的典型特征，同时其规模和风险也尚未对系统性风险产生巨大的影响。

第一，中国“影子银行”体系仍在金融监管的覆盖范围内。目前，银行理财产品已在监管部门现有的监管统计口径中，各商业银行发行的理财产品运行情况需定期报送监管部门，理财产品的明细也需报送央行纳入社会融资总量的口径。2005年发布的《商业银行个人理财业务管理暂行办法》和2012年实施的《商业银行理财产品销售管理办法》是银行理财业务的监管框架。监管部门对信托公司也已经实施了包括准入、资本监管（《信托公司净资本管理办法》要求信托公司净资本/风险资本之比大于100%）等在内的较为严格的管理。在《企业集团财务公司管理办法》《企业集团财务公司风险监管指标考核暂行办法》《非银行金融机构行政许可事项实施办法》《汽车金融公司管理办法》和《消费金融公司试点管理办法》等规章制度的约束下，监管部门也已参照商业银行的监管要求，对相关非银行业金融机构已经建立了一套完整的审慎监管制度。

第二，中国“影子银行”体系不具备明显的高杠杆和大规模期限错配的特征。合规的银行理财产品的资金池应做到单独管理和充分的信息披露，使得每笔资金都有对应的资产，每笔收益基本可以覆盖风险（根据Wind的相关数据，当前银行3个月的理财产品预期年收益率约在4.6%左右，低于6个月的短期贷款利率5.6%，同期6个月国债和央票的收益率约为2.7%和2.9%左右；根据美资券商盛博的估算，只有不到10%的理财产品提供高于5%的利率水平），这样理财产品的风险应基本接近于正规监管体系内部公募基金的类似投资产品。从理财资金投向的项目资产来看，超过90%的资产期限都在5年以内，期限错配程度与传统商业银行业务相当。对于信托公司来说，目前中国的信托公司既不得负债经营，也不能向银行贷款，不具备杠杆经营的条件，同时信托业务的资金实施封闭式运行，投资期限与项目期限要求一致，因此不具备高杠杆和期限错配特征。

第三，中国“影子银行”体系尚不具备引发系统性风险的可能。一是从规模来看，当前中国信托公司的整体规模较小。根据中国信托业协会公布的数据，截至2012年9月，银行业金融机构存续的理财金额6.73万亿元，全国66家信托公司总资产达6.32万亿元，占银行业总资产的5.2%，财务公司、租赁公司以及汽车金融公司和消费金融公司的资产规模则更小，总计不超过3万亿元，且拥有较好的资产质量和较充足的资本和拨备。二是从资金运用来看，理财产品中约有四成投向债券及货币市场工具，两成投向存款，两成投向项目融资类资产，仅有一成投向权益类资产及其他，这些资产的整体信用状况较好。信托资产中有四成用于贷款，长期股权投资、交易性金融资产投资、可供出售及持有至到期投资以及存放同业及其他各占一成。从投向来看，工商企业和基础产业各占1/4，房地产和金融机构各一成，资金运用的安全性具有一定的保障。同时，为了控制房地产信托业务的过快增长，监管部门还出台了一系列房地产信托业务监管规定。三是从风险的传染性来看，针对信托公司与银行之间可能存在的风险传染，监管部门已于2011年初下发《关于进一步规范银信理财合作业务的通知》，明确银信合作业务的风险归属，要求商业银行严格执行将银信合作业务表外资产转入表内的规定，控制银行体系与信托公司之间的风险传染，而其他金融公司通过商业银行借款金额占商业银行总体贷款规模不足1%，发生大规模风险传染的可能性较低。

综上，基于不同的金融结构和相关功能特征，中国的“影子银行”体系与欧美的“影子银行”体系有着本质的区别，如表1所示，其在监管现状、规模大小、杠杆化程度、期限错配状况、关联性上都有明显不同，其表现出的风险特征也与欧美的影子银行有着本质的区别。更重要的是，与欧美金融市场中“影子银行”体系对商业银行核心功能的复制、以逃避监管为目的的快速扩张不同，中国的“影子银行”体系在很大程度上承担了提供直接融资、服务实体经济融资需求的功能。

表1　　中国“影子银行”和欧美“影子银行”的对比

项目	中国“影子银行”	欧美“影子银行”
监管现状	基本在监管范围内	缺乏有效监管
规模大小	约占银行总资产13%	与传统商业银行规模相当
杠杆化程度	基本不存在负债经营	杠杆倍数约40倍
期限错配状况	零售融资为主，与传统商业银行期限错配功能相当	在回购和资产证券化作用下，以短期批发融资为主，期限错配现象较为严重
关联性大小	与传统商业银行业务风险基本隔离	通过股权投资和业务往来与传统商业银行风险高度关联
风险特征	业务定位不清晰、法律风险不明确、刚性兑付下的道德风险	由于较高的关联性和传染性，易引发系统性风险

承担功能	提供直接融资、服务实体经济融资需求	与实体经济脱节，以风险分散和杠杆扩张等为重点功能，达到金融工具价格泡沫的自我实现
监管目标	防范系统性风险的同时促进金融结构改善和经济结构转型	吸取金融危机教训，防范系统性风险

三、中国“影子银行”对完善融资结构和促进经济转型的功能

从金融发展阶段和金融结构演进的大背景来看，在中国当前的金融管制体制内，所谓“影子银行”体系更多的是金融结构发展、融资多元化进程中的一个表现。

中国“影子银行”在现阶段的主要动力在于实体经济融资需求受到特定条件限制时的市场选择。从特定角度说，银行理财业务实质是一种利率市场化的试水，理财产品的收益率在一定程度上更加接近无风险资金的市场价格，与银行间同业拆借利率总体上处于同一水平（例如，2013年1月6日的7天拆借利率为3.6%，同期1个月的理财产品年收益率约为4.13%，远远低于同期民间融资利率水平；根据温州金融办公布的数据，同期温州民间融资综合利率高达26.2%）。当利率市场化完成之后，银行可以通过自主定价的方式吸收存款，理财产品可能会逐渐萎缩并出现其他形式的金融创新。因此，中国当前的“影子银行”体系更多的是金融结构变化背景下、融资多元化和利率市场化进程中的特定表现。

中国“影子银行”在当前环境下的意义在于修正金融抑制，提高金融体系效率。当前两成的理财产品和四成的信托产品投向实体经济，满足了实体经济大量的资金需求，使得社会储蓄向社会有效投资的转化更为便利。中国金融体系中间接融资的占比始终偏高，不仅使得金融体系的风险在银行体系大量积聚，也限制了金融资源的配置效率提高。银行理财、信托和财务公司等中国“影子银行”的存在，在为企业提供了更多融资途径的同时为居民提供了重要的投资工具，发挥了商业银行的专业投资管理能力，引导社会资金投向合理的领域，在更为市场化的资金运作链条中，资金实现更为市场化的配置。

四、淡化“影子银行”，从防范系统性风险的角度实施差别化监管

回顾改革开放以来中国金融业的发展历程，非传统业务的金融创新并非近来才出现，只是在“影子银行”这个舶来品尚未出现之前这些产品有多种其他的称谓，

如资金体外循环等，而“影子银行”的出现似乎为这些金融创新附加了更多的负面含义。从金融结构的发展趋势看，应该逐步淡化“影子银行”的概念，更多将其看作是非传统融资市场和非银行信用中介的创新，对这些金融创新的风险特征和功能效率分类讨论，采取不同的监管政策，在防范系统性风险的同时最大化其促进金融结构改进的作用。

第一，“影子银行”本质上是一种金融创新，在当前金融结构市场化和社会融资多元化背景下，应避免简单搬用“影子银行”的概念，而更多地从服务实体经济、促进非传统银行业务健康发展角度来规范和引导这些金融创新。“影子银行”从特定角度说是一类特殊的金融创新，它具有金融创新所拥有的基本特征，当前可能会以银行理财作为表现形式，在新的市场环境下可能会以另一种金融创新的方式出现。然而，并非所有正规金融体系之外的、非传统银行业务的金融创新都应该划入可能引发系统性风险的“影子银行”的范畴，对待不会引发系统性风险的金融创新应从调整社会融资结构的角度积极鼓励和推进。

第二，对非传统银行业务的金融创新进行区别和细分，针对不同的风险特征实施差别化监管。虽然金融创新对优化金融资源配置、提高金融效率发挥了积极作用，然而这并不代表就可以听之任之，对于其可能带来的风险，特别是区域性风险和系统性风险同样应该给予充分的关注。对所有的非传统银行业务不能一概而论，应该根据金融创新的机构主体和风险特征等要素对其进行适当的区分，实施有针对性的差别化监管。首先，客观判断金融创新的合理性和功能，例如在中国这样一个以银行体系为主体的金融结构中，其金融创新和金融市场化路径选择以银行为载体也是具有一定必然性的。而在当前金融市场化和社会融资多元化的进程中，适当出现一些为其试水的金融工具也应在客观把握其风险的同时鼓励其健康发展。其次，针对不同金融创新工具的特点对其进行分类。主要包括是否具有信用创造功能、是否具有高杠杆和大规模期限错配等可能引发单体风险的特征、是否具有引发系统性风险的可能等要素。最后，有针对性地实施差别化监管。例如对于理财产品，重点关注由于业务定位的不清晰造成风险仍旧在银行体系内部积聚、理财资产池划分不明确带来的流动性风险、刚性兑付带来的道德风险、法律关系的不明确以及估值环节的不清晰等风险隐患，加强信息披露和投资者教育等监管措施。

第三，对非传统银行业务的监管和规范也应遵循一定的逆周期性，防止运动式的清理可能带来的融资紧缩可能对实体经济带来冲击。中国非传统银行业务的金融创新具有显著逆监管周期效应。当宏观调控发生方向性转变或实体经济资金面过紧时，传统银行业务之外的金融创新都往往会出现快速发展，如2011年在货币政策趋紧和日均存贷比考核压力下理财产品的迅速发展。所以对这些非传统银行业务之外的规范和强化监管也应该遵循一定的逆周期性。在融资多元化进程中，特别是在实体经济资金面紧张而货币政策传导效应尚未显现的过程中，如果对非传统金融服务以外的融资活动采取运动式的清理，在贷款投放受到种种约束不能相应扩张时，贷款之外的这些融资渠道因为严厉清理所可能带来的融资收缩，可能会对实体经济带来明显的冲击，同时还可能带来新的风险。由于当前存在一些可能违规运用"资产池"的理财产品，短期内这些理财产品的正常运转依托于投资者对理财产品的信心和持续发行，如果突然对理财产品实施强制性限制，可能使得原来正常运转的理财产品突然面临资金链断裂的风险，对于这些部分由于违规行为带来的潜在风险，较为可行的方法是通过资产池的不断规范对其进行软着陆式的消化。

时任宝洁公司董事长、总裁、CEO
时任美中贸易全国委员会主席
麦睿博

寻找合作新机会

下面我想给大家简单介绍一下宝洁公司的全球运营情况、在华业务以及对中国投资环境的思考。

宝洁公司目前在80多个国家开展业务，拥有12.6万名员工。公司的产品在全球180多个国家销售，年销售额达840亿美元，每天为大约46亿消费者服务。

宝洁公司特殊的业务模式，要求我们在开展业务时必须接近接受所服务的消费者。我们不大可能把消费产品从一个国家出口到另一个国家，并以这种方式获利。因此，我们在全球开设了大约130座工厂，每年投入超过40亿美元。我们正在筹划在未来5年内新建20家工厂。在发达国家，我们加大了对现有工厂投资，以扩大产能；在发展中国家，我们加强生产本土化。未来两年内，我们在中国、巴西、尼日利亚和印尼的新工厂将投产。我们还拓展了位于波兰、印度、委内瑞拉的现有生产设施的生产品类。我们会在亚洲、中欧、中东和非洲进一步增加产能，同时推动本地化原料供应。这些投资将使得我们的足迹更加贴近消费者，缩短产品供应链和消费者响应时间。

下面我来介绍一下宝洁公司的在华业务。我们是1988年进入中国市场的。从销售量和销售额来看，中国都是宝洁的全球第二大市场。我们在中国有22个品牌。大部分在中国销售的产品都是在这里生产的。我们有超过8300名员工，大部分是中国人。宝洁公司的每个工作岗位都能为商业伙伴提供10个工作机会。近25年，我们在中国的投资总额为16亿美元。从现在起到2015年，我们还将在这里投资10亿美元。今天，我们在中国各地设有10家工厂，包括刚建成投产不久的江苏太仓多品类生产厂。我们现在还在广州建设另一家多品类生产厂。我们公司在中国的大部分投资都流向了那些地处未开发地区的创业企业，只有很少一部分流入跨国并购的企业，如吉利公司。2010年，我们为北京创新中心建立了一座新总部，大大加强了我们为中国、亚洲其他国家乃至整个世界的消费者创新的能力。我们也通过我们的合作伙伴——中国奥委会在中国投资，为中国运动员和他们的母亲提供我们的品牌产品。

最难做的工作往往是最好的工作。在宝洁公司，我们一直致力于在中国进行长期投资，对于这里的商业前景也有信心。作为美中贸易全国委员会主席，我认为很多美国公司也是这样认为的。据美中贸易全国委员会近期开展的中国投资环境调查结果显示，2/3的受访企业称其在华业务利润率增长10%甚至更高；75%的受访企业称其利润率不低于国际业务平均利润率；大约半数受访企业指出，他们认为中国的商业环境不如三年前乐观；90%的受访企业称其对中国业务未来5年的前景持乐观态度。这些企业指出自身面临的挑战不少都与业务开展有密切关系，例如人才招聘、人才保留、成本上升、知识产权执法和竞争加剧。

对于如何改善中国的投资环境，我有三点建议：

第一，对所有企业一视同仁。我们欢迎旨在建立公平、非歧视性商业环境的政策。所有企业，不论所有权和来源，都应当能够公平竞争。

第二，加强创新和知识产权保护。我们知道中国正在建设创新国家，但创新需要有力的知识产权保护措施。近年来，中国已经在这方面做出了大量努力。我们鼓励中国政府继续强化知识产权相关法律法规，推进知识产权侵权执法。

第三，可能也是最重要的一点，我们希望看到中美达成实质性的双边投资协议。目前，美国公司依然面临投资障碍，我们的投资利益也缺少有力的保护。我们刚听说中国企业在美国投资时也遇到了类似的问题。中美两个重要市场签署一项实质性双边投资协议，就可以减少两国存在的投资障碍，从而保护两国投资者。

第13章

中国能源安全与国际能源新格局

罗兰贝格管理咨询有限公司创始人、荣誉主席

罗兰·贝格

我也是牛津马丁后代委员会的成员，但今天我不想谈全球面临的所有挑战，我只讲一个问题，那就是能源安全。

这个问题已经带来了很大的挑战，如果我们不采取行动的话，问题将会进一步恶化。根据现在的估算，从2010年到2035年，全球能源需求会增长1/3，发展中国家将占这一期间该增长值的90%。如今，全球有超过20%的人口还没有用上电。与发达经济体相比，发展中国家在能源消费方面有大量的积压。在2009年，中国已经超过美国，成为全球最大的能源消费国，而且这一地位预计还会得到进一步巩固。在今后25年时间里，中国的能源消费将比美国多70%。

但是能源挑战不仅仅是指满足全球不断增长的能源需求，同时也要以可持续的、可靠的方式并以合理的成本来达成这一目标。可再生能源正变得越来越重要，而且能够为我们带来持久的能源安全，但是目前在这方面的投入仍然不够，开发也不充分，而且要想满足全球需求并取代化石燃料的主导地位，其成本还是太高。

虽然中国越来越重视天然气、核能和可再生能源，但煤仍然是中国最主要的燃料，在印度也是一样。目前中国占到全球煤消耗的50%，而其后果近来也变得越来越明显。煤仍然占到中国能源供应的2/3，与此同时它也是该国最主要的污染源之一，它所产生的煤烟让很多人都对这个国家的经济模式提出了质疑。中国政府知道，他们需要找到一种环境友好型能源供应，中国的经济增长应该更加“绿色”，碳排放也得减少。所有专家都已经意识到了这一点，因此截至2015年的“十二五”规划是中国最“绿色”的规划，但下一步该怎么做呢？我的建议是设立远大目标、努力做到更加“绿色”，这才是明智的做法。

我将分几点来进一步阐述我的设想。

第一，快速发展一种可再生能源对环境和经济都有好处。环境友好型经济增长措施必须要建立在太阳能、风能、水电、生物质能和地热能的基础之上。我的建议

是，非矿物燃料的使用在中国主要能源消耗中所占比率据估计在2015年将占到11%，这一比率必须继续增长。

第二，积极的经济效应经常被忽视。首先，扩大再生能源所占比率可以使他们不再那么依赖能源进口，同时也可以减少地缘政治对他们的影响。其次，发展绿色经济和绿色技术能够促进经济增长。比如说在德国，我们估计到2020年时，绿色经济行业的就业岗位将超过汽车等行业的就业岗位。

这是我要说的第二点。在能源转型方面，中国应该比我的祖国德国更加讲究实效。我认为中国应该继续发展核能，这是一个非常聪明的办法，能够实现向可再生能源领域的转变。这种办法有助于减少煤的使用，并对经济和环境产生积极的正面影响。很显然，每一所新的核电站必须满足最高标准的国际安全要求。安全是至关重要的。我们需要一个全球性的核安全议程，并在全球范围进行监控。

第三点是关于煤的。因为煤在一段时间内仍将是中国的主要能源，所以必须要研究并实施相应的解决方案来大幅减少煤对环境所产生的负面影响。也就是说，减少二氧化碳排放的技术必须得到开发和实施。其次，碳捕集与封存是一种用来收集、压缩二氧化碳并将其运至适当地点注入地下进行长期封存的技术，这种技术也应该得到开发。我想这两大技术也会提升中国未来的经济表现。

最后一点就是注重能效。能效是需要一小步、一小步完成的。为了环境，同时也为了消费者，我们必须采取这些一小步一小步的措施。所以我觉得就未来能源安全而言，这也许是我们需要考虑的首要问题。

中国海洋石油总公司总经理
杨　华

全球能源格局变迁与能源的可持续发展

能源是人类社会赖以生存和发展的重要物质基础。当今世界，由于能源的基础性作用及其与地缘政治和金融活动的密切联系，它已成为世界经济体系变动的“风向标”和“晴雨表”。全球能源格局的变迁深刻地反映和影响着世界战略格局的演进。纵观当前和今后一个时期的国际能源格局，我认为将呈现以下四个特点。

第一，全球油气生产西移和消费东移的趋势更加明显。近年来随着技术的不断进步，加拿大的油砂、美国的页岩油气、委内瑞拉的超重油等非常规油气资源开始突破它的经济和技术界限，产量快速上升，西半球在世界油气生产中的地位越来越重要。与此同时，随着中国、印度等新兴经济体的发展，位于东半球的亚太地区已经成为世界最重要的油气消费地区。

第二，美国谋求“能源独立”取得重大进展，正在深刻影响全球的能源格局。近年来，随着近海油气田的开采，特别是以页岩气为代表的非常规油气的成功开发，加上能源使用效率的不断提高，借助于油气供需两端的变化，美国综合能源自给率从2005年的69%上升到2011年的81%，“能源独立”战略由此取得了新进展。这不仅为美国找到了一条可持续发展的能源安全路径，也正在深刻改变全球能源、经济乃至地缘政治版图。

第三，全球剩余油气储量十分丰富，未来油气勘探开发潜力巨大。在经历了百年油气勘探历程后，全球待发现的常规可采油气资源仍然高达2425亿吨油当量，已发现的油气田未来储量增长潜力也十分可观。同时，非常规油气开发的技术也在逐步完善和推广，因此“石油高峰论”目前来看可能还有点问题。

第四，应对气候变化成为全球共识，能源革命初显端倪。近年来，以全球变暖为标志的气候变化日益引起了关注和重视，越来越多的国家加入应对气候变化的行动当中，一场以绿色低碳为特征的技术革命和产业革命正在悄然降临。气候变化问题的核心是能源，应对这一挑战需要一场深刻的能源革命。

当前，由新兴经济体引发的全球新一轮工业化浪潮带来对能源的巨量需求，引起了人们对资源和环境承载能力的担忧。我们认为，快速增长的能源需求和应对全球气候异常变化带来的严峻挑战并不是传统化石能源的末路，相反，依靠创新的力量，依靠科技的进步，提高能源使用效率，构建可持续发展的能源供应链，传统化石能源必将得到更加充分和高效的利用和发展。

中国是一个发展中大国，也是世界能源生产和消费大国，中国的能源供应主要立足于国内，多年来综合能源自给率始终保持在较高的水平。过去30年，中国以较低的能源增长速度支撑了国民经济的快速发展，为促进世界经济的繁荣、保持能源安全格局做出了贡献。从现在起到2020年是中国全面建成小康社会的关键时期，中国将加快推进产业转型升级，提高能源、资源的利用效率，构筑稳定、经济、清洁、安全的能源供应体系。

中国海洋石油总公司是中国重要的能源公司之一，自成立之日起就一直致力于为中国的经济发展提供更充分的能源供给，同时也是在对外合作中发展壮大的一个石油公司。我们主要做了四个方面的事：第一，通过增加勘探投入、提高技术水平来增强资源供应的能力。第二，积极发展清洁能源，率先把LNG（液化天然气）引入到国内，在中国沿海建立天然气“大动脉”，发展LNG电厂、民用燃气等业务。第三，深入开展国际合作，坚持互惠互利、诚信双赢。中国海油是依靠改革开放不断发展起来的，我们到目前为止签了189个对外合作的合同。第四，大力加强节能减排工作，在企业发展的同时，推动发展方式的转变，与自然和谐相处。

世界能源格局从未像今天这么复杂多变，而人类社会也从未像今天一样休戚与共，企业从未像今天这样持有共同的价值理念。能源是全球性的问题，在经济全球化的条件下，世界各国的能源供需和能源安全相互依存，绝大多数国家都不可能离开国际合作而保障能源安全，因此我希望我们能加强合作来解决全球的能源问题。

道达尔集团董事会主席、首席执行官

马哲睿

回首过去50年，我们可以发现，与碳相关的化石能源一直在驱动世界前进。我们必须认识到，多亏了化石能源，我们才能走到今天。这并不是说我们将继续以这样的方式发展。但是，我们在今天或未来的辩论中，在讨论如何更好发展之际，千万不要忘记化石能源的功绩。当然，我们今天取得的成就还要归功于人们孜孜不倦的科技创新。我认为，目前的发展态势将继续下去。

但现在并不是骄傲自满的时候。如何转变能源体系是我们面临的最重要、最严峻的挑战。在全球人口日益增长的情况下，我们应当如何调整？要知道，到2050年，预计全球人口将接近90亿。到2035年，能源需求会有35%的增加。尽管我们在不同时期得出的数据略有不同，但是这些数据的差距并不大。我们将如何应对？我们能不能在化石能源在未来数年内仍将在能源领域占据主导地位的情况下，减轻其对气候和环境的影响呢？有人说，在2035年，化石能源仍将占据整个能源体系的75%。也就是说，与现在相比，化石能源所占比例仅会下降5%。依我看，面对这种挑战，必须改变能源思维。我们需要拥有整体能源观，而不是仅仅着眼于某些特定方面；要全面考虑能源生态系统的各个环节，以长远观点看问题，认识到能源创新和技术发展的特殊驱动力。我们需要一种能够最终把我们带入低碳世界的体系。我们知道，中国在全球能源体系中扮演了颇具影响力的角色，也做了很多努力。

在未来若干年，中国的能源变革和能源需求将重塑全球能源格局。中国计划加大天然气使用比例，降低单位GDP碳强度，从而丰富能源构成。这种变革的重要一环，就是提升非化石燃料的使用比例。与此同时，我们曾多次提到的美国页岩油气开发，以及其他领域的进展，也会对这种变革产生巨大影响。不过，在我看来，影响本身不足以带来变革。当前我们之间的联系前所未有地紧密，政治稳定和社会和谐对大家都有益。我们的能源战略需要进行整合。政府、企业以及其他利益攸关方需要进行协作。我们需要继续培养公共认可和理解。能源变革的成功，能源安全的实现，是全面发展的重要环节。展望未来，发展中国家肯定需要更多的能源供给，尽管这些国家的人均能源消耗量要比发达国家少得多。对他们而言，获取可靠的现代能源形式非常重要。我们有责任提供足够能源，满足尽可能多的需求。这是我们道达尔公司的当务之急。

目前，全球能源需求上升，能源价格上涨，能源生产难度加大。我们生产每一桶石油或每一立方米天然气时投入的智力资源越来越多。我们正在开采埋藏更深的化石能源，也在开发非常规油气资源，因为我们认为这是满足当前世界能源需求、限制能源价格上涨的唯一解决方案。我们需要继续勘探和开发油气资源，确保能源体系的顺畅过渡。这可是一个重大挑战，从地缘政治角度看是这样，从技术角度看也是如此，而且巨额投资是必不可少的。

中国需要立即采取创新措施，与企业建立合作关系，引入新型技术理念，开发非常规能源，例如页岩气和页岩油。这些能源是至关重要的，它们可以确保充足的能源供给，同时将价格维持在可以接受的限度内。中国一直以有远见而著称。毫无疑问，你们能够理解这个道理。此外，在发电和运输领域用天然气替换部分煤炭和石油是性价比较高的选择，可以将污染降低到最低限度。天然气与其他化石能源不同，具有更大灵活性，有助于能源体系向使用更多可持续能源的方向转化。我们知道，中国肯定对此心知肚明。我们预计天然气会在中国的能源体系中发挥更大作用。在这方面，道达尔公司乐于与中国伙伴进行合作，为中国的天然气生产和供给做出贡献。我们还必须确定适宜的市场化定价机制，这样可以奖励投资者，鼓励能源节约。

在改革能源体系之际，我们还需要使用“胡萝卜加大棒”的方法。我们需要使用低碳能源，如天然气和可持续能源。我们需要鼓励技术领域的研发活动。中国的能源战略就体现出了这样的理念：不是要让一种能源取代另一种能源，而是要为特定国家或地区找到适合自己的能源结构。我们当然需要所有的能源类型。从宏观上看，多元化将有助于构建恢复力强、稳定性好的能源体系。同时，我们也得应对日益严峻的环境问题，包括水土保持以及造成气候变化和大气污染的二氧化碳排放。中国目前必须依靠煤炭，我们愿意帮助中国将其影响限制在合理的范围内。

我们现在正在与中国合作伙伴共同开展旨在将碳转化为化学物质的项目，该项目应用了可以大幅减少用水量和碳排放的技术。我们道达尔公司还选择光伏技术和第二代生物质技术作为实现多样化的途径。我们现在就在和中国合作伙伴共同开发新光伏技术。道达尔公司致力于提升生产效率，改进消费产品。我们需要开展协作，在工业生态系统内利用所有技术来提升效率。碳捕捉和存储也是一个需要进一步探索的领域，旨在防止温室气体被释放到大气中去。道达尔公司在这方面有一些独到技术，愿意和中国伙伴分享。

最后，我们比以往任何时候都更需要合作。我们得集中专业技术，推动技术变革，开发出新方法实施干预。我认为这是尽快解决气候变化问题的唯一途径。

BP集团董事会主席
思文凯

在去年11月召开的十八大期间，中国领导人曾呼吁开展能源生产和消费领域的革命，此前中国也曾宣布要努力解决不均衡、不协调和不可持续的发展模式。英国石油公司（BP）在中国已经有30多年的运营经验，因此我们自认为能够理解中国提出这个目标的背景。我们也认为，中国并非是唯一有这种想法的国家。各国在能源供给和消费方面都经历了剧烈变化，都需要满足不断增长的能源需求，大幅削减煤炭使用，优化能源机构，减少本地污染，减低能源价格。

鉴于今天时间有限，我打算简单谈以下四点内容。

第一，大家知道，没有一项技术是万能的。当然，我们在需求和供应端有数千种可选方案。有些方案如果实施得当，可以带来所需的变革。其中很多方案规模不大，单独看并非解决方案，但结合起来就可能产生重大影响。以能源效率为例，我们的一项研究表明，主要能源中仅有12%在终端获得利用。也就是说，在能源供给和转换过程中可以大幅节约能源。中国曾经制定过提高能效的目标，也实现了这一目标。这种模式应当继续。该研究还表明，在终端节约能源非常重要。在终端使用中每节约一个单位的能源就可以在源头节约九个单位左右的能源。毫无疑问，如果数百万终端用户都能采取行动，那么这种节约行为将产生数倍的效益。

第二，我们认为，这样的能源革命需要前所未有的创新。我们需要更加注重为技术创新营造环境。为刺激现有技术大规模应用和开发新型变革性技术，政策、监管、商业和社会领域的创新必不可少。

第三，我们认为，中国具备测试新能源解决方案、拓展被证明具有可靠性的技术的多重优势。这些优势包括不断增长的科技能力，大量经验丰富的工程师，资质出众、不辞劳苦的劳动力，经过实践检验的资源调动和协调事务的能力，以及强有力的务实文化积淀。只要获得必要的资本，这些优势就会催生独一无二的试验资质。如果中国决定全力开动，那么其创新体系就会出现较为理想的变化。对此我们有理由持乐观态度。

举例而言，中国可以复制美国在页岩气开发领域的成就，而这项成就目前正在改变全球的油气市场格局。事实上，其他地方也发现了适合大规模开发的页岩气资源，这对全球能源安全而言是好事。中国拥有相当规模的页岩气资源，还拥有仅次于美国的陆地钻探能力。在强大的制造业和建筑业的支持下，中国的水平钻井和水力压裂技术能力也在不断提升。政府还为页岩气开采和生产提供补贴。然而，美国在页岩气开采领域大获成功的真正原因在于监管和机制领域的优势，而不是地理勘探能力和工程技术能力占优。具体而言，相关因素包括明晰采矿权、简化采矿手续、便利工程服务、建立竞争市场、推动管线非歧视性准入以及制定明确的环保法律法规。这些因素营造出的监管和机制氛围，有利于活跃能源市场和刺激创新活动。为了复制美国的成功，就要借鉴美国的经验，在新能源和非常规能源领域引入更多的国际竞争。中国现在在这场国际竞争中占据有利地位，也很可能大获成功，但前提是必须在监管方面做出更多努力，开发和应用最佳技术，以吸引成功所需的巨额金融支持，以及适宜的全球性专业技术。这种氛围不仅能够帮助中国刺激自身能源开发，还能够刺激其他创新活动，重塑未来能源格局。

第四，我们认为中国能源方面的挑战可以通过合作解决，而不是由中国单枪匹马应对。作为主要的能源进口国之一，中国的国家利益可以从开放、包容、竞争性政策中受益，这种政策旨在鼓励全球创新流入来促进本土创新。合作还可以在能源大国与能源不足国家之间进行，从这个意义上说，中俄两国目前开展的能源谈判至关重要。我们英国石油公司上周购买了世界上最大的上市油气生产企业——俄罗斯石油公司20%的股份。我们也密切关注中国和俄罗斯的能源谈判进展。

除了以上四点内容，我们的报告①还提出了10点初步建议，供本次论坛在讨论能源创新问题时参考使用。这些建议旨在促进关于中国能源革命的讨论，当然也适用于今天围绕重塑世界能源格局进行的分组讨论会。我希望大家都能看看这份报告①，也希望听取大家的意见。

注：指BP集团为“中国发展高层论坛”提交的报告，见P461。

时任荷兰皇家壳牌公司首席执行官

傅　赛

中国的确具有独一无二的机会，可以另辟蹊径，建立一个更具可持续性、足以支持经济繁荣发展的能源体系。然而，实现这一目标并非易事，对中国如此，对整个世界而言也是如此。每天，世界净增人口超过22万；每周，世界净增人口约为150万。与此同时，在中国和其他国家，数百万人每年脱贫致富，成为中产阶级。这些人大多涌入不断扩张的城市，并购置家电和汽车，从而消耗更多能源。然而，这种全球人口持续增长和繁荣也带来了压力，这些压力又给繁荣造成副作用，也就是所谓的“繁荣悖论”。

预计到2030年时，为满足日益增长的需求，我们得向世界多索取30%的水、40%的能源和50%的粮食。不仅如此，我们还要在索取这些水、能源和粮食的同时，确保二氧化碳排放量有所下降。显然，满足其中任何一项需求都是宏大工程，而且这些需求之间存在千丝万缕的联系，这又使工作量倍增。气候变化的潜在影响对这三种资源都有冲击。如果我们真想获得成功，就必须要保持理智，齐心协力。为解决全球气候变化问题，我们必须尽早采取行动。

应对气候变化、构建更具可持续性的能源格局，关键是开发更为洁净的化石燃料，尤其是天然气。事实上，优化能源结构是至关重要的。看看欧洲的遭遇，就可以知道哪些地方容易出问题。尽管为可持续能源提供了可观的激励措施，但欧洲国家普遍忽视开发新天然气资源，或者对这种举措有所抵制。要知道，天然气是风能和太阳能等可持续能源的最佳搭档。与此同时，美国如火如荼的页岩气革命压低了天然气价格。仅在最近两年，美国用于发电的煤炭就有大约10%被天然气替代。天然气作为一种优势原料，通过提升制造业竞争力，创造更多就业岗位，刺激了美国经济复苏。那么，被美国弃之不用的煤炭到哪里去了？当然是欧洲！目前在欧洲，便宜的美国煤炭已经取代了清洁的天然气。尽管欧洲大力推行可持续能源，其二氧化碳排放量却在上升。相比之下，美国的二氧化碳排放量在下降。

政府的政策取向或不作为的确会产生影响。好消息是，天然气革命具有在全球拓展的潜力。目前，全球各地都已发现页岩气和煤层气。澳大利亚、南非、印尼、印度和中国均有所收获。事实上，据美国能源信息局预测，中国的页岩气储量比美国还要高50%。如果这些资源被勘探查实和开发利用，肯定会显著提升天然气在中国能源结构中的份额，并降低中国对于煤炭的依赖性。当然，技术会继续发挥重要作用。水力压裂法和水平钻井技术为美国带来了页岩油气开发领域的骄人成就，这是数十年来最为重要的能源开发事件。技术也可以帮助世界解决气候变化问题。碳捕获与封存技术就是当前最好的例子，但是这项技术需要政府支持才能推广。全球碳捕获与封存技术研究所在报告中指出，中国开展的相关技术试点项目数量位居世界第一。这说明中国的领导层认识到了开发这项技术的必要性，因为煤炭依然是中国首屈一指的能源来源。

最后，我想跟大家简要谈谈协作的必要性。作为商界人士，我们习惯于通过有效商业合作解决客户需求，因为合作能够带来创新、效率和利润。我们需要在世界各地尽快改善与其他公司、政府和公民社会组织的合作。我们公司一直有与其他独立石油公司和天然气企业合作的传统，中国企业也是我们的合作伙伴。我深信，我们之间的合作伙伴关系将有助于中国更好地利用资源，使资源更好地服务于人民、经济和自然环境。

拓宽中国的能源变革之路
——通过创新促进能源革命

BP集团①

一、中国和全球背景

自“十一五”规划（2006~2010年）启动以来，中国推出了一个节约能源、减少排放的宏伟计划。政府在全国和各省设立了强制性目标，力图降低单位GDP能耗，减少污染物排放。这些工作已经取得了显著成效。2011年以来，政府又进一步加大节能减排的工作力度，将二氧化碳与其他污染物一并纳入减排范围，并设定了国家能源消费总量限制，以控制能源需求的快速增长。

但是，中国高层对迄今取得的进展仍不满足。2012年11月，中共十八大提出要推动“能源生产与消费革命”，以求快速改变目前不可持续的发展方式，并确保能源供应安全。

BP已在中国开展了几十年的业务活动，我们了解中国提出这一口号的背景。事实上，BP的《世界能源统计年鉴》记录了中国能源需求伴随经济增长而不断增加的历史。2000年至2011年间，中国的能源需求增长了159%，中国占全球新增能源需求的55%，占全球新增石油需求的49%，占全球新增煤炭需求的84%。在这11年期间，中国能源需求的增量相当于每年增加一个西班牙市场的需求。

尽管全球能源市场很好地满足了来自中国、印度和其他新兴经济体大幅增长的能源需求，但中国能源需求的快速增长对其自身的能源与生态系统造成了巨大压力。发电、家庭供热和工业生产对煤炭的高度依赖造成了严重的空气污染，包括最近中国大部分地区出现的雾霾天气。石油需求的快速增长使中国从20年前的石油净出口国变成当前对外依存度高达58%②的石油进口国。

① 本文为BP集团向中国发展高层论坛提交的报告。

② 《2012年国内外油气行业发展报告》，中国石油集团经济技术研究院，2013年1月。

随着中国的继续发展，其能源需求也会水涨船高，随之而来的将是有关环境与能源安全的困扰。BP集团的《2030年能源展望》[①]预计：

（1）到2030年，中国的能源需求将会再增长72%。到2015年，中国将超过美国成为世界最大的能源（石油、煤炭和天然气的总和）进口国。到2025年，中国将成为世界最大的石油消费国。到2030年，中国的整体能源进口依存度将达到20%（高于目前6%的水平），石油进口依存度将会上升至77%。

（2）中国目前已经是全球最大的二氧化碳排放国，人均排放量已经超过全球平均水平。到2030年，中国的二氧化碳排放量将占全球排放总量的31%，人均排放量预期将赶上OECD的平均水平。

（3）到2030年，尽管替代能源预计将会得到快速发展，但化石燃料仍将占中国能源消费的82%（低于2011年的93%）。可再生能源消费（不包括水电）将增长12倍，但由于目前市场份额较低，到2030年也只占5%的市场份额。

这些可能不是中国想要看到的结果。上述数据是我们的经济学家对未来最可能发生情景的预测。他们已经考虑到预期的能源效率提高、可再生能源增加等因素，但未对中国领导人所提出的"能源革命"的全部潜在影响进行建模分析。中国今后实际发展的情况将对这些预测数字产生很大的影响。

中国提出"能源革命"反映的是其领导层对中国发展"不平衡、不协调和不可持续"的坦诚认识。温家宝总理在2007年曾公开承认这一点，中国的"十二五"发展规划中也对此有明确的表述。

中国领导层现在呼吁实现中国经济的转型——从能源——资源——污染密集型增长方式转向更加健康的创新驱动型增长方式，从注重数量与速度转向更加注重增长质量。

因此，"能源革命"的提出是中国寻求从过去30年的"持续"增长向今后30年的"可持续"增长转变而努力的反映。

放眼全球，能源安全与气候变化仍是全人类共同面临的严峻挑战。据国际能源署分析，将全球气温升高控制在高于工业化前水平2摄氏度以内的机会窗口正

---

① BP《2030年能源展望》，2013年1月。http：//www.bp.com/extendedsectiongenericarticle.do?categoryId=9048887&contentId=7082549

在迅速关闭，如不立即认真采取行动，我们将被锁定在温升更高的轨道上[①]。

因此，中国在此方面并非孤军奋战。全世界都需要另一场类似于当年蒸汽机、内燃机和电力带来历史性变革的“能源革命”，以解决“可承受——可依靠——可持续”的三重能源难题。

二、新一轮能源革命的驱动因素及预期成果

我们应当简短回顾一下历史上主要能源革命的驱动因素，并将这些驱动因素与目前所需能源革命的驱动因素进行比较：

（1）蒸汽机的发明推动了以燃煤获得的机械力替代人力与自然力的革命，开启了英国的工业革命，从而极大提高了生产率，使规模化生产得以实现。工业活动的扩大促进了蒸汽机在全球范围的迅速推广应用。

（2）内燃机的发明建立在石油作为新的能源来源被广泛使用的基础上，内燃机在汽车上的应用是一场革命，带来了一种全新的交通方式。

（3）发电机的发明是一项更重大的革命。它使得我们所需的能源形式——光、热和机械动能——都可以通过远距离电线传输来提供，各种可能的一次能源资源都可以用来发电。同时，电力也为现代信息与通信技术的发展奠定了基础。

这些历史上的能源革命至少有三个共同之处：满足了社会的物质需求；以扩大燃料供应，主要是化石燃料的供应作为支撑；在没有考虑环境影响的条件下迅速发展。

今天所需的新一轮能源革命不仅仅在于能源供应的扩大，而是为了解决上述的三重难题：满足日益增长的能源需求，大幅降低能源结构中的碳含量并减少局部污染，保持能源价格的可承受性。

这场革命是为了：①抓住一切机会节约能源；②使耗能工艺和设备减少对能源的需求；③使化石燃料系统更为清洁；④开发新的化石能源资源，特别是非常规化石能源，并开发无碳可再生能源。

新的能源革命需要改变现代社会的整个基础设施，这远远超越了能源系统。这一任务因能源系统本身的复杂性而变得更加艰巨：①能源供应基础设施（电厂、炼油厂、油气传输网络等）和使用能源的基础设施（工业工厂、住宅与商业建筑、道路）都是资本密集型的，从短期到中期看具有较难改变的刚性。②这些基础设施需

① 《世界能源展望》，国际能源署，2012年。

要时间来建设，且更新换代周期长。在许多情况下，虽然改造翻新能够带来能源效率的显著提高，但如果在其正常生命周期结束前将其淘汰，成本将十分高昂。在此方面，像中国这样的新兴经济体比成熟经济体有更多的机会在建设新的基础设施时采纳最高能效标准。

同时，我们不应忽略能源密度的重要性：目前，一箱柴油或汽油能够比相同体积的电池让汽车跑得更远。能源密度同时也决定了能源市场的发展方式：煤炭和液态碳氢化合物市场是全球化市场，天然气市场是地区性市场，而电力市场则更加本地化。

世界上不存在“灵丹妙药”的技术，因为近期的历史提醒我们：①核能曾一度被认为可在总能源供应中占很大比例，但核能已暴露出自身面临的挑战，例如放射性废物处理和公众对安全及核技术扩散的担忧等。核能的项目成本也未如先前预期的那样大幅度下降。②不久前，电动汽车被大力推广以逐步取代燃油汽车，但我们至今尚未看到在电池及充电技术领域出现所需的突破。从环保角度而言，电力来源的脱碳化依然是一个关键问题。③可再生能源资源非常丰富，但也很分散并具有间歇性，因此转化成可靠的、高质量的能源供应形式成本更高。今天，全球的风能、太阳能、海浪能、潮汐能、生物质能（包括生物燃料）和地热能总共只占一次能源供应量的2%。

能源系统具有高度的相互依存性，减排目标使这种关联变得更加紧密。了解这种相互依存性十分重要，有助于最大程度地降低在能源系统内某个领域实施政策对其他领域带来意外后果的风险。例如，针对各种能源产品采取的不同财政政策会产生一些负面影响，特别是在各种能源形式之间的转化变得日益可行的情况下更是如此。

英国已经在电力、热力、交通与基础设施领域开发了一个能源系统模型[①]。通过这一模型，可以在考虑到成本、工程设计、空间和时间等因素下对各种技术做出优化选择。如果中国建立一个类似的能源系统模型，将有利于政府做出有效的政策决定。

能源解决方案常常与其他资源限制交织在一起：生物燃料会争夺稀缺的土地和水资源；煤炭转化成化学品和液态产品需要大量的水资源，还排放大量的二氧化碳。实际上，水的可获得性已经成为能源发展面临的日益严重的限制，对中国和印

① http：//www.eti.co.uk/technology_strategy/energy_systems_modelling_environment/

度等国尤为如此。

消费者已经习惯于使用化石燃料带来的舒适生活模式，而人类行为有很强的惯性。

所有这些因素——基础设施的刚性、解决方案的相互关联性以及行为惯性——揭示了一个事实：一场新的能源革命不可能在一夜之间实现。

这并不意味着否认存在许多改进现有能源系统的机会，或者忽视颠覆性技术的潜力。上述因素只是说明，在一个复杂而相互依存的体系中，没有任何一个独立解决方案是可行的。新的能源革命将是一次“长征”，需要持续和系统的努力，在实现成千上万个逐步改良的技术方案的同时，使颠覆性技术成为可能。

三、新一轮能源革命的可选技术方案

如上所述，期盼中的能源革命要求扩大能源供应基础以满足日益增长的能源需求，减少碳和局部污染物的排放，同时保持能源价格的可承受性。

实现所需变革的许多技术方案已经存在，特别是在能效方面。在继续研究新的颠覆性技术的同时，应该在整个能源系统内落实这些方案。

剑桥大学在2010年进行的一项研究（利用2005年的全球数据）表明，源头上提供的能源只有12%最终转化为有用的热、光和动能[①]，这就意味着88%的能源消耗或损失于能源系统的各个阶段[②]。虽然即使从理论上来讲也不可能将所有这些损耗都从系统中消除，但能源效率措施为降低能源消费的影响提供了一个最好的机会：在终端使用中每节约一个单位的能源就可以在源头节约9个单位左右的能源。

1. 需求侧可选方案

目前有很多可选方案能够在提供同等或更高水平服务的前提下减少能源消费。

工业作为中国最大的能源消耗行业，存在许多节约能源的机会：锅炉、供热系统、泵激系统、电机驱动系统、通风及冷却系统等等。陈旧过时、能效低下的设备和工艺可以被逐步淘汰，中国这几年也都在这么做；老旧工厂可以进行重新设计以提高能效。美国落基山研究院的一项研究表明，用短、粗、直的管道取代

① Cullen，JM and Allwood，JM（2010）The efficient use of energy：tracing the global flow of energy from fuel to service. Energy Policy，38.pp.75~81.ISSN 0301~4215.

② 美国落基山研究院院的一项研究指出，一个典型泵仅使用了供应给发电厂一次能源的9.5%。见Amory B.Lovins，Re-inventing Fire：bold business solutions for the new energy era.Rocky Mountain Institute，2011，p. 142。

长、细、弯（直角）的管道可以节约86%的泵激能源。这并非新技术。

但是，可以通过在新的固定资产投资中采用最好的现有技术，实现整个项目生命周期的节能效益。以BP为例，我们全新的iSOX精对苯二甲酸（PTA）技术将应用于珠海项目的第三期。与传统技术相比，这项新技术的应用将使水排放减少75%，温室气体排放减少65%，固体废物产生减少95%。其每吨产品的能耗将比技术上排名紧随其后的中国工厂低一半。

在民用住宅和商业建筑方面，利用现有技术和材料改善窗户和墙壁的隔热，不仅能够节约能源，还能够提高舒适程度。同时，还可酌情综合使用太阳能发电板、太阳能热水系统和地源热泵，进一步减少对外部能源供应的需求。

在交通运输领域，除了电气化具有发展空间之外，巨大的潜力还存在于内燃机的能效提高，使用碳纤维等新型材料减轻车体重量，以及像伦敦、巴黎和北京等大城市一样将交通模式转向偏重公共交通，或推广公租自行车。在内燃机能效方面，BP正在与汽车制造商携手，联合设计更加高效的汽车引擎，采用先进的燃料和润滑油来进一步降低燃料消费。

不同品质、不同形式的能源也可以用于不同目的。例如，一个热电厂排放的废热可用于工业或区域供热网络。

充分利用这些现有的解决方案需要全社会拥有能够在现代生活的正常活动中发现所蕴藏的重大节能与能源综合利用的机会。除了培养能够建设更高效的工程项目所需的工程师与技术人员之外，还应注重培养专门致力于“减少”现有基础设施的耗能与排放的工程师与技术人员。

消费者行为与能源终端使用技术一样至关重要：消费者在终端使用一个单位的能源只是供应源头提供的12%。如果10亿人在消费终端每人节约1千瓦时能源，就能在一次能源供应的源头节约83亿千瓦时或70万吨石油当量的能源。

2. 供应侧可选方案

在油气开采领域，可经济开采的资源比原先设想的更加丰富，地理学家与技术专家每年都发现更多的储藏并不断提高采收率。采用盐层下技术已经从巴西的海上油田发现了大量资源。水压致裂、水平钻井等颠覆性技术与市场竞争等其他因素相结合，帮助美国成功实现了页岩气的规模化生产。页岩气对美国的影响是巨大的，它帮助美国从一个天然气匮乏国家变成了目前天然气供过于求的国家。页岩气在中国能源领域也可能成为颠覆性因素。

要从日益复杂的岩层构造和超深水、北极地区等新的前沿区域开发能源，技术是关键。在开发前沿区域的同时，提高石油采收率的技术在现有油田也有很广阔的应用前景：只在BP目前生产的油田上提高1%采收率，就能使最终的开采量增加20亿桶油当量。全球的潜力十分巨大。

在炼油方面，新的转换技术可以从一桶油中获取更多的产品，将低品质原料高效低加工为高品质燃料与石化产品。市场上业已存在高品质催化剂，能够有效地将硫和其他污染物从石油产品中分离出来，并使尾气排放更为清洁。

在发电行业，以下领域存在大量机遇：继续提高能效、整合间歇性可再生能源与燃气发电、增加可再生能源的现场利用、推广分布式的电、热、冷多联产。

尽管许多人对可再生能源快速取代化石燃料持有很高的期望，但现实情况是，与可再生能源相比，天然气取代煤炭是影响最大、见效最快的方案。天然气大规模取代煤炭能够大幅降低二氧化碳排放和局部空气污染。

总而言之，不管是从供应侧还是从需求侧来看，都可以加快应用现有的技术解决方案。许多需求侧的解决方案都是小规模、多元化的。但如果形成合力，这些解决方案比许多人期望看到的奇迹式技术更有威力，可以更有效地改变近期的能源模式。这些技术的应用不仅需要政府和行业的努力，也需要社会方方面面齐心协力地参与。

四、创新在所需能源革命中的作用

显而易见，未来的颠覆性技术将会来自于创新。但上述现有解决方案的实施也需要创新，使现有技术能够大规模、高效益地得到推广。

创新生态系统包括从研发到示范和应用的整个过程，涵盖能源系统的供应与需求两个方面，涉及商业化路径中的所有阶段。

对技术创新的需求是毋庸置疑的，但过度关注科技创新而忽视创新所需的条件，可能会限制最终成果。

实际上，广泛的创新定义已经存在了一个多世纪。早在1911年，奥地利经济学家熊彼得[1]就提出了五种不同类型的创新，即：新的产品；新的生产方法；新的供应

① Joseph A.Schumpeter，The Theory of Economic Development：An Inquiry into Profits，Capital，Credit，Interest，and the Business Cycle.1911.

来源；新市场的开拓；组织业务的新方法。

最后一类创新具有多个维度，与能源革命也最为相关："组织创新"涵盖技术创新的宏观政策环境，也涉及到技术创新本身如何进行。商业模式创新和政策创新在移走能源革命面前的几座大山方面将发挥重要作用。

全球很大一部分创新产生于"封闭"或孤立的系统中，例如企业内部进行的创新。因为保护最终知识产权的机制非常健全，企业可以依靠其专利创新建立核心竞争优势。

健全的知识产权保护体系为跨行业交流、跨国合作以及诸如开放式平台等其他创新组织形式所带来的进一步创新奠定了基础，其中一些例子如下。

（1）跨行业交流：数字化系统是跨行业交流给能源行业带来惠益的很好例证。

①在油气勘探与生产活动中，BP广泛应用源自娱乐和医药行业的数字技术，建立了世界上最先进的海上深水勘探与开发能力。我们在三维和四维地震成像、油井数据实时传输与交互式可视化、复杂油藏地理建模与流动模拟方面充分利用了这些技术。

②智能电网依靠信息技术将间歇性和分布式可再生能源（风能、太阳能）接入电网系统，将电力消费者与生产者联系在一起，使消费者能够优化其能源消费模式。实际上，今天的太阳能光伏技术（多晶硅、单晶硅、薄膜和聚光太阳能光伏技术）以及节能发光二极管技术都来自于相同的半导体技术，这种技术也是信息技术发展的核心。

（2）协作式创新：以BP在2012年推出的"Project 20k"项目为例，这个项目的重点是开发能够开采海平面以下35000英尺深水油气田的技术，该技术将穿过几英里的硬质岩石、厚厚的盐层及挤压严实的沙砾，在储藏压力高达20000psi和温度高达350~400华氏度（177~205摄氏度）的情况下开采油气。应对这一挑战需要行业内外开展前所未有的合作，涉及到作业方、咨询工程师、供应商、承包商、学术界和监管机构的通力协作。在今后10年，我们将与其他公司一道，共同致力于开发包括从钻机、出油管和海底装置到油井的一体化系统，以及相关的干预能力。这将使整个世界都能获得此前未能开发的能源供应来源。

（3）开放式创新：开放式创新正在成为实现商业解决方案的一个重要途径。一个典型的例子就是在手机设备上安装的安卓系统，任何人都可以利用这个平台来开发创新应用。

在BP，我们在利用内部和外部研发中心之间保持平衡，一方面利用全球的外部学术研究能力，另一方面保持内部管理与吸收研究成果以实施能源解决方案的能力。这一过程对BP和外部研究机构而言是互利互惠的。我们认为，今后越来越多的解决方案将通过这样的开放式创新流程来联合开发。

上述组织创新的方式，在稳定的知识产权保护机制和竞争的基础上，将有助于激励新技术的开发与应用。然而，这些技术要推动至全面应用的阶段需要进行商业模式和政策工具方面的创新。

美国页岩气发展大潮是技术、商业和政策联合创新产生效益的记录完整的例证。如果只依靠钻井和压裂方法上的技术突破，美国不可能实现页岩气的大规模开发。美国的成功很大程度上来自于数百家高度专业化的服务公司在竞争性市场上开展创新，并且得益于清晰的矿产开采权、易于获得的融资、稳定和透明的监管环境，包括非歧视性管道准入权。尽管地下技术在理论上可以在全球进行应用，但地上的商业和监管环境更难以复制。这是其他国家难以复制美国页岩气成功的主要原因。

中国创新生态系统发展的前置投资和努力应当产生长期的效益：其真正的成功将不仅通过中国能源革命的成功程度进行衡量，还将通过中国在最终知识产权出口方面实现的价值予以体现。

五、拓宽中国的能源变革之路

中国在推动创新以拓宽能源变革之路方面拥有众多独特的优势，这些优势包括：

（1）科技力量日益发展。中国以前所未有的规模和惊人的速度调动了科技资源，政府通过用公共资金资助研究项目大力推动创新。除了每年培养的大量高等院校毕业生外，中国还从西方国家吸引回流大量高素质、创业型中国公民，即所谓的“海归”，帮助加快中国的创新步伐。中国政府还寻求通过其“2011年高端外国专家项目”进一步鼓励外国专家来华工作。

（2）全世界人数最多的受训工程师，劳动队伍素质高，工作勤奋。

（3）政府在集中规划、调动资源和协调活动方面拥有强大无比的能力。

（4）经济快速增长，大多数基础设施有待建设，没有相关的历史遗留包袱。

（5）市场规模大，消费者期望值仍处于发展阶段，可以在不同的市场应用不同的技术和产品。其中一个例子就是用电动自行车取代自行车，这是许多买不起汽车的人群乐意接受的产品升级。

（6）监管具有灵活性，允许开展大规模的实地测试，迅速确立技术赢家，淘汰不适用的技术。

（7）基于务实与实际经验的传统，很强的创业精神和承担风险的意愿。

这些优势使中国公司能够以较低成本在较短时间内建立工厂。

加上史无前例的基础建设投资，这些优势能够为大规模试验提供独特的支持。因为拥有大规模测试和展示新技术的能力与愿望，这些优势也有助于加快创新。

但是，中国创新体系也存在一些软肋。经合组织在2008年就中国的创新政策进行了评估①，指出了以下问题：

（1）将科学成果转化成世界领先的商业技术的效率低下，落后于研发支出水平相当的经合组织国家，主要是因为推动创新的政策工具与治理架构存在缺陷。

（2）缺乏整合与合力，存在着大量在彼此之间进行激烈“生死”竞争的“创新孤岛”。同时，这些研究“孤岛”内部也存在闭门造车的做法，限制了跨学科解决问题与创新的发展。

（3）过分关注具体的科技政策措施，不太注重为创新营造有利的框架条件。后者主要涉及公司治理、研发融资、技术创业和知识产权的执法工作。

（4）知识产权保护措施不成熟。

此外，一份发表于2012年8月的中国欧盟商会报告②指出：“尽管中国的专利正在爆炸性增长，某些创新活动也在异军突起，但专利质量并未成比例地迎头赶上。事实上，中国实际整体的创新能力似乎有些言过其实。”造成这种情况的因素之一是中国政府在专利申请上设定了一系列量化目标，而这些目标无法确保专利质量，或保证专利转化成有用产品而对社会产生影响的价值。报告结论指出，中国的专利政策和做法实际上阻碍了创新能力的发展。

国际社会理解中国对自主创新的需求与渴望，但同时也非常担忧对自主创新的

---

① 经合组织对创新政策的评估：中国。OECD，2008。

② Dan Prud’ homme，Dulling the Cutting-Edge：How Patent-Related Policies and Practices Hamper Innovation in China，EUCCC，August 2012。

过度注重将诱发保护主义的行为[①]，特别是在推动这一政策的同时还在知识产权保护方面存在漏洞。

因此，对当前中国创新生态系统的有效性进行评估将十分有益。最近，英国成立了一个由政、产、学三方组成的工作小组对英国创新生态系统进行了类似的评估[②]，以审视英国在研发活动商业化方面的有效性。评估结果是积极正面的：英国的创新系统鼓励了海外企业加大在英国的研发投入，使得海外机构投资在英国总研发投入的比例高于当今世界任何其他国家。

为了拓展能源领域的解决方案，中国需要利用其独特优势，并克服上文指出的创新劣势。为此，有必要具体探讨与能源行业创新有关的两个重要问题。

首先是协作式创新与封闭式创新的比较。如上文所述，能源系统是刚性、复杂和相互关联的。要实现重大突破十分不易，而闭门造车则使其更加困难。

封闭式创新并非坏事。"篱笆内"创新，特别是企业内部的创新，显然应该予以鼓励。但是，如果能够更加开放地开展跨部门和跨国界协作，中国的创新系统将会更加高效，避免陷入保护主义式创新的潜在陷阱中。其中一个陷阱就是无法从他人的错误中学习。

协作式创新能够实现更大的潜力。如果企业和研究机构之间的壁垒能够降低，就能够促成创新集群和网络的建立，这一点已经被西方国家证明是行之有效的。硅谷的信息技术产业和休斯敦的油气勘探都是成功的例证。

跨国界协作能够帮助中国利用全球人才库、最佳实践与流程、前沿思想和潜在市场。它还能帮助中国加强自主创新的能力。

有许多方法来有效处理对鼓励协作创新至关重要的知识产权问题。自2002年以来，BP公司与中国科学院下属的大连化学物理研究所合作，开展了一系列重要的研究项目。我们帮助大连化学物理研究所建立了自己的知识产权申请与保护系统，双方都从这一合作过程中受益颇多。

其次是政策创新，为激发真正的创新营造更加有利的政策与监管环境。这一点对激励数百万之众的企业和个人开展小型及渐进式创新尤其重要。

---

① James McGregor，"China's Drive for "Indigenous Innovation-a web of industrial policies"。全球监管合作项目，美国商会，2010年。

② http：//www.cihe.co.uk/press-release-growing-value/

中国背景下的政策创新首先要调动市场力量来补充政府资助的研发项目。这要求建立一个鼓励创新的政策框架，对创新者和解决方案提供者予以奖励，无论这些创新者来自何处：中国或外国、公共部门或私营部门。同时，需要建立公平竞争的平台，激发可推广的商业产品的创造。政策创新包括建立一个创新能力评估的新系统，不仅基于专利的数量，还根据专利的质量及其他参数评估一个机构的创新能力。

在能源行业，存在很多可进行政策创新的领域，包括：

①能源价格改革：取消对化石燃料的补贴，使能源价格反映真实的供应成本，包括环境成本。

②市场改革：允许所有解决方案提供者不受任何限制地进入能源市场。

③为专业化的节能公司提供可盈利的商业模式。

④能更好地吸纳间歇性可再生能源供应的电网系统管理模式。

需要考虑的一项重要能源与创新政策是开放能源资源与技术进口渠道。作为主要的能源进口国，中国需要利用全球的物质与智力资源。实施开放、包容和鼓励竞争的政策，鼓励全球创新流向中国，中国的国家利益可以得到更好的实现。这一政策也有助于中国本土创新的发展。

六、结论与建议

BP在中国开展业务已有悠久历史，这有助于我们理解中国领导人最近提出“能源革命”的背景。新一轮“能源革命”是中国与全世界共同面临的一个挑战。

为了推动此次革命，需要史无前例的创新规模。

这场新的能源革命将是一次“长征”，需要调动各方面的人力和研究设施并促进知识分享，从而营造一个以创新孕育更多创新的环境。

创新将不仅包括技术创新，而且需要在政策、监管、商业和社会的多个领域进行创新来促进现有技术的大规模应用，并鼓励新的颠覆性技术的开发。

中国作为科技强国的崛起及其数不胜数的其他独特优势使我们乐观地相信：如果能够利用其全面优势并克服目前的弱点，中国能够通过创新实现所期望看到的变革。但中国不可能凭借一己之力解决其面临的各种能源问题。中国需要通过开放、包容和鼓励竞争的政策，鼓励全球创新向中国流动，从而吸纳全球的物质与智力资源，并发展本土创新的能力。

作为BP公司对中国发展高层论坛关于能源与创新讨论的贡献，我们提出以下建议：

（1）降低企业和研究机构之间的壁垒能够实现协作式创新，促进创新集群和网络的形成。

（2）国际协作有助于中国利用全球人才资源、最佳实践与流程、前沿思想以及潜在市场，还能够帮助中国加强自主创新的能力。

（3）政府资助的研究固然重要，但必须保证其效率和有效性。创新者之间的竞争——无论来自公共部门还是私营部门——可以成为创新的强大推动力，对中国创新生态系统有效性的评估将十分有益。

（4）从构思到应用的商业化过程建立在知识产权质量与保护的基础上。只有对知识产权有信心，企业才会在中国投资于研发能力，并实现科学发明向商业产品的快速转化。

（5）重视专利质量、发明和产品市场推广能力的专利政策将比关注专利绝对数量的政策更为有效。

（6）淡化对中国自主创新知识产权的强调可鼓励建立更多的国际合作伙伴关系，并为本地技术创新建立一个更加有利的市场环境。

（7）能源系统建模有助于开展成本效益分析，帮助确定在哪个领域制定哪些政策能够带来最大的影响，并充分考虑各种重要的相互依存关系。

（8）需要更多地关注营造有利于科技创新的环境，特别是推动市场准入和价格改革的政策创新。

(9)培训专门致力于现有基础设施降耗减排的工程师与技术人员可实现重大效益。

（10）成千上万的渐进式应用共同作用能够促成所期待的变革。这些应用不仅需要政府和行业的支持，还需要每一社会成员齐心协力的参与。

上述建议和本文其他地方提及的建议如能得到采纳，将有助于激发有关能源革命“长征”的辩论和能源革命所需的创新。

图书在版编目（CIP）数据

中国：改革开放与全面建成小康社会 / 李伟主编. —北京：中国发展出版社，2014. 3

ISBN 978-7-80234-729-8

Ⅰ. 中… Ⅱ. 李… Ⅲ. ①改革开放—研究—中国 ②小康建设—研究—中国 Ⅳ. ① D61 ② F124.7

中国版本图书馆CIP数据核字（2014）第030380号

书　　名：中国：改革开放与全面建成小康社会
主　　编：李　伟
出版发行：中国发展出版社
（北京市西城区百万庄大街16号8层　100037）
标准书号：ISBN 978-7-80234-729-8
经 销 者：各地新华书店
印 刷 者：三河市东方印刷有限公司
开　　本：720×960mm　1/16
印　　张：31.5
字　　数：474千字
版　　次：2014 年 3 月第 1 版
印　　次：2014 年 3 月第 1 次印刷
定　　价：70.00元

联系电话：（010）68990625　68990692
购书热线：（010）68990682　68990686
网络订购：http：//zgfzcbs.tmall.com//
网购电话：（010）68990639　88333349
网　　址：http://www.develpress.com.cn
电子邮件：fazhan010@126.com